Manual Prático da Contabilidade

Fisco-Tributária e Ajustes Contábeis
e Fiscais por Meio de Subcontas

Atualizado de acordo com a instrução normativa RFB n° 1.700, 1.753 e 1.771/2017, além dos reflexos contábeis na apuração e base de cálculo dos tributos federais, por meio dos pronunciamentos contábeis CPC n° 06 – arrendamento mercantil, 47 – receita de contratos com clientes e 48 – instrumentos financeiros.

VALDIR DE OLIVEIRA AMORIM

Especialista em Tributos Diretos e Indiretos, Legislação Societária, Contábil, Civil, Empresarial e Comercial. Mestrado em Administração de Empresas pela UnG. Mestrado em Contabilidade pela FECAP. Coordenador e Professor Universitário de Graduação e Pós-Graduação, Pós-Graduado em Direito Tributário, Auditoria, Contabilidade, Finanças e Controladoria. Palestrante, Prêmios em artigos acadêmicos e científicos e em convenções acadêmicas. Conferencista e Mediador em Eventos Nacionais e Internacionais.

Valdir de Oliveira Amorim

Manual Prático da Contabilidade
Fisco-Tributária e Ajustes Contábeis e Fiscais por Meio de Subcontas

2ª Edição

Freitas Bastos Editora

Copyright © 2018 by Valdir de Oliveira Amorim
Todos os direitos reservados e protegidos pela Lei 9.610, de 19.2.1998.
É proibida a reprodução total ou parcial, por quaisquer meios,
bem como a produção de apostilas, sem autorização prévia,
por escrito, da Editora.

Direitos exclusivos da edição e distribuição em língua portuguesa:
Maria Augusta Delgado Livraria, Distribuidora e Editora

Editor: Isaac D. Abulafia
Capa: Jair Domingos
Revisão de texto: Madalena Moiese
Diagramação: Neilton Lima

A524m   Amorim, Valdir de Oliveira

Manual Prático da Contabilidade: Fisco-Tributária e ajustes contábeis e fiscais por meio de Subcontas / Valdir de Oliveira Amorim. – 2. ed. – Rio de Janeiro : Freitas Bastos, 2018.

408 p.

Inclui bibliografia.
ISBN: 978-85-7987-313-3

1. Contabilidade. 2. Manual. 3. Fisco-Tributária. 4. Ajustes contábeis. 5. Ajustes fiscais. 6. Subcontas. I. Título.

2018-113   CDD 657
                                                   CDU 657

Elaborado por Vagner Rodolfo da Silva - CRB-8/9410
Índice para catálogo sistemático:
     1. Contabilidade 657
     2. Contabilidade 657

Freitas Bastos Editora
Tel./Fax: (21) 2276-4500
freitasbastos@freitasbastos.com
vendas@freitasbastos.com
www.freitasbastos.com

Agradecimentos

Aos meus pais, que sempre me deram apoio e acreditaram nos meus projetos.

À Miriam, minha querida esposa, cujo apoio e compreensão foram fundamentais para a elaboração deste livro.

À Maria Gabriella, minha filha, razão última de nossa experiência.

Aos demais filhos e netos.

A José Luiz Soler de Camargo – in memoriam –, grande colega e amigo, pela gentileza de me incentivar na produção de obras acadêmicas e científicas;

À Freitas Bastos Editora, pela confiança que me demonstrou ao editar esta obra.

São Paulo, janeiro de 2018.

O Autor

Prefácio

O Manual Prático de Contabilidade Fisco-Tributária e Ajustes Contábeis e Fiscais por Meio de Subcontas é criativo e inovador. Deve ser aplicado nas empresas, em operações de 2015 em diante. Atualmente, não há como fazer um registro contábil sem se ater à norma contábil vigente.

Criativo pela coragem do autor em interpretar a legislação fiscal e tributária pertinentes, e apresentar, por meio de exemplos práticos, ilustrações sobre o procedimento de adoção inicial e da pós-adoção da Lei nº 12.973/2014 e da Instrução Normativa RFB nº 1.700/2017, que revogou a antiga Instrução Normativa RFB nº 1.515/2014.

Inovador pelo desafio em discorrer sobre um tema novo, complexo e provocante, que ainda gera dúvidas a contabilistas, advogados, auditores e outros profissionais envolvidos com a aplicação da legislação contábil e fiscal.

Todo o trabalho está assentado nas atuais e vigentes Instruções Normativas RFB nº 1.700, 1.753 e 1.771/2017, inclusive o Sumário e alguns dos exemplos práticos que foram extraídos dessas Instruções Normativas, com ajustes do autor, para facilitar a compreensão do tema, cujo conteúdo, depois de alterações e complementos, será apresentado de forma didática e prática, ilustradas por quadros, tabelas, lançamentos contábeis e razonetes.

Para facilitar a identificação dos assuntos abordados pela Instrução Normativa RFB nº 1.700/2017, adotamos como regra anotar os artigos correspondentes à Instrução Normativa ao lado de cada tópico apresentado no Sumário.

Antes, porém, apresentamos um quadro sinótico com um DE/PARA, isto é, da legislação antiga para a atual.

Este livro tem por finalidade auxiliar você, caro colega, a compreender a importância da aplicação dos ajustes fiscais e contábeis por meio das subcontas, antes e após a adoção inicial da Lei nº 12.973/2014, e os novos procedimentos de neutralidade fiscal que devem ser aplicados desde 1º.01.2018, como forma de minimizar possíveis ônus à organização e a seus clientes.

Apresentamos capítulos exclusivos sobre o cálculo e apuração do IRPJ e da CSL (lucro real, presumido e arbitrado), além do PIS-Pasep e da Cofins (cumulativa e não cumulativa). A escrituração do e-Lalur e do e-Lacs, e o preenchimento da Escrituração Contábil Fiscal (ECF) também são assuntos pertinentes tratados neste contexto.

O diferencial desta obra está:

- na inovação do Sumário. Ao lado de cada tópico, são apontados os artigos relativos ao assunto correspondente na Instrução Normativa RFB nº 1.700/2017;

- em dispor ao leitor uma tabela com a correlação dos artigos da extinta IN RFB nº 1.515/2014 com a atual IN RFB nº 1.700/2017;

- nas formas de tributação das pessoas jurídicas. O autor apresenta cada uma delas, seja pelo lucro real, presumido ou arbitrado, ilustrada por meio de exemplos práticos e objetivos.

- na praticidade. Como o leitor localiza, interpreta e aplica os novos procedimentos e conceitos fiscais e contábeis por meio das subcontas;

- no conhecimento de que os diferentes tipos de subcontas também devem ser aplicados não somente em 2015, mas desta data e até o momento atual, inclusive 1º.01.2018, para neutralizar os efeitos contábeis pela modificação e novos critérios de reconhecimento de receitas, custos e despesas trazidos pelos CPCs 06, 47 e 48;

- na apresentação de exemplos e ilustrações práticas da correta aplicação das subcontas no universo da contabilidade tributária e fiscal;

- na evidenciação do cadastro e das operações com as contas do Plano de Contas Referencial, na Escrituração Contábil Digital (ECD) *versus* a Escrituração Contábil Fiscal (ECF);

- na aplicação dos impactos das subcontas na Contabilidade Societária e na Contabilidade Fiscal, bem como na apuração do IRPJ, da CSLL, do PIS-Pasep e da Cofins e, finalmente,

- na aplicação de exemplos práticos no preenchimento do Demonstrativo das Diferenças da Adoção Inicial e do livro Razão Auxiliar das Subcontas (RAS), que terá de ser guardado por você e apresentado ao Fisco quando solicitado.

É um livro que você, aluno ou professor, deve possuir. É um livro que o gestor tributário deve utilizar na tomada de decisões. Enfim, não se trata de um simples livro, mas de uma obra acadêmica feita com carinho especial para você.

Obrigado!

Prof. MS Valdir de Oliveira Amorim

Introdução

Desde 2015, por meio da Lei nº 12.973/2014, a Secretaria da Receita Federal do Brasil (RFB) estabeleceu ajustes fiscais e contábeis na contabilidade das empresas que irão garantir a neutralidade tributária decorrente da diferença existente entre os critérios de reconhecimento de receitas e despesas oriundas das Leis nos 11.638/2007 e 11.941/2009 (Normas Internacionais de Contabilidade e a Fiscal).

Com isso, inicialmente baixou uma instrução de procedimentos fiscais e contábeis, a Instrução Normativa RFB nº 1.515/2014 e alterações, apresentando como fazer os ajustes instituídos pela Lei nº 12.973/2014.

Posteriormente, essa IN foi revogada pela atual Instrução Normativa RFB nº 1.700/2017, que além de reprisar o conteúdo da IN anterior trouxe inovações para as empresas nos anos-calendário subsequentes. Assim, faz-se necessária a evidenciação de tais ajustes na contabilidade societária, sem alterar o valor patrimonial, mediante a inclusão de subcontas, sob o risco de os contribuintes verem tais diferenças tributadas imediatamente pelo Fisco ou até mesmo perdido o seu crédito fiscal.

Portanto, desde 1º.01.2014, por opção do contribuinte, ou de 1º.01.2015, obrigatoriamente, todas as pessoas jurídicas devem aplicar na contabilidade os ajustes fiscais de adoção inicial e pós-adoção. Posteriormente a essa data, os ajustes por meio de subcontas continuam sendo aplicados na contabilidade, mesmo sobre aquelas normas contábeis ainda não referenciadas pelo Fisco.

Exemplo disso são as Instruções Normativas RFB n° 1.753 e 1.771/2017, além do Ato Declaratório Executivo (ADE) Cosit n° 33/2017, que relacionam e dispõem sobre os atos administrativos emitidos pelo Comitê de Pronunciamentos Contábeis (CPC) que contemplam modificação ou adoção de novos métodos ou critérios contábeis, ou que alteram a apuração e a base de cálculo dos tributos federais, como exemplo, do IRPJ, CSL, PIS-Pasep e da Cofins. Nese caso, faz-se necessário a empresa adotar:

- controle por subcontas;

- manutenção das subcontas;

- contas referenciais específicas na adoção inicial;

- contas referenciais após a adoção inicial;

- contas referenciais e subcontas contábeis a partir de 1°.01.2018;

- controle de contas na Parte "B" do e-Lalur e do e-Lacs;

- ajustes na ECF e ECD;

- demonstrativo das Diferenças de Adoção Inicial (Registro Y665 da ECF);

- livro Razão Auxiliar por Subcontas (RAS), exigido pelo Fisco durante a fiscalização da empresa;

- regras especiais para as transações de adições e exclusões na apuração do lucro real e CSL;

- regras especiais para acompanhar a transição dos efeitos das diferenças de adoção inicial e de 2016 em diante, inclusive com novas regras desde 1°.01.2018;

- demais exigências previstas na Lei e nas Instruções Normativas.

Diante disso, as empresas tinham até o dia 31.12.2015 para desenvolver e implantar todos os controles na sua contabilidade e atender aos ajustes requeridos pelo Fisco.

É importante lembrar aos leitores que os ajustes por meio de subcontas não terminaram nessa data, ou seja, continuam vigentes. Tanto é verdade que o Fisco vem emitindo Instruções Normativas que neutralizam as novas disposições contábeis dos CPCs, as quais afetam a apuração e a base de cálculo dos tributos.

São os casos, por exemplo, das Instruções Normativas RFB n° 1.753 e 1.771/2017, que, por meio dos seus quatro anexos, trazem procedimentos de ajustes, desde 1°.01.2018, em relação aos Pronunciamentos Técnicos CPC 06, 47 e 48, o qual abordamos nesta obra.

Correlação
(IN RFB Nº 1.515/2014 x 1.700/2017)

Quadro comparativo Instrução Normativa RFB nº 1.515/2014 X Instrução Normativa RFB nº 1.700/2017	
Instrução Normativa RFB nº 1.515/2014	Instrução Normativa RFB nº 1.700/2017
Art. 1º	Art. 1º
CAPÍTULO I – DAS DISPOSIÇÕES GERAIS	TÍTULO IV – DAS ALÍQUOTAS TÍTULO V – DOS PERÍODOS DE APURAÇÃO
Art. 2º	Art. 29 Art. 31
CAPÍTULO II – DA RECEITA BRUTA	TÍTULO II – DA RECEITA BRUTA
Art. 3º Art. 142	Art. 26
CAPÍTULO III – DO PAGAMENTO POR ESTIMATIVA Seção I – Da Base de Cálculo	TÍTULO VI – DO PAGAMENTO POR ESTIMATIVA CAPÍTULO I – DAS BASES DE CÁLCULO
Art. 4º	Art. 32 Art. 33 Art. 34 Art. 35 Art. 36 Art. 37 Art. 38

Quadro comparativo Instrução Normativa RFB nº 1.515/2014 X Instrução Normativa RFB nº 1.700/2017	
Seção II – Dos Acréscimos à Base de Cálculo	CAPÍTULO II – Dos Acréscimos às Bases de Cálculo
Art. 5º	Art. 39
Seção III – Dos Valores não Integrantes da Base de Cálculo	CAPÍTULO III – Dos Valores não Integrantes das Bases de Cálculo
Art. 6º	Art. 40
Seção IV – Da Avaliação a Valor Justo – AVJ	CAPÍTULO IV – Da Avaliação a Valor Justo – AVJ
Art. 7º Art. 142	Art. 41
Seção V – Da Determinação do Imposto Devido	CAPÍTULO V – Da Determinação do IRPJ e da CSLL a Pagar
Art. 8º	Art. 42
Art. 9º	Art. 43 Art. 44 Art. 45 Art. 46
Seção VI – Da Suspensão ou redução do pagamento mensal	CAPÍTULO VI – Da Suspensão ou Redução do Pagamento Mensal
Art. 10	Art. 47
Art. 11	Art. 48
Art. 12	Art. 49
Art. 13	Art. 50
CAPÍTULO IV – DA FALTA OU INSUFICIÊNCIA DE PAGAMENTO	TÍTULO IX – DA FALTA OU INSUFICIÊNCIA DE PAGAMENTO
Art. 14	Art. 58
CAPÍTULO IV – DA FALTA OU INSUFICIÊNCIA DE PAGAMENTO	CAPÍTULO VII – Do Lançamento de Ofício
Art. 15	Art. 51
Art. 16	Art. 52
Art. 17	Art. 53
CAPÍTULO V – DA ESCOLHA DA FORMA DE PAGAMENTO	TÍTULO VII – DA ESCOLHA DA FORMA DE PAGAMENTO
Art. 18	Art. 54
CAPÍTULO VI – DO PAGAMENTO DO IMPOSTO Seção I – Do Período Trimestral	TÍTULO VIII – DO PAGAMENTO DO IRPJ E DA CSLL CAPÍTULO I – Do Pagamento Relativo ao Período Trimestral

Correlação(IN RFB Nº 1.515/2014 x 1.700/2017)

Quadro comparativo Instrução Normativa RFB nº 1.515/2014 X Instrução Normativa RFB nº 1.700/2017	
Art. 19	Art. 55
Seção II – Do Pagamento por Estimativa	CAPÍTULO II – Do Pagamento por Estimativa
Art. 20	Art. 56
Seção III – Do Período Anual	CAPÍTULO III – Do Período Anual
Art. 21	Art. 57
CAPÍTULO VII – DA TRIBUTAÇÃO COM BASE NO LUCRO REAL Seção I – Das Pessoas Jurídicas Obrigadas à Tributação com Base no Lucro Real	TÍTULO X – DA TRIBUTAÇÃO COM BASE NO LUCRO REAL E NO RESULTADO AJUSTADO CAPÍTULO I – Das Pessoas Jurídicas Obrigadas à Tributação com Base no Lucro Real e no Resultado Ajustado
Art. 22	Art. 59 Art. 60
Seção II – Da Apuração Anual do Lucro Real	CAPÍTULO V – Da Apuração Anual do Lucro Real e do Resultado Ajustado
Art. 23	Art. 66 Art. 67
Seção III – Das Perdas no Recebimento de Créditos Subseção I – Da Dedução	CAPÍTULO VIII – Das Perdas no Recebimento de Créditos Seção I – Da Dedução
Art. 24	Art. 71
Subseção II Do Registro Contábil das Perdas	Seção II – Do Registro Contábil das Perdas
Art. 25	Art. 72
Subseção III – Dos Encargos Financeiros de Créditos Vencidos	Seção III – Dos Encargos Financeiros de Créditos Vencidos
Art. 26	Art. 73
Subseção IV – Dos Créditos Recuperados	Seção IV – Dos Créditos Recuperados
Art. 27	Art. 74
Seção IV – Dos Juros sobre o Capital Próprio	CAPÍTULO IX – Dos Juros sobre o Capital Seção I – Dos Juros sobre o Capital Próprio
Art. 28 Art. 142	Art. 75 Art. 76 Art. 77
Seção V – Das Retiradas de Administradores	CAPÍTULO X – Das Retiradas de Administradores
Art. 29	Art. 78
Seção VI – Das Multas por Rescisão de Contrato	CAPÍTULO XI – Das Multas por Rescisão de Contrato
Art. 30	Art. 79

Quadro comparativo Instrução Normativa RFB nº 1.515/2014 X Instrução Normativa RFB nº 1.700/2017	
Seção VII – Da Contribuição Social sobre o Lucro Líquido	
Art. 31	Não há correspondência. (art. 1º da Lei nº 9.316/1996)
Seção VIII – Da Gratificação a Empregados	CAPÍTULO XII – Da Gratificação a Empregados
Art. 32	Art. 80
Seção IX – Das Disposições Relativas a Ajuste de Valor Presente e Avaliação a Valor Justo Subseção I – Do Controle por Subcontas	CAPÍTULO XVII – Das Disposições Relativas a Ajuste a Valor Presente e Avaliação a Valor Justo Seção I – Do Controle por Subcontas
Art. 33 Art. 142	Art. 89
Subseção II – Do Ajuste a Valor Presente	Seção II – Do Ajuste a Valor Presente Subseção I – Do Ajuste a Valor Presente de Ativo
Art. 34 Art. 142	Art. 90
Art. 35 Art. 142	Art. 91
Art. 36 Art. 142	Art. 92
Subseção II – Do Ajuste a Valor Presente	Subseção II – Do Ajuste a Valor Presente de Passivo
Art. 37 Art. 142	Art. 93
Art. 38 Art. 142	Art. 94
Art. 39 Art. 142	Art. 95
Subseção II – Do Ajuste a Valor Presente	Subseção III – Da Variação Cambial – Juros a Apropriar
Art. 40 Art. 142	Art. 96
Subseção III – Da Avaliação a Valor Justo – Ganho	Seção III – Da Avaliação a Valor Justo – Ganho
Art. 41 Art. 142	Art. 97
Avaliação a Valor Justo de Ativo	Subseção I – Da Avaliação a Valor Justo de Ativo
Art. 42 Art. 142	Art. 98
Avaliação a Valor Justo na Permuta de Ativos	Subseção II – Da Avaliação a Valor Justo na Permuta de Ativos
Art. 43 Art. 142	Art. 99

Correlação(IN RFB Nº 1.515/2014 x 1.700/2017)

xvii.

Quadro comparativo Instrução Normativa RFB nº 1.515/2014 X Instrução Normativa RFB nº 1.700/2017	
Avaliação a Valor Justo de Passivo	Subseção III – Da Avaliação a Valor Justo de Passivo
Art. 44 Art. 142	Art. 100
Avaliação a Valor Justo na Permuta de Passivos	Subseção IV – Da Avaliação a Valor Justo na Permuta de Passivos
Art. 45 Art. 142	Art. 101
Subseção IV – Da Avaliação a Valor Justo – Perda	Seção IV – Da Avaliação a Valor Justo – Perda
Art. 46 Art. 142	Art. 102
Avaliação a Valor Justo de Ativo	Subseção I – Da Avaliação a Valor Justo de Ativo
Art. 47 Art. 142	Art. 103
Avaliação a Valor Justo de Passivo	Subseção II – Da Avaliação a Valor Justo de Passivo
Art. 48 Art. 142	Art. 104
Subseção V – Da Avaliação a Valor Justo de Títulos e Valores Mobiliários	Seção V – Da Avaliação a Valor Justo de Títulos e Valores Mobiliários
Art. 49 Art. 142	Art. 105
Art. 50 Art. 142	Art. 106
Operações Realizadas para Fins de Hedge	Subseção Única – Das Operações Realizadas para Fins de *Hedge*
Art. 51 Art. 142	Art. 107
Art. 52 Art. 142	Art. 108
Art. 53 Art. 142	Art. 109
Subseção VI – Da Avaliação a Valor Justo na Subscrição de Ações Avaliação a Valor Justo na Subscrição de Ações – Ganho	Seção VI – Da Avaliação a Valor Justo na Subscrição de Ações Subseção I – Da Avaliação a Valor Justo na Subscrição de Ações – Ganho
Art. 54 Art. 142	Art. 110
Art. 55 Art. 142	Art. 111

Quadro comparativo Instrução Normativa RFB nº 1.515/2014 X Instrução Normativa RFB nº 1.700/2017	
Avaliação a Valor Justo na Subscrição de Ações — Perda	Subseção II — Da Avaliação a Valor Justo na Subscrição de Ações — Perda
Art. 56 Art. 142	Art. 112
Art. 57 Art. 142	Art. 113
Subseção VII — Do Ajuste Decorrente de Avaliação a Valor Justo na Investida Ajuste Decorrente de Avaliação a Valor Justo na Investida — Ganho	Seção VII — Do Ajuste Decorrente de Avaliação a Valor Justo na Investida Subseção I — Do Ajuste Decorrente de Avaliação a Valor Justo na Investida — Ganho
Art. 58 Art. 142	Art. 114
Art. 59 Art. 142	Art. 115
Ajuste Decorrente de Avaliação a Valor Justo na Investida — Perda	Subseção II — Do Ajuste Decorrente de Avaliação a Valor Justo na Investida — Perda
Art. 60 Art. 142	Art. 116
Art. 61 Art. 142	Art. 117
Subseção VIII — Da Incorporação, Fusão e Cisão — AVJ Transferido para a Sucessora	Seção VIII — Da Incorporação, Fusão e Cisão — AVJ Transferido para a Sucessora
Art. 62 Art. 142	Art. 118
Subseção IX — Da Avaliação a Valor Justo — Lucro Presumido para Lucro Real	Seção IX — Da Avaliação a Valor Justo — Lucro Presumido para Lucro Real
Art. 63 Art. 142	Art. 119
Seção X — Das Aplicações de Capital	CAPÍTULO XVIII — Das Aplicações de Capital
Art. 64 Art. 142	Art. 120
Seção XI — Da Depreciação de Bens do Ativo Imobilizado	CAPÍTULO XIX — Da Depreciação de Bens do Ativo Imobilizado
Art. 65 Art. 142	Art. 121
Subseção I — Dos Bens Depreciáveis	Seção I — Dos Bens Depreciáveis

Correlação(IN RFB Nº 1.515/2014 x 1.700/2017)

Quadro comparativo Instrução Normativa RFB nº 1.515/2014 X Instrução Normativa RFB nº 1.700/2017	
Art. 66 Art. 142	Art. 122
Subseção II – Da Quota de Depreciação	Seção II – Da Quota de Depreciação
Art. 67 Art. 142	Art. 123
Subseção III – Da Taxa Anual de Depreciação	Seção III – Da Taxa Anual de Depreciação
Art. 68 Art. 142	Art. 124
Seção XII – Dos Gastos de Desmontagem e Retirada de Item do Ativo Imobilizado	CAPÍTULO XX – Dos Gastos de Desmontagem e Retirada de Item do Ativo Imobilizado
Art. 69 Art. 142	Art. 125
Seção XIII – Da Amortização do Intangível	CAPÍTULO XXI – Da Amortização do Intangível
Art. 70 Art. 142	Art. 126
Art. 71 Art. 142	Art. 127
Seção XIV – Das Despesas Pré-Operacionais ou Pré-Industriais	CAPÍTULO XXII – Das Despesas Pré-Operacionais ou Pré-Industriais
Art. 72 Art. 142	Art. 128
Seção XV – Dos Custos de Empréstimos	Seção II – Das Despesas Financeiras
Art. 73 Art. 142	Art. 145
Seção XVI – Do Teste de Recuperabilidade	CAPÍTULO XXIII – Do Teste de Recuperabilidade
Art. 74 Art. 142	Art. 129
Art. 75 Art. 142	Art. 130
Seção XVII – Do Pagamento Baseado em Ações	CAPÍTULO XXXII – Do Pagamento Baseado em Ações
Art. 76 Art. 142	Art. 161
Seção XVIII – Da Despesa com Emissão de Ações	CAPÍTULO XXXIII – Da Despesa com Emissão de Ações
Art. 77 Art. 142	Art. 162

Quadro comparativo Instrução Normativa RFB nº 1.515/2014 X Instrução Normativa RFB nº 1.700/2017	
Art. 78 Art. 142	Art. 163
Seção XIX – Dos Contratos a Longo Prazo	CAPÍTULO XXXIV – Dos Contratos a Longo Prazo
Art. 79 Art. 142	Art. 164
Art. 80 Art. 142	Art. 165
Seção XX – Dos Contratos de Concessão de Serviços Públicos	CAPÍTULO XXXV – Dos Contratos de Concessão de Serviços Públicos
Art. 81 Art. 142	Art. 166
Subseção I – Do Diferimento da Tributação do Lucro – Ativo Intangível	Seção I – Do Diferimento da Tributação do Lucro – Ativo Intangível
Art. 82 Art. 142	Art. 167
Subseção II – Do Diferimento da Tributação do Lucro – Ativo Financeiro	Seção II – Do Diferimento da Tributação do Lucro – Ativo Financeiro
Art. 83 Art. 142	Art. 168
Art. 84 Art. 142	Art. 169
Art. 85 Art. 142	Art. 170
Seção XXI – Do Arrendamento Mercantil Subseção I – Da Pessoa Jurídica Arrendadora	CAPÍTULO XXXVI – Do Arrendamento Mercantil Seção I – Da Pessoa Jurídica Arrendadora
Art. 86 Art. 142	Art. 172
Art. 87 Art. 142	Art. 173
Art. 88 Art. 142	Art. 174
Subseção II – Da Pessoa Jurídica Arrendatária Disposições Gerais Subseção I – Das Disposições Gerais	Seção II – Da Pessoa Jurídica Arrendatária Subseção I – Das Disposições Gerais
Art. 89 Art. 142	Art. 175

Correlação(IN RFB Nº 1.515/2014 x 1.700/2017)

Quadro comparativo Instrução Normativa RFB nº 1.515/2014 X Instrução Normativa RFB nº 1.700/2017	
Descaracterização da Operação de Arrendamento Mercantil	Subseção II – Da Descaracterização da Operação de Arrendamento Mercantil
Art. 90 Art. 142	Art. 176
Subseção III – Do Ganho de Capital	Seção III – Do Ganho de Capital
Art. 91 Art. 142	Art. 177
Seção XXII – Das Participações em Coligadas e Controladas Subseção I – Do Desdobramento do Custo de Aquisição com Base em Laudo	CAPÍTULO XXXVII – Das Participações em Coligadas e Controladas Seção I – Do Desdobramento do Custo de Aquisição com Base em Laudo
Art. 92 Art. 142	Art. 178
Subseção II -Da Avaliação do Investimento Disposições Gerais	Seção II – Da Avaliação do Investimento Subseção I – Das Disposições Gerais
Art. 93	Art. 179
Ajuste do Valor Contábil do Investimento	Subseção II – Do Ajuste do Valor Contábil do Investimento
Art. 94 Art. 142	Art. 180
Contrapartida do Ajuste do Valor do Patrimônio Líquido	Subseção III – Da Contrapartida do Ajuste do Valor do Patrimônio Líquido
Art. 95 Art. 142	Art. 181
Redução da Mais-Valia ou Menos-Valia e do *Goodwill*	Subseção IV – Da Redução da Mais-Valia ou Menos-Valia e do *Goodwill*
Art. 96 Art. 142	Art. 182
Subseção III – Da Aquisição de Participação Societária em Estágios	Seção III – Da Aquisição de Participação Societária em Estágios
Art. 97 Art. 142	Art. 183
Subseção IV – Do Resultado na Alienação do Investimento	Seção IV – Do Resultado na Alienação do Investimento
Art. 98 Art. 142	Art. 184

Quadro comparativo Instrução Normativa RFB nº 1.515/2014 X Instrução Normativa RFB nº 1.700/2017	
Subseção V – Da Incorporação, Fusão e Cisão Tratamento Fiscal da Mais-Valia e Menos-Valia e do *Goodwill*	Seção V – Da Incorporação, Fusão e Cisão Subseção I – Do Tratamento Fiscal da Mais-Valia e Menos-Valia e do *Goodwill*
Art. 99 Art. 142	Art. 185
Mais-Valia	Subseção II – Da Mais-Valia
Art. 100 Art. 142	Art. 186
Menos-Valia	Subseção III – Da Menos-Valia
Art. 101 Art. 142	Art. 187
Goodwill	Subseção IV – Do *Goodwill*
Art. 102 Art. 142	Art. 188
Partes Dependentes	Subseção V – Das Partes Dependentes
Art. 103 Art. 142	Art. 189
Incorporação, Fusão, Cisão – Part. Societária adquirida em Estágios	Subseção VI – Da Incorporação, Fusão, Cisão – Participação Societária Adquirida em Estágios
Art. 104 Art. 142	Art. 190
Incorporação, Fusão e Cisão – Estágios	Subseção VII – Da Incorporação, Fusão e Cisão – Estágios
Art. 105 Art. 142	Art. 191
Incorporação, Fusão e Cisão ocorrida até 31 de dezembro de 2017	Subseção VIII – Da Incorporação, Fusão e Cisão ocorrida até 31 de dezembro de 2017
Art. 106 Art. 142	Art. 192
Art. 107 Art. 142	Art. 193
Seção XXIII – Das Demais Disposições Relativas à Combinação de Negócios	CAPÍTULO XXXVIII – Das Demais Disposições Relativas à Combinação de Negócios
Art. 108 Art. 142	Art. 194
Art. 109 Art. 142	Art. 195

Correlação(IN RFB Nº 1.515/2014 x 1.700/2017)

Quadro comparativo Instrução Normativa RFB nº 1.515/2014 X Instrução Normativa RFB nº 1.700/2017	
Art. 110 Art. 142	Art. 196
Art. 111 Art. 142	Art. 197
Seção XXIV – Das Subvenções para Investimento	CAPÍTULO XXXIX – Das Subvenções para Investimento
Art. 112 Art. 142	Art. 198
Seção XXV – Do Prêmio na Emissão de Debêntures	CAPÍTULO XL – Do Prêmio na Emissão de Debêntures
Art. 113 Art. 142	Art. 199
Seção XXVI – Dos Ganhos e Perdas de Capital	CAPÍTULO XLI – Dos Ganhos e das Perdas de Capital
Art. 114 Art. 142	Art. 200
Seção XXVII – Da Compensação de Prejuízos Fiscais Subseção I – Das Disposições Gerais	CAPÍTULO XLIII – Da Compensação de Prejuízos Fiscais e Bases de Cálculo Negativas da CSLL Seção I – Da Compensação de Prejuízos Fiscais Subseção I – Das Disposições Gerais
Art. 115	Art. 203 Art. 204
Subseção II – Dos Prejuízos Não Operacionais	Subseção II – Dos Prejuízos não Operacionais
Art. 116	Art. 205
Art. 117	Art. 206
Subseção III – Da Mudança de Controle Societário e de Ramo de Atividade	Seção III – Da Mudança de Controle Societário e de Ramo de Atividade
Art. 118	Art. 209
Subseção IV – Da Incorporação, Fusão e Cisão	Seção IV – Da Incorporação, Fusão e Cisão
Art. 119	Art. 210
Subseção V – Da Sociedade em Conta de Participação – SCP	Seção V – Da Sociedade em Conta de Participação – SCP
Art. 120	Art. 211
CAPÍTULO VIII – DA TRIBUTAÇÃO COM BASE NO LUCRO PRESUMIDO Seção I – Da Opção	TÍTULO XI – DA TRIBUTAÇÃO COM BASE NO LUCRO PRESUMIDO E NO RESULTADO PRESUMIDO CAPÍTULO I – Da Opção
Art. 121	Art. 214
Seção II – Da Determinação	CAPÍTULO II – Da Determinação

Quadro comparativo Instrução Normativa RFB nº 1.515/2014 X Instrução Normativa RFB nº 1.700/2017	
Art. 122	Art. 215
Art. 123	Art. 216
Seção III – Da Avaliação a Valor Justo – AVJ	CAPÍTULO III – Da Avaliação a Valor Justo – AVJ
Art. 124	Art. 217
Seção IV – Do Arrendamento Mercantil – Arrendadora	CAPÍTULO IV – Do Arrendamento Mercantil – Arrendadora
Art. 125	Art. 218
Seção V – Da Mudança do Lucro Real para Lucro Presumido	CAPÍTULO V – Da Mudança de Lucro Real para Lucro Presumido
Art. 126	Art. 219
Seção VI – Da Mudança do Lucro Presumido para Lucro Real	CAPÍTULO VI – Da Mudança de Lucro Presumido para Lucro Real
Art. 127 Art. 142	Art. 220
Seção VII – Do Cálculo do Imposto	CAPÍTULO VII – Do Cálculo do Tributo
Art. 128	Art. 221 Art. 222
Seção VIII – Do Lucro Presumido – Regime de Caixa	CAPÍTULO VIII – Do Regime de Caixa
Art. 129	Art. 223 Art. 224
CAPÍTULO IX – DA TRIBUTAÇÃO COM BASE NO LUCRO ARBITRADO Seção – I Das Hipóteses de Arbitramento	TÍTULO XII – DA TRIBUTAÇÃO COM BASE NO LUCRO ARBITRADO E NO RESULTADO ARBITRADO CAPÍTULO I – Das Hipóteses de Arbitramento
Art. 130	Art. 226
Seção II – Do Lucro Arbitrado – Receita Bruta Conhecida Subseção I – Da Determinação	CAPÍTULO II – Do Lucro Arbitrado e do Resultado Arbitrado – Receita Bruta Conhecida Seção I – Da Determinação
Art. 131	Art. 227
Art. 132	Art. 227 § 28 Art. 228
Subseção II – Da Avaliação a Valor Justo – AVJ	Seção II – Da Avaliação a Valor Justo – AVJ
Art. 133 Art. 142	Art. 229

Correlação(IN RFB Nº 1.515/2014 x 1.700/2017)

Quadro comparativo Instrução Normativa RFB nº 1.515/2014 X Instrução Normativa RFB nº 1.700/2017	
Subseção III – Do Arrendamento Mercantil -Arrenda-dora	Seção III – Do Arrendamento Mercantil – Arrendadora
Art. 134 Art. 142	Art. 230
Subseção IV – Da Mudança do Lucro Real para Lucro Arbitrado	Seção IV – Da Mudança de Lucro Real para Lucro Arbitrado
Art. 135 Art. 142	Art. 231
Seção III – Do Lucro Arbitrado – Receita Bruta Desco-nhecida	CAPÍTULO III – Do Lucro Arbitrado e do Resultado Arbitrado – Receita Bruta Desconhecida
Art. 136	Art. 232
Seção IV – Do Cálculo do Imposto	CAPÍTULO IV – Do Cálculo do Tributo
Art. 137	Art. 233 Art. 234
Art. 138	Não há correspondência.
Seção V – Do Período de Abrangência	CAPÍTULO V – Do Período de Abrangência
Art. 139	Art. 235
Art. 140	Art. 236 Art. 237
CAPÍTULO X – DOS LUCROS E DIVIDENDOS DISTRIBUÍ-DOS	TÍTULO XIII – DOS LUCROS E DIVIDENDOS DISTRIBUÍDOS
Art. 141	Art. 238
CAPÍTULO XI – DA CONTRIBUIÇÃO SOCIAL SOBRE O LUCRO LÍQUIDO	
Art. 142 Art. 142. Aplica-se à contribuição social sobre o lucro líquido as disposições contidas nos arts. 3º, 7º, 28, 33 a 114, 124 a 127, 133 a 135.	Aplica-se os arts. 26, 41, 75, 76, 77, 89 a 130, 145, 161 a 200, 216 a 220 e 229 a 231 da Instrução Normativa RFB nº 1.700/2017.
CAPÍTULO XII – DAS DISPOSIÇÕES ESPECIAIS Seção I – Da Incorporação, Fusão e Cisão	TÍTULO XIV – DAS DISPOSIÇÕES ESPECIAIS CAPÍTULO I – Da Incorporação, Fusão e Cisão
Art. 143	Art. 239
Seção II – Da Extinção de Pessoa Jurídica	CAPÍTULO II – Da Extinção de Pessoa Jurídica
Art. 144	Art. 240
Seção III – Da Liquidação Extrajudicial e Falência	CAPÍTULO III – Da Liquidação Extrajudicial e Falência
Art. 145	Art. 241

Quadro comparativo Instrução Normativa RFB nº 1.515/2014 X Instrução Normativa RFB nº 1.700/2017	
TÍTULO II – DA CONTRIBUIÇÃO PARA O PIS/PASEP E DA COFINS CAPÍTULO I – DO ARRENDAMENTO MERCANTIL Seção I – Da Pessoa Jurídica Arrendadora	LIVRO II – DA CONTRIBUIÇÃO PARA O PIS/PASEP E DA COFINS TÍTULO I – DO ARRENDAMENTO MERCANTIL CAPÍTULO I – Da Pessoa Jurídica Arrendadora
Art. 146	Art. 277
Seção II – Da Pessoa Jurídica Arrendatária	CAPÍTULO II – Da Pessoa Jurídica Arrendatária
Art. 147	Art. 278
CAPÍTULO II – DO ATIVO NÃO CIRCULANTE MANTIDO PARA VENDA	TÍTULO II – DO ATIVO NÃO CIRCULANTE MANTIDO PARA VENDA
Art. 148	Art. 279
CAPÍTULO III – DOS CONTRATOS DE CONCESSÃO DE SERVIÇOS PÚBLICOS	TÍTULO III – DOS CONTRATOS DE CONCESSÃO DE SERVI-ÇOS PÚBLICOS
Art. 149	Art. 280
Art. 150	Art. 281
Art. 151	Art. 282
TÍTULO III – DAS DEMAIS DISPOSIÇÕES RELATIVAS À LEGISLAÇÃO TRIBUTÁRIA CAPÍTULO I – DA ADOÇÃO DE NOVOS MÉTODOS E CRITÉRIOS CONTÁBEIS POR MEIO DE ATOS ADMINIS-TRATIVOS	LIVRO III – DAS DEMAIS DISPOSIÇÕES RELATIVAS À LEGISLAÇÃO TRIBUTÁRIA TÍTULO I – DA ADOÇÃO DE NOVOS MÉTODOS E CRITÉ-RIOS CONTÁBEIS POR MEIO DE ATOS ADMINISTRATIVOS
Art. 152	Art. 283
CAPÍTULO II – DAS PERDAS ESTIMADAS NO VALOR DE ATIVOS	TÍTULO II – DAS PERDAS ESTIMADAS NO VALOR DE ATIVOS
Art. 153	Art. 284
CAPÍTULO III – DOS RESULTADOS NÃO REALIZADOS NAS OPERAÇÕES INTERCOMPANHIAS	TÍTULO III – DOS RESULTADOS NÃO REALIZADOS NAS OPERAÇÕES INTERCOMPANHIAS
Art. 154	Art. 285
CAPÍTULO IV – DA MOEDA FUNCIONAL DIFERENTE DA NACIONAL	TÍTULO IV – DA MOEDA FUNCIONAL DIFERENTE DA NACIONAL
Art. 155	Art. 286
Art. 156	Art. 287
Art. 157	Art. 288
CAPÍTULO V – DAS INSTITUIÇÕES FINANCEIRAS E DEMAIS AUTORIZADAS A FUNCIONAR PELO BANCO CENTRAL DO BRASIL	TÍTULO V – DAS INSTITUIÇÕES FINANCEIRAS E DEMAIS AUTORIZADAS A FUNCIONAR PELO BANCO CENTRAL DO BRASIL
Art. 158	Art. 289

Correlação(IN RFB Nº 1.515/2014 x 1.700/2017)

Quadro comparativo Instrução Normativa RFB nº 1.515/2014 X Instrução Normativa RFB nº 1.700/2017	
Art. 159	Art. 290
TÍTULO IV – DA ADOÇÃO INICIAL DOS ARTS. 1º A 71 DA LEI Nº 12.973, DE 2014 CAPÍTULO I – DAS DISPOSIÇÕES GERAIS Seção I – Da Data da Adoção Inicial	LIVRO IV – DA ADOÇÃO INICIAL DOS ARTS. 1º A 71 DA LEI Nº 12.973, DE 2014 TÍTULO I – DAS DISPOSIÇÕES GERAIS CAPÍTULO I – Da Data da Adoção Inicial
Art. 160	Art. 291
Seção II – Da Neutralidade Tributária	CAPÍTULO II – Da Neutralidade Tributária
Art. 161	Art. 292
Seção III – Da Escrituração Contábil para Fins Societários e do Controle Fiscal Contábil de Transição (FCONT)	CAPÍTULO III – Da Escrituração Contábil para Fins Societários e do Controle Fiscal Contábil de Transição (FCONT)
Art. 162	Art. 293
Seção IV – Da Diferença a Ser Adicionada	CAPÍTULO IV – Da Diferença a Ser Adicionada
Art. 163	Art. 294
Seção V – Da Diferença a Ser Adicionada – Ativo	CAPÍTULO V – Da Diferença a Ser Adicionada – Ativo
Art. 164	Art. 295
Seção VI – Da Diferença a Ser Adicionada – Passivo	CAPÍTULO VI – Da Diferença a Ser Adicionada – Passivo
Art. 165	Art. 296
Seção VII – Da Diferença a Ser Excluída	CAPÍTULO VII – Da Diferença a Ser Excluída
Art. 166	Art. 297
Seção VIII – Da Diferença a Ser Excluída – Ativo	CAPÍTULO VIII – Da Diferença a Ser Excluída – Ativo
Art. 167	Art. 298
Seção IX – Da Diferença a Ser Excluída – Passivo	CAPÍTULO IX – Da Diferença a Ser Excluída – Passivo
Art. 168	Art. 299
CAPÍTULO II – DO CONTROLE POR SUBCONTAS NA ADOÇÃO INICIAL	TÍTULO II – DO CONTROLE POR SUBCONTAS NA ADOÇÃO INICIAL
Art. 169	Art. 300
CAPÍTULO III – DA VENDA A PRAZO OU EM PRESTAÇÕES DE UNIDADES IMOBILIÁRIAS	TÍTULO III – DA VENDA A PRAZO OU EM PRESTAÇÕES DE UNIDADES IMOBILIÁRIAS
Art. 170	Art. 301
CAPÍTULO IV – DO ATIVO DIFERIDO	TÍTULO IV – DO ATIVO DIFERIDO
Art. 171	Art. 302
CAPÍTULO V – DO ARRENDAMENTO MERCANTIL	TÍTULO V – DO ARRENDAMENTO MERCANTIL
Art. 172	Art. 303

Quadro comparativo Instrução Normativa RFB nº 1.515/2014 X Instrução Normativa RFB nº 1.700/2017	
CAPÍTULO VI – DAS PARTICIPAÇÕES EM COLIGADAS E CONTROLADAS	TÍTULO VI – DAS PARTICIPAÇÕES EM COLIGADAS E CONTROLADAS
Art. 173	Art. 304
CAPÍTULO VII – DOS CONTRATOS DE CONCESSÃO DE SERVIÇOS PÚBLICOS	TÍTULO VII – DOS CONTRATOS DE CONCESSÃO DE SERVIÇOS PÚBLICOS
Art. 174	Art. 305
CAPÍTULO VIII – DO DEMONSTRATIVO DAS DIFERENÇAS NA ADOÇÃO INICIAL	TÍTULO VIII – DO DEMONSTRATIVO DAS DIFERENÇAS NA ADOÇÃO INICIAL
Art. 175	Art. 306
CAPÍTULO IX – DO CONTROLE POR SUBCONTAS PARA AS PESSOAS JURÍDICAS OPTANTES NOS TERMOS DO ART. 75 DA LEI Nº 12.973, DE 2014	TÍTULO IX – DO CONTROLE POR SUBCONTAS PARA AS PESSOAS JURÍDICAS OPTANTES NOS TERMOS DO ART. 75 DA LEI Nº 12.973, DE 2014
Art. 176	Art. 307
CAPÍTULO X – DA RESERVA DE REAVALIAÇÃO	TÍTULO X – DA RESERVA DE REAVALIAÇÃO
Art. 177	Art. 308
Art. 178	Art. 309
CAPÍTULO XI – DA CONTRIBUIÇÃO SOCIAL SOBRE O LUCRO LÍQUIDO	
Art. 179	Art. 291/309
TÍTULO V – DAS OBRIGAÇÕES ACESSÓRIAS CAPÍTULO I – DO LIVRO DE APURAÇÃO DO LUCRO REAL (LALUR)	LIVRO V – DAS OBRIGAÇÕES ACESSÓRIAS TÍTULO I – DO LIVRO DE APURAÇÃO DO LUCRO REAL (LALUR)
Art. 180	Art. 310
Art. 181	Art. 310
Art. 182	Art. 310
CAPÍTULO II – DAS MULTAS POR DESCUMPRIMENTO DE OBRIGAÇÃO ACESSÓRIA	TÍTULO II – DAS MULTAS POR DESCUMPRIMENTO DE OBRIGAÇÃO ACESSÓRIA
Art. 183	Art. 311
Art. 184	Art. 312
Art. 185	Art. 313
TÍTULO VI – DAS DISPOSIÇÕES FINAIS	LIVRO VII – DAS DISPOSIÇÕES FINAIS
Art. 186	Art. 315

Sumário

Agradecimentos v

Prefácio vii

Introdução xi

Correlação (IN RFB Nº 1.515/2014 x 1.700/2017) xiii

Glossário (Termos Técnicos Contábeis) xli

I
Tributação das Pessoas Jurídicas

1.1. Receita Bruta 2
    1.1.1. Definição 2
    1.1.2. Apuração e Registro Contábil 3
    1.1.3. Cálculo dos Tributos (IRPJ, CSL, PIS/Pasep e Cofins) .. 4
    1.1.4. Receita Líquida 4
    1.1.5. Exemplo Prático 5
    1.1.6. Demonstração do Lucro Real 5
1.2. Lucro Real 6
    1.2.1. Considerações Preliminares 6
    1.2.2. Pessoas Jurídicas Obrigadas ao Lucro Real 8
        1.2.2.1. Receita Total *10*
    1.2.3. Perdas e Recebimento de Crédito 10
        1.2.3.1 Dedução como Despesas *10*
        1.2.3.2 Contratos Inadimplidos a Partir de 08.10.2014 ... *12*
        1.2.3.3 Registro Contábil das Perdas *13*
        1.2.3.4 Encargos Financeiros de Créditos Vencidos *14*
        1.2.2.5 Tratamento dos Créditos Recuperados *15*
    1.2.4. Juros sobre o Capital Próprio 15
        1.2.4.1. Exemplo Prático *18*
    1.2.5. Retiradas dos Administradores 19

1.2.6.	Gratificação a Empregados	20
1.2.7.	Multas por Rescisão de Contratos	20
1.2.8.	Contribuição Social sobre o Lucro Líquido (CSLL)	20
1.3.	Pagamento por Estimativa	20
1.3.1.	Base de Cálculo	21
1.3.2.	Acréscimos à Base de Cálculo	23

1.3.2.1. Não Integram a Base de Cálculo ... *25*

1.3.3. Avaliação a Valor Justo ... 26

1.3.3.1 Ganho de Capital ... *27*

1.3.4. Determinação do Valor Devido ... 27

1.3.4.1. Alíquota do IRPJ ... *27*

1.3.4.2. Alíquota Adicional ... *27*

1.3.4.3. Exemplo Prático ... *27*

1.3.5. Deduções do Imposto Devido ... 28

1.3.6. Imposto Pago a Maior ... 28

1.3.7. Incentivos Fiscais ... 29

1.3.8. Suspensão ou Redução do Pagamento Mensal ... 29

1.3.8.1. Diferença Paga a Maior nos Balanços de Suspensão/Redução ... *29*

1.3.8.2. Dedução de Benefícios Fiscais do Balanço de Suspensão/Redução ... *30*

1.3.8.3. Pagamento Mensal de Janeiro ... *31*

1.3.8.4. Imposto Devido no Período em Curso ... *31*

1.3.8.5. Avaliação de Estoques ... *31*

1.3.8.6. Transcrição no Livro Diário ... *32*

1.3.8.7. Transcrição no e-Lalur ... *32*

1.3.9. Pagamento do Imposto de Renda ... 33

1.3.9.1. Apuração Trimestral ... *33*

1.3.9.2. Apuração por Estimativa ... *33*

1.3.9.3. Saldo Anual do Imposto a Pagar ... *33*

1.3.9.4. Falta ou Insuficiência de Pagamento ... *34*

1.3.10. Exemplo Prático ... 35

1.4. Contribuição Social sobre o Lucro Líquido (CSLL) ... 38

1.4.1. Aplicabilidade ... 38

1.5. Lucro Presumido ... 38

1.5.1. PJs Autorizadas a Optar ... 39

1.5.2. Formas de Opção ... 39

1.5.3. Opção Definitiva ... 40

1.5.4. Início de Atividade ... 40

1.5.5. Resultante de Incorporação ou Fusão ... 40

1.5.6. Determinação do Lucro Presumido ... 41

1.5.6.1. Ajustes a Valor Presente ... *42*

1.5.6.2. Concessão de Serviços Públicos ... *42*

1.5.6.3. Regime de Caixa ou de Competência ... *43*

1.5.6.4. Limite de R$ 120.000,00 ... *43*

1.5.6.5 Excesso do Limite de R$ 120.000,00 ... *43*

1.5.7. Ganho de Capital ... 43

1.5.7.1. Definição ... *43*

1.5.7.2. Encargos Associados a Empréstimos ... *44*

1.5.7.3. Neutralidade Tributária ... *44*

Sumário

	1.5.7.4. Reavaliação do Ativo	45
	1.5.7.5. Ativo Intangível	45
	1.5.7.6. Dedução pela Concessionária	45
	1.5.7.7. Alienação de Bens a Prazo	46
	1.5.7.8. Exemplo Prático	46
1.5.8.	Receitas Financeiras	50
1.5.9.	Imposto de Renda Retido na Fonte (IRRF)	52
1.5.10.	Rendimentos de Aplicação Financeira (Regime de Caixa)	52
1.5.11.	Avaliação a Valor Justo (AVJ)	53
1.5.12.	Arrendamento Mercantil – Arrendadora	53
1.5.13.	Mudança do Lucro Real para Lucro Presumido	54
1.5.14.	Mudança do Lucro Presumido para Lucro Real	54
1.5.15.	Cálculo do Imposto	55
	1.5.15.1.Alíquota de 15%	55
	1.5.15.2.Adicional de 10%	55
	1.5.15.3.Deduções do Imposto	55
1.5.16.	Lucro Presumido – Regime de Caixa	56
1.5.17.	Obrigações Acessórias	57
1.5.18.	Incorporação, Fusão ou Cisão	57
1.5.19.	Distribuição de Lucros e Dividendos	58
	1.5.19.1.Isenção do IRRF em Relação ao Limite Fiscal	58
	1.5.19.2.Isenção do IRRF em Relação ao Lucro Contábil	59
	1.5.19.3.Tributação de Outros Rendimentos Pagos	59
1.5.20.	Regime Tributário de Transição (RTT)	60
	1.5.20.1.Obrigatoriedade do RTT	60
	1.5.20.2.Revogação do RTT a partir de 1º.01.2015	60
1.5.21.	Exemplo Prático	61
1.5.22.	Contribuição Social sobre o Lucro Líquido (CSLL)	63
	1.5.22.1.Introdução	63
	1.5.22.2.Base de Cálculo	64
	1.5.22.3.Prestadoras de Serviços – Base de Cálculo desde 1º.09.2003	64
	1.5.22.4.Receita de Exportação	65
	1.5.22.5.Alíquotas	65
	1.5.22.6.Deduções e Compensações	65
	1.5.22.7.Preenchimento do Darf	66
	1.5.22.8.Bônus de Adimplência Fiscal	66
	1.5.22.9.Regime Tributário de Transição (RTT)	67
1.6.	Lucro Arbitrado	68
1.6.1.	Definições	69
1.6.2.	Período de Apuração	69
1.6.3.	Arbitramento de Lucro	69
1.6.4.	Forma de Opção	69
1.6.5.	Hipóteses de Arbitramento	70
1.6.6.	Receita Bruta Conhecida	71
1.6.7.	Determinação do Lucro Arbitrado	71
1.6.8.	Avaliação a Valor Justo (AVJ)	76
1.6.9.	Arrendamento Mercantil – Arrendadora	77
1.6.10.	Mudança do Lucro Real para Lucro Arbitrado	77

1.6.11. Receita Bruta Desconhecida.. 78
1.6.12. Cálculo do Imposto.. 79
1.6.13. Exemplo Prático.. 80
1.6.14. Contribuição Social sobre o Lucro Líquido (CSLL) 81
    1.6.14.1.Regra Geral para Empresas Comerciais, Industriais e Serviços 82
    1.6.14.2.Prestadoras de Serviços (Base de Cálculo desde 1°.09.2003) 82
    1.6.14.3.Instituições Financeiras, Empresas de Seguro e Entidades
       Equiparadas.. 83
    1.6.14.4.Alíquotas.. 84

1.7. Participações em Coligadas e Controladas 85
    1.7.1. Desdobramento do Custo de Aquisição com Base em Laudo 85
        1.7.1.1. Reconhecimento em Subcontas 85
        1.7.1.2. Laudo de Avaliação 85
        1.7.1.3. Sumário do Laudo 86
        1.7.1.4. Desatendimento das Formalidades 86
        1.7.1.5. Avaliação pelo Valor do Patrimônio Líquido 86
        1.7.1.6. Ganho de Compra Vantajosa 87
    1.7.2. Avaliação do Investimento 87
        1.7.2.1. Ajuste do Valor Contábil do Investimento 88
        1.7.2.2. Contrapartida do Ajuste do Valor do Patrimônio Líquido 89
        1.7.2.3. Redução da Mais-valia ou Menos-valia e do Goodwill................. 89
    1.7.3. Aquisição de Participação Societária em Estágios 89
        1.7.3.1. Evidenciação em Subcontas 90
    1.7.4. Resultado da Alienação do Investimento – Ganho de Capital.... 90
    1.7.5. Exemplo Prático.. 91
        1.7.5.1. Aquisição de Participação Societária em Estágios 91

2

CONTROLE POR SUBCONTAS – ADOÇÃO INICIAL

2.1. Data da Adoção Inicial.. 98
2.2. Neutralidade Tributária 98
2.3. Escrituração Contábil para Fins Societários e do Controle Fiscal
    Contábil de Transição (FCont) 98
    2.3.1. Contabilidade Societária.. 98
    2.3.2. Contabilidade Fiscal (FCont) 99
    2.3.3. Opção em 2014 99
    2.3.4. Aplicação da Lei em 2015 99
2.4. Subcontas de Adoção Inicial.. 99
    2.4.1. Subcontas Analíticas..101
    2.4.2. Efeito Tributário das Subcontas..102
    2.4.3. Subcontas do Ativo..102
    2.4.4. Diferença POSITIVA do Ativo 102
        2.4.4.1 Adição da Diferença 103
        2.4.4.2 Registro em Subconta... 103
        2.4.4.3 Baixa da Subconta... 103
        2.4.4.4 Ativo Representado por mais de uma Conta 103
        2.4.4.5 Realização do Ativo 103

	2.4.4.6	*Utilização de Subconta Auxiliar*..103
	2.4.4.7.	*Exemplo Prático*..107
2.4.5.		Diferença NEGATIVA do Ativo 116
	2.4.5.1.	*Exclusão da Diferença*..116
	2.4.5.2.	*Registro em Subconta*..116
	2.4.5.3.	*Baixa da Subconta*..116
	2.4.5.4.	*Ativo Representado por mais de uma Conta*.........................116
	2.4.5.5.	*Realização do Ativo*..117
	2.4.5.6.	*Subconta Auxiliar*..117
	2.4.5.7.	*Exemplo Prático*..123
2.4.6.		Subcontas do Passivo 143
2.4.7.		Diferença POSITIVA do Passivo 143
	2.4.7.1.	*Exclusão da Diferença*..143
	2.4.7.2.	*Registro em Subconta*..143
	2.4.7.3.	*Baixa da Subconta*..143
2.4.8.		Diferença NEGATIVA do Passivo 144
	2.4.8.1.	*Adição da Diferença*..144
	2.4.8.2.	*Registro em Subconta*..144
	2.4.8.3.	*Baixa da Subconta*..144

2.5. Lucro Presumido na Adoção Inicial..144
    2.5.1. Lucro Presumido antes da Data da Adoção Inicial 144
    2.5.2. Lucro Presumido antes e depois da Data da Adoção Inicial.......145
    2.5.3. Lucro Presumido antes e Lucro Real depois da Data da
        Adoção Inicial 145

2.6. Venda a Prazo ou em Prestações de Unidades Imobiliárias.....................145
    2.6.1. Venda a Prazo ou em Prestações 145
    2.6.2. Tratamento na Adoção Inicial 146

2.7. Ativo Diferido — Diferença Negativa..147
    2.7.1. Exclusão no e-Lalur 147
    2.7.2. Ativo Diferido só Reconhecido no FCont................................147
    2.7.3. Realização do Ativo Diferido no e-Lalur 147

2.8. Arrendamento Mercantil...148

2.8.1.		Arrendadora 149
	2.8.1.1.	*Operações Sujeitas ao Tratamento Tributário da Lei n°*
		6.099/1974 149
	2.8.1.2.	*Operações não Sujeitas ao Tratamento Tributário da Lei*
		n° 6.099/1974..149
2.8.2.		Arrendatária 150
	2.8.2.1.	*Operações Sujeitas ao Tratamento Tributário da Lei n°*
		6.099/1974 150
	2.8.2.2	*Operações não Sujeitas ao Tratamento Tributário da Lei*
		n° 6.099/1974..152
	2.8.2.3.	*Ganho de Capital (Arrendamento Mercantil)*.......................152
	2.8.2.4.	*Contratos em Curso na Data da Adoção Inicial* 153
2.8.3.		Exemplo Prático...153

2.9. Contratos de Concessão de Serviços Públicos..154
    2.9.1.   *Na Data da Adoção Inicial*...154*

2.9.2.	Na Pós-adoção	154
2.9.3.	Conclusão Final	154
2.9.4.	Exemplo Prático	155
2.10.	Demonstrativo das Diferenças na Adoção Inicial	156
2.10.1.	Obrigação para Optantes em 2014	156
2.10.2.	Obrigatório a partir de 2015	157
2.11.	Reserva de Reavaliação	158
2.11.1.	Controle na Parte "B" do e-Lalur	158

3

CONTROLE POR SUBCONTAS – PÓS-ADOÇÃO

3.1.	Controle por Subcontas	159
3.2.	Ajuste a Valor Presente (AVP)	160
3.2.1.	AVP de Ativo	160
3.2.1.1.	*Vendas a Prazo*	160
3.2.1.2.	*Demais Operações*	162
3.2.1.3.	*Exemplo Prático*	163
3.2.2.	AVP de Passivo	167
3.2.2.1.	*AVP na Determinação do Lucro Real*	167
3.2.2.2.	*Situações em que o AVP não é Considerado na Determinação do Lucro Real*	168
3.2.2.3.	*Controle em Subcontas*	168
3.2.2.4.	*Baixa da Subconta*	168
3.2.2.5.	*Demais Operações Sujeitas ao AVP de Elementos do Passivo Não Circulante*	171
3.2.2.6.	*Exemplo Prático*	172
3.3.	Ganho na Avaliação a Valor Justo (AVJ)	184
3.3.1.	Definição de Valor Justo	184
3.3.2.	Ganho na AVJ de Ativo	185
3.3.2.1.	*Evidenciação por Subcontas*	185
3.3.2.2.	*Operações de Permuta que Envolva Troca de Ativo ou Passivo*	186
3.3.2.3.	*Diferimento da Subconta*	186
3.3.2.4.	*Registro Contábil em Subconta*	186
3.3.2.5.	*Dedutibilidade da Subconta*	187
3.3.2.6.	*Ganho na AVJ (Permuta de Ativos)*	187
3.3.2.7.	*Exemplo Prático*	190
3.3.3.	Ganho na AVJ de Passivo	202
3.3.3.1.	*Registro Contábil em Subconta*	202
3.3.3.2.	*Avaliação a Valor Justo Registrado como Receita*	202
3.3.3.3.	*Baixa da Subconta*	203
3.3.3.4.	*Ganho na AVJ (Permuta de Passivos)*	204
3.4.	Perda na Avaliação a Valor Justo (AVJ)	204
3.4.1.	Definição de Valor Justo	204
3.4.2.	Perda na AVJ de Ativo e Passivo	205
3.4.2.1.	*Perda na AVJ de Ativo*	206
3.4.2.2.	*Perda na AVJ de Passivo*	207
3.4.3.	Exemplo prático	207

Sumário

3.4.3.1. *Perda na AVJ de Ativo (Depreciação Dedutível)*.....................208
3.4.3.2. *Perda na AVJ de Ativo (Depreciação Indedutível)* 216
3.4.3.3. *Perda na AVJ de Ativo (Investimentos Temporários)* 218

3.5. Avaliação a Valor Justo de Títulos e Valores Mobiliários – GANHO e PERDA ..219
   3.5.1. Evidenciação por Subconta...219
   3.5.2. Mercados de Liquidação Futura Sujeitos a Ajustes de Posições..219
   3.5.3. Títulos e Valores Mobiliários Adquiridos por Instituições Financeiras 220
   3.5.4. Parcela Não Dedutível..220
   3.5.5. Operações Realizadas para Fins de *Hedge* 221
      3.5.5.1. *Dedutibilidade das Perdas em Operações de* Hedge....................221
      3.5.5.2. *Variações no Valor Justo do Instrumento de* Hedge.....................221
      3.5.5.3. *Resultados Líquidos Obtidos em Operações de* Hedge 222

3.6. Ganho na Avaliação a Valor Justo na Subscrição de Ações.....................222
   3.6.1. Evidenciação em Subconta..222
   3.6.2. Realização do Ganho por Subconta...222
      3.6.2.1. *Subconta Não Evidenciada*...223
      3.6.2.2. *Subscrição do Capital Social* 223
      3.6.2.3. *Diferimento do Ganho*..223
   3.6.3. Registro Contábil em Subconta...223
   3.6.4. Exclusão do e-Lalur..224
   3.6.5. Baixa da Subconta 224

3.7. Perda na Avaliação a Valor Justo na Subscrição de Ações......................224
   3.7.1. Evidenciação em Subconta..224
   3.7.2. Subconta Não Evidenciada...225
   3.7.3. Subscrição de Capital por Meio de Participação Societária.......225

3.8. Ganhos e Perdas no Ajuste Decorrente de AVJ na Coligada/Controlada 226
   3.8.1. Ganho no Ajuste Decorrente de AVJ na Coligada/Controlada .226
      3.8.1.1. *Evidenciação por Subconta*...227
      3.8.1.2. *Baixa da Subconta*..227
      3.8.1.3. *Tributação da Subconta* 227
      3.8.1.4. *Diferimento do Ganho*..227
      3.8.1.5. *Registro em Subconta*...227
      3.8.1.6 *Baixa da Subconta*..228
      3.8.1.7. *Exemplo Prático*...228
   3.8.2. Perda no Ajuste Decorrente de AVJ na Coligada/Controlada....233
      3.8.2.1. *Evidenciação em Subconta*...233
      3.8.2.2. *Evidenciação no Caso de Bens Diferentes*............................234
      3.8.2.3. *Baixa da Subconta*..234
      3.8.2.4. *Subconta Não Evidenciada*...234
      3.8.2.5. *Determinação no Lucro Real*...234

3.9. Incorporação, Fusão e Cisão – Avaliação a Valor Justo transferido para a Sucessora 235

3.10. Avaliação a Valor Justo – Mudança do Lucro Presumido para o Lucro Real 235
   3.10.1. Ganho de AVJ no Lucro Presumido.......................................236
   3.10.2. Perdas de AVJ no Lucro Presumido.......................................236

3.10.3. Passivos Relacionados a Ativos ainda não Totalmente
Realizados na Transição 236
3.11. Custo do Ativo Imobilizado 236
3.11.1. Limite Fiscal...236
3.11.2. Limite Contábil...237

4
CONTROLE POR SUBCONTAS A PARTIR DE 1º.01.2018

4.1 Introdução 239
4.2 Novos Pronunciamentos Contábeis..241
    4.2.1   CPC 06 – Arrendamento Mercantil...241
        4.2.1.1 *Substituição de Procedimentos e Interpretações* *241*
        4.2.1.2 *Isenção de reconhecimento*...*242*
        4.2.1.3 *Alcance*...*242*
        4.2.1.4 *Identificação de arrrendamento* *243*
        4.2.1.5 *Apresentação* *243*
        4.2.1.6 *Divulgação* *244*
    4.2.2   CPC 47 – Receita de Contrato com Clientes........................244
        4.2.2.1 *Impactos nas empresas*...*245*
        4.2.2.2 *Reconhecimento da receita* *247*
        4.2.2.3 *Identificação do contrato* *247*
        4.2.2.4 *Identificação de obrigações de desempenho*........................*248*
        4.2.2.5 *Determinação do preço de transação* *250*
        4.2.2.6 *Alocação do preço da transação* *252*
        4.2.2.7 *Reconhecimento da receita* *253*
        4.2.2.8 *Apresentação na DRE*...*256*
    4.2.3   CPC 48 – Instrumentos Financeiros 258
        4.2.3.1 *Vigência* *258*
        4.2.3.2 *Objetivo* *258*
        4.2.3.3 *Impacto nas empresas*...*258*
        4.2.3.4 *Reconhecimento do ativo passivo ou passivo financeiro*...............*259*
4.3 Reflexos fiscais dos Pronunciamentos Contábeis 259
4.3.1 Instrução Normativa RFB nº 1.753 e 1.771/2017 259
        4.3.1.1 *Anexo I – Revisão do Pronunciamento Técnico CPC 09*
           – Demonstração do Valor Adicionado (DVA).........................*269*
        4.3.1.2 *– Anexo II – Resolução do Conselho Monetário*
           Nacional (CMN) nº 4.512/2016 ....*262*
        4.3.1.3 *– Anexo III – Resolução do Conselho Monetário*
           Nacional (CMN) nº 4.524/2016 ....*262*
        4.3.1.4 *– Anexo IV – Pronunciamento Técnico nº 47 – Receita*
           de contrato com cliente...*263*

5
DEMAIS DISPOSIÇÕES RELATIVAS À LEGISLAÇÃO TRIBUTÁRIA

5.1. Despesas Pré-Operacionais ou Pré-Industriais 273
    5.1.1. Conceito Societário 273

	5.1.2.	Conceito Fiscal 274
		5.1.2.1. Despesas Pré-operacionais 274
		5.1.2.2. Tratamento Tributário........................275
	5.1.3.	Amortização........................276
	5.1.4.	Exemplo Prático........................276
5.2.	Teste de Recuperabilidade 277
	5.2.1.	Definição 277
	5.2.2.	Objetivo e Finalidade 277
	5.2.3.	Obrigatoriedade........................277
	5.2.4.	Comprovação do Teste........................278
	5.2.5.	Aspecto Tributário........................278
		5.2.5.1. Ganho ou Perda de Capital........................278
		5.2.5.2. Reversão das Perdas por Desvalorização 278
5.3.	Custos de Empréstimos........................278
5.4.	Contratos de Longo Prazo 279
	5.4.1.	Receita Bruta........................280
5.5.	Subvenções para Investimento 280
	5.5.1.	Utilização da Reserva de Subvenções........................280
	5.5.2.	Apuração de Prejuízo Contábil........................281
	5.5.3.	Apuração Trimestral do Imposto 281
	5.5.4.	Controle no e-Lalur 281
	5.5.5.	Doação Recebida do Poder Público 282
	5.5.6.	Exemplo Prático........................282
5.6.	Prêmio na Emissão de Debêntures 283
	5.6.1.	Tributação do Prêmio........................283
	5.6.2.	Apuração de Prejuízo Contábil........................284
	5.6.3.	Apuração Trimestral do Imposto 284
	5.6.4.	Controle no e-Lalur 284
5.7.	Ganhos ou Perdas de Capital........................284
	5.7.1.	Apuração do Ganho de Capital........................284
		5.7.1.1. Valor Contábil........................285
	5.7.2.	Recebimento Depois do Término do Exercício Social 285
	5.7.3.	Tributação do Ganho de Capital........................285
5.8.	Compensação de Prejuízos Fiscais........................286
	5.8.1.	Limite Fiscal de 30% 286
	5.8.2.	Prejuízos Fiscais não Operacionais 287
		5.8.2.1. Definição 287
		5.8.2.2. Resultados não Operacionais........................287
		5.8.2.3. Separação dos Prejuízos Fiscais não Operacionais das Demais Atividades........................288
	5.8.3.	Controle na Parte "B" do e-Lalur 288
	5.8.4.	Compensação dos Prejuízos Fiscais 288
	5.8.5.	Neutralidade Tributária........................289
	5.8.6.	Saldo Existente na Adoção Inicial 289
	5.8.7.	Mudança de Controle Societário e de Ramo da Sociedade 289
	5.8.8.	Sucessora por Incorporação, Fusão ou Cisão 290

5.8.8.1. *Cisão Parcial* 290
    5.8.9. Sociedade em Conta de Participação (SCP) 290
    5.8.10. Exemplo Prático 290
        5.8.10.1.*Ex. 01 – Separação dos Prejuízos na Parte "B" do e-Lalur* 290
        5.8.10.2.*Ex. 02 – Compensação de Prejuízo Fiscal* 291
5.9. Lucros e Dividendos Distribuídos 292
    5.9.1. Lucro Presumido ou Arbitrado 292
    5.9.2. Período-base não Encerrado 293
    5.9.3. Inexistência de Lucros Acumulados 293
    5.9.4. Pro Labore 294
        5.9.4.1. *Conceito* 294
        5.9.4.2. *Entendimento Fiscal* 294
        5.9.4.3. *Aspecto Societário* 294
    5.9.5. Exemplo Prático 295
5.10. Adoção de Novos Métodos e Critérios Contábeis por Meio de Atos Administrativos Emitidos depois do Ano-Calendário de 2013 296
5.11. Resultados não Realizados nas Operações Intercompanhias 297
    5.11.1. Tratamento Fiscal 297
5.12. Moeda Funcional 298
    5.12.1. Definição 298
    5.12.2. Reconhecimento e Mensuração 298
    5.12.3. Moeda Funcional Diferente da Nacional 299
    5.12.4. Ajustes de Adições, Exclusões e Compensações 299
    5.12.5. Apuração de PIS/Pasep e Cofins 299
    5.12.6. Transmissão ao Sped Contábil 299
    5.12.7. Exemplo Prático 301

6
Contribuição para o PIS/Pasep e Cofins

6.1 Disposições Gerais 303
6.2. Modalidades de Tributação 304
    6.2.1. Regime Cumulativo 304
        6.2.1.2. *Contribuintes* 304
        6.2.1.3. *Base de Cálculo* 305
        6.2.1.4. *Alíquotas* 305
    6.2.2. Regime Não Cumulativo 306
        6.2.2.1. *Contribuintes* 306
        6.2.2.2. *Fato Gerador* 306
        6.2.2.3. *Base de Cálculo* 307
        6.2.2.4. *Alíquotas* 309
        6.2.2.5. *Créditos Permitidos* 311
    6.2.3. Receitas Financeiras 312
        6.2.3.1. *Definição* 312
        6.2.3.2. *Tributação e Alíquotas* 313
        6.2.3.3. *Regime Cumulativo* 313
        6.2.3.4. *Regime não Cumulativo* 314
    6.2.4. Prazo de Pagamento 315

Sumário

6.2.5. Arrendamento Mercantil 315
      6.2.5.1. *PJ Arrendadora* *315*
      6.2.5.2. *PJ Arrendatária* *316*
      6.2.5.3. *Ativo Circulante Mantido para Venda* *317*
      6.2.5.4. *Contratos de Concessão de Serviços Públicos* *317*

7
PLANO DE CONTAS

7.1. Introdução 319
7.2. Plano de Contas das Empresas...319
    7.2.1. Técnica para a Elaboração do Plano de Contas das Empresas 320
    7.2.2. Codificação das Contas...321
    7.2.3. Denominação das Contas 321
    7.2.4. Modelo de Plano de Contas 322

8
OBRIGAÇÕES DA PESSOA JURÍDICA

8.1. Escrituração da ECF (Lalur Digital) 329
    8.1.1. Obrigatoriedade..330
    8.1.2. Arquivo da ECF...330
    8.1.3. Plano de Contas e Mapeamento 330
    8.1.4. O que Informar no e-Lalur 331
    8.1.5. Partes do e-Lalur..331
       8.1.5.1. *Parte "A" do e-Lalur* *332*
       8.1.5.2. *Parte "B" do e-Lalur* *332*
    8.1.6. Livro e-Lacs 332
    8.1.7. Registros do e-Lalur/e-Lacs na ECF 333
    8.1.8. Demonstrativo das Diferenças na Adoção Inicial 333
       8.1.8.1. *Entidades Imunes e Isentas* *333*
       8.1.8.2. *Subcontas Vinculada e Auxiliar* *333*
       8.1.8.3. *Leiaute do Registro Y665* *334*
       8.1.8.4. *Exemplo Prático* *334*
8.2. Livro Razão Auxiliar das Subcontas (RAS).............................336
    8.2.1. Exemplo Prático...337

9
MULTAS PUNITIVAS

9.1. Entrega em Atraso do e-Lalur..342
    9.1.1. Multa Máxima 343
    9.1.2. Redução da Multa..343
9.2. Retificação do e-Lalur 343
9.3. Ausência de Lucro Líquido 343
9.4. Arbitramento 344

LEGISLAÇÃO TRIBUTÁRIA 345

BIBLIOGRAFIA 353

Glossário
(Termos Técnicos Contábeis)

Ágio por expectativa de rentabilidade futura (*goodwill*) é um ativo que representa benefícios econômicos futuros resultantes de outros ativos adquiridos em uma combinação de negócios, os quais não são individualmente identificados e separadamente reconhecidos.

Amortização é a alocação sistemática do valor amortizável de ativo intangível ao longo da sua vida útil.

Arrendamento mercantil é um acordo pelo qual o arrendador transmite ao arrendatário em troca de um pagamento ou série de pagamentos o direito de usar um ativo por um período de tempo acordado.

Arrendamento mercantil financeiro é aquele em que há transferência substancial dos riscos e benefícios inerentes à propriedade de um ativo. O título de propriedade pode ou não vir a ser transferido.

Arrendamento mercantil operacional é um arrendamento mercantil diferente de um arrendamento mercantil financeiro.

Assistência governamental é a ação de um governo destinada a fornecer benefício econômico específico a uma entidade ou a um grupo de entidades que atendam a critérios estabelecidos. Não inclui os benefícios proporcionados única e indiretamente por meio de ações que afetam as condições comerciais gerais, tais como o fornecimento de infraestruturas em áreas em desenvolvimento ou a imposição de restrições comerciais sobre concorrentes.

Ativo é um recurso:

(a) controlado pela entidade como resultado de eventos passados; e

(b) do qual se espera que resultem benefícios econômicos futuros para a entidade.

Ativo circulante é o ativo que satisfaz a qualquer um dos seguintes critérios: (a) espera-se que seja realizado, ou pretende-se que seja vendido ou consumido no curso normal do ciclo operacional da entidade; (b) é mantido essencialmente com o propósito de ser negociado; (c) espera-se que seja realizado no período de até doze meses depois da data do balanço; ou (d) é caixa ou equivalente de caixa, a menos que sua troca ou seu uso tenha limitações para a liquidação de passivo durante, pelo menos, doze meses depois da data do balanço.

Ativo contingente é um ativo possível que resulta de eventos passados e cuja existência será confirmada apenas pela ocorrência ou não de um ou mais eventos futuros incertos não totalmente sob controle da entidade.

Ativo financeiro disponível para venda é aquele ativo financeiro não derivativo que é designado como disponível para venda ou que não é classificado como: (a) empréstimos e contas a receber; (b) investimentos mantidos até o vencimento; ou (c) ativos financeiros pelo valor justo por meio do resultado.

Ativo fiscal diferido é o valor do tributo sobre o lucro recuperável em período futuro relacionado a: (a) diferenças temporárias dedutíveis; (b) compensação futura de prejuízos fiscais não utilizados; e (c) compensação futura de créditos fiscais não utilizados.

Ativo imobilizado é o item tangível que: (a) é mantido para uso na produção ou fornecimento de mercadorias ou serviços, para aluguel a outros, ou para fins administrativos; e (b) se espera utilizar por mais de um período.

Ativo intangível é um ativo não monetário identificável sem substância física.

Ativo monetário é aquele representado por dinheiro ou por direitos a serem recebidos em uma quantia fixa ou determinável de dinheiro.

Ativo não circulante é um ativo que não satisfaz à definição de ativo circulante.

Ativo qualificável é um ativo que, necessariamente, demanda um período de tempo substancial para ficar pronto para seu uso ou venda pretendidos.

Ativos corporativos são ativos, exceto ágio por expectativa de rentabilidade futura (*goodwill*), que contribuem, mesmo que indiretamente, para os fluxos de caixa futuros tanto da unidade geradora de caixa sob revisão quanto de outras unidades geradoras de caixa.

Glossário (Termos Técnicos Contábeis)

Atualização monetária é o reconhecimento de ajuste no valor de ativo e passivo da entidade com base em índice de inflação.

Base fiscal de ativo ou passivo é o valor atribuído àquele ativo ou passivo para fins fiscais.

Coligada é a entidade sobre a qual o investidor tem influência significativa.

Combinação de negócios é uma operação ou outro evento por meio do qual um adquirente obtém o controle de um ou mais negócios, independentemente da forma jurídica da operação. Nesse Pronunciamento, o termo abrange também as fusões que se dão entre partes independentes (inclusive as conhecidas por *true mergers* ou *merger of equals*).

Contrato de construção é um contrato especificamente negociado para a construção de um ativo ou de uma combinação de ativos que estejam diretamente inter-relacionados ou interdependentes em função da sua concepção, tecnologia e função ou do seu propósito ou uso final.

Contrato oneroso é um contrato em que os custos inevitáveis de satisfazer as obrigações do contrato excedem os benefícios econômicos que se esperam sejam recebidos ao longo do mesmo contrato.

Controle conjunto é o compartilhamento, contratualmente convencionado, do controle de negócio, que existe somente quando decisões sobre as atividades relevantes exigem o consentimento unânime das partes que compartilham o controle.

Custo é o montante de caixa ou equivalente de caixa pago ou o valor justo de qualquer outra contraprestação dada para adquirir um ativo na data da sua aquisição ou construção ou ainda, se for o caso, o valor atribuído ao ativo quando inicialmente reconhecido de acordo com as disposições específicas de outro Pronunciamento como o Pronunciamento Técnico CPC 10 – Pagamento Baseado em Ações.

Custos de empréstimos são juros e outros custos em que a entidade incorre em conexão com o empréstimo de recursos.

Demonstração contábil intermediária significa uma demonstração contábil contendo um conjunto completo de demonstrações contábeis (assim como descrito no Pronunciamento Técnico CPC 26 – Apresentação das Demonstrações Contábeis) ou um conjunto de demonstrações contábeis condensadas (assim como descrito neste Pronunciamento) de período intermediário.

Demonstrações consolidadas são as demonstrações contábeis de um grupo econômico, em que ativos, passivos, patrimônio líquido, receitas, despesas e fluxos de caixa da controladora e de suas controladas são apresentados como se fossem uma única entidade econômica.

Depreciação, amortização e exaustão são a alocação sistemática do valor depreciável, amortizável e exaurível de ativos durante sua vida útil.

Desenvolvimento é a aplicação dos resultados da pesquisa ou de outros conhecimentos em um plano ou projeto visando à produção de materiais, dispositivos, produtos, processos, sistemas ou serviços novos ou substancialmente aprimorados, antes do início da sua produção comercial ou do seu uso.

Despesas de venda ou de baixa são despesas incrementais diretamente atribuíveis à venda ou à baixa de um ativo ou de uma unidade geradora de caixa, excluindo as despesas financeiras e de impostos sobre o resultado gerado.

Despesas financeiras são os custos ou as despesas que representam o ônus pago ou a pagar como remuneração direta do recurso tomado emprestado do financiador derivado dos fatores tempo, risco, inflação, câmbio, índice específico de variação de preços e assemelhados; incluem, portanto, os juros, a atualização monetária, a variação cambial etc., mas não incluem taxas, descontos, prêmios, despesas administrativas, honorários, etc.

Despesa tributária (receita tributária) é o valor total incluído na determinação do lucro ou prejuízo para o período relacionado com o tributo sobre o lucro corrente ou diferido.

Diferença temporária é a diferença entre o valor contábil de ativo ou passivo no balanço e sua base fiscal. As diferenças temporárias podem ser tanto: (a) diferença temporária tributável, a qual é a diferença temporária que resulta em valores tributáveis para determinar o lucro tributável (prejuízo fiscal) de períodos futuros quando o valor contábil de ativo ou passivo é recuperado ou liquidado; ou (b) diferença temporária dedutível, a qual é a diferença temporária que resulta em valores que são dedutíveis para determinar o lucro tributável (prejuízo fiscal) de futuros períodos quando o valor contábil do ativo ou passivo é recuperado ou liquidado.

Empreendimento controlado em conjunto (*joint venture*) é um acordo conjunto por meio do qual as partes, que detêm o controle em conjunto do acordo contratual, têm direitos sobre os ativos líquidos desse acordo.

Encargos financeiros são a soma das despesas financeiras, dos custos de transação, prêmios, descontos, ágios, deságios e assemelhados, a qual representa a diferença entre os valores recebidos e os valores pagos (ou a pagar) a terceiros.

Entidade no exterior é uma entidade que pode ser controlada, coligada, empreendimento controlado em conjunto ou filial, sucursal ou agência de uma entidade que reporta informação, por meio da qual são desenvolvidas atividades que estão baseadas ou são conduzidas em um país ou em moeda diferente daquelas da entidade que reporta a informação.

Glossário (Termos Técnicos Contábeis)

Estoques são ativos: (a) mantidos para venda no curso normal dos negócios; (b) em processo de produção para venda; ou (c) na forma de materiais ou suprimentos a serem consumidos ou transformados no processo de produção ou na prestação de serviços.

Governo refere-se a Governo federal, estadual ou municipal, agências governamentais e órgãos semelhantes, sejam locais, nacionais ou internacionais.

Grupo econômico é uma entidade controladora e todas as suas controladas.

Influência significativa é o poder de participar das decisões sobre políticas financeiras e operacionais de uma investida, mas sem que haja o controle individual ou conjunto dessas políticas.

Investidor conjunto (*joint venture*) é uma parte de um empreendimento controlado em conjunto (*joint venture*) que tem o controle conjunto desse empreendimento.

Isenção tributária é a dispensa legal do pagamento de tributo sob quaisquer formas jurídicas (isenção, imunidade, etc.). Redução, por sua vez, exclui somente parte do passivo tributário, restando, ainda, parcela de imposto a pagar. A redução ou a isenção pode se processar, eventualmente, por meio de devolução do imposto recolhido mediante determinadas condições.

Itens monetários são unidades de moeda mantidas em caixa e ativos e passivos a serem recebidos ou pagos em um número fixo ou determinado de unidades de moeda.

***Joint venture* (empreendimento controlado em conjunto)** é um acordo conjunto por meio do qual as partes, que detêm o controle em conjunto do acordo contratual, têm direitos sobre os ativos líquidos desse acordo.

Juro é a remuneração auferida ou incorrida por recurso aplicado ou captado pela entidade.

Lucro tributável (prejuízo fiscal) é o lucro (prejuízo) para um período, determinado de acordo com as regras estabelecidas pelas autoridades tributárias, sobre o qual os tributos sobre o lucro são devidos (recuperáveis).

Método da equivalência patrimonial é o método de contabilização por meio do qual o investimento é inicialmente reconhecido pelo custo e, a partir daí, ajustado para refletir a alteração pós-aquisição na participação do investidor sobre os ativos líquidos da investida. As receitas ou as despesas do investidor incluem sua participação nos lucros ou prejuízos da investida, e os outros resultados abrangentes do investidor incluem a sua participação em outros resultados abrangentes da investida.

Moeda de apresentação é a moeda na qual as demonstrações contábeis são apresentadas.

Moeda estrangeira é qualquer moeda diferente da moeda funcional da entidade.

Moeda funcional é a moeda do ambiente econômico principal no qual a entidade opera.

Negócio em conjunto é um negócio do qual duas ou mais partes têm controle conjunto.

Obrigação legal é uma obrigação que deriva de: (a) contrato (por meio de termos explícitos ou implícitos); (b) legislação; ou (c) outra ação da lei.

Participação de não controladores é a parte do patrimônio líquido de controlada não atribuível direta ou indiretamente à controladora (anteriormente denominados "minoritários").

Passivo é uma obrigação presente da entidade, derivada de eventos já ocorridos, cuja liquidação se espera que resulte em saída de recursos da entidade capazes de gerar benefícios econômicos.

Passivo contingente é: (a) uma obrigação possível que resulta de eventos passados e cuja existência será confirmada apenas pela ocorrência ou não de um ou mais eventos futuros incertos não totalmente sob controle da entidade; ou (b) uma obrigação presente que resulta de eventos passados, mas que não é reconhecida porque: (i) não é provável que uma saída de recursos que incorporam benefícios econômicos seja exigida para liquidar a obrigação; ou (ii) o valor da obrigação não pode ser mensurado com suficiente confiabilidade.

Passivo fiscal diferido é o valor do tributo sobre o lucro devido em período futuro relacionado às diferenças temporárias tributáveis.

Perda por desvalorização é o montante pelo qual o valor contábil de um ativo ou de unidade geradora de caixa excede seu valor recuperável.

Pesquisa é a investigação original e planejada realizada com a expectativa de adquirir novo conhecimento e entendimento científico ou técnico.

Políticas contábeis são os princípios, as bases, as convenções, as regras e as práticas específicas aplicados pela entidade na elaboração e na apresentação de demonstrações contábeis.

Propriedade para investimento é a propriedade (terreno ou edifício – ou parte de edifício – ou ambos) mantida (pelo proprietário ou pelo arrendatário em arrendamento financeiro) para auferir aluguel ou para valorização do capital ou para ambas, e não para: (a) uso na produção ou fornecimento de bens ou serviços ou para finalidades administrativas; ou (b) venda no curso ordinário do negócio.

Provisão é um passivo de prazo ou de valor incertos.

Glossário(Termos Técnicos Contábeis)

Receita é o ingresso bruto de benefícios econômicos durante o período observado no curso das atividades ordinárias da entidade que resultam no aumento do seu patrimônio líquido, exceto os aumentos de patrimônio líquido relacionados às contribuições dos proprietários.

Resultado abrangente é a mutação que ocorre no patrimônio líquido durante um período que resulta de transações e outros eventos que não sejam derivados de transações com os sócios na sua qualidade de proprietários.

Resultado contábil é o lucro ou prejuízo para um período antes da dedução dos tributos sobre o lucro.

Resultado do período é o total das receitas deduzido das despesas, exceto os itens reconhecidos como outros resultados abrangentes no patrimônio líquido.

Subvenção governamental é uma assistência governamental geralmente na forma de contribuição de natureza pecuniária, mas não só restrita a ela, concedida a uma entidade normalmente em troca do cumprimento passado ou futuro de certas condições relacionadas às atividades operacionais da entidade. Não são subvenções governamentais aquelas que não podem ser razoavelmente quantificadas em dinheiro e as transações com o governo que não podem ser distinguidas das transações comerciais normais da entidade.

Subvenções relacionadas a resultado são as outras subvenções governamentais que não aquelas relacionadas a ativos.

Taxa de câmbio é a relação de troca entre duas moedas.

Taxa de câmbio à vista é a taxa de câmbio normalmente utilizada para liquidação imediata das operações de câmbio; no Brasil, a taxa a ser utilizada é a divulgada pelo Banco Central do Brasil.

Unidade geradora de caixa é o menor grupo identificável de ativos que gera entradas de caixa, entradas essas que são em grande parte independentes das entradas de caixa de outros ativos ou outros grupos de ativos.

Valor amortizável é o custo de um ativo ou outro valor que substitua o custo, menos o seu valor residual.

Valor contábil é o montante pelo qual o ativo está reconhecido no balanço depois da dedução de toda respectiva depreciação, amortização ou exaustão acumulada e ajuste para perdas.

Valor depreciável é o custo de um ativo ou outro valor que substitua o custo, menos o seu valor residual.

Valor depreciável, amortizável e exaurível é o custo de um ativo ou outra base que substitua o custo nas demonstrações contábeis, menos seu valor residual.

Valor de uso é o valor presente dos fluxos de caixa futuros estimados, os quais se espera que surjam do uso contínuo de um ativo e da sua disposição ao final da sua vida útil.

Valor em uso é o valor presente de fluxos de caixa futuros esperados que devem advir de um ativo ou de unidade geradora de caixa.

Valor específico para a entidade é o valor presente dos fluxos de caixa que uma entidade espera (i) obter com o uso contínuo de um ativo e com a alienação ao final da sua vida útil ou (ii) incorrer para a liquidação de um passivo.

Valor justo é o preço que seria recebido pela venda de um ativo ou que seria pago pela transferência de um passivo em uma transação não forçada entre participantes do mercado na data de mensuração.

Valor presente (*present value*) – é a estimativa do valor corrente de um fluxo de caixa futuro, no curso normal das operações da entidade.

Valor realizável líquido é o preço de venda estimado no curso normal dos negócios deduzido dos custos estimados para sua conclusão e dos gastos estimados necessários para se concretizar a venda.

Valor recuperável é o maior valor entre o valor justo menos os custos de venda de um ativo e seu valor em uso.

Valor recuperável de um ativo ou de unidade geradora de caixa é o maior montante entre o seu valor justo líquido de despesa de venda e o seu valor em uso.

Valor residual de um ativo intangível é o valor estimado que uma entidade obteria com a venda do ativo, depois de deduzir as despesas estimadas de venda, caso o ativo já tivesse a idade e a condição esperadas para o fim de sua vida útil.

Variação cambial é a diferença resultante da conversão de um número específico de unidades em uma moeda para outra moeda, a diferentes taxas cambiais.

Vida econômica é: (a) o período durante o qual se espera que um ativo seja economicamente utilizável por um ou mais usuários; ou (b) o número de unidades de produção ou de unidades semelhantes que um ou mais usuários esperam obter do ativo.

Vida útil é: (a) o período de tempo durante o qual a entidade espera utilizar um ativo; ou (b) o número de unidades de produção ou de unidades semelhantes que a entidade espera obter do ativo.

1

Tributação das Pessoas Jurídicas

O Imposto sobre a Renda das empresas será devido à medida que os rendimentos, ganhos e lucros forem sendo auferidos. As receitas e despesas são auferidas segundo o regime de competência.

As formalidades da escrituração contábil (livros Diário e Razão, escrituração contábil de filiais, documentação contábil, contas de compensação e retificação de lançamentos contábeis) estão dispostas na Resolução CFC n° 1.330/2011, que aprovou a ITG 2000, que dispõe sobre a Escrituração Contábil.

Segundo Fabretti (2005), a escrituração dos livros deve indicar os documentos hábeis que lhe servem de suporte legal. Esses documentos devem comprovar o fato econômico registrado na escrituração.

A escrituração contábil consiste numa técnica contábil. Para Ribeiro (2010, p. 78):"Escrituração é uma técnica contábil que consiste em registrar nos livros próprios (Diário, Razão, Caixa etc.) todos os acontecimentos que ocorrem na empresa e que modifiquem ou possam vir a modificar a situação patrimonial."

Os apontamentos dos registros de apuração dos tributos (impostos, taxas e contribuições sociais) são feitos pela contabilidade tributária. Segundo Fabretti (1998, p. 25), a contabilidade tributária é "o ramo da contabilidade que tem por objetivo aplicar na prática conceitos, princípios e normas básicas da contabilidade e da legislação tributária, de forma simultânea e adequada".

A legislação de regência é que define a base de cálculo, alíquota, apuração e recolhimento do imposto e contribuições, seja ele federal, estadual ou municipal.

Em relação ao Imposto de Renda das Pessoas Jurídicas (IRPJ), a base de cálculo será determinada com fundamento no lucro real, presumido ou arbitrado, por períodos de apuração trimestrais, encerrados nos dias 31/03, 30/06, 30/09 e 31/12 de cada ano-calendário, de acordo com as regras previstas na legislação de regência.

A alíquota do IRPJ é de 15% (quinze por cento), mais um adicional de 10%, sobre a parcela do lucro real, presumido ou arbitrado, que exceder o valor resultante da multiplicação de R$ 20.000,00 (vinte mil reais) pelo número de meses do respectivo período de apuração.

A pessoa jurídica pode optar por apurar o Imposto sobre a Renda pelo período anual. Neste caso, obrigatoriamente, terá que antecipar o pagamento do imposto por estimativa e apurar o lucro real em 31/12 de cada ano.

> **Atenção:**
>
> O valor do adicional do Imposto sobre a Renda da Pessoa Jurídica será recolhido integralmente, não sendo permitidas quaisquer deduções.

1.1. Receita Bruta

1.1.1. Definição

O conceito de receita bruta está definido pelo art. 2º da Lei nº 12.973/2014 e art. 26 da Instrução Normativa (IN) RFB nº 1.700/2017, que alterou a redação do art. 12 do Decreto-lei nº 1.598/1977. Trata-se, portanto, de uma das inovações trazidas por estas normas fiscais.

A receita bruta compreende:

I - o produto da venda de bens nas operações de conta própria;

II - o preço da prestação de serviços em geral;

III - o resultado auferido nas operações de conta alheia; e

IV - as receitas da atividade ou objeto principal da pessoa jurídica não compreendidas nos incisos I a III.

Na receita bruta, incluem-se os tributos sobre ela incidentes e os valores decorrentes do Ajuste a Valor Presente (AVP), de que trata o inciso VIII do *caput* do art. 183 da Lei nº 6.404/1976.

Na receita bruta, não se incluem os tributos não cumulativos cobrados, destacadamente, do comprador ou contratante pelo vendedor dos bens ou pelo prestador dos serviços na condição de mero depositário.

A seguir, algumas definições:

- valor presente (AVP) e valor justo (AVJ) não são sinônimos;

- valor justo (*fair value*) é o valor pelo qual um ativo pode ser negociado, ou um passivo liquidado, entre partes interessadas, conhecedoras do negócio e independentes entre si, com a ausência de fatores que pressionem para a liquidação da transação ou que caracterizem uma transação compulsória (NBC TG 12);

- valor presente (*present value*) é a estimativa do valor corrente de um fluxo de caixa futuro, no curso normal das operações da entidade (NBC TG 12).

Assim, enquanto o AVP tem como objetivo efetuar o ajuste para demonstrar o valor presente de um fluxo de caixa futuro, o AVJ tem como primeiro objetivo demonstrar o valor de mercado de determinado ativo ou passivo.

1.1.2. Apuração e Registro Contábil

a) Apuração:

Venda de mercadorias, a prazo, em janeiro de 2015, mediante a emissão de duplicatas, com vencimento em longo prazo – receber em 2017 –, a saber:

- valor da negociação pré-fixada – R$ 12.000,00;

- prazo de recebimento ao final de 15 meses;

- taxa de juros (conhecida) – 4% ao mês.

- Custo da Mercadoria Vendida (CMV) – R$ 3.500,00;

- cálculo do AVP:

R$ 12.000,00 / (1 + i)n, em que "i" é a taxa de juros, e "n", o período.

VP = R$ 12.000,00 / (1 + 0,04)'5

VP = R$ 12.000,00 / 1,80094

VP = R$ 6.663,19

AVP = R$ 12.000,00 – R$ 6.663,19

AVP = R$ 5.336,81

b) Registro Contábil:

O art. 4º da Lei nº 12.973/2014 diz que o AVP deve ser registrado em conta separada do Ativo e com destaque. A lei societária diz o mesmo que a lei fiscal. Assim, temos:

a) pelo registro da venda:

D – Clientes (ANC)	12.000,00
C – Receita Bruta de Vendas (Resultado)	12.000,00

b) pelo registro do AVP:

D – AVP sobre Receita Bruta (Resultado)	5.336,81
C – AVP – Clientes – Juros a Apropriar (AÑC)	5.336,81

c) pela baixa das mercadorias do estoque:

D – CMV (Resultado)	3.500,00
C – Estoques (AC)	3.500,00

d) apropriação mensal dos juros sobre as vendas (1° mês de 2015):

D – AVP-Clientes – Juros a Apropriar (AÑC)	266,50
C – Receitas Financeiras (Resultado)	266,50

1.1.3. Cálculo dos Tributos (IRPJ, CSL, PIS/Pasep e Cofins)

a) PIS/Pasep e Cofins

Independentemente do regime de tributação, se cumulativa ou não cumulativa, na determinação da base de cálculo destas contribuições, o valor da receita bruta será de R$ 12.000,00.

b) IRPJ/CSL

Na determinação da base de cálculo do lucro presumido e arbitrado, o percentual de presunção do imposto será aplicado sobre a receita bruta de R$ 12.000,00.

Caso a pessoa jurídica seja tributada pelo lucro real anual e recolha os tributos com base na receita bruta, a base de cálculo estimada do lucro real também será de R$ 12.000,00.

1.1.4. Receita Líquida

A receita líquida, conforme art. 26, § 1°, da IN RFB n° 1.700/2017, será a receita bruta diminuída de:

I – devoluções e vendas canceladas;

II - descontos concedidos incondicionalmente;

III - tributos sobre ela incidentes; e

IV - valores decorrentes do Ajuste a Valor Presente (AVP), de que trata o inciso VIII do *caput* do art. 183 da Lei n° 6.404/1976, das operações vinculadas à receita bruta.

Observa-se, neste caso, a mudança ocorrida do conceito anterior de "receita líquida" para a atual redação: consiste na inclusão do item IV que trata do AVP, previsto no inciso VIII, do art. 183, da Lei n° 6.404/1976 (Lei das S.A.).

Portanto, os valores decorrentes de AVP compõem o montante da receita bruta, mas devem ser diminuídos na determinação da receita líquida.

1.1.5. Exemplo Prático

Aplicando os dados do exemplo anterior, temos, em jan./2015, a seguinte situação na DRE:

Demonstração do Resultado do Exercício (DRE)

Receita Bruta de Vendas	12.000,00
(-) AVP s/ a Receita Bruta	(5.336,81)
Receita Líquida	6.663,19
(-) CMV	(3.500,00)
Lucro Bruto	3.163,19
(+) Receita Financeira	266,50
Lucro Líquido Antes do IRPJ	3.429,69

1.1.6. Demonstração do Lucro Real

Partindo do princípio de que a empresa apura o IRPJ pelo regime de estimativa e, ao final do mês de janeiro de 2015, levantou balancete de suspensão/ redução, temos:

Demonstração do Lucro Real – Janeiro/2015

Lucro Líquido antes do IRPJ	3.429,69
(+) Adições	5.336,81
(-) Exclusões	(266,50)
Lucro Real antes da Compensação de Prejuízos	8.500,00
(-) Compensação de Prejuízos Fiscais	(0,00)
Lucro Real	8.500,00

1.2. Lucro Real

A forma de opção e pagamento do Imposto de Renda das Pessoas Jurídicas que optarem pelo regime de tributação do lucro real está disposto nos arts. 59 a 211 da IN RFB nº 1.700/2017.

Nestes artigos, estão dispostos procedimentos inerentes à Compensação de Prejuízos Fiscais, Combinação de Negócios, Ganhos ou Perdas de Capital, Incorporação, Fusão ou Cisão, Participação Societária em Estágios, Arrendamento Mercantil, Despesas Pré-operacionais, Depreciação, Amortização, Intangível, Imobilizado, Ajuste a Valor Justo e Ajuste a Valor Presente, dentre outros.

> **Atenção:**
>
> A adoção da forma de pagamento do imposto, ou seja, trimestral (art. 1º da Lei nº 9.430/1996 e art. 220 do RIR/1999) ou anual (art. 2º, § 3º da Lei nº 9.430/1996 e art. 221 do RIR/1999), é definitiva para todo o ano-calendário. O Fisco não aceita retificação de Darf (Solução de Consulta nº 216/2001, da 8ª Região Fiscal).

1.2.1. Considerações Preliminares

Segundo Coronado (2012, p. 15): "No Brasil, existem diferentes critérios para a classificação das empresas em micros, médias e grandes, dependendo da instituição responsável por tal classificação."

Para fins fiscais, a Lei Complementar nº 123/2006 classifica as empresas segundo o seu porte em microempresa e empresa de pequeno porte. São consideradas microempresas a pessoa jurídica que aufira, em cada ano-calendário, receita bruta igual ou inferior a R$ 360.000,00 e, no caso da empresa de pequeno porte, a pessoa jurídica que aufira, em cada ano-calendário, receita bruta superior a R$ 360.000,00 e igual ou inferior a R$ 3.600.000,00.

No Brasil, de acordo com a Norma Brasileira de Contabilidade (NBC T 19.41 – Contabilidade para Pequenas e Médias Empresas), aprovada pela Resolução CFC nº 1.255/2009, são tidas como pequenas e médias empresas as sociedades por ações fechadas (que não permitam negociação de suas ações ou outros instrumentos patrimoniais ou de dívida no mercado e que não possuam ativos em condição fiduciária perante um amplo grupo de terceiros), mesmo que obrigadas à publicação de suas demonstrações contábeis, desde que não estejam enquadradas pela Lei nº 11.638/2007 como sociedades de grande porte.

As sociedades limitadas e as demais sociedades comerciais, desde que não enquadradas pela Lei nº 11.638/2007 como sociedades de grande porte, também são tidas como pequenas e médias empresas.

São consideradas sociedades de grande porte aquelas cujo ativo total seja superior a R$ 240.000.000,00 ou cuja receita bruta anual tenha sido superior a R$ 300.000.000,00. Este tipo de sociedade está obrigada a submeter as suas demonstrações financeiras à auditoria independente, por auditor registrado na Comissão de Valores Mobiliários (CVM), ainda que não estejam constituídas sob a forma de sociedades por ações (art. 3º da Lei nº 11.638/2007, que alterou a Lei nº 6.404/1976 – Lei das S.A.).

Sejam micros, pequenas, médias ou grandes empresas, há uma forma pertinente de tributação perante a legislação do Imposto sobre a Renda. A princípio, fica a critério da pessoa jurídica determinar (escolher) a sua, porém, em alguns casos, o Fisco impõe a que será aplicada.

Há um capítulo exclusivo na Lei Complementar nº 123/2006 definindo a tributação das microempresas e das empresas de pequeno porte pelo Simples Nacional. O contribuinte pode optar ou não por ele. Trata-se, portanto, de um regime diferenciado e exclusivo de tributação para essas empresas. Para as demais empresas, inclusive aquelas que não podem optar por esse regime especial e diferenciado de tributação, há outras formas de opção.

Assim, as pessoas jurídicas podem optar pelo regime de tributação do lucro real (forma completa de tributação), ou pelo lucro presumido ou lucro arbitrado (formas simplificadas de tributação). Trataremos a seguir da tributação pelo lucro real.

A pessoa jurídica tributada pelo lucro real apura o Imposto de Renda em períodos trimestrais, ou a sua opção, no final do ano-calendário, ou seja, em períodos anuais. Nesse caso, terá que antecipar o Imposto de Renda devido mensalmente pelo regime de estimativa (art. 31 da IN RFB nº 1.700/2017).

A determinação do lucro real será precedida da apuração do lucro líquido com observância das leis comerciais e fiscais (§ 2º do art. 61 da IN RFB nº 1.700/2017).

Considera-se lucro real o lucro líquido do período-base, ajustado pelas adições prescritas e pelas exclusões ou compensações autorizadas pela legislação do Imposto sobre a Renda (art. 61 da IN RFB nº 1.700/2017).

Resultado ajustado é o lucro líquido do período de apuração antes da provisão para a CSLL, ajustado pelas adições, exclusões ou compensações prescritas ou autorizadas pela legislação da CSLL (§ 1º do art. 61 da IN RFB nº 1.700/2017).

Santos (2014) enuncia alguns cuidados que a pessoa jurídica deve ter na apuração do lucro real. Segundo o autor (2014, p. 41):

> A apuração do lucro real deve ser precedida da apuração do lucro líquido, contabilmente, com observância das disposições das leis comerciais. Para

tanto, deverão ser feitos, no Livro de Apuração do Lucro Real (Lalur), ajustes (adições, exclusões e compensações) (SANTOS, 2014, p. 41.)

O imposto devido sobre o lucro real será calculado mediante a aplicação da alíquota de 15% sobre o lucro real, sem prejuízo da incidência do adicional de 10%.

Para efeitos de determinação do saldo do imposto a pagar ou a ser restituído ou compensado, a pessoa jurídica poderá deduzir do imposto devido o valor (§ 1° do art. 66 da IN RFB n° 1.700/2017):

a) dos incentivos fiscais de dedução do imposto, observados os limites e prazos fixados na legislação vigente;

b) dos incentivos fiscais de redução e isenção do imposto, calculados com base no lucro da exploração;

c) do Imposto sobre a Renda pago ou retido na fonte, incidente sobre receitas computadas na determinação do lucro real;

d) do Imposto sobre a Renda calculado na forma prevista nos arts. 33, 39 e 47 da IN RFB n° 1.700/2017, efetivamente pago mensalmente.

Para efeitos de determinação dos incentivos fiscais de dedução do imposto, serão considerados os valores efetivamente despendidos pela pessoa jurídica.

A CSLL devida sobre o resultado ajustado será calculada mediante aplicação da alíquota de 15% (instituições financeiras e cooperativas de crédito, conforme art. 30, incisos I e II da IN RFB n° 1.700/2017) ou de 9%, no caso de administradoras de mercado de balcão organizado, bolsas de valores e de mercadorias e futuros, entidades de liquidação e compensação, empresas de fomento comercial ou *factoring*, e demais pessoas jurídicas (inciso III do art. 30 da IN RFB n° 1.700/2017).

Em relação à destinação do Imposto de Renda Retido na Fonte (IRRF) retido pelos Estados, Distrito Federal, Municípios e suas autarquias e fundações, Azevedo (2015, p. 18) diz o seguinte:

> Em geral, o imposto retido na fonte sobre os rendimentos pagos, a qualquer título, será recolhido aos cofres do Governo Federal, exceto o Imposto de Renda que vier a ser retido pelos Estados, Distrito Federal, Municípios e suas autarquias e fundações, o qual deverá ser incorporado aos respectivos patrimônios – art. 868 do RIR/1999. (AZEVEDO, 2015, p. 18.)

1.2.2. Pessoas Jurídicas Obrigadas ao Lucro Real

Estão obrigadas ao regime de tributação com base no lucro real as pessoas jurídicas (art. 14 da Lei n° 9.718/1998; art. 246 do RIR/1999 e art. 59 da IN RFB n° 1.700/2017):

Tributação das Pessoas Jurídicas

I - cuja receita total, no ano-calendário anterior, tenha excedido o limite de R$ 78.000.000,00 ou de R$ 6.500.000,00 multiplicado pelo número de meses do período, quando inferior a 12 meses;

II - cujas atividades sejam de bancos comerciais, bancos de investimentos, bancos de desenvolvimento, agências de fomento, caixas econômicas, sociedades de crédito, financiamento e investimento, sociedades de crédito imobiliário, sociedades corretoras de títulos, valores mobiliários e câmbio, distribuidoras de títulos e valores mobiliários, empresas de arrendamento mercantil, cooperativas de crédito, empresas de seguros privados e de capitalização e entidades de previdência privada aberta;

III - que tiverem lucros, rendimentos ou ganhos de capital oriundos do exterior;

Atenção:

Os lucros, rendimentos e ganhos de capital oriundos do exterior são aqueles de que trata a Instrução Normativa SRF n° 213/2002, isto é: (a) os lucros apurados por filiais e sucursais da pessoa jurídica domiciliada no Brasil e os decorrentes de participações societárias, inclusive em controladas e coligadas; (b) os rendimentos e ganhos de capital auferidos no exterior diretamente pela pessoa jurídica domiciliada no Brasil (art. 1°, §§ 1° e 2°, da IN SRF n° 213/2002).

Receita de exportação de mercadorias e da prestação direta de serviços no exterior não implica obrigatoriedade ao lucro real (art. 1° do Ato Declaratório Interpretativo SRF n° 5/2001).

IV - que, autorizadas pela legislação tributária, usufruam de benefícios fiscais relativos à isenção ou redução do imposto;

V - que, no decorrer do ano-calendário, tenham efetuado pagamento mensal pelo regime de estimativa, na forma prevista nos arts 33 e 34 da IN RFB n° 1.700/2017;

VI - que explorem as atividades de prestação cumulativa e contínua de serviços de assessoria creditícia, mercadológica, gestão de crédito, seleção e riscos, administração de contas a pagar e a receber, compras de direitos creditórios resultantes de vendas mercantis a prazo ou de prestação de serviços (*factoring*);

VII - que explorem as atividades de securitização de créditos imobiliários, financeiros e do agronegócio.

Para Higuchi (2013, p. 28): "A pessoa jurídica que se enquadrar em qualquer dos incisos do art. 14 da Lei n° 9.718/98 terá que, obrigatoriamente, ser tributada com base no lucro real. Para as demais pessoas jurídicas, a tributação pelo lucro real é uma opção."

1.2.2.1.Receita Total

Considera-se receita total o somatório (§ 1° do art. 59 da IN RFB n° 1.700/2017):

- da receita bruta mensal;
- das demais receitas e ganhos de capital;
- dos ganhos líquidos obtidos em operações realizadas nos mercados de renda variável;
- dos rendimentos nominais produzidos por aplicações financeiras de renda fixa;
- da parcela das receitas auferidas nas exportações às pessoas vinculadas ou aos países com tributação favorecida que exceder o valor já apropriado na escrituração da empresa, na forma prevista na Instrução Normativa RFB n° 1.312/2012.

Atenção:

Estão obrigadas ao regime de tributação do lucro real as pessoas jurídicas que explorem a de compra de direitos creditórios, ainda que se destinem à formação de lastro de valores mobiliários (securitização).

1.2.3. Perdas e Recebimento de Crédito

O artigo 71 da IN RFB n° 1.700/2017 trata do tratamento fiscal no reconhecimento das perdas no recebimento de créditos. Os procedimentos são enunciados abaixo.

1.2.3.1 Dedução como Despesas

As perdas no recebimento de créditos decorrentes das atividades da pessoa jurídica poderão ser deduzidas como despesas operacionais, para determinação do lucro real (art. 9° da Lei n° 9.430/1996 e art. 340 do RIR/1999).

Para Viceconti (2011, p. 109): "Os encargos necessários à atividade da empresa e à sua manutenção, que não fazem parte do custo, classificam-se como despesas operacionais". Assim, a pessoa jurídica poderá registrar como perda os créditos:

I - em relação aos quais tenha havido a declaração de insolvência do devedor, em sentença emanada do Poder Judiciário;

II - sem garantia, de valor:

a) até R$ 5.000,00, por operação, vencidos há mais de 6 (seis) meses, independentemente de iniciados os procedimentos judiciais para o seu recebimento;

b) acima de R$ 5.000,00 até R$ 30.000,00, por operação, vencidos há mais de 1 (um) ano, independentemente de iniciados os procedimentos judiciais para o seu recebimento, porém, mantida a cobrança administrativa;

c) superior a R$ 30.000,00, vencidos há mais de 1 (um) ano, desde que iniciados e mantidos os procedimentos judiciais para o seu recebimento;

III - com garantia, vencidos há mais de 2 (dois) anos, desde que iniciados e mantidos os procedimentos judiciais para o seu recebimento ou o arresto das garantias;

IV - contra devedor declarado falido ou pessoa jurídica em concordata ou recuperação judicial, relativamente à parcela que exceder o valor que esta tenha se comprometido a pagar, desde que observado o seguinte: no caso de crédito com empresa em processo falimentar, em concordata ou em recuperação judicial, a dedução da perda será admitida a partir da data da decretação da falência ou do deferimento do processamento da concordata ou recuperação judicial, desde que a credora tenha adotado os procedimentos judiciais necessários para o recebimento do crédito.

Atenção:

Considera-se operação a venda de bens, a prestação de serviços, a cessão de direitos, a aplicação de recursos financeiros em operações com títulos e valores mobiliários, constante de um único contrato, no qual esteja prevista a forma de pagamento do preço pactuado, ainda que a transação seja realizada para pagamento em mais de uma parcela. No caso de empresas mercantis, a operação será caracterizada pela emissão da fatura, mesmo que englobe mais de uma nota fiscal.

Para fins de se efetuar o registro da perda, os créditos sem garantia de valor, a que se refere o item II, acima, letra "a", deste subtópico, serão considerados pelo seu valor original acrescido de reajustes em virtude de contrato, inclusive juros e outros encargos pelo financiamento da operação e de eventuais acréscimos moratórios em razão da sua não liquidação, considerados até a data da baixa.

No caso de contrato de crédito em que o não pagamento de 1 (uma) ou mais parcelas implique o vencimento automático de todas as demais parcelas vincendas, os limites a que se referem as letras "a" e "b" do item II, acima, serão considerados em relação ao total dos créditos por operação com o mesmo devedor.

Para o registro de nova perda em uma mesma operação, tratando-se de créditos a que se refere o item II, acima, letra "a", deste subtópico, as condições ali prescritas deverão ser observadas em relação à soma da nova perda àquelas já registradas.

Na aplicação dos procedimentos, considera-se crédito garantido o proveniente de vendas com reserva de domínio, de alienação fiduciária em garantia ou de operações com outras garantias reais.

No caso de crédito com empresa em processo falimentar, em concordata ou em recuperação judicial, a dedução da perda será admitida a partir da data da decretação da falência ou do deferimento do processamento da concordata ou recuperação judicial, desde que a credora tenha adotado os procedimentos judiciais necessários para o recebimento do crédito.

A parcela do crédito cujo compromisso de pagar não houver sido honrado pela pessoa jurídica em concordata ou recuperação judicial, poderá também ser deduzida como perda, observadas as condições previstas neste tópico.

Atenção:

O Fisco não admite a dedução de perda no recebimento de créditos com pessoa jurídica que seja controladora, controlada, coligada ou interligada, bem como pessoa física que seja acionista controlador, sócio, titular ou administrador da pessoa jurídica credora, ou parente até o terceiro grau dessas pessoas físicas (art. 71, § 10, da IN RFB n° 1.700/2017).

1.2.3.2 Contratos Inadimplidos a Partir de 08.10.2014

Segundo o § 11 do art. 127 da IN RFB n° 1.700/2017, para os contratos inadimplidos até 07.10.2014, poderão ser registrados como perda os créditos:

I - em relação aos quais tenha havido a declaração de insolvência do devedor, em sentença emanada do Poder Judiciário;

II - sem garantia, de valor:

a) até R$ 15.000,00, por operação, vencidos há mais de 6 (seis) meses, independentemente de iniciados os procedimentos judiciais para o seu recebimento;

b) acima de R$ 15.000,00 até R$ 100.000,00, por operação, vencidos há mais de 1 (um) ano, independentemente de iniciados os procedimentos judiciais para o seu recebimento, mantida a cobrança administrativa; e

c) superior a R$ 100.000,00, vencidos há mais de 1 (um) ano, desde que iniciados e mantidos os procedimentos judiciais para o seu recebimento;

III - com garantia, vencidos há mais de 2 anos, de valor:

a) até R$ 50.000,00, independentemente de iniciados os procedimentos judiciais para o seu recebimento ou o arresto das garantias; e

b) superior a R$ 50.000,00, desde que iniciados e mantidos os procedimentos judiciais para o seu recebimento ou o arresto das garantias; e

IV - contra devedor declarado falido ou pessoa jurídica em concordata ou recuperação judicial, relativamente à parcela que exceder o valor que esta tenha se comprometido a pagar, observado que no caso de crédito com empresa em processo falimentar, em concordata ou em recuperação judicial, a dedução da perda será admitida a partir da data da decretação da falência ou do deferimento do processamento da concordata ou recuperação judicial, desde que a credora tenha adotado os procedimentos judiciais necessários para o recebimento do crédito.

1.2.3.3 Registro Contábil das Perdas

Os registros contábeis das perdas serão efetuados a débito de conta de resultado e a crédito das contas abaixo, conforme disposições do art. 72 da IN RFB n° 1.700/2017, a saber:

I - da conta que registra o crédito de que trata a alínea "a" do inciso II do § 1° e a alínea "a" do inciso II do § 11 do art. 71 dessa IN; e

II - de conta redutora do crédito, nas demais hipóteses.

Ocorrendo a desistência da cobrança pela via judicial, antes de decorridos 5 (cinco) anos do vencimento do crédito, a perda eventualmente registrada deverá ser estornada ou adicionada ao lucro líquido, para determinação do lucro real correspondente ao período de apuração em que se der a desistência.

Na hipótese prevista no § 1º do art. 72 dessa IN, o imposto será considerado como postergado desde o período de apuração em que tenha sido reconhecida a perda.

Se a solução da cobrança se der em virtude de acordo homologado por sentença judicial, o valor da perda a ser estornado ou adicionado ao lucro líquido para determinação do lucro real será igual à soma da quantia recebida com o saldo a receber renegociado, não sendo aplicável o disposto no § 2º do art. 72 dessa IN.

Os valores registrados na conta redutora do crédito referida no inciso II do *caput* poderão ser baixados definitivamente em contrapartida à conta que registre o crédito, a partir do período de apuração em que se completarem 5 (cinco) anos do vencimento do crédito sem que este tenha sido liquidado pelo devedor.

1.2.3.4 Encargos Financeiros de Créditos Vencidos

O art. 73 da IN RFB nº 1.700/2017 trata dos encargos financeiros de créditos vencidos. Assim, depois de 2 (dois) meses do vencimento do crédito, sem que tenha havido o seu recebimento, a pessoa jurídica credora poderá excluir do lucro líquido, para determinação do lucro real, o valor dos encargos financeiros incidentes sobre o crédito, contabilizado como receita, auferido a partir do prazo definido neste tópico.

Ressalvadas as hipóteses previstas nas alíneas "a" e "b" do inciso II do § 1º do art. 71 dessa IN, nas alíneas "a" e "b" do inciso II do § 11 do art. 71 e na alínea "a" do inciso III do § 11 do art. 71, o disposto neste tópico somente se aplica quando a pessoa jurídica houver tomado as providências de caráter judicial necessárias ao recebimento do crédito.

Caso as providências de que trata o parágrafo anterior sejam tomadas depois do prazo de 2 (dois) meses do vencimento do crédito, a exclusão só abrangerá os encargos financeiros auferidos a partir da data em que tais providências forem efetivadas.

Os valores excluídos deverão ser adicionados no período de apuração em que, para os fins legais, se tornarem disponíveis para a pessoa jurídica credora ou em que for reconhecida a respectiva perda.

A partir da citação inicial para o pagamento do débito, a pessoa jurídica devedora deverá adicionar ao lucro líquido, para determinação do lucro real, os encargos incidentes sobre o débito vencido e não pago que tenham sido deduzidos como despesa ou custo, incorridos a partir daquela data.

Os valores adicionados a que se refere o parágrafo anterior poderão ser excluídos do lucro líquido, para determinação do lucro real, no período de apuração em que ocorra a quitação do débito por qualquer forma.

1.2.2.5 Tratamento dos Créditos Recuperados

O montante dos créditos deduzidos que tenham sido recuperados, em qualquer época ou a qualquer título, inclusive nos casos de novação da dívida ou do arresto dos bens recebidos em garantia real, deverão ser computados na determinação do lucro real (art. 74 da IN RFB nº 1.700/2017).

Os bens recebidos a título de quitação do débito serão escriturados pelo valor do crédito ou avaliados pelo valor definido na decisão judicial que tenha determinado sua incorporação ao patrimônio do credor. Os juros vincendos poderão ser computados na determinação do lucro real à medida que forem incorridos.

Nas operações de crédito realizadas por instituições financeiras autorizadas a funcionar pelo Banco Central do Brasil, nos casos de renegociação de dívida, o reconhecimento da receita para fins de incidência de Imposto sobre a Renda ocorrerá no momento do efetivo recebimento do crédito.

1.2.4. Juros sobre o Capital Próprio

O art. 75 da IN RFB nº 1.700/2017 trouxe alterações no cálculo dos juros remuneratórios sobre o capital próprio (JCP).

Em face da modificação da estrutura do patrimônio líquido pela Lei nº 11.638/2007, que alterou a Lei nº 6.404/1976, foi necessário também fazer os ajustes para o cálculo dos JCP pela Receita Federal do Brasil (RFB).

A alteração do § 8º do art. 9º da Lei nº 9.249/1995 pelo art. 9º da Lei nº 12.973/2014 objetivou manter a mesma base de cálculo utilizada na apuração dos JCP existentes anteriormente. O art. 75 da IN RFB nº 1.700/2017 dispõe sobre o assunto.

Atenção:

É importante ressaltar que a prerrogativa de apurar e distribuir os JCPs são somente do Lucro Real. As pessoas jurídicas tributadas pelo lucro presumido ou arbitrado não têm esta possibilidade.

A pessoa jurídica tributada pelo lucro real poderá deduzir os JCP pagos ou creditados individualizadamente a titular, sócios ou acionistas, limitados à variação, *pro rata*, da Taxa de Juros de Longo Prazo (TJLP) e calculados, exclusivamente, sobre as seguintes contas do patrimônio líquido:

I – capital social;

II – reservas de capital;

III – reservas de lucros;

IV – ações em tesouraria; e

V – prejuízos acumulados.

Para fins de cálculo do JCP:

I – a conta capital social, prevista no inciso I acima, inclui todas as espécies de ações previstas no art. 15 da Lei nº 6.404/1976, ainda que classificadas em contas de passivo na escrituração comercial da pessoa jurídica;

II – os instrumentos patrimoniais referentes às aquisições de serviços (valor da remuneração dos serviços prestados por empregadores ou similares, efetuada por meio de acordo com pagamento baseado em ações) somente serão considerados depois da transferência definitiva da sua propriedade.

> **Atenção:**
>
> A conta de Ajuste de Avaliação Patrimonial (AAP) não faz parte da base de cálculo do JCP (art. 9º, §§ 8º e 12, da Lei nº 9.249/1995).

O montante dos juros remuneratórios passível de dedução não poderá exceder o maior entre os seguintes valores:

I – 50% do lucro líquido do exercício antes da dedução dos juros, caso estes sejam contabilizados como despesa; ou

II – 50% do somatório dos lucros acumulados e reservas de lucros.

Para efeitos do disposto no item I acima, deste parágrafo (50% do lucro líquido do exercício antes da dedução dos juros, caso estes sejam contabilizados como despesa), o lucro será aquele apurado depois da dedução da Contribuição Social sobre o Lucro Líquido (CSL) e antes da dedução do Imposto sobre a Renda.

A dedução dos JCP só poderá ser efetuada no ano-calendário a que se referem os limites de que tratam o *caput* do art. 75 da IN RFB nº 1.700/2017 (TJLP) e o inciso I do § 2º deste artigo, ou seja, de 50% do lucro líquido do exercício antes da dedução dos juros, caso estes sejam contabilizados como despesa.

A utilização do valor creditado, líquido do imposto incidente na fonte, para integralização de aumento de capital na empresa, não prejudica o direito à dedutibilidade dos JCP.

Para Viceconti (2001, p. 161):

> Considera-se creditado, individualmente, o valor dos juros remuneratórios sobre o capital próprio, quando a despesa for registrada, na escrituração contábil da pessoa jurídica, em contrapartida a conta ou subconta de seu passível exigível, representativa de direito de crédito do sócio ou acionista da sociedade ou do titular de empresa individual. (VICECONTI, 2001, p. 161.)

O montante dos JCP passível de dedução poderá ser excluído na Parte "A" do e-Lalur, desde que não registrado como despesa.

Segundo IOB *Online* Regulatório (2018), se a empresa tiver saldo de lucros acumulados e reservas de lucros de períodos anteriores em valor igual ou superior ao dobro dos juros remuneratórios calculados pela TJLP, esses juros serão dedutíveis pelo total calculado, independentemente do montante do lucro apurado no período. Nesse caso, a dedução dos juros remuneratórios do capital próprio pode até gerar prejuízo ou aumentar o prejuízo já existente antes da sua dedução.

Os JCP ficarão sujeitos à incidência do Imposto sobre a Renda na Fonte à alíquota de 15%, na data do pagamento ou crédito ao beneficiário.

Atenção:

A dedução dos JCPs pela pessoa jurídica tributada pelo lucro real aplica-se também na base de cálculo da CSL (art. 9°, §§ 8°, 11 e 12, da Lei n° 9.249/1995).

Conforme dispõe o § 8° do art. 75 da IN RFB n° 1.700/2017, o Imposto de Renda Retido na Fonte (IRRF) dos JCP:

I – no caso de beneficiário pessoa jurídica submetida ao regime de tributação com base no lucro real, será considerado antecipação do imposto devido no período de apuração ou poderá ser compensado com o que houver retido por ocasião do pagamento ou crédito de juros, a título de remuneração do capital próprio, a seu titular, sócios ou acionistas;

II – no caso de beneficiário pessoa jurídica submetida ao regime de tributação com base no lucro presumido ou com base no lucro arbitrado, será considerado antecipação do imposto devido no período de apuração;

III – no caso de beneficiário pessoa física ou pessoa jurídica não tributada com base no lucro real, presumido ou arbitrado, inclusive isenta, será considerado definitivo.

> **Atenção:**
>
> O valor dos juros pagos ou creditados pela pessoa jurídica, a título de remuneração do capital próprio, poderá ser imputado ao valor dos dividendos de que trata o art. 202 da Lei nº 6.404/1976, sem prejuízo da incidência do Imposto de Renda na Fonte de 15% (§ 9º, art. 75 da IN RFB nº 1.700/2017).

Para efeitos da dedução dos JCP na determinação do lucro real, considera-se creditado individualizadamente o valor dos JCP, quando a destinação, na escrituração contábil da pessoa jurídica, for registrada em contrapartida à conta de passivo exigível, representativa de direito de crédito do sócio ou acionista da sociedade ou do titular da empresa individual, no ano-calendário da sua apuração.

Para Fabretti (1998, p. 287): "Esse crédito ou pagamento está condicionado à existência de lucros, computados antes da dedução dos juros ou, então, de lucros acumulados, em montante igual ou superior ao valor de duas vezes os juros a serem pagos ou creditados."

1.2.4.1.Exemplo Prático

A Companhia Gabrimir S.A. decidiu, no ano-calendário de 2017, creditar JCP aos acionistas. O patrimônio líquido em 31.12.2016 totalizava a importância de R$ 600.000,00, assim distribuídos:

- Capital social: R$ 300.000,00
- Reservas de capital: R$ 50.000,00
- Reservas de lucros: R$ 90.000,00
- Ajuste de Avaliação Patrimonial: R$ 60.000,00
- Lucros acumulados: R$ 100.000,00

A TJLP do período é de 5% ao ano. O lucro apurado em 2017, antes do cálculo dos JCP, da CSL e do IRPJ, é de R$ R$ 200.000,00.

Base de cálculo:

Capital social	R$ 300.000,00
(+) Reservas de capital	R$ 50.000,00
(+) Reservas de lucros	R$ 90.000,00
= Base de cálculo	R$ 440.000,00

JCP devido:

R$ 440.000,00 x 5% = R$ 22.000,00

Limites para a dedução:

– 1º limite:

50% do lucro do exercício antes da sua contabilização, menos a CSL provisória de 9%: [R$ 200.000,00 – (R$ 200.000,00 x 9%)]

Limite (1): R$ 182.000,00 x 50%

Limite (1): R$ 91.000,00

– 2º limite:

50% do saldo de lucros acumulados e das reservas de lucros: [(R$ 1.000.000,00 + R$ 90.000,00) x 50%]

Limite (2): R$ 95.000,00

JCP a pagar:

Corresponde ao valor de R$ 22.000,00. Observa-se que este valor não excedeu o maior valor dos 2 (dois) limites, ou seja, de R$ 95.000,00. Assim, o valor de JCP pode ser contabilizado como despesa dedutível na determinação do lucro real e da base de cálculo da CSL (art. 9º da Lei nº 12.973/2014).

1.2.5. Retiradas dos Administradores

Serão dedutíveis na determinação do lucro real, sem nenhuma limitação, as retiradas dos sócios, diretores ou administradores, titular de empresa individual e conselheiros fiscais e consultivos, desde que escrituradas em custos ou despesas operacionais e correspondam à remuneração mensal e fixa por prestação de serviços (art. 47 da Lei nº 4.506/1964, art. 357 do RIR/1999 e art. 78 da IN RFB nº 1.700/2017).

Não serão dedutíveis na determinação do lucro real as percentagens e ordenados pagos a membros de diretorias das sociedades por ações que não residam no País (art. 78, parágrafo único, da IN RFB nº 1.700/2017).

> **Atenção:**
>
> Também não são dedutíveis as retiradas não debitadas em custos ou despesas operacionais, ou contas subsidiárias, e as que, mesmo escrituradas nessas contas, não correspondam à remuneração mensal fixa por prestação de serviços (art. 43, § 1º, alíneas "b" e "d", do Decreto-lei nº 5.844/1943 e parágrafo único do art. 357 do RIR/1999).

O 13º salário pago a diretor contratado nos termos da CLT é dedutível, desde que não enquadrado no conceito de sócio ou administrador estabelecido no Parecer Normativo CST nº 48/1972. Não são dedutíveis as gratificações espontâneas nem a remuneração *pro labore* a futuros sócios gerentes (Parecer Normativo CST n° 103/1975).

1.2.6. Gratificação a Empregados

A despesa com o pagamento de gratificação a empregados, seja qual for a designação que tiverem, poderá ser deduzida na apuração do lucro real, independentemente de limitação (§ 3° do art. 299 do RIR/1999 e art. 80 da IN RFB n° 1.700/2017).

1.2.7. Multas por Rescisão de Contratos

A multa ou qualquer outra vantagem paga ou creditada por pessoa jurídica, ainda que a título de indenização, à beneficiária pessoa jurídica, em virtude de rescisão de contrato, além de sujeitas à incidência do Imposto sobre a Renda na Fonte, serão computadas como receita na determinação do lucro real (art. 79 da IN RFB n° 1.700/2017).

O imposto retido na fonte será considerado como antecipação do devido em cada período de apuração, ou como tributação definitiva, no caso de pessoa jurídica isenta (art. 70, § 4°, da Lei n° 9.430/1996, art. 681, § 4° do RIR/1999 e parágrafo único do art. 79 da IN RFB n° 1.700/2017).

> **Atenção:**
>
> Multa por descumprimento de obrigações contratuais: diante da determinação contida no inciso II do art. 111 da Lei n° 5.172/1966 (CTN), a isenção prevista no § 5° do art. 70 da Lei n° 9.430/1996 não se aplica aos valores livremente fixados em contratos, pela inexecução das obrigações ali contidas, por se tratar de danos contratuais (Decisão n° 266/1998, da 8ª RF, e § 2° do art. 79 da IN RFB n° 1.700/2017).

1.2.8. Contribuição Social sobre o Lucro Líquido (CSLL)

O valor da Contribuição Social sobre o Lucro Liquido (CSLL), computado como custo ou despesa, não é dedutível na determinação do lucro real nem de sua própria base de cálculo (art. 1° da Lei n° 9.316/1996).

1.3. Pagamento por Estimativa

O pagamento do Imposto de Renda pelo regime de estimativa é uma prerrogativa das empresas optantes pelo lucro real, com o período de apuração anual.

Tributação das Pessoas Jurídicas

À opção da pessoa jurídica, o Imposto de Renda poderá ser pago sobre a base de cálculo estimada, desde que a empresa apure o lucro real em 31 de dezembro de cada ano (art. 2°, § 3°, da Lei n° 9.430/1996 e art. 221 do RIR/1999).

As disposições sobre a aplicação dos procedimentos de apuração do imposto sobre o regime de estimativa mensal estão dispostos nos arts. 32 a 53 da IN RFB n° 1.700/2017 e arts. 222 a 231 do RIR/1999.

> **Atenção:**
>
> A adoção da forma de pagamento do imposto, ou seja, trimestral (art. 1° da Lei n° 9.430/1996 e art. 220 do RIR/1999) ou anual (art. 2°, § 3°, da Lei n° 9.430/1996 e art. 221 do RIR/1999), é definitiva para todo o ano-calendário. O Fisco não aceita retificação de Darf (Solução de Consulta n° 216/2001, da 8ª Região Fiscal).

1.3.1. Base de Cálculo

A base de cálculo do imposto, em cada mês, será determinada mediante a aplicação do percentual de 8% (oito por cento) sobre a receita bruta definida no tópico 1.1, auferida na atividade, deduzida das devoluções e vendas canceladas e dos descontos incondicionais concedidos (art. 15 da Lei n° 9.249/1995, art. 2° da Lei n° 9.430/1996 e art. 32 e 33 da IN RFB n° 1.700/2017).

Nas seguintes atividades, o percentual será de:

I - 1,6% (um inteiro e seis décimos por cento) sobre a receita bruta auferida na revenda, para consumo, de combustível derivado de petróleo, álcool etílico carburante e gás natural;

II - 8% (oito por cento) sobre a receita bruta auferida:

    a) na prestação de serviços hospitalares e de auxílio diagnóstico e terapia, fisioterapia e terapia ocupacional, fonoaudiologia, patologia clínica, imagenologia, radiologia, anatomia patológica e citopatologia, medicina nuclear e análises e patologias clínicas, exames por métodos gráficos, procedimentos endoscópicos, radioterapia, quimioterapia, diálise e oxigenoterapia hiperbárica, desde que a prestadora desses serviços seja organizada sob a forma de sociedade empresária e atenda às normas da Agência Nacional de Vigilância Sanitária (Anvisa);

    b) na prestação de serviços de transporte de carga;

    c) nas atividades imobiliárias relativas a loteamento de terrenos, incorporação imobiliária, construção de prédios destinados à venda, bem como a venda de imóveis construídos ou adquiridos para revenda; e

d) na atividade de construção por empreitada com emprego de todos os materiais indispensáveis à sua execução, sendo tais materiais incorporados à obra;

III – 16% (dezesseis por cento) sobre a receita bruta auferida:

a) na prestação dos demais serviços de transporte; e

b) nas atividades desenvolvidas por bancos comerciais, bancos de investimentos, bancos de desenvolvimento, agências de fomento, caixas econômicas, sociedades de crédito, financiamento e investimento, sociedades de crédito imobiliário, sociedades corretoras de títulos, valores mobiliários e câmbio, distribuidoras de títulos e valores mobiliários, empresas de arrendamento mercantil, cooperativas de crédito, empresas de seguros privados e de capitalização e entidades de previdência privada aberta;

IV – 32% (trinta e dois por cento) sobre a receita bruta auferida com as atividades de:

a) prestação de serviços relativos ao exercício de profissão legalmente regulamentada;

b) intermediação de negócios;

c) administração, locação ou cessão de bens imóveis, móveis e direitos de qualquer natureza;

d) construção por administração ou por empreitada unicamente de mão de obra ou com emprego parcial de materiais;

e) construção, recuperação, reforma, ampliação ou melhoramento de infraestrutura, no caso de contratos de concessão de serviços públicos, independentemente do emprego parcial ou total de materiais;

f) prestação cumulativa e contínua de serviços de assessoria creditícia, mercadológica, gestão de crédito, seleção de riscos, administração de contas a pagar e a receber, compra de direitos creditórios resultantes de vendas mercantis a prazo ou de prestação de serviços (*factoring*);

g) coleta e transporte de resíduos até aterros sanitários ou local de descarte;

h) prestação de qualquer outra espécie de serviço não mencionada neste parágrafo.

Tributação das Pessoas Jurídicas

> **Atenção:**
>
> As pessoas jurídicas exclusivamente prestadoras de serviços em geral, mencionados nas letras "b", "c", "d", "f" e "g", cuja receita bruta anual seja de até R$ 120.000,00 (cento e vinte mil reais), poderão utilizar, na determinação da parcela da base de cálculo do Imposto sobre a Renda, o percentual de 16% (dezesseis por cento). Excedendo o limite de R$ 120.000,00, ficará sujeita ao pagamento da diferença do imposto postergado, apurada em relação a cada mês transcorrido. A diferença deverá ser paga até o último dia útil do mês subsequente àquele em que ocorrer o excesso, sem acréscimos.

Nas atividades a que se refere a alínea "c", deverá ser considerado como receita bruta o montante efetivamente recebido, relativo às unidades imobiliárias vendidas.

No caso de atividades diversificadas, será aplicado o percentual correspondente a cada atividade.

A receita bruta auferida pela pessoa jurídica decorrente da prestação de serviços em geral, como limpeza e locação de mão de obra, ainda que sejam fornecidos os materiais, está sujeita à aplicação do percentual de 32% (trinta e dois por cento).

1.3.2. Acréscimos à Base de Cálculo

Serão acrescidos à base de cálculo, no mês em que forem auferidos, os ganhos de capital, as demais receitas e os resultados positivos decorrentes de receitas não compreendidas na atividade, inclusive, conforme dispõe os arts. 39 e 40 da IN RFB n° 1.700/2017:

I - os ganhos de capital auferidos na alienação de participações societárias permanentes em sociedades coligadas e controladas, e de participações societárias que permaneceram no ativo da pessoa jurídica até o término do ano-calendário seguinte ao de suas aquisições;

II - os ganhos auferidos em operações de cobertura (*hedge*) realizadas em bolsas de valores, de mercadorias e de futuros ou no mercado de balcão organizado;

III - a receita de locação de imóvel, quando não for este o objeto social da pessoa jurídica, deduzida dos encargos necessários à sua percepção;

IV – os juros de que trata o § 4° do art. 39 da Lei n° 9.250/1995 relativos a impostos e contribuições a serem restituídos ou compensados;

V – as variações monetárias ativas.

- **Ajuste a Valor Presente (AVP)**

Os valores decorrentes do AVP de que trata o inciso VIII do *caput* do art. 183 da Lei n° 6.404/1976 incluem-se nas receitas de variações monetárias ativas, independentemente da forma como estas receitas tenham sido contabilizadas.

Os valores decorrentes do AVP apropriados como receita financeira no mesmo período de apuração do reconhecimento das receitas de vendas, ou em outro período de apuração, não serão incluídos na base de cálculo estimada.

- **Ganhos de Capital**

O ganho de capital, nas alienações de bens do ativo não circulante imobilizados, investimentos e intangíveis e de ouro não considerado ativo financeiro, corresponderá à diferença positiva verificada entre o valor da alienação e o respectivo valor contábil.

Poderão ser considerados no valor contábil, e na proporção deste, os respectivos valores decorrentes dos efeitos do Ajuste a Valor Presente de que trata o inciso III do *caput* do art. 184 da Lei n° 6.404/1976.

Para obter a parcela a ser considerada no valor contábil do ativo conforme o § 4°, a pessoa jurídica terá que calcular inicialmente o quociente entre:

1) o valor contábil do ativo na data da alienação; e

2) o valor do mesmo ativo sem considerar eventuais realizações anteriores, inclusive mediante depreciação, amortização ou exaustão, e a perda estimada por redução ao valor recuperável.

A parcela a ser considerada no valor contábil do ativo corresponderá ao produto: (1) dos valores decorrentes do ajuste a valor presente com o quociente de que trata o parágrafo anterior.

Para fins da neutralidade tributária a que se refere o art. 292 da IN RFB n° 1.700/2017, deverá ser considerada no valor contábil eventual diferença entre o valor do ativo na contabilidade societária e o valor do ativo mensurado de acordo com os métodos e critérios contábeis vigentes em 31.12.2007, observada na data da adoção inicial de que trata o art. 291 desta IN (a data da adoção inicial dos arts. 1°, 2°, 4° a 71 e incisos I a VI, VIII e X do *caput* do art. 117 da Lei n° 12.973/2014 será 1°.01.2014 para as pessoas jurídicas optantes nos termos do art. 75 da referida Lei, disciplinado pela Instrução Normativa RFB n° 1.469/2014, e 1°.01.2015 para as não optantes).

Para efeitos de apuração do ganho de capital, considera-se valor contábil:

I - no caso de investimentos do ativo não circulante em:

a) participações societárias avaliadas pelo custo de aquisição, o valor de aquisição;

b) participações societárias avaliadas pelo valor de patrimônio líquido, a soma algébrica dos seguintes valores, atendido ao disposto no art. 178 da IN RFB n° 1.700/2017:

1. valor de patrimônio líquido pelo qual o investimento estiver registrado;

2. os valores de que tratam os incisos II e III do *caput* do art. 92, ainda que tenham sido realizados na escrituração societária do contribuinte;

II - no caso de aplicações em ouro, não considerado ativo financeiro, o valor de aquisição;

III - no caso dos demais bens e direitos do ativo não circulante imobilizado, investimentos ou intangível, o custo de aquisição, diminuído dos encargos de depreciação, amortização ou exaustão acumulada e das perdas estimadas no valor de ativos, observado o disposto no § 2° do art. 418 do RIR/1999;

No caso de outros bens e direitos não classificados no ativo não circulante imobilizado, investimentos ou intangível, considera-se valor contábil o custo de aquisição.

A não comprovação dos custos pela pessoa jurídica implicará adição integral da receita à base de cálculo do Imposto sobre a Renda devido mensalmente.

O ganho de capital auferido na venda de bens do ativo não circulante imobilizado, investimentos e intangíveis para recebimento do preço, no todo ou em parte, depois do término do ano-calendário seguinte ao da contratação deverá integrar a base de cálculo do Imposto sobre a Renda mensal, podendo ser computado na proporção da parcela do preço recebida em cada mês.

1.3.2.1.Não Integram a Base de Cálculo

Não integram a base de cálculo do Imposto sobre a Renda mensal:

I - os rendimentos e ganhos líquidos produzidos por aplicação financeira de renda fixa e de renda variável;

II - as receitas provenientes de atividade incentivada, na proporção do benefício de isenção ou redução do imposto a que a pessoa jurídica, submetida ao regime de tributação com base no lucro real, fizer jus;

III - as recuperações de créditos que não representem ingressos de novas receitas;

IV - a reversão de saldo de provisões anteriormente constituídas;

V - os lucros e dividendos decorrentes de participações societárias avaliadas pelo custo de aquisição em empresas domiciliadas no Brasil;

VI - a contrapartida do ajuste por aumento do valor de investimentos avaliados pelo método da equivalência patrimonial;

VII - os juros sobre o capital próprio auferidos;

VIII - o ganho proveniente de compra vantajosa de que trata o § 9º do art. 178 da IN RFB nº 1.700/2017, que integrará a base de cálculo do imposto no mês em que houver a alienação ou baixa do investimento;

IX - as receitas de subvenções para investimento de que trata o art. 198 e as receitas relativas a prêmios na emissão de debêntures de que trata o art. 199, desde que os registros nas respectivas reservas de lucros sejam efetuados até 31/12 do ano em curso, salvo nos casos de apuração de prejuízo previstos no § 3º do art. 198 e no § 3º do art. 199, ambos da IN RFB nº 1.700/2017.

> **Atenção:**
>
> Os rendimentos e ganhos a que se refere o item I deste subtópico serão considerados na determinação da base de cálculo do Imposto sobre a Renda mensal quando não houverem sido submetidos à incidência na fonte ou ao recolhimento mensal previstos nas regras específicas de tributação a que estão sujeitos.

1.3.3. Avaliação a Valor Justo

O ganho decorrente de avaliação de ativo ou passivo com base no valor justo não integrará a base de cálculo estimada no período de apuração:

I - relativo à avaliação com base no valor justo, caso seja registrado diretamente em conta de receita; ou

II - em que seja reclassificado como receita, caso seja inicialmente registrado em conta de patrimônio líquido.

1.3.3.1 Ganho de Capital

Na apuração dos ganhos de capital relativos aos acréscimos à base de cálculo do imposto, o aumento ou redução no valor do ativo registrado em contrapartida a ganho ou à perda decorrente de sua avaliação com base no valor justo não será considerado como parte integrante do valor contábil.

O disposto não se aplica caso o ganho relativo ao aumento no valor do ativo tenha sido anteriormente computado na base de cálculo do imposto.

1.3.4. Determinação do Valor Devido

1.3.4.1.Alíquota do IRPJ

O imposto devido em cada mês será calculado mediante a aplicação da alíquota de 15% (quinze por cento) sobre a base de cálculo de que tratam os itens 1.2.1; 1.2.2 e 1.2.3 anteriores e disciplinados pelo art. 2º da Lei nº 9.430/1996 e arts. 32, 39 e 42 da IN RFB nº 1.700/2017:

Exemplo:

Base de Cálculo do IRPJ – R$ 70.000,00

(x) Alíquota de 15%

= IRPJ Devido – R$ 10.500,00

1.3.4.2.Alíquota Adicional

É devido mensalmente o adicional do Imposto sobre a Renda, à alíquota de 10% (dez por cento), sobre a parcela da base de cálculo que exceder R$ 20.000,00 (art. 2º, § 2º, da Lei nº 9.430/1996).

1.3.4.3.Exemplo Prático

Base de Cálculo do IRPJ – R$ 70.000,00

IRPJ – Alíquota de 15% – R$ 10.500,00

IRPJ – Alíquota Adicional de 10% – R$ 5.000,00

[(R$ 70.000,00 – R$ 20.000,00) x 10%]

IRPJ Devido no Mês – R$ 15.500,00

> **Atenção:**
>
> Atividade Rural – O adicional incide, inclusive, sobre os resultados tributáveis de pessoa jurídica que explore atividade rural (art. 3º, § 3º, da Lei nº 9.249/1995) e, no caso de atividades mistas, a base de cálculo do adicional será a soma do lucro real apurado nas atividades em geral com o lucro real apurado na atividade rural.

1.3.5. Deduções do Imposto Devido

Para efeito de pagamento do Imposto de Renda, a pessoa jurídica poderá deduzir, do imposto devido no mês (art. 229 do RIR/1999 e art. 43 da IN RFB nº 1.700/2017):

I - os valores dos benefícios fiscais de dedução do imposto, excluído o adicional, observados os limites e prazos previstos na legislação de regência, relativos:

    a) as despesas de custeio do Programa de Alimentação do Trabalhador (PAT);

    b) as doações aos fundos dos direitos da criança e do adolescente, e do idoso;

    c) as doações e patrocínios a título de apoio a ações de prevenção e combate ao câncer no âmbito do Programa Nacional de Apoio à Atenção Oncológica (Pronon);

    d) as doações e patrocínios a título de apoio a ações e serviços de reabilitação da pessoa com deficiência promovidos no Âmbito do Programa Nacional de Apoio à Atenção da Saúde da Pessoa com Deficiência (Pronas/PCD);

    e) as doações e patrocínios realizados a título de apoio a atividades culturais ou artísticas;

    f) o valor despendido na aquisição de vale-cultura distribuído no Âmbito do Programa de Cultura do Trabalhador;

    g) os investimentos, os patrocínios e a aquisição de quotas de Fundos de Financiamento da Indústria Cinematográfica Nacional (Funcines) realizados a título de apoio a atividades audiovisuais;

    h) as doações e os patrocínios realizados a título de apoio a atividades desportivas e paradesportivas;

    i) a remuneração da empregada paga no período de prorrogação da licença-maternidade;

II - o Imposto sobre a Renda pago ou retido na fonte sobre receitas que integraram a base de cálculo do imposto devido.

1.3.6. Imposto Pago a Maior

O imposto de renda pago a maior, apurado em 31 de dezembro de cada ano, poderá ser objeto de restituição ou compensação .

Considera-se Imposto sobre a Renda pago a maior a diferença positiva verificada entre o Imposto sobre a Renda pago ou retido relativo aos meses do período de apuração e o respectivo imposto devido (Ato Declaratório SRF n° 3/2000).

1.3.7. Incentivos Fiscais

A parcela excedente dos incentivos fiscais, em cada mês, poderá ser utilizada nos meses subsequentes do mesmo ano-calendário, observados os limites legais específicos.

Os valores dos benefícios fiscais deduzidos do imposto devido com base no lucro estimado não serão considerados imposto pago por estimativa.

1.3.8. Suspensão ou Redução do Pagamento Mensal

A pessoa jurídica tributada pelo lucro real anual que apurar o Imposto de Renda mensal pelo regime de estimativa poderá (art. 35 da Lei n° 8.981/1995, art. 2° da Lei n° 9.430/1996, art. 230 do RIR/1999 e arts. 47 a 50 da IN RFB n° 1.700/2017):

I -   suspender o pagamento do imposto, desde que demonstre que o valor do imposto devido, calculado com base no lucro real do período em curso, é igual ou inferior à soma do Imposto sobre a Renda pago, correspondente aos meses do mesmo ano-calendário, anteriores àquele a que se refere o balanço ou balancete levantado;

II -   reduzir o valor do imposto ao montante correspondente à diferença positiva entre o imposto devido no período em curso e a soma do Imposto sobre a Renda pago correspondente aos meses do mesmo ano-calendário anteriores àquele a que se refere o balanço ou balancete levantado.

1.3.8.1.Diferença Paga a Maior nos Balanços de Suspensão/Redução

A diferença verificada, correspondente ao Imposto sobre a Renda pago a maior, no período abrangido pelo balanço de suspensão, não poderá ser utilizada para reduzir o montante do imposto devido em meses subsequentes do mesmo ano-calendário calculado com base nas regras previstas no regime de estimativa mensal.

Caso a pessoa jurídica pretenda suspender ou reduzir o valor do imposto devido, em qualquer outro mês do mesmo ano-calendário, deverá levantar novo balanço ou balancete.

1.3.8.2.Dedução de Benefícios Fiscais do Balanço de Suspensão/Redução

Para efeito de pagamento, a pessoa jurídica poderá deduzir do imposto devido, além dos benefícios fiscais previstos anteriormente, os seguintes benefícios fiscais correspondentes a todo o período abrangido pelo balanço ou balancete de suspensão ou redução:

I - redução de 75% (setenta e cinco por cento) do imposto e adicional, apurados com base no lucro da exploração dos empreendimentos de instalação, modernização, ampliação ou diversificação de atividades, enquadrados em setores da economia considerados prioritários para o desenvolvimento regional nas áreas de atuação da Superintendência do Desenvolvimento do Nordeste (Sudene) e da Superintendência do Desenvolvimento da Amazônia (Sudam);

II - isenção do imposto e adicional, apurados com base no lucro da exploração dos empreendimentos fabricantes de máquinas, equipamentos, instrumentos e dispositivos, baseados em tecnologia digital voltados para o programa de inclusão digital;

III - redução de 100% (cem por cento) das alíquotas do imposto e adicional apurados, com base no lucro da exploração, relativos às vendas dos dispositivos referidos nos incisos I a III do *caput* do art. 2º da Lei nº 11.484/2007, efetuadas por pessoa jurídica beneficiária do Programa de Apoio ao Desenvolvimento Tecnológico da Indústria de Semicondutores (Padis);

IV - isenção do imposto e adicional apurados com base no lucro da exploração das atividades de ensino superior da instituição privada de ensino superior, com fins lucrativos ou sem fins lucrativos não beneficente, durante o prazo de vigência do Termo do Adesão ao Programa Universidade para Todos (Prouni);

V - isenção do imposto e adicional apurados com base no lucro da exploração das atividades de transporte marítimo, aéreo e terrestre explorados no tráfego internacional por empresas estrangeiras de transporte, desde que, no país de sua nacionalidade, tratamento idêntico seja dispensado às empresas brasileiras que tenham o mesmo objeto.

Atenção:

Os valores dos benefícios fiscais deduzidos do imposto devido com base em balanço ou balancete de suspensão ou redução não será considerado imposto pago por estimativa.

Tributação das Pessoas Jurídicas

1.3.8.3.Pagamento Mensal de Janeiro

O pagamento mensal, relativo ao mês de janeiro do ano-calendário, poderá ser efetuado com base em balanço ou balancete mensal, desde que neste fique demonstrado que o imposto devido no período é inferior ao calculado com base na estimativa mensal.

Atenção:

Ocorrendo apuração de prejuízo fiscal, a pessoa jurídica estará dispensada do pagamento do imposto correspondente a esse mês.

1.3.8.4.Imposto Devido no Período em Curso

Considera-se período em curso aquele compreendido entre 1º de janeiro ou o dia de início de atividade e o último dia do mês a que se referir o balanço ou balancete.

Considera-se imposto devido no período em curso o resultado da aplicação da alíquota do imposto sobre o lucro real, acrescido do adicional, e diminuído, quando for o caso, dos incentivos fiscais de dedução e de isenção ou redução:

I - Imposto sobre a Renda pago a soma dos valores correspondentes ao Imposto de Renda:

  a) pago mensalmente;

  b) retido na fonte sobre receitas ou rendimentos computados na determinação do lucro real do período em curso, inclusive o relativo aos juros sobre o capital próprio;

  c) pago sobre os ganhos líquidos.

O resultado do período em curso deverá ser ajustado por todas as adições determinadas e exclusões e compensações admitidas pela legislação do Imposto sobre a Renda, exceto nos balanços ou balancetes levantados de janeiro a novembro, das seguintes adições:

  a) os lucros, rendimentos e ganhos de capital auferidos no exterior;

  b) as parcelas referentes aos ajustes de preços de transferência.

1.3.8.5.Avaliação de Estoques

Para fins de determinação do resultado, a pessoa jurídica deverá promover, ao final de cada período de apuração, levantamento e avaliação de seus estoques, segundo a legislação específica, dispensada a escrituração do livro "Registro de Inventário".

A pessoa jurídica que possuir registro permanente de estoques, integrado e coordenado com a contabilidade, somente estará obrigada a ajustar os saldos contábeis, pelo confronto com a contagem física, ao final do ano-calendário ou no encerramento do período de apuração, nos casos de incorporação, fusão, cisão ou encerramento de atividade.

1.3.8.6. Transcrição no Livro Diário

O balanço ou balancete, para efeito de determinação do resultado do período em curso, será:

a) levantado com observância das disposições contidas nas leis comerciais e fiscais;

b) transcrito no livro Diário ou no Livro de Apuração do Lucro Real (Lalur) de que trata o inciso I do *caput* do art. 8º do Decreto-Lei nº 1.598/1977, até a data fixada para pagamento do imposto do respectivo mês.

A transcrição será dispensada no caso em que o contribuinte tiver apresentado a Escrituração Contábil Digital (ECD), nos termos da Instrução Normativa RFB nº 1.420/2013.

Os balanços ou balancetes somente produzirão efeitos para fins de determinação da parcela do Imposto sobre a Renda devido no decorrer do ano-calendário.

Na apuração do lucro real do período em curso, as determinações relativas à evidenciação por meio de subcontas deverão ser observadas.

1.3.8.7. Transcrição no e-Lalur

A demonstração do lucro real relativa ao período abrangido pelos balanços ou balancetes de suspensão/redução deverá ser transcrita no e-Lalur, observando-se o seguinte:

I - a cada balanço ou balancete levantado para fins de suspensão ou redução do Imposto sobre a Renda, o contribuinte deverá determinar um novo lucro real para o período em curso, desconsiderando aqueles apurados em meses anteriores do mesmo ano-calendário;

II - as adições, exclusões e compensações, computadas na apuração do lucro real, correspondentes aos balanços ou balancetes, deverão constar, discriminadamente, na Parte "A" do e-Lalur, para fins de elaboração da demonstração do lucro real do período em curso, não cabendo nenhum registro na Parte "B" do referido livro.

1.3.9. Pagamento do Imposto de Renda

O Imposto de Renda das pessoas jurídicas apuradas por meio do regime mensal de estimativa, apuração trimestral ou o saldo do imposto devido ao final do ano-calendário será pago da forma seguinte:

1.3.9.1.Apuração Trimestral

O Imposto sobre a Renda devido, apurado ao final de cada trimestre, conforme o art. 55 da IN RFB nº 1.700/2017, será pago em quota única, até o último dia útil do mês subsequente ao do encerramento do período de apuração.

À opção da pessoa jurídica, o imposto devido poderá ser pago em até 3 (três) quotas mensais, iguais e sucessivas, vencíveis no último dia útil dos 3 (três) meses subsequentes ao do encerramento do período de apuração a que corresponder.

Nenhuma quota poderá ter valor inferior a R$ 1.000,00 (mil reais) e o imposto de valor inferior a R$ 2.000,00 (dois mil reais) será pago em quota única, até o último dia útil do mês subsequente ao do encerramento do período de apuração.

As quotas do imposto serão acrescidas de juros equivalentes à taxa referencial do Selic, para títulos federais, acumulada mensalmente, calculados a partir do primeiro dia do segundo mês subsequente ao do encerramento do período de apuração até o último dia do mês anterior ao do pagamento e de 1% (um por cento) no mês do pagamento.

A primeira quota ou quota única, quando paga até o vencimento, não sofrerá acréscimos.

1.3.9.2.Apuração por Estimativa

O imposto devido, segundo o art. 56 da IN RFB nº 1.700/2017, e apurado na forma de estimativa mensal, deverá ser pago até o último dia útil do mês subsequente àquele a que se referir.

Este prazo aplica-se inclusive ao imposto relativo ao mês de dezembro, que deverá ser pago até o último dia útil do mês de janeiro do ano subsequente.

1.3.9.3.Saldo Anual do Imposto a Pagar

O saldo anual do imposto apurado em 31 de dezembro, pelas pessoas jurídicas que recolheram pelo regime de estimativa mensal (art. 57 da IN RFB nº 1.700/2017):

I - se positivo, será pago em quota única, até o último dia útil do mês de março do ano subsequente;

II - se negativo, poderá ser objeto de restituição ou de compensação nos termos do art. 74 da Lei n° 9.430/1996.

O saldo do imposto a pagar, de que trata o item I deste subtópico, será acrescido de juros calculados à taxa referencial do Selic, para títulos federais, acumulada mensalmente, calculados a partir de 1° de fevereiro até o último dia do mês anterior ao do pagamento e de 1% (um por cento) no mês do pagamento.

O prazo acima não se aplica ao imposto relativo ao mês de dezembro, que deverá ser pago até o último dia útil do mês de janeiro do ano subsequente.

> **Atenção:**
>
> Independentemente da forma de pagamento do imposto, se pelo regime de estimativa ou trimestral, a escolha será considerada como irretratável (definitiva) para todo o ano-calendário. Assim, muita atenção em relação ao código do Darf que irá indicar na apuração do imposto (art. 54 da IN RFB n° 1.700/2017).

A opção pelo pagamento por estimativa será efetuada com o pagamento do imposto correspondente ao mês de janeiro do ano-calendário, ainda que intempestivo, ou com o levantamento do respectivo balanço ou balancete de suspensão.

No caso de início de atividades, a opção será manifestada com o pagamento do imposto correspondente ao primeiro mês de atividade da pessoa jurídica.

1.3.9.4.Falta ou Insuficiência de Pagamento

1.3.9.4.1. Multa e Juros de Mora

A falta ou insuficiência de pagamento do imposto sujeita a pessoa jurídica aos seguintes acréscimos legais, conforme dispõem os arts. 51 a 53 e 58 da IN RFB n° 1.700/2017:

I - multa de mora, à taxa de 0,33% por dia de atraso, limitada a 20%, calculada a partir do primeiro dia subsequente ao do vencimento do prazo previsto para o pagamento até o dia em que ocorrer o seu pagamento; e

II - juros de mora equivalentes à taxa referencial do Sistema Especial de Liquidação e Custódia (Selic), para títulos federais, acumulada mensalmente, calculados a partir do primeiro dia do segundo mês subsequente ao do encerramento do período de apuração até o último dia do mês anterior ao do pagamento e de 1% no mês do pagamento.

No caso de lançamento de ofício, no decorrer do ano-calendário, será observada a forma de apuração da base de cálculo do imposto mensal adotada pela pessoa jurídica.

A forma de apuração será comunicada pela pessoa jurídica em atendimento à intimação específica do Auditor Fiscal da Receita Federal do Brasil (AFRFB).

Quando a pessoa jurídica mantiver escrituração contábil de acordo com a legislação comercial e fiscal, inclusive a escrituração do e-Lalur, demonstrando a base de cálculo do imposto relativa a cada trimestre, o lançamento será efetuado com base nas regras do lucro real trimestral.

Verificada, durante o próprio ano-calendário, a falta de pagamento do imposto por estimativa, o lançamento de ofício restringir-se-á à multa de ofício sobre os valores não recolhidos. A multa é de 50% sobre o valor do pagamento mensal que deixar de ser efetuado.

As infrações relativas às regras de determinação do lucro real, verificadas nos procedimentos de redução ou suspensão do imposto devido em determinado mês, ensejarão a aplicação da multa de ofício sobre o valor indevidamente reduzido ou suspenso.

Na falta de atendimento à intimação no prazo nela consignado, o Auditor Fiscal da Receita Federal do Brasil procederá à aplicação da multa sobre o valor apurado com base nas regras dos arts. 38 e 39, ressalvado o disposto no § 2° do art. 51, ambos da IN RFB n° 1.700/2017.

A não escrituração do livro Diário ou do e-Lalur, até a data fixada para pagamento do imposto do respectivo mês, implicará a desconsideração do balanço ou balancete para efeito da suspensão ou redução.

Verificada a falta de pagamento do imposto por estimativa, depois do término do ano-calendário, o lançamento de ofício abrangerá:

I - a multa de ofício de 50% (cinquenta por cento) sobre o valor do pagamento mensal que deixar de ser efetuado, ainda que tenha sido apurado prejuízo fiscal no ano-calendário correspondente;

II - o imposto devido com base no lucro real apurado em 31 de dezembro, caso não recolhido, acrescido de multa de ofício e juros de mora contados do vencimento da quota única do imposto.

1.3.10. Exemplo Prático

A empresa comercial Mi Roma Ltda., tributada pelo lucro real estimado, apurou em determinado mês:

- faturamento a prazo de venda de mercadorias no valor de R$ 1.000.000,00 (um milhão), sendo a importância de R$ 200.000,00 (duzentos mil) relativa a juros (AVP de R$ 800.000,00);

- alienou bens do Ativo Não Circulante, tendo apurado ganho de capital no valor de R$ 15.000,00;

- não auferiu outras receitas ou rendimentos que devam ser incluídos na base de cálculo do imposto mensal.

- incentivo fiscal relativo ao Programa de Alimentação do Trabalhador

Nesse caso, admitindo-se que os percentuais aplicáveis sobre a receita bruta sejam de 8% sobre a receita de vendas de mercadorias, teremos:

a) Determinação da Base de Cálculo do IRPJ:

Alíquota de 8% sobre R$ 1.000.000,00 = R$ 80.000,00

Ganho de capital na alienação de bens do Ativo Não Circulante = R$ 15.000,00

Base de cálculo do imposto mensal = R$ 95.000,00

[R$ 80.000,00 + R$ 15.000,00]

b) Cálculo do Imposto Devido:

Imposto Normal: 15% x R$ 95.000,00 = R$ 14.250,00

Adicional: 10% sobre R$ 75.000,00 (R$ 95.000,00 − R$ 20.000,00) = R$ 7.500,00

Imposto e adicional devido (R$ 14.250,00 + R$ 7.500,00) = R$ 21.750,00

c) Determinação do valor do imposto a pagar, considerando que a empresa tem direito à dedução do incentivo do PAT pelo limite máximo admitido e não sofreu desconto do imposto na fonte sobre receitas computadas na base de cálculo do imposto mensal:

Imposto e Adicional Devido = R$ 21.750,00

Dedução: PAT: 4% sobre R$ 14.250,00 = R$ 570,00

Imposto Líquido a Pagar = R$ 21.180,00

[R$ 21.750,00 − R$ 570,00]

d) Pagamento Mensal do Imposto

O imposto devido em cada mês deverá ser pago até o último dia útil do mês subsequente ao mês de apuração. Se o pagamento for efetuado com atraso, deverá ser acrescido de multa e juros de mora (art. 858 do RIR/1999; art. 56 da IN RFB nº 1.700/2017).

Tributação das Pessoas Jurídicas

e) Preenchimento do Darf

No preenchimento do Darf para o pagamento do IRPJ, deverão ser utilizados os seguintes códigos:

- pessoas jurídicas obrigadas à apuração do lucro real:
  - entidades financeiras: 2319;
  - demais pessoas jurídicas: 2362;
- pessoas jurídicas não obrigadas à apuração do lucro real: 5993.

f) Imposto Apurado de Valor Inferior a R$ 10,00

O Darf não pode ser utilizado para pagamento de tributos e contribuições de valor inferior a R$ 10,00.

Se o imposto mensal a pagar for inferior a R$ 10,00, deverá ser adicionado ao imposto devido em mês(es) subsequente(s) até que o valor total seja igual ou superior a R$ 10,00, quando então deverá ser pago no prazo para pagamento do imposto devido no mês em que esse limite for atingido, juntamente com esse e sem nenhum acréscimo moratório.

g) Opção pelos Incentivos Fiscais

Desde 26.05.2001, somente a pessoa jurídica tributada pelo lucro real que mantenha projeto próprio aprovado com base no art. 9º da Lei nº 8.167/1991 pode optar pela aplicação de parte do imposto mensal no Finor (Fundo de Investimentos do Nordeste), no Finam (Fundo de Investimentos da Amazônia) ou no Funres (Fundo de Recuperação Econômica do Estado do Espírito Santo), este último restrito às empresas domiciliadas nesse estado, observando-se o seguinte (art. 601 do RIR/1999, com a redação da Medida Provisória nº 2.199-14/2001):

1) a opção é exercida mediante recolhimento, em Darf específico, no mesmo prazo do Imposto de Renda, da parcela do imposto mensal de valor equivalente a até:

    1.1) 18% para o Finor ou para o Finam e 25% para o Funres, no período de 1º.01.1998 a 31.12.2003;

    1.2) 12% para o Finor ou para o Finam e 17% para o Funres, no período de 1º.01.2004 a 31.12.2008;

    1.3) 6% para o Finor ou para o Finam e 9% para o Funres, no período de 1º.01.2009 a 31.12.2013;

2) no campo 04 do Darf, deverá ser indicado o código de receita relativo ao fundo pelo qual a empresa optar, a saber:

    2.1) 9017 – **Finor** – Opção Lei nº 8.167/1991, art. 9º;

2.2)   9032 – *Finam* – Opção Lei n° 8.167/1991, art. 9°;

2.3)   9058 – *Funres* – Opção Lei n° 8.167/1991, art. 9°;

3)   a opção será irretratável para todo o ano-calendário e não poderá ser alterada, importando alertar para o seguinte:

3.1)se os valores destinados para os fundos durante o ano excederem o total a que a pessoa jurídica tiver direito, apurado com base no imposto devido sobre o lucro real anual, a parcela excedente será considerada:

3.1.1)   para as empresas que têm direito à aplicação em projeto próprio, com recursos próprios aplicados nesse projeto;

3.2)se ocorrer pagamento a menor de imposto em virtude de excesso de valor destinado para os fundos, a diferença deverá ser paga com acréscimo de multa e juros de mora.

(Fundamentação legal: RIR/1999, art. 601; Medida Provisória n° 2.199-14/2001; Instrução Normativa SRF n° 267/2002, art. 105)

1.4.   Contribuição Social sobre o Lucro Líquido (CSLL)

1.4.1. Aplicabilidade

Aplicam-se à Contribuição Social sobre o Lucro Líquido (CSL) as disposições contidas nos arts. 3°, 26, 41, 75, 89 a 200, 217 a 220, 229 a 231 da IN RFB n° 1.700/2017.

(Fundamentação legal: art. 26 da IN RFB n° 1.700/2017)

1.5.   Lucro Presumido

O lucro presumido é uma forma simplificada de tributação. A empresa pode optar por efetuar a escrituração comercial ou escriturar o livro Caixa. Caso sejam obrigadas à escrituração comercial, as pessoas jurídicas tributadas pelo lucro presumido devem entregar, anualmente, a Escrituração Contábil Digital (ECD) e a Escrituração Contábil Fiscal (ECF), que é obrigatória, independentemente de ter ou não a contabilidade.

É importante lembrar que a escrituração comercial é obrigatória para todas as empresas, independentemente da forma de tributação (arts. 1.179 a 1.195 da Lei n° 10.406/2002 – Código Civil).

1.5.1. PJs Autorizadas a Optar

As pessoas jurídicas não obrigadas ao lucro real cuja receita total no ano-calendário anterior tenha sido igual ou inferior a R$ 78.000.000,00 (setenta e oito milhões) ou a R$ 6.500.000,00 (seis milhões e quinhentos mil) multiplicada pelo número de meses de atividade no ano-calendário anterior, quando inferior a 12 meses, poderão optar pelo regime de tributação com base no lucro presumido (art. 13 da Lei n° 9.718/1998, art. 516 do RIR/1999 e art. 214 da IN RFB n° 1.700/2017).

Segundo Higuchi (2013, p. 51): "A opção pelo lucro presumido só poderá ser feita pela pessoa jurídica que não se enquadrar em nenhum dos impedimentos enumerados no art. 14 da Lei n° 9.718/98."

Atenção:

Considera-se receita total o somatório:

a) da receita bruta mensal;

b) das demais receitas e ganhos de capital;

c) dos ganhos líquidos obtidos em operações realizadas nos mercados de renda variável;

d) dos rendimentos nominais produzidos por aplicações financeiras de renda fixa;

e) da parcela das receitas auferidas nas exportações às pessoas vinculadas ou aos países com tributação favorecida que exceder o valor já apropriado na escrituração da empresa, na forma prevista na Instrução Normativa RFB n° 1.312/2012 (fundamentação legal: art. 59, § 1°, e 60 da IN RFB n° 1.700/2017).

A pessoa jurídica que, em qualquer trimestre do ano-calendário, tiver seu lucro arbitrado poderá optar pela tributação com base no lucro presumido relativamente aos demais trimestres desse ano-calendário, desde que não obrigada à apuração do lucro real (art. 236 da IN RFB n° 1.700/2017).

1.5.2. Formas de Opção

A forma de opção é manifestada com o pagamento da primeira ou única quota do Imposto de Renda devido correspondente ao primeiro período de apuração de cada ano-calendário (art. 26, § 1°, da Lei n° 9.430/1996).

O fato de a pessoa jurídica não ter efetuado o pagamento nos prazos legais ou ter pagado com insuficiência o imposto devido, inclusive adicional, não impede o exercício da opção pelo regime de tributação com base no lucro presumido; o imposto, ou parcela deste, não pago no vencimento fica sujeito à incidência dos acréscimos legais previstos na legislação (art. 42, §§ 4° e 5°, da IN SRF n° 11/1996).

Atenção:

A pessoa jurídica não poderá se utilizar da retificação do Darf (Redarf) para, pela substituição dos códigos, alterar sua opção da forma de apuração do lucro para determinação do Imposto de Renda. Para impedir que erros de fato prejudiquem os contribuintes, os pedidos de Redarf serão analisados isoladamente pela Delegacia da Receita Federal que jurisdiciona a empresa (Decisão n° 46/2000 da 6ª Região Fiscal e Solução de Consulta Cosit n° 216/2001 da 8ª Região Fiscal).

1.5.3. Opção Definitiva

A opção pela tributação com base no lucro presumido será definitiva em relação a todo ano-calendário (art. 13, § 1°, da Lei n° 9.718/1998).

1.5.4. Início de Atividade

A pessoa jurídica que houver iniciado atividade no segundo trimestre manifestará a opção pelo lucro presumido com o pagamento da primeira ou única quota do imposto devido relativa ao período de apuração do início de atividade.

1.5.5. Resultante de Incorporação ou Fusão

Não poderão optar pelo regime de tributação com base no lucro presumido as pessoas jurídicas resultantes de evento de incorporação ou fusão que sejam obrigadas ao lucro real, ainda que qualquer incorporada ou fusionada fizesse jus ao referido regime antes da ocorrência do evento, não se lhes aplicando o disposto no art. 4° da Lei n° 9.964/2000.

O disposto no parágrafo acima não se aplicará no caso em que a incorporadora esteja submetida ao Programa de Recuperação Fiscal (Refis) antes do evento de incorporação.

Tributação das Pessoas Jurídicas 41

IMPOSTO DE RENDA

1.5.6. Determinação do Lucro Presumido

O imposto com base no lucro presumido será determinado por períodos de apuração trimestrais, encerrados nos dias 31 de março, 30 de junho, 30 de setembro e 31 de dezembro de cada ano-calendário (arts. 1º e 25 da Lei nº 9.430/1996).

O art. 215 da IN RFB nº 1.700/2017 determina o montante das parcelas que compõem o lucro presumido. Assim, o lucro presumido será o montante determinado pela soma das seguintes parcelas:

I - o valor resultante da aplicação dos percentuais de que tratam os §§ 1º e 2º do art. 4º desta IN (1,6%; 8,0%; 16% ou 32%) sobre a receita bruta relativa a cada atividade, auferida em cada período de apuração trimestral, deduzida das devoluções e vendas canceladas e dos descontos incondicionais concedidos;

II - os ganhos de capital, demais receitas e resultados positivos decorrentes de receitas não abrangidas pelo inciso I, auferidos no mesmo período;

III - os rendimentos e os ganhos líquidos auferidos em aplicações financeiras de renda fixa e renda variável;

IV - os juros sobre o capital próprio auferidos;

V - os valores recuperados, correspondentes a custos e despesas, inclusive com perdas no recebimento de créditos, salvo se a pessoa jurídica comprovar não os ter deduzido em período anterior no qual se tenha submetido ao regime de tributação com base no lucro real ou que se refiram a período no qual se tenha submetido ao regime de tributação com base no lucro presumido ou arbitrado;

VI - o valor resultante da aplicação dos percentuais de que tratam os §§ 1º e 2º do art. 4º (1,6%, 8,0%, 16% ou 32%), sobre a parcela das receitas auferidas em cada atividade, no respectivo período de apuração, nas exportações às pessoas vinculadas ou aos países com tributação favorecida que exceder o valor já apropriado na escrituração da empresa, na forma prevista na Instrução Normativa RFB nº 1.312/2012;

VII -a diferença de receita financeira calculada conforme disposto no Capítulo V e art. 58 da Instrução Normativa RFB nº 1.312/2012;

VIII - as multas ou qualquer outra vantagem paga ou creditada por pessoa jurídica, ainda que, a título de indenização, em virtude de rescisão de contrato, observado o disposto nos §§ 1º e 2º do art. 79 da IN RFB nº 1.700/2017.

> **Art. 79:**
>
> § 1º O imposto retido na fonte será considerado como antecipação do devido em cada período de apuração.
>
> § 2º O disposto neste artigo não se aplica às indenizações pagas ou creditadas tendo por finalidade a reparação de danos patrimoniais

1.5.6.1.Ajustes a Valor Presente

Conforme disposto no art. 26 da IN RFB nº 1.700/2017, os valores decorrentes do Ajuste a Valor Presente de que trata o inciso VIII do *caput* do art. 183 da Lei nº 6.404, de 1976, incluem-se na receita bruta.

Os valores decorrentes do Ajuste a Valor Presente, apropriados como receita financeira no mesmo período de apuração do reconhecimento da receita bruta, ou em outro período de apuração, não serão incluídos na base de cálculo do lucro presumido.

Os valores decorrentes do Ajuste a Valor Presente de que trata o inciso VIII do *caput* do art. 183 da Lei nº 6.404/1976 incluem-se nas receitas relativas aos incisos II a VIII do *caput* do art. 215 da IN RFB nº 1.700/2017, independentemente da forma como essas receitas tenham sido contabilizadas.

Os valores decorrentes do Ajuste a Valor Presente de que trata o § 3º do art. 215 da IN RFB nº 1.700/2017 apropriados como receita financeira no mesmo período de apuração do reconhecimento das receitas relativas aos incisos II a VIII do *caput* deste artigo, ou em outro período de apuração, não serão incluídos na base de cálculo do lucro presumido.

1.5.6.2.Concessão de Serviços Públicos

No caso de contratos de concessão de serviços públicos:

I – exclui-se da receita bruta a que se refere o inciso I do *caput* do art. 215 da IN RFB nº 1.700/2017 a receita reconhecida pela construção, recuperação, reforma, ampliação ou melhoramento da infraestrutura, cuja contrapartida seja ativo intangível representativo de direito de exploração; e

II – integram a receita bruta a que se refere o inciso I do *caput*, em conformidade com o disposto no art. 3º, os valores decorrentes do Ajuste a Valor Presente de que trata o inciso VIII do *caput* do art. 183 da Lei nº 6.404/1976 vinculados aos ativos financeiros a receber pela prestação dos serviços de construção, recuperação, reforma, ampliação ou melhoramento da infraestrutura.

Tributação das Pessoas Jurídicas

1.5.6.3.Regime de Caixa ou de Competência

O lucro presumido será determinado pelo regime de competência ou de caixa (art. 215, § 6º, da IN RFB nº 1.700/2017).

1.5.6.4.Limite de R$ 120.000,00

As pessoas jurídicas exclusivamente prestadoras de serviços em geral, mencionados nas alíneas "b", "c", "d", "f" e "g" do inciso IV do § 2º do art. 33 da IN RFB nº 1.700/2017, cuja receita bruta anual seja de até R$ 120.000,00, poderão utilizar, na determinação da parcela da base de cálculo do Imposto sobre a Renda de que trata o inciso I, deste artigo, o percentual de 16%.

As pessoas jurídicas exclusivamente prestadoras de serviços em geral, mencionados nas alíneas "b", "c", "d", "f", "g" e "h" do inciso IV do § 2º do art. 33 da IN RFB nº 1.700/2017, cuja receita bruta anual seja de até R$ 120.000,00, poderão utilizar, na determinação da parcela da base de cálculo do Imposto sobre a Renda de que trata o inciso I do *caput* do art. 122 desta IN, o percentual de 16% (IN RFB nº 1.556/2015).

1.5.6.5 Excesso do Limite de R$ 120.000,00

A pessoa jurídica que houver utilizado o percentual de 16% para o pagamento trimestral do imposto, cuja receita bruta acumulada até determinado trimestre do ano-calendário exceder o limite de R$ 120.000,00, ficará sujeita ao pagamento da diferença do imposto postergado apurada a cada trimestre transcorrido.

A diferença deverá ser paga em quota única até o último dia útil do mês subsequente ao trimestre em que ocorrer o excesso. Quando paga até este prazo, a diferença apurada será recolhida sem acréscimos.

1.5.7. Ganho de Capital

1.5.7.1.Definição

O ganho de capital nas alienações de ativos não circulantes, investimentos, imobilizados e intangíveis corresponderá à diferença positiva entre o valor da alienação e o respectivo valor contábil.

a) Valor Contábil:

Poderão ser considerados no valor contábil, e na proporção deste, os respectivos valores decorrentes dos efeitos do ajuste a valor presente de que trata o inciso III do *caput* do art. 184 da Lei nº 6.404/1976.

Para obter a parcela a ser considerada no valor contábil do ativo, a pessoa jurídica terá que calcular inicialmente o quociente entre:

1) o valor contábil do ativo na data da alienação; e

2) o valor do mesmo ativo sem considerar eventuais realizações anteriores, inclusive mediante depreciação, amortização ou exaustão, e a perda estimada por redução ao valor recuperável.

A parcela a ser considerada no valor contábil do ativo corresponderá ao produto:

1) dos valores decorrentes do ajuste a valor presente com o quociente de que trata o parágrafo anterior acima.

1.5.7.2.Encargos Associados a Empréstimos

Para fins da apuração do ganho de capital, é vedado o cômputo de qualquer parcela a título de encargos associados a empréstimos registrados como custo nos termos do art. 145 da IN RFB nº 1.700/2017.

Art. 145.

Os juros e outros encargos, associados a empréstimos contraídos, especificamente ou não, para financiar a aquisição, construção ou produção de bens classificáveis como estoques de longa maturação, propriedade para investimento, ativo imobilizado ou ativo intangível podem ser registrados como custo do ativo adquirido, construído ou produzido.

§ 1º Os juros e outros encargos de que trata o *caput* somente poderão ser registrados como custo até o momento em que o ativo estiver pronto para seu uso ou venda.

§ 2º Considera-se como encargo associado a empréstimo aquele em que o tomador deve necessariamente incorrer para fins de obtenção dos recursos.

§ 3º Os juros e outros encargos registrados como custo do ativo, conforme a hipótese prevista no *caput*, poderão ser excluídos na determinação do lucro real do período de apuração em que forem incorridos, devendo a exclusão ser feita na parte A do e-Lalur e controlada, de forma individualizada para cada bem ou grupo de bens de mesma natureza e uso, na parte B.

§ 4º Na hipótese prevista no § 3º, os valores excluídos deverão ser adicionados, na parte A do e-Lalur, à medida que o ativo for realizado, inclusive mediante depreciação, amortização, exaustão, alienação ou baixa.

1.5.7.3.Neutralidade Tributária

Para fins da neutralidade tributária a que se refere o art. 292 da IN RFB nº 1.700 /2017, deverá ser considerada no valor contábil eventual diferença entre o valor do ativo na contabilidade societária e o valor do ativo mensurado de acordo com os métodos e critérios contábeis vigentes em 31.12.2007 observada na data da adoção inicial de que trata o art. 291 desta IN.

1.5.7.4.Reavaliação do Ativo

Na apuração do ganho de capital, os valores acrescidos em virtude de reavaliação somente poderão ser computados como parte integrante dos custos de aquisição dos bens e direitos se a empresa comprovar que os valores acrescidos foram computados na determinação da base de cálculo do Imposto sobre a Renda.

1.5.7.5.Ativo Intangível

O ganho de capital na alienação do ativo intangível a que se refere o inciso I do § 5º do art. 215 da IN RFB nº 1.700/2017 corresponderá à diferença positiva entre o valor da alienação e o valor dos custos incorridos na sua obtenção, deduzido da correspondente amortização.

Art. 215, § 5º, inciso I:

I - exclui-se da receita bruta a que se refere o inciso I do *caput* a receita reconhecida pela construção, recuperação, reforma, ampliação ou melhoramento da infraestrutura, cuja contrapartida seja ativo intangível representativo de direito de exploração;

1.5.7.6.Dedução pela Concessionária

Para calcular o valor a deduzir, a concessionária deverá:

I - determinar a relação entre a amortização acumulada do ativo intangível e o valor do mesmo ativo intangível sem considerar eventuais amortizações anteriores e perdas estimadas por redução ao valor recuperável;

II - aplicar a proporção obtida na forma prevista no inciso I ao valor dos custos incorridos na obtenção do ativo intangível referidos no § 18.

Art. 215, § 18:

§ 18. O ganho de capital na alienação do ativo intangível a que se refere o inciso I do § 5º corresponderá à diferença positiva entre o valor da alienação e o valor dos custos incorridos na sua obtenção deduzido da correspondente amortização.

Os custos a que se referem os §§ 18 e 19 do art. 215 da IN RFB nº 1.700/2017 são os custos diretos e indiretos incorridos na execução dos serviços de construção, recuperação, reforma, ampliação ou melhoramento da infraestrutura.

1.5.7.7.Alienação de Bens a Prazo

A tributação do ganho de capital decorrente da alienação de bens do ativo imobilizado ocorre no momento da alienação, isto é, no momento em que o ganho for auferido e não por ocasião do recebimento das parcelas. O art. 421 do Decreto nº 3.000/1999 – RIR/1999, que permite o diferimento da tributação, direciona para o lucro real a possibilidade de reconhecer o lucro na proporção da parcela recebida não se referindo ao lucro presumido.

1.5.7.8.Exemplo Prático

Premissas:

- Pessoa jurídica tributada pelo lucro presumido:

A empresa comercial Mi Roma Ltda. é tributada pelo lucro presumido e mantém escrituração contábil. No mês de janeiro/2017, ela adquiriu um equipamento de produção que foi incorporado à linha de montagem no início desse mês.

A administração considerou relevante o critério de reconhecimento desse ativo, por isso, decidiu trazer a operação a valor presente, mesmo sendo registrado no passivo circulante.

No final de 2017, o bem foi vendido, à vista, pelo valor de R$ 180.000,00.

Dados:

- Valor de aquisição: R$ 150.000,00;
- Prazo de pagamento: 12 parcelas;
- Taxa de juros: 2% ao mês;
- Prazo estimado de uso do bem: 10 anos.

Cálculos:

1. Ajuste a Valor Presente (AVP)

R$ 150.000,00 / (1 + i) n, em que "i" é a taxa de juros, e "n", o período

VP = R$ 150.000,00 / (1 + 0,02)12

VP = R$ 150.000,00 / 1,26824

VP = R$ 118.274,14

AVP = R$ 150.000,00 − R$ 118.274,14

AVP = R$ 31.725,86

2. Depreciação

Quota anual = Valor de aquisição x Taxa Anual

Quota anual = R$ 150.000,00 x 10%

Quota anual = R$ 15.000,00

Quota mensal = R$ 15.000,00 / 12 meses

Quota mensal = R$ 1.250,00

3. Apropriação dos juros (linear)

Valor mensal = AVP / 12 meses

Valor mensal = R$ 31.725,86 / 12

Valor mensal = R$ 2.643,82

4. Valor das prestações

Parcelas = Total da dívida / 12 meses

Parcelas = R$ 150.000,00 / 12

Parcelas = R$ 12.500,00

Lançamentos Contábeis:

Os lançamentos contábeis, apresentados a seguir, são efetuados na data da operação.

1. Pela aquisição do bem, a prazo

D − Equipamentos (AÑC − Imobilizado)   R$ 150.000,00

C − Duplicatas a Pagar (PC)   R$ 150.000,00

2. Pelo AVP

D − AVP − Fornecedores (PC)   R$ 32.725,86

C − AVP − Equipamentos (AÑC − Imobilizado)   R$ 32.725,86

3. Pela apropriação dos juros no mês

D − Despesas Financeiras (Resultado)   R$ 2.643,82

C − AVP − Fornecedores (PC)   R$ 2.643,82

Considerando que a administração estimou o prazo de vida útil em10 anos, a taxa de depreciação a ser utilizada será de 10% ao ano.

4. Pela apropriação da depreciação no mês

D – Depreciação (Resultado)	R$ 985,62
D – AVP – Equipamentos (AÑC)	R$ 264,38
C – Depreciação Acumulada – Equip. (AÑC)	R$ 1.250,00

5. Pelo pagamento da parcela no mês

D – Fornecedores (PC)	R$ 12.500,00
C – Bancos c/ Movimento (AC)	R$ 12.500,00

Considerando que o equipamento foi vendido ao final do mês de dezembro/2017, pelo valor de R$ 180.000,00, temos os seguintes registros contábeis:

6. Pelo recebimento da venda, à vista

D – Bancos c/ Movimento (AC)	R$ 180.000,00
C – Ganho de Capital (Resultado)	R$ 180.000,00

7. Pela baixa do bem no ativo

D – Ganho de Capital (Resultado)	R$ 150.000,00
C – Equipamentos (AÑC – Imobilizado)	R$ 150.000,00

8. Pela baixa da depreciação acumulada

D – Depreciação Acumulada – Equip. (AÑC)	R$ 15.000,00
C – Ganho de Capital (Resultado)	R$ 15.000,00

9. Pela baixa do saldo da conta de AVP – Equipamentos

D – AVP – Equipamentos (AÑC)	R$ 28.553,30
C – Ganho de Capital (Resultado)	R$ 28.553,30

Razonetes:

Depreciação (RE)	Despesas Financeiras (RE)	Ganho de Capital (RE)	
11.827,44	31.725,84	150.000,00	180.000,00
		73.553,30	15.000,00
			28.553,30

> **Atenção:**
>
> Se a empresa for tributada pelo lucro real, mensalmente, esses valores deverão ser na Parte "A" do e-Lalur. No lucro presumido, não há reflexos.

Ganho de Capital Tributável

Por ocasião da venda do bem, no mês de dezembro de 2017, o contribuinte deverá apurar o valor do ganho de capital tributável, que será acrescido à base de cálculo do Imposto de Renda do último trimestre do ano-calendário.

Observe-se que nem todo o resultado contábil apurado na conta de Ganhos de Capital é tributável. Assim, faz-se necessário um ajuste de exclusão relativo ao AVP da conta de equipamentos no ativo (§§ 2º e 3º do art. 25 da Lei nº 9.430/1996).

Desse modo, temos:

a)   apuração do valor contábil:

VC = Valor de aquisição – Depreciação acumulada (1º ano)

VC = R$ 150.000,00 – R$ 15.000,00

VC = R$ 135.000,00;

b) apuração do ganho de capital

GC = Valor de venda – Valor contábil

GC = R$ 180.000,00 – R$ 135.000,00

GC = R$ 45.000,00.

O ganho de capital fiscal é de R$ 45.000,00. Esse valor é tributável e deverá ser acrescido à base de cálculo do IRPJ pelo lucro presumido.

O ganho de capital contábil é de R$ 73.553,30 (ver razonetes). Para não ser totalmente tributável no lucro presumido, faz-se necessário um ajuste nesse valor. A lei permite a exclusão da parte relativa ao AVP.

Assim, temos:

Ganho de capital (contábil)	R$ 73.553,30
(-) Ganho de capital (fiscal)	R$ 45.000,00
= Exclusão	R$ 28.553,30

Do valor apurado na contabilidade a título de ganho de capital (R$ 73.553,30), exclui-se a parcela do valor do AVP não realizado (R$ 28.553,30) e obtém-se o valor do ganho de capital tributável (R$ 45.000,00).

1.5.8. Receitas Financeiras

As receitas financeiras relativas às variações monetárias dos direitos de crédito e das obrigações do contribuinte, em função da taxa de câmbio, originadas dos saldos de juros a apropriar decorrentes de ajuste a valor presente não integrarão a base de cálculo do lucro presumido.

Os valores de que tratam os incisos VI e VII do *caput* do art. 215 da IN RFB nº 1.700/2017 serão apurados anualmente e acrescidos à base de cálculo do último trimestre do ano-calendário, para efeitos de determinação do imposto devido.

Para os efeitos do disposto nos incisos VI e VII do *caput* do art. 215 da IN RFB nº 1.700/2017, pessoa vinculada é aquela definida pelo art. 2º da IN RFB nº 1.312/2012.

Art. 2º da IN RFB nº 1.312/2012:

Art. 2º Para fins do disposto nesta Instrução Normativa, consideram-se vinculadas à pessoa jurídica domiciliada no Brasil:

I – a matriz desta, quando domiciliada no exterior;

II – a sua filial ou sucursal, domiciliada no exterior;

III – a pessoa física ou jurídica residente ou domiciliada no exterior, cuja participação societária no seu capital social a caracterize como sua controladora ou coligada, na forma definida nos §§ 1º e 2º do art. 243 da Lei nº 6.404, de 15 de dezembro de 1976;

IV – a pessoa jurídica domiciliada no exterior que seja caracterizada como sua controlada ou coligada, na forma definida nos §§ 1º e 2º do art. 243 da Lei nº 6.404, de 1976;

V – a pessoa jurídica domiciliada no exterior, quando esta e a pessoa jurídica domiciliada no Brasil estiverem sob controle societário ou administrativo comum ou quando pelo menos 10% (dez por cento) do capital social de cada uma pertencer a uma mesma pessoa física ou jurídica;

VI – a pessoa física ou jurídica, residente ou domiciliada no exterior que, em conjunto com a pessoa jurídica domiciliada no Brasil, tiverem participação societária no capital social de uma terceira pessoa jurídica, cuja soma as caracterize como controladoras ou coligadas desta, na forma definida nos §§ 1º e 2º do art. 243 da Lei nº 6.404, de 1976;

VII – a pessoa física ou jurídica residente ou domiciliada no exterior, que seja sua associada, na forma de consórcio ou condomínio, conforme definido na legislação brasileira, em qualquer empreendimento;

VIII – a pessoa física residente no exterior que for parente ou afim até o terceiro grau, cônjuge ou companheiro de qualquer de seus diretores ou de seu sócio ou acionista controlador em participação direta ou indireta;

Tributação das Pessoas Jurídicas

IX – a pessoa física ou jurídica, residente ou domiciliada no exterior, que goze de exclusividade, como seu agente, distribuidor ou concessionário, para a compra e venda de bens, serviços ou direitos;

X – a pessoa física ou jurídica, residente ou domiciliada no exterior, em relação à qual a pessoa jurídica domiciliada no Brasil goze de exclusividade, como agente, distribuidora ou concessionária, para a compra e venda de bens, serviços ou direitos.

§ 1º Para efeito do disposto no inciso V, considera-se que a pessoa jurídica domiciliada no Brasil e a domiciliada no exterior estão sob controle:

I – societário comum, quando uma mesma pessoa física ou jurídica, independentemente da localidade de sua residência ou domicílio, seja titular de direitos de sócio em cada uma das referidas pessoas jurídicas, que lhe assegurem, de modo permanente, preponderância nas deliberações sociais daquelas e o poder de eleger a maioria dos seus administradores;

II – administrativo comum, quando:

a) o cargo de presidente do conselho de administração ou de diretor-presidente de ambas tenha por titular a mesma pessoa;

b) o cargo de presidente do conselho de administração de uma e o de diretor-presidente de outra sejam exercidos pela mesma pessoa;

c) uma mesma pessoa exercer cargo de direção, com poder de decisão, em ambas as pessoas jurídicas.

§ 2º Na hipótese prevista no inciso VII, as pessoas jurídicas serão consideradas vinculadas somente durante o período de duração do consórcio ou condomínio no qual ocorrer a associação.

§ 3º Para efeito do disposto no inciso VIII, considera-se companheiro de diretor, sócio ou acionista controlador da pessoa jurídica domiciliada no Brasil a pessoa que com ele conviva em caráter conjugal, conforme o disposto na Lei nº 9.278, de 10 de maio de 1996.

§ 4º Nas hipóteses previstas nos incisos IX e X:

I – a vinculação aplica-se somente em relação às operações com os bens, serviços ou direitos para os quais se constatar a exclusividade;

II – será considerado distribuidor ou concessionário exclusivo a pessoa física ou jurídica titular desse direito relativamente a uma parte ou a todo o território do país, inclusive do Brasil;

III – a exclusividade será constatada por meio de contrato escrito ou, na inexistência deste, pela prática de operações comerciais relacionadas a um tipo de bem, serviço ou direito, efetuadas exclusivamente entre as duas pessoas jurídicas ou exclusivamente por intermédio de uma delas.

§ 5º Aplicam-se as normas sobre preço de transferência também às operações efetuadas pela pessoa jurídica domiciliada no Brasil, por meio de interposta pessoa não caracterizada como vinculada, que opere com outra, no exterior, caracterizada como vinculada à pessoa jurídica brasileira.

§ 6º A existência de vinculação, na forma deste artigo, com pessoa física ou jurídica, residente ou domiciliada no exterior, relativamente às operações de compra e venda efetuadas durante o ano-calendário, será comunicada à Secretaria da Receita Federal do Brasil (RFB), por meio da Declaração de Informações Econômico-Fiscais da Pessoa Jurídica (DIPJ).

1.5.9. Imposto de Renda Retido na Fonte (IRRF)

O Imposto sobre a Renda incidente na fonte, retido até o encerramento do correspondente período de apuração, poderá ser deduzido do imposto calculado com base no lucro presumido (art. 215, § 24, da IN RFB nº 1.700/2017).

O percentual de 8% também será aplicado sobre a receita financeira da pessoa jurídica que explore atividades imobiliárias relativas a loteamento de terrenos, incorporação imobiliária, construção de prédios destinados à venda, bem como a venda de imóveis construídos ou adquiridos para a revenda, quando decorrente da comercialização de imóveis e for apurada por meio de índices ou coeficientes previstos em contrato.

1.5.10. Rendimentos de Aplicação Financeira (Regime de Caixa)

Conforme determina o art. 216 da IN RFB nº 1.700/2017, excetuam-se da determinação pelo regime de competência a que se refere o § 6º do art. 122 desta IN:

I - os rendimentos auferidos em aplicações de renda fixa;

II - os ganhos líquidos auferidos em aplicações de renda variável.

Atenção:

Os rendimentos e ganhos líquidos de que tratam os itens I e II da letra "i" acima, serão acrescidos à base de cálculo do lucro presumido por ocasião da alienação, resgate ou cessão do título ou aplicação.

Relativamente aos ganhos líquidos a que se refere o item II da letra "i" acima, o Imposto sobre a Renda sobre os resultados positivos mensais apurados em cada um dos 2 (dois) meses imediatamente anteriores ao do encerramento do período de apuração será determinado e pago em separado, nos termos da legislação específica, dispensado o recolhimento em separado relativamente ao terceiro mês do período de apuração.

Os ganhos líquidos referidos no item II da letra "i" acima, relativos a todo o trimestre de apuração, serão computados na determinação do lucro presumido e o montante do imposto pago na forma prevista no parágrafo anterior será considerado antecipação, compensável com o Imposto sobre a Renda devido no encerramento do período de apuração.

1.5.11. Avaliação a Valor Justo (AVJ)

O ganho decorrente de avaliação de ativo ou passivo com base no valor justo não integrará a base de cálculo do lucro presumido no período de apuração:

I – relativo à avaliação com base no valor justo, caso seja registrado diretamente em conta de receita; ou

II – em que seja reclassificado como receita, caso seja inicialmente registrado em conta de patrimônio líquido.

Na apuração dos ganhos a que se referem os ganhos de capital, demais receitas e resultados positivos decorrentes de receitas não abrangidas pelo inciso I do art. 215 da IN RFB nº 1.700/2017, auferidos no mesmo período, e os rendimentos e ganhos líquidos auferidos em aplicações financeiras de renda fixa e renda variável, o aumento ou redução no valor do ativo registrado em contrapartida a ganho ou perda decorrente de sua avaliação com base no valor justo não será considerado como parte integrante do valor contábil.

O disposto acima não se aplica caso o ganho relativo ao aumento no valor do ativo tenha sido anteriormente computado na base de cálculo do imposto.

(Fundamentação legal: art. 217 da IN RFB nº 1.700/2017)

1.5.12. Arrendamento Mercantil – Arrendadora

O art. 218 da IN RFB nº 1.700/2017 dispõe sobre a contraprestação de arrrendamento mercantil da pessoa jurídica arrendadora optante pelo lucro presumido.

Assim, a pessoa jurídica arrendadora que realize operações em que haja transferência substancial dos riscos e benefícios inerentes à propriedade do ativo e que não esteja sujeita ao tratamento tributário disciplinado pela Lei nº 6.099/1974 deverá computar o valor da contraprestação na determinação da base de cálculo do lucro presumido.

Isto também se aplica aos contratos não tipificados como arrendamento mercantil que contenham elementos contabilizados como arrendamento mercantil por força de normas contábeis e da legislação comercial.

Segundo dispõe a IOB no Guia Prático da ECF (2015, p. 70): "A legislação também condiciona a dedutibilidade das contraprestações quando o bem arrendado estiver relacionado intrinsecamente com a produção e comercialização dos bens e serviços."

1.5.13. Mudança do Lucro Real para Lucro Presumido

A pessoa jurídica que até o ano-calendário anterior houver sido tributada com base no lucro real deverá adicionar à base de cálculo do imposto correspondente ao primeiro período de apuração no qual houver optado pela tributação com base no lucro presumido os saldos dos valores cuja tributação havia diferido, controlados na Parte "B" do e-Lalur (art. 54 da Lei n° 9.430/1996, art. 520 do RIR/1999 e art. 219 da IN RFB n° 1.700/2017).

Estas disposições aplicam-se inclusive aos valores controlados por meio de subcontas referentes:

I – às diferenças na adoção inicial dos arts. 1°, 2°, 4° a 71 da Lei n° 12.973/2014, de que tratam os arts. 294 a 296 da IN RFB n° 1.700/2017; e

II - à avaliação de ativos ou passivos com base no valor justo de que tratam os arts. 97 a 101 da IN RFB n° 1.700/2017.

> **Atenção:**
>
> Ao optar pela tributação com base no lucro presumido, o contribuinte renuncia ao direito de compensar prejuízo fiscal apurado no exercício em que exercida aquela opção (PN CST n° 14/1983). Caso a pessoa jurídica optante pelo lucro presumido retorne ao regime de tributação do lucro real, o saldo de prejuízos fiscais, remanescente deste regime e não utilizado, poderá vir a ser compensado, observadas as normas pertinentes à compensação (art. 22 da IN SRF n° 21/1992).

1.5.14. Mudança do Lucro Presumido para Lucro Real

A pessoa jurídica tributada pelo lucro presumido que, em período de apuração imediatamente posterior, passar a ser tributada pelo lucro real, deverá incluir na base de cálculo do imposto apurado pelo lucro presumido os ganhos decorrentes de avaliação com base no valor justo que façam parte do valor contábil, e na proporção deste, relativos aos ativos constantes em seu patrimônio.

A tributação dos ganhos poderá ser diferida para os períodos de apuração em que a pessoa jurídica for tributada pelo lucro real, desde que observados os procedimentos e requisitos previstos nos arts. 97 a 99 da IN RFB n° 1.700/2017.

Tributação das Pessoas Jurídicas   55

As perdas verificadas nas condições previstas no *caput* somente poderão ser computadas na determinação do lucro real dos períodos de apuração posteriores se observados os procedimentos e requisitos previstos nos arts. 102 e 103 da IN RFB nº 1.700/2017.

Estas perdas somente poderão ser computadas na determinação do lucro real dos períodos de apuração posteriores se observados os procedimentos e requisitos previstos nos arts. 102 e 104 da IN RFB nº 1.700/2017.

O disposto acima aplica-se também na hipótese de avaliação com base no valor justo de passivos relacionados a ativos ainda não totalmente realizados na data de transição para o lucro real. A tributação destes ganhos poderá ser diferida para os períodos de apuração em que a pessoa jurídica for tributada pelo lucro real, desde que observados os procedimentos e requisitos previstos nos arts. 97, 100 e 101 da IN RFB nº 1.700/2017.

(Fundamentação legal: IN RFB nº 1.700/2017, arts. 119 e 220)

1.5.15. Cálculo do Imposto

1.5.15.1. Alíquota de 15%

A pessoa jurídica, seja comercial ou civil o seu objeto, pagará o Imposto sobre a Renda devido em cada trimestre mediante a aplicação da alíquota de 15% sobre a base de cálculo do lucro presumido (art. 3º da Lei nº 9.249/1995 e art. 221 da IN RFB nº 1.700/2017).

1.5.15.2. Adicional de 10%

A parcela do lucro presumido que exceder o valor resultante da multiplicação de R$ 20.000,00 pelo número de meses do respectivo período de apuração sujeita-se à incidência do adicional do Imposto sobre a Renda à alíquota de 10% (art. 3º, § 1º, da Lei nº 9.249/1995; art. 4º da Lei nº 9.430/1996 e art. 221, § 1º, da IN RFB nº 1.700/2017).

> **Atenção:**
>
> O valor do adicional será recolhido integralmente como receita da União, não sendo permitidas quaisquer deduções (art. 3º, § 4º, da Lei nº 9.249/1995 e art. 8º, § 1º, da Lei nº 9.718/1998).

1.5.15.3. Deduções do Imposto

Para efeito de pagamento, a pessoa jurídica poderá deduzir do imposto apurado em cada trimestre o Imposto sobre a Renda pago ou retido na fonte sobre receitas que integraram a base de cálculo do imposto devido, vedada qualquer dedução a título de incentivo fiscal (art. 34 da Lei nº 8.981/1995, art. 1° da Lei n° 9.065/1995, art. 51, parágrafo único da Lei n° 9.430/1996, art. 10 da Lei n° 9.532/1997 e § 2° do art. 221 da IN RFB n° 1.700/2017).

> **Atenção:**
>
> No caso em que o imposto retido na fonte ou pago seja superior ao devido, a diferença poderá ser compensada com o imposto a pagar relativo aos períodos de apuração subsequentes. Neste caso, será considerado como "saldo negativo de imposto" e utilizado a PER/DComp para a compensação (art. 24, § 1°, da Lei n° 9.249/1995 e art. 528, parágrafo único, do RIR/1999).

1.5.16. Lucro Presumido – Regime de Caixa

Se a pessoa jurídica adotar o critério de reconhecimento de suas receitas de vendas de bens ou direitos ou de prestação de serviços (receita bruta) com pagamento a prazo ou em parcelas na medida do recebimento e mantiver a escrituração do livro Caixa, deverá:

- emitir a NF quando da entrega do bem ou direito ou da conclusão do serviço; e

- indicar no livro Caixa, em registro individual, a NF a que corresponder cada recebimento.

Nessa hipótese, a pessoa jurídica que mantiver escrituração contábil, na forma da legislação comercial, deverá controlar os recebimentos de suas receitas em conta específica, na qual, em cada lançamento, será indicada a NF a que corresponder o recebimento.

Os valores recebidos adiantadamente, por conta de venda de bens ou direitos ou da prestação de serviços, serão computados como receita do mês em que se der o faturamento, a entrega do bem ou do direito ou a conclusão dos serviços, o que primeiro ocorrer.

Os valores recebidos, a qualquer título, do adquirente do bem ou direito ou do contratante dos serviços serão considerados como recebimento do preço ou de parte deste até o seu limite.

> **Atenção:**
>
> O cômputo da receita em período de apuração posterior ao do recebimento sujeitará a pessoa jurídica ao pagamento do imposto com o acréscimo de juros de mora e de multa, de mora ou de ofício, conforme o caso, calculados na forma da legislação vigente.

(Fundamentação legal: IN RFB n° 1.700/2017, art. 223)

1.5.17. Obrigações Acessórias

A pessoa jurídica habilitada à opção pelo regime de tributação com base no lucro presumido deverá manter:

1) escrituração contábil nos termos da legislação comercial;

2) livro Registro de Inventário, no qual deverão constar registrados os estoques existentes ao término do ano-calendário;

3) em boa guarda e ordem, enquanto não decorrido o prazo decadencial e não prescritas eventuais ações que lhes sejam pertinentes, todos os livros de escrituração obrigatórios por legislação fiscal específica, bem como os documentos e demais papéis que serviram de base para escrituração comercial e fiscal.

A obrigatoriedade da escrituração contábil nos termos da legislação comercial não se aplica à pessoa jurídica que, no decorrer do ano-calendário, mantiver livro Caixa, no qual deverá estar escriturada toda a movimentação financeira, inclusive a bancária.

(Fundamentação legal: art. 45, parágrafo único, da Lei n° 8.981/1995; art. 527 do RIR/1999)

1.5.18. Incorporação, Fusão ou Cisão

A pessoa jurídica submetida ao regime de tributação com base no lucro presumido, que tiver parte ou todo o seu patrimônio absorvido em virtude de incorporação, fusão ou cisão, está obrigada a levantar balanço específico para esse fim, no qual os bens e direitos devem ser avaliados pelo valor contábil ou de mercado. O balanço deverá ser levantado na data do evento.

Fabretti (2005, p. 159), corrobora desta assertiva: "As normas tributárias determinam que a pessoa jurídica que tiver parte ou todo o seu patrimônio absorvido em virtude de incorporação, fusão ou cisão deverá levantar balanço específico na data desse evento."

A pessoa jurídica deverá também apresentar a Escrituração Contábil Fiscal (ECF) correspondente ao período transcorrido durante o ano-calendário, em seu próprio nome, conforme regras estabelecidas na IN RFB n° 1.422/2013.

A apuração da base de cálculo do IRPJ e da CSL será efetuada na data desse evento.

> **Atenção:**
>
> Considera-se data do evento, para fins fiscais, a data da deliberação que aprovar a incorporação, fusão ou cisão (art. 239, § 9°, da IN RFB n° 1.700/2017).

No cálculo do imposto relativo ao período transcorrido entre o último período de apuração e a data do evento, a parcela do lucro presumido que exceder o valor resultante da multiplicação de R$ 20.000,00 pelo número de meses do respectivo período de apuração sujeita-se à incidência de adicional de Imposto sobre a Renda à alíquota de 10%.

O IRPJ e a CSL apurados deverão ser pagos até o último dia útil do mês subsequente ao do evento e serão recolhidos em quota única.

> **Atenção:**
>
> Estas disposições aplicam-se à pessoa jurídica incorporadora, salvo nos casos em que as pessoas jurídicas, incorporadora e incorporada, estiverem sob o mesmo controle societário desde o ano-calendário anterior ao do evento.

(Fundamentação legal: Art. 239 da IN RFB n° 1.700/2017)

1.5.19. Distribuição de Lucros e Dividendos

1.5.19.1. Isenção do IRRF em Relação ao Limite Fiscal

No caso de pessoa jurídica tributada com base no lucro presumido, poderão ser distribuídos, a título de lucros, sem incidência do Imposto sobre a Renda Retido na Fonte (IRRF):

a) o valor da base de cálculo do imposto, diminuída de todos os impostos e contribuições a que estiver sujeita a pessoa jurídica; e

b) a parcela dos lucros ou dividendos excedentes ao valor determinado na letra "a", desde que a empresa demonstre, por meio de escrituração contábil fiscal feita com observância da lei comercial, que o lucro efetivo é maior que o determinado segundo as normas para apuração da base de cálculo do imposto pela qual tiver optado, ou seja, o lucro presumido.

Assim, os valores pagos a sócios ou acionistas ou a titular de empresa tributada pelo lucro presumido, a título de lucros ou dividendos, ficam isentos do Imposto de Renda, independentemente de apuração contábil, até o valor da base de cálculo do IRPJ, deduzido do próprio IRPJ (inclusive o adicional, quando devido), da CSL, do PIS/Pasep e da Cofins devidos, desde que a distribuição ocorra depois do encerramento do trimestre de apuração.

Contudo, ressalta-se que, no caso da letra "b", a pessoa jurídica deve manter escrituração contábil fiscal composta de contas patrimoniais e de resultado,

Tributação das Pessoas Jurídicas

em partidas dobradas, considerando os métodos e critérios contábeis aplicados pela legislação tributária vigente em 31.12.2007 (IN RFB nº 1.700/2017, art. 238, § 6º, IN RFB nº 1.397/2013, arts. 3º e 27, Ato Declaratório Normativo Cosit nº 4/1996).

Portanto, na hipótese do exemplo desenvolvido no subtópico 1.4.11, se admitirmos que, no 1º trimestre, a CSL, o PIS/Pasep e a Cofins devidos pela empresa são, respectivamente, R$ 27.396,00, R$ 12.480,00 e R$ 57.600,00, teremos:

- Base de cálculo do IRPJ devido no trimestre	= R$ 232.400,00
- IRPJ devido	= (R$ 52.100,00)
- CSL devida	= (R$ 27.396,00)*
- PIS/Pasep devido no trimestre	= (R$ 12.480,00)
- Cofins devida no trimestre	= (R$ 57.600,00)
= Valor que pode ser distribuído com isenção do IRRF	= R$ 82.824,00**

(*) R$ 304.400,00 (base de cálculo da CSL devida no trimestre) x 9% (alíquota da CSL vigente)
(**) Esse valor somente pode ser distribuído a partir de 1º.04.2016. Caso seja distribuído valor superior a esse limite, o excesso será tributado na fonte pela tabela progressiva.

1.5.19.2. Isenção do IRRF em Relação ao Lucro Contábil

Se a empresa mantiver escrituração contábil e apurar lucro líquido (depois da dedução do IRPJ devido) de valor superior ao determinado na forma acima, a totalidade do lucro líquido contábil poderá ser distribuída sem incidência do imposto, observada a exceção constante acima, quando for o caso.

Entretanto, se o lucro líquido apurado contabilmente for inferior ao valor determinado de acordo com as regras focalizadas acima, prevalecerá a isenção sobre a distribuição do lucro presumido líquido do imposto e das contribuições devidos.

1.5.19.3. Tributação de Outros Rendimentos Pagos

A isenção do imposto é restrita à distribuição do lucro presumido (base de cálculo do IRPJ) líquido do imposto e das contribuições devidas pela empresa, conforme demonstrado no número 1 acima, ou ao lucro líquido apurado contabilmente (na hipótese mencionada no número 2 acima).

Desse modo, outros rendimentos pagos a titular, sócios ou acionistas da empresa, tais como pró-labore, aluguéis, são tributados normalmente segundo as normas comuns aplicáveis à tributação na fonte e constantes na declaração do beneficiário.

(Fundamentação legal: art. 238, § 5° da IN RFB n° 1.700/2017)

1.5.20. Regime Tributário de Transição (RTT)

1.5.20.1. Obrigatoriedade do RTT

Desde o ano-calendário de 2010, o Regime Tributário de Transição (RTT), instituído pelo art. 15 da Lei n° 11.941/2009, é aplicável também à apuração do IRPJ devido com base no lucro presumido, sendo facultativo nos anos-calendários de 2008 e 2009.

Nesse regime, a base de cálculo do IRPJ devido com base no lucro presumido deve ser apurada de acordo com a legislação de regência do tributo, com utilização dos métodos e critérios contábeis vigentes em 31.12.2007, independentemente da forma de contabilização determinada pelas alterações da legislação societária decorrentes das leis n°s 11.638/2007 e 11.941/2009, e da respectiva regulamentação, observando-se que:

a) exclusão de valores referentes à receita auferida, cuja tributação poderá ser diferida para períodos subsequentes, em decorrência de diferenças de métodos e critérios contábeis determinados pela legislação societária, em relação àqueles aplicáveis à legislação tributária; e

b) adição de valores não incluídos na receita auferida, cuja tributação fora diferida de períodos anteriores, em decorrência de diferenças de métodos e critérios contábeis determinados pela legislação societária, em relação àqueles aplicáveis à legislação tributária.

Para esse efeito, a pessoa jurídica deverá manter memória de cálculo que permita identificar o valor da receita auferida em cada período e controlar os montantes das respectivas exclusões e adições à base de cálculo a que se referem as letras "a" e "b".

(Fundamentação legal: art. 15, § 3º, da Lei nº 11.941/2009; e arts. 10 e 11 da Instrução Normativa RFB nº 969/2009)

1.5.20.2. Revogação do RTT a partir de 1º.01.2015

O art. 117, X, da Lei n° 12.973/2014, revogou, com efeitos a partir de 1°.01.2015, as regras aplicáveis ao RTT, previstas nos arts. 15 a 24 da Lei n° 11.941/2009, quando entrou em vigor o novo regramento introduzido pelos arts. 1° e 2° e 4° a 70 da referida lei, salvo se a pessoa jurídica optasse

Tributação das Pessoas Jurídicas 61

pela aplicação antecipada dessas disposições para o ano-calendário de 2014, conforme faculta o art. 75 da mesma lei.

Atente-se que a opção deve ser formalizada mediante indicação na Declaração de Débitos e Créditos Tributários Federais (DCTF) relativa aos fatos geradores ocorridos no mês de agosto/2014, e deve ser confirmada ou alterada, se a pessoa jurídica assim desejar, na DCTF referente aos fatos geradores ocorridos no mês de dezembro/2014.

A opção é irretratável e acarretará a observância de todas as alterações trazidas pela referida norma e os efeitos dos incisos I a VI, VIII e X do *caput* do art. 117, também a contar de 1°.01.2014, observando-se que:

a) no caso de início de atividade ou de surgimento de nova pessoa jurídica em razão de fusão ou cisão, no ano-calendário de 2014, a opção deverá ser manifestada na DCTF referente aos fatos geradores ocorridos no 1° mês de atividade;

b) na hipótese de o primeiro mês de início de atividade ou de surgimento de nova pessoa jurídica em razão de fusão ou cisão ocorrer no período de janeiro a julho/2014, as opções deverão ser exercidas na DCTF referente aos fatos geradores ocorridos no mês de agosto/2014.

(Fundamentação legal: arts. 1° e 2° da IN RFB n° 1.469/2014; IN RFB n° 1.484/2014; IN RFB n° 1.499/2014)

1.5.21. Exemplo Prático

Admita-se que, no período de 1°.01 a 31.03.2017, uma empresa optante pela tributação com base no lucro presumido apresentou as seguintes operações:

a) receita de vendas de mercadorias no valor total de R$ 1.800.000,00 e receita de prestação de serviços no valor total de R$ 120.000,00;

b) rendimentos de aplicações financeiras de renda fixa de R$ 14.000,00 (sobre os quais foi retido o Imposto de Renda na Fonte de R$ 2.800,00);

c) vendeu bens do Ativo Não Circulante, tendo apurado nessa transação ganho de capital (lucro) de R$ 36.000,00; e

d) não percebeu outras receitas ou resultados, sendo que não há nenhum outro valor que deva ser computado na base de cálculo do imposto.

Assim, considerando que os percentuais aplicáveis sobre as receitas são de 8% sobre a receita de venda de mercadorias e de 32% sobre a receita de prestação de serviços, temos:

a) Determinação da Base de Cálculo do IRPJ:

- 8% sobre R$ 1.800.000,00	= R$ 144.000,00
- 32% sobre R$ 120.000,00	= R$ 38.400,00
- Soma	= R$ 182.400,00
- Rendimentos de aplicações financeiras de renda fixa	= R$ 14.000,00
- Ganhos de capital na alienação de bens do Ativo Não Circulante	= R$ 36.000,00
- Base de cálculo do imposto trimestral	= R$ 232.400,00

b) IRPJ Devido no 1º Trimestre de 2017:

- Imposto normal: 15% de R$ 232.400,00   = R$ 34.860,00
- Adicional do imposto: 10% de R$ 172.400,00   = R$ 17.240,00
[(R$ 232.400,00 – R$ 60.000,00) x 10%]

Total do IRPJ devido   = R$ 52.100,00

(–) Compensações:

- IRRF sobre as Receitas Financeiras computadas a BC = (R$ 2.800,00)
- Imposto líquido a pagar   = R$ 49.300,00

c) Pagamento do IRPJ:

O IRPJ apurado em cada trimestre deverá ser pago, em quota única, até o último dia útil do mês subsequente ao do encerramento do período de sua apuração ou, por opção da empresa, em até 3 (três) quotas mensais, iguais e sucessivas, observando-se o seguinte (art. 856 do RIR/1999 e art. 55 da IN RFB nº 1.700/2017):

a) as quotas deverão ser pagas até o último dia útil dos meses subsequentes aos de encerramento do período de apuração;

b) nenhuma quota poderá ter valor inferior a R$ 1.000,00, e o imposto de valor inferior a R$ 2.000,00 será pago em quota única;

c) o valor de cada quota (excluída a primeira, se paga no prazo) será acrescido de juros equivalentes à taxa Selic para títulos federais, acumulada mensalmente, a partir do 1º dia do segundo mês subsequente ao do encerramento do período de apuração até o último dia do mês anterior ao do pagamento, e de 1% no mês do pagamento.

No exemplo, o IRPJ a pagar, de R$ 49.300,00, poderá ser quitado em quota única até 28.04.2017 ou em até 3 (três) quotas de R$ 16.433,33 cada uma

Tributação das Pessoas Jurídicas

(R$ 49.300,00 ÷ 3), vencíveis em 28.04, 31.05 e 30.06.2017, com acréscimo de juros sobre as quotas pagas a partir de maio/2017, calculados de acordo com a taxa Selic acumulada para títulos federais.

> **Atenção:**
>
> O valor da primeira e da segunda quotas será de R$ 16.433,33 e a terceira e última quota de R$ 16.433,34, totalizando R$ 49.300,00.

d) Preenchimento do Darf:

No preenchimento do Darf para o pagamento do IRPJ devido com base no lucro presumido, utiliza-se, no campo 04, o código 2089.

e) IRPJ Apurado Inferior a R$ 10,00:

O Darf não pode ser utilizado para pagamento de impostos e contribuições de valor inferior a R$ 10,00 (art. 873, §§ 4° e 5°, do RIR/1999, art. 68, *caput* e § 1° da Lei n° 9.430/1996).

Se o IRPJ apurado for de valor inferior a R$ 10,00, deverá ser adicionado ao imposto devido em período(s) subsequente(s) até que o valor total seja igual ou superior a R$ 10,00, quando, então, deverá ser pago no prazo para o pagamento do imposto devido no(s) período(s) em que esse limite for atingido juntamente com esse imposto, sem nenhum acréscimo moratório.

CONTRIBUIÇÃO SOCIAL SOBRE O LUCRO LÍQUIDO (CSLL)

1.5.22. Contribuição Social sobre o Lucro Líquido (CSLL)

1.5.22.1. Introdução

As empresas que optarem pelo pagamento do Imposto de Renda Pessoa Jurídica (IRPJ) com base no lucro presumido deverão apurar a Contribuição Social sobre o Lucro (CSL) trimestralmente e efetuar o seu pagamento com observância dos procedimentos tratados neste procedimento, que se embasam nos arts. 28 e 29 da Lei n° 9.430/1996 e arts. 29 e 31 da IN RFB n° 1.700/2017.

Vale ressaltar que em 1°.01.2015 começou a vigorar o novo regime tributário introduzido pela Medida Provisória n° 627/2013, convertida, com emendas, na Lei n° 12.973/2014.

Entretanto, a pessoa jurídica pode optar pela aplicação para o ano-calendário de 2014 das disposições contidas nos arts. 1° e 2° e 4° a 70 e nos arts. 76 a 92 todos da Lei nº 12.973/2014. Nessa hipótese, a opção pela aplicação no ano-calendário de 2014 na forma mencionada deverá ser formalizada mediante indicação na Declaração de Créditos e Débitos Tributários Federais (DCTF) referente aos fatos geradores ocorridos no mês de agosto/2014 e deverão ser confirmadas ou alteradas, se a pessoa jurídica assim desejar, na DCTF referente aos fatos geradores ocorridos no mês de dezembro/2014 (IN RFB nº 1.469/2014, art. 2º, § 1º, com a redação dada pela IN RFB nº 1.484/2014, art. 2º e pela Instrução Normativa RFB nº 1.499/2014).

1.5.22.2. Base de Cálculo

A contar 1º.01.2015 ou de 1º.01.2014, caso a pessoa jurídica tenha optado pela aplicação, no ano-calendário de 2014, das disposições constantes da Lei nº 12.973/2014, a base de cálculo da CSL devida pelas empresas submetidas à apuração do IRPJ com base no lucro presumido corresponde ao somatório dos seguintes valores apurados em cada trimestre:

a) 12% da receita bruta da venda de mercadorias/produtos e/ou da prestação de serviços (veja a Nota 7), exceto para as pessoas jurídicas referidas no subtópico 2.2, na forma definida na legislação do Imposto de Renda (consulte o subtópico 1.5 do Lucro Presumido);

b) os ganhos de capital (lucros na alienação de bens do Ativo Não Circulante), os rendimentos e ganhos líquidos auferidos em aplicações financeiras de renda fixa ou renda variável, as demais receitas, os resultados positivos decorrentes de receitas não abrangidas na letra "a" deste subtópico, com os seus respectivos valores decorrentes do Ajuste a Valor Presente, e demais valores determinados na Lei nº 9.430/1996 auferidos naquele mesmo período (Lei nº 6.404/1976, art. 183, *caput*, VIII; Lei nº 9.430/1996, art. 29, II, com a redação dada pela Lei nº 12.973/2014, art. 6º; IN RFB nº 1.700/2017, art. 215).

1.5.22.3. Prestadoras de Serviços – Base de Cálculo desde 1º.09.2003

Desde 1º.09.2003, o percentual a ser aplicado sobre a receita bruta auferida é de 32% para aquelas pessoas jurídicas que exercem as seguintes atividades (IN SRF nº 390/2004, art. 89 e art. 33 da IN RFB nº 1.700/2017):

Atenção: A IN SRF nº 390/2004 foi revogada pela IN RFB nº 1.700/2017.

a) prestação de serviços em geral, exceto a de serviços hospitalares e de transportes, inclusive de cargas;

b) intermediação de negócios;

c) administração, locação ou cessão de bens imóveis, móveis e direitos de qualquer natureza;

Tributação das Pessoas Jurídicas

d) prestação cumulativa e contínua de serviços de assessoria creditícia, mercadológica, gestão de crédito, seleção de riscos, administração de contas a pagar e a receber, compra de direitos creditórios resultantes de vendas mercantis a prazo ou de prestação de serviços (*factoring*).

1.5.22.4. Receita de Exportação

É discutível se a receita de exportação deve integrar ou não a base de cálculo da CSL nas empresas optantes pelo lucro presumido ou arbitrado. Primeiramente, é preciso definir o que é receita de exportação e a sua forma de tributação.

De acordo com a Portaria MF n° 356/1988 e com as respostas às questões nⁿˢ 39 e 40, Capítulo VIII, do "Perguntas e Respostas IRPJ/2014", divulgado pela RFB:

a) a receita bruta de vendas nas exportações de produtos manufaturados nacionais deve ser determinada pela conversão, em moeda nacional, de seu valor expresso em moeda estrangeira à taxa de câmbio fixada no boletim de abertura pelo Bacen (Banco Central), para compra, em vigor na data de embarque dos produtos para o exterior;

b) considera-se como data de embarque para o exterior (momento da conversão da moeda estrangeira) a data averbada no Siscomex (Sistema Integrado de Comércio Exterior).

Nesse sentido, de acordo com a Portaria MF n° 356/1988 e com a questão n° 41, Capítulo VIII, do "Perguntas e Respostas IRPJ/2014", as diferenças decorrentes de alteração na taxa câmbio ocorridas entre a data do fechamento do contrato de câmbio e a data do embarque devem ser consideradas como variações monetárias ativas ou passivas.

Assim, a CSL é devida inclusive pelas empresas exportadoras tributadas com base no lucro presumido (ou arbitrado). Ressalva-se, no entanto, que a jurisprudência (especialmente a judicial), em qualquer caso (lucro real, presumido ou arbitrado), poderá vir a concluir pela não incidência da contribuição. Logo, é importante acompanhar a evolução da jurisprudência.

1.5.22.5. Alíquotas

Desde 1°/02/2000, a alíquota da CSL devida pelas pessoas jurídicas em geral é de 9% (Lei n° 7.689/1988, art. 3°, III).

1.5.22.6. Deduções e Compensações

Poderão ser deduzidas da CSL devida a CSL retida por órgãos, autarquias e fundações da administração pública federal; a CSL retida por órgãos da administração direta, autarquias e fundações da administração pública do Distrito Federal, dos Estados e dos Municípios; e a CSL retida por pessoas jurídicas de direito privado (art. 64 da Lei nº 9.430/1996, arts. 30 e 33 da Lei nº 10.833/2003).

Poderão ser compensados da CSL devida os valores relacionados abaixo. Essas compensações devem ser informadas na Declaração de Débitos e Créditos Tributários Federais (DCTF) e na Escrituração Contábil Fiscal (ECF), no Registro P500 – Cálculo da CSLL com base no Lucro Presumido:

a) pagamentos indevidos ou maiores que os devidos a título dessa contribuição, em períodos de apuração anteriores. Esses valores são informados na ficha de Compensação de Pagamento Indevido ou a Maior, na Pasta Débitos/Créditos da DCTF;

b) outras compensações efetuadas. Esses valores são informados na ficha Outras Compensações da pasta Débitos/Créditos da DCTF e na ECF como deduções.

1.5.22.7. Preenchimento do Darf

No preenchimento do Darf, deve ser utilizado (no campo 04) o código 2372.

1.5.22.8. Bônus de Adimplência Fiscal

Em relação a tributos e contribuições administrados pela RFB, foi instituído bônus de adimplência fiscal aplicável às pessoas jurídicas submetidas ao regime de tributação com base no lucro real ou presumido, o qual (arts. 67, 222 e 271 a 276 da IN RFB nº 1.700/2017):

a) corresponde a 1% da base de cálculo da CSL determinada segundo as normas estabelecidas para as pessoas jurídicas submetidas ao regime de apuração com base no lucro presumido;

b) será calculado em relação à base de cálculo referida na letra "a", relativamente ao ano-calendário em que for permitido seu aproveitamento;

c) será calculado em relação aos 4 (quatro) trimestres do ano-calendário e poderá ser deduzido da CSL devida correspondente ao último trimestre;

d) será registrado na contabilidade da pessoa jurídica beneficiária:

d.1) na aquisição do direito, a débito de conta de Ativo Circulante e a crédito de Lucro ou Prejuízos Acumulados;

Tributação das Pessoas Jurídicas

d.2) na utilização, a débito da provisão para pagamento da CSL e a crédito da conta de Ativo Circulante referida em "d.1".

A parcela do bônus que não puder ser aproveitada em determinado período poderá sê-lo em períodos posteriores, vedado o ressarcimento ou a compensação distinta da referida neste tópico.

Lembre-se que a utilização indevida do bônus implica a imposição da multa de 50%, observado o disposto no inciso II do art. 44 da Lei n° 9.430/1996, com suas alterações posteriores.

1.5.22.8.1. Pessoas Jurídicas que não Farão Jus ao Bônus

Não farão jus ao bônus as pessoas jurídicas que, nos últimos 5 (cinco) anos-calendário, tiverem se enquadrado em qualquer das seguintes hipóteses em relação a tributos e contribuições administrados pela RFB:

a) lançamento de ofício;

b) débitos com exigibilidade suspensa;

c) inscrição em dívida ativa;

d) recolhimentos ou pagamentos em atraso;

e) falta ou atraso no cumprimento de obrigação acessória.

1.5.22.9. Regime Tributário de Transição (RTT)

De acordo com a Lei n° 11.941/2009, conversão da Medida Provisória n° 449/2008, ficou estabelecido que o RTT se aplica obrigatoriamente desde o ano-calendário de 2010 às empresas optantes pelo lucro presumido.

Para as pessoas jurídicas sujeitas ao RTT, o lucro presumido deverá ser apurado de acordo com a legislação de regência do tributo, com utilização dos métodos e critérios contábeis vigentes em 31.12.2007, independentemente da forma de contabilização determinada pelas alterações da legislação societária decorrentes das leis n°s 11.638/2007 e 11.941/2009 e da respectiva regulamentação.

1.5.22.9.1. Adoção em 2014 da Lei n° 12.973/2014

Independentemente da opção antecipada pelas novas regras estabelecidas na Lei n° 12.973/2014, a partir do ano-calendário de 2014:

a) os lucros ou dividendos calculados com base nos resultados apurados entre 1°.01.2008 e 31.12.2013, pelas pessoas jurídicas tributadas com base no lucro real, presumido ou arbitrado, efetivamente pagos até 12.11.2013, em valores superiores aos apurados com observância dos métodos e critérios contábeis vigentes em 31.12.2007, não ficarão sujeitas à incidência do Imposto de Renda Retido na Fonte (IRRF) nem integrarão a base de cálculo do IRPJ e da CSL do beneficiário pessoa física ou jurídica residente ou domiciliada no país ou no exterior;

b) para fins do limite para o cálculo dos juros pagos ou creditados individualizadamente a titular, sócios ou acionistas, a título de remuneração do capital próprio, previsto no art. 9º da Lei nº 9.249/1995, especificamente em relação aos anos-calendário de 2008 a 2014, a pessoa jurídica poderá utilizar as contas do patrimônio líquido mensurado de acordo com as disposições da Lei nº 6.404/1976, observando-se ainda que, no cálculo da parcela a deduzir, não serão considerados os valores relativos a ajustes de avaliação patrimonial a que se refere o § 3º do art. 182 da Lei nº 6.404/1976; e

c) para os anos-calendário de 2008 a 2014, o contribuinte poderá avaliar o investimento pelo valor de patrimônio líquido da coligada ou controlada determinado de acordo com as disposições da Lei nº 6.404/1976.

(Fundamentação legal: Lei nº 12.973/2014, arts. 72 a 74)

1.5.22.9.2. Operações Anteriores à Data da Adoção Inicial

Para as operações ocorridas anteriormente à data da adoção inicial, permanece a neutralidade tributária estabelecida nos arts. 15 e 16 da Lei nº 11.941/2009, e a pessoa jurídica deverá proceder, nos períodos de apuração a partir dessa data, aos respectivos ajustes na base de cálculo do Imposto de Renda.

Para fins da neutralidade tributária, deverá ser considerada no valor contábil eventual diferença entre o valor do ativo na contabilidade societária e o valor do ativo mensurado de acordo com os métodos e critérios contábeis vigentes em 31.12.2007, observada na data da adoção inicial do novo regime tributário da Lei nº 12.973/2014.

(Fundamentação legal: IN RFB nº 1.700/2017, arts. 215, §§ 11 e 16, 291 e 292)

1.6. Lucro Arbitrado

O arbitramento de lucro é uma forma de apuração da base de cálculo do Imposto de Renda utilizada pela Receita Federal do Brasil ou pelo contribuinte quando conhecida a receita bruta.

Em relação às alterações da Lei nº 12.973/2014, o art. 6º modificou os incisos I e II e §§ do art. 27 da Lei nº 9.430/1996, que dispõe sobre a base de cálculo do lucro arbitrado.

O objetivo de tais alterações foi adequar a base de cálculo do lucro arbitrado ao novo conceito de receita bruta e aos AVP, na apuração do ganho ou perda de capital decorrente da alienação de bens e direitos do ativo.

O lucro arbitrado está disciplinado nos arts. 226 a 237 da Instrução Normativa RFB n° 1.700/2017, o qual passarei a discorrer.

1.6.1. Definições

A regra geral é o lucro arbitrado ser aplicado pelo Fisco sempre que a pessoa jurídica deixar de cumprir as obrigações acessórias relativas à determinação do lucro real ou presumido, conforme o caso. Portanto, se a pessoa jurídica optante pelo lucro real não tem o livro Diário ou o livro Razão, ou quando deixa de escriturar o livro Registro de Inventário, por exemplo, o seu lucro é arbitrado pela autoridade tributária.

O autoarbitramento é uma opção do contribuinte, ele pode ser aplicado quando a receita bruta é conhecida, e, desde que ocorrida qualquer uma das hipóteses de arbitramento previstas na legislação fiscal. Assim, o contribuinte poderá efetuar o pagamento do Imposto de Renda correspondente com base nas regras do lucro arbitrado.

1.6.2. Período de Apuração

A partir de 01.01.1997, a tributação com base no lucro arbitrado ocorrerá trimestralmente, em períodos de apuração encerrados em 31 de março, 30 de junho, 30 de setembro e 31 de dezembro de cada ano-calendário (arts. 220 e 530 do Decreto n° 3.000/1999 – RIR/1999).

1.6.3. Arbitramento de Lucro

A partir de 01.01.1995, ocorrida qualquer das hipóteses que ensejam o arbitramento de lucro, previstas na legislação fiscal, poderá o arbitramento:

I – ser aplicado pela autoridade fiscal em qualquer dos casos previstos na legislação do Imposto de Renda (art. 530 do RIR/1999);

II – ser adotado pelo próprio contribuinte, quando conhecida a sua receita bruta (art. 531 do RIR/1999).

1.6.4. Forma de Opção

A tributação com base no lucro arbitrado será manifestada mediante o pagamento da primeira quota ou da quota única do imposto devido correspondente ao período de apuração trimestral em que o contribuinte, pelas razões determinantes na legislação, encontrar-se em condições de proceder ao arbitramento do seu lucro.

1.6.5. Hipóteses de Arbitramento

O Imposto de Renda devido será exigido a cada trimestre, no decorrer do ano-calendário, com base nos critérios do lucro arbitrado, quando:

I - o contribuinte, obrigado à tributação com base no lucro real, não mantiver escrituração na forma das leis comerciais e fiscais ou deixar de elaborar as demonstrações financeiras exigidas pela legislação fiscal;

II - a escrituração a que estiver obrigado o contribuinte revelar evidentes indícios de fraude ou contiver vícios, erros ou deficiências que a tornem imprestável para:

    a) identificar a efetiva movimentação financeira, inclusive a bancária; ou

    b) determinar o lucro real;

III - o contribuinte, não obrigado à tributação com base no lucro real, deixar de apresentar à autoridade tributária os livros e documentos da escrituração comercial e fiscal, ou o livro Caixa, nos quais deverá estar escriturada toda a movimentação financeira, inclusive bancária;

IV - o contribuinte optar indevidamente pela tributação com base no lucro presumido;

V - o comissário ou representante da pessoa jurídica estrangeira deixar de cumprir o disposto no § 1º do art. 76 da Lei nº 3.470/1958;

VI - o contribuinte não mantiver em boa ordem e segundo as normas contábeis recomendadas livro Razão ou fichas utilizadas para resumir e totalizar, por conta ou subconta, os lançamentos efetuados no Diário;

VII - o contribuinte não escriturar ou deixar de apresentar à autoridade tributária as informações necessárias para gerar o FCont por meio do Programa Validador e Assinador da Entrada de Dados para o FCont de que trata a IN RFB nº 967/2009, no caso de pessoas jurídicas sujeitas ao RTT;

VIII - o contribuinte não escriturar ou deixar de apresentar à autoridade tributária a Escrituração Contábil Fiscal (ECF).

Segundo Higuchi (2013, p. 104): "A fiscalização da Receita Federal, com base no art. 258 e seu § 1º do RIR/99, tem arbitrado o lucro das empresas que procedem escrituração do livro Diário, por partidas mensais, sem o respaldo de assentamentos em livros auxiliares autenticados."

(Fundamentação legal: Art. 226 da IN RFB nº 1.700/2017)

1.6.6. Receita Bruta Conhecida

Quando conhecida a receita bruta, o contribuinte pode fazer o autoarbitramento. Trata-se de um tratamento específico atribuído ao contribuinte. Nas demais situações, o Fisco é que faz o arbitramento do lucro.

IMPOSTO DE RENDA

1.6.7. Determinação do Lucro Arbitrado

O lucro arbitrado, quando conhecida a receita bruta, será o montante determinado pela soma das seguintes parcelas:

I - o valor resultante da aplicação dos percentuais estabelecidos na letra "a", abaixo, sobre a receita bruta definida pelo art. 26 da IN RFB n° 1.700/2017, de cada atividade, auferida em cada período de apuração trimestral, deduzida das devoluções e vendas canceladas e dos descontos incondicionais concedidos;

II - os ganhos de capital, demais receitas e resultados positivos decorrentes de receitas não abrangidas pelo inciso I, auferidos no mesmo período;

III - os rendimentos e ganhos líquidos auferidos em aplicações financeiras de renda fixa e renda variável;

IV - os juros sobre o capital próprio auferidos;

V - os valores recuperados correspondentes a custos e despesas, inclusive com perdas no recebimento de créditos, salvo se a pessoa jurídica comprovar não os ter deduzido em período anterior no qual tenha se submetido ao regime de tributação com base no lucro real ou que se refiram a período no qual tenha se submetido ao regime de tributação com base no lucro presumido ou arbitrado;

VI - o valor resultante da aplicação dos percentuais fixados na letra "a", abaixo, sobre a parcela das receitas auferidas em cada atividade, no respectivo período de apuração, nas exportações às pessoas vinculadas ou aos países com tributação favorecida que exceder o valor já apropriado na escrituração da empresa, na forma prevista na IN RFB n° 1.312/2012;

VII - a diferença de receita financeira calculada conforme disposto no capítulo V e art. 58 da IN RFB n° 1.312/2012;

VIII - as multas ou qualquer outra vantagem paga ou creditada por pessoa jurídica, ainda que a título de indenização, em virtude de rescisão de contrato, observado o disposto nos §§ 1° e 2° do art. 79 da IN RFB n° 1.700/2017.

a) Percentuais de Determinação do Lucro Arbitrado:

Nas seguintes atividades, o percentual de determinação do lucro arbitrado será de:

I - 1,92% sobre a receita bruta auferida na revenda, para consumo, de combustível derivado de petróleo, álcool etílico carburante e gás natural;

[(1,6% x 20%) + 1,6%]

II -9,6% sobre a receita bruta auferida:

[(8,0% x 20%) + 8,0%]

a) na prestação de serviços hospitalares e de auxílio diagnóstico e terapia, patologia clínica, imagenologia, anatomia patológica e citopatologia, medicina nuclear e análises e patologias clínicas, exames por métodos gráficos, procedimentos endoscópicos, radioterapia, quimioterapia, diálise e oxigenoterapia hiperbárica, desde que a prestadora destes serviços seja organizada sob a forma de sociedade empresária e atenda às normas da Agência Nacional de Vigilância Sanitária (Anvisa);

b) na prestação de serviços de transporte de carga;

c) nas atividades imobiliárias relativas a loteamento de terrenos, incorporação imobiliária, construção de prédios destinados à venda, bem como a venda de imóveis construídos ou adquiridos para revenda;

d) na atividade de construção por empreitada com emprego de todos os materiais indispensáveis à sua execução, sendo tais materiais incorporados à obra; e

e) nas demais atividades não mencionadas neste parágrafo;

III - 19,2% sobre a receita bruta auferida na prestação dos demais serviços de transporte;

[(16,0% x 20%) + 16,0%]

IV - 38,4% sobre a receita bruta auferida com as atividades de:

[(32,0% x 20%) + 32,0%]

a) prestação de serviços relativos ao exercício de profissão legalmente regulamentada;

b) intermediação de negócios;

c) administração, locação ou cessão de bens imóveis, móveis e direitos de qualquer natureza;

d) construção por administração ou por empreitada unicamente de mão de obra ou com emprego parcial de materiais;

e) construção, recuperação, reforma, ampliação ou melhoramento de infraestrutura, no caso de contratos de concessão de serviços públicos, independentemente do emprego parcial ou total de materiais;

f) prestação cumulativa e contínua de serviços de assessoria creditícia, mercadológica, gestão de crédito, seleção de riscos, administração de contas a pagar e a receber, compra de direitos creditórios resultantes de vendas mercantis a prazo ou de prestação de serviços (*factoring*);

g) prestação de qualquer outra espécie de serviço não mencionada neste parágrafo;

h) coleta e transporte de resíduos até aterros sanitários ou local de descarte;

i) prestação de qualquer outra espécie de serviço não mencionada neste item IV.

b) *Ajustes a Valor Presente (AVP):*

Os valores decorrentes do Ajuste a Valor Presente (AVP), de que trata o inciso VIII do *caput* do art. 183 da Lei n° 6.404/1976, incluem-se na receita bruta.

Os valores decorrentes do AVP apropriados como receita financeira no mesmo período de apuração do reconhecimento da receita bruta, ou em outro período de apuração, não serão incluídos na base de cálculo do lucro arbitrado.

Os valores decorrentes do AVP de que trata o inciso VIII do *caput* do art. 183 da Lei n° 6.404/1976 incluem-se nas receitas relativas aos incisos II a VIII do *caput* do art. 227 da IN RFB n° 1.700/2017, independentemente da forma como estas receitas tenham sido contabilizadas.

Os valores decorrentes do AVP acima apropriados como receita financeira no mesmo período de apuração do reconhecimento das receitas relativas aos incisos II a VIII do *caput* do art. 227 da IN RFB n° 1.700/2017, ou em outro período de apuração, não serão incluídos na base de cálculo do lucro arbitrado.

c) Contratos de Concessão de Serviços Públicos:

No caso de contratos de concessão de serviços públicos:

I - exclui-se da receita bruta a que se refere o inciso I do *caput* a receita reconhecida pela construção, recuperação, reforma, ampliação ou melhoramento da infraestrutura, cuja contrapartida seja ativo intangível representativo de direito de exploração; e

II - integram a receita bruta a que se refere o inciso I do *caput*, em conformidade com o disposto no art. 3°, os valores decorrentes do ajuste a valor presente de que trata o inciso VIII do *caput* do art. 183 da Lei n° 6.404/1976, vinculados aos ativos financeiros a receber pela prestação dos serviços de construção, recuperação, reforma, ampliação ou melhoramento da infraestrutura.

d) Regime de Competência:

O lucro arbitrado será determinado pelo regime de competência.

e) Ganho de Capital:

O ganho de capital nas alienações de ativos não circulantes – investimentos, imobilizados e intangíveis – corresponderá à diferença positiva entre o valor da alienação e o respectivo valor contábil.

Para fins de apuração do ganho de capital, poderão ser considerados, no valor contábil e na proporção deste, os respectivos valores decorrentes dos efeitos do AVP de que trata o inciso III do *caput* do art. 184 da Lei n° 6.404/1976.

Para obter a parcela a ser considerada no valor contábil do ativo, a pessoa jurídica terá que calcular inicialmente o quociente entre:

1) o valor contábil do ativo na data da alienação; e

2) o valor do mesmo ativo sem considerar eventuais realizações anteriores, inclusive mediante depreciação, amortização ou exaustão, e a perda estimada por redução ao valor recuperável.

A parcela a ser considerada no valor contábil do ativo corresponderá ao produto:

1) dos valores decorrentes do ajuste a valor presente com o quociente de que trata o parágrafo acima.

É vedado o cômputo de qualquer parcela a título de encargos associados a empréstimos registrados como custo nos termos do art. 145 da IN RFB n° 1.700/2017.

Para fins da neutralidade tributária a que se refere o art. 292 da IN RFB n° 1.700/2017, deverá ser considerada no valor contábil eventual diferença entre o valor do ativo na contabilidade societária e o valor do ativo mensurado de acordo com os métodos e critérios contábeis vigentes em 31.12.2007, observada na data da adoção inicial de que trata o art. 291 da IN RFB n° 1.700/2017.

Na apuração do ganho de capital, os valores acrescidos em virtude de reavaliação somente poderão ser computados como parte integrante dos custos de aquisição dos bens e direitos se a empresa comprovar que os valores acrescidos foram computados na determinação da base de cálculo do Imposto sobre a Renda.

O ganho de capital na alienação do ativo intangível corresponderá à diferença positiva entre o valor da alienação e o valor dos custos incorridos na sua obtenção, deduzido da correspondente amortização.

No cálculo do valor a deduzir acima, aplica-se o disposto nos §§ 19 e 20 do art. 215 da IN RFB n° 1.700/2017.

f) Variações Cambiais:

As receitas financeiras relativas às variações monetárias dos direitos de crédito e das obrigações do contribuinte, em função da taxa de câmbio, originadas dos saldos de juros a apropriar decorrentes de AVP não integrarão a base de cálculo do lucro arbitrado.

Os valores de que tratam os incisos VI e VII do *caput* do art. 227 da IN RFB n° 1.700/2017 serão apurados anualmente e acrescidos à base de cálculo do último trimestre do ano-calendário, para efeitos de determinação do imposto devido.

g) Receita Bruta até R$ 120.000,00:

As pessoas jurídicas exclusivamente prestadoras de serviços em geral, mencionadas nas alíneas "b", "c", "d", "f" e "g" do item IV da letra "a", cuja receita bruta anual seja de até R$ 120.000,00 poderão utilizar, para determinação do lucro trimestral arbitrado, o percentual de 19,2%.

h) Excesso de R$ 120.000,00:

A pessoa jurídica que houver utilizado o percentual do parágrafo acima para o pagamento trimestral do imposto, cuja receita bruta acumulada até determinado trimestre do ano-calendário exceder o limite de R$ 120.000,00, ficará sujeita ao pagamento da diferença do imposto postergado apurada em relação a cada trimestre transcorrido.

A diferença deverá ser paga em quota única, sem acréscimo, até o último dia útil do mês subsequente ao trimestre em que ocorrer o excesso.

Nas atividades desenvolvidas por bancos comerciais, bancos de investimentos, bancos de desenvolvimento, agências de fomento, caixas econômicas, sociedades de crédito, financiamento e investimento, sociedades de crédito imobiliário, sociedades corretoras de títulos, valores mobiliários e câmbio, distribuidoras de títulos e valores mobiliários, empresas de arrendamento mercantil, cooperativas de crédito, empresas de seguro privado e de capitalização, e entidades de previdência privada aberta, o percentual será de 45%.

As pessoas jurídicas que se dedicarem às atividades de venda de imóveis construídos ou adquiridos para revenda, de loteamento de terrenos e de incorporação de prédios em condomínio terão seus lucros arbitrados, deduzindo-se da receita bruta o custo do imóvel devidamente comprovado.

i) Rendimentos Financeiros

Excetuam-se da determinação do lucro arbitrado pelo regime de competência:

I – os rendimentos auferidos em aplicações de renda fixa;

II – os ganhos líquidos auferidos em aplicações de renda variável;

III - os lucros derivados das atividades referidas no § 24 do art. 227, os quais serão tributados na proporção da receita recebida ou cujo recebimento esteja previsto para o próprio trimestre.

Os rendimentos e ganhos líquidos serão acrescidos à base de cálculo do lucro arbitrado por ocasião da alienação, resgate ou cessão do título ou aplicação.

Relativamente aos ganhos líquidos a que se refere o item II da letra "i", acima, o Imposto sobre a Renda sobre os resultados positivos mensais apurados em cada um dos 2 (dois) meses imediatamente anteriores ao do encerramento do período de apuração será determinado e pago em separado, nos termos da legislação específica, dispensado o recolhimento em separado relativamente ao terceiro mês do período de apuração.

Os ganhos líquidos relativos a todo o trimestre de apuração serão computados na determinação do lucro arbitrado e o montante do imposto pago será considerado antecipação, compensável com o Imposto sobre a Renda devido no encerramento do período de apuração.

(Fundamentação legal: arts. 227 e 228 da IN RFB nº 1.700/2017)

1.6.8. Avaliação a Valor Justo (AVJ)

O ganho decorrente de avaliação de ativo ou passivo com base no valor justo não integrará a base de cálculo do lucro arbitrado no período de apuração:

I – relativo à avaliação com base no valor justo, caso seja registrado diretamente em conta de receita; ou

II – em que seja reclassificado como receita, caso seja inicialmente registrado em conta de patrimônio líquido.

Na apuração dos ganhos a que se referem os incisos II e III do *caput* do art. 227 da IN RFB n° 1.700/2017 (ganhos de capital, demais receitas e resultados positivos decorrentes de receitas não abrangidas pela receita bruta auferidos no mesmo período; e os rendimentos e ganhos líquidos auferidos em aplicações financeiras de renda fixa e renda variável), o aumento ou redução no valor do ativo registrado em contrapartida a ganho ou a perda decorrente de sua avaliação com base no valor justo não será considerado como parte integrante do valor contábil.

O disposto neste subtópico não se aplica caso o ganho relativo ao aumento no valor do ativo tenha sido anteriormente computado na base de cálculo do imposto.

(Fundamentação legal: art. 229 da IN RFB n° 1.700/2017)

1.6.9. Arrendamento Mercantil – Arrendadora

A pessoa jurídica arrendadora que realize operações em que haja transferência substancial dos riscos e benefícios inerentes à propriedade do ativo e que não esteja sujeita ao tratamento tributário disciplinado pela Lei n° 6.099/1974 deverá computar o valor da contraprestação na determinação da base de cálculo do lucro arbitrado.

Isto também se aplica aos contratos não tipificados como arrendamento mercantil que contenham elementos contabilizados como arrendamento mercantil por força de normas contábeis e da legislação comercial.

(Fundamentação legal: art. 230 da IN RFB n° 1.700/2017)

1.6.10. Mudança do Lucro Real para Lucro Arbitrado

A pessoa jurídica que até o período de apuração anterior houver sido tributada com base no lucro real deverá adicionar à base de cálculo do Imposto sobre a Renda correspondente ao primeiro período de apuração no qual for tributada com base no lucro arbitrado os saldos dos valores cuja tributação havia diferido, independentemente da necessidade de controle na Parte "B" do e-Lalur.

O disposto acima aplica-se inclusive aos valores controlados por meio de subcontas referentes:

I - às diferenças na adoção inicial dos arts. 1°, 2°, 4° a 71 da Lei n° 12.973/2014 de que tratam os arts. 293 a 296 da IN RFB n° 1.700/2017; e

II - à avaliação de ativos ou passivos com base no valor justo de que tratam os arts. 41 a 45 desta IN.

(Fundamentação legal: art. 231 da IN RFB n° 1.700/2017)

1.6.11. Receita Bruta Desconhecida

O lucro arbitrado das pessoas jurídicas, correspondente a cada trimestre, quando não conhecida a receita bruta, será determinado pelo procedimento de ofício, mediante a aplicação de uma das seguintes alternativas de cálculo:

I - 1,5 do lucro real referente ao último período em que a pessoa jurídica manteve escrituração de acordo com as leis comerciais e fiscais;

II - 0,12 (doze centésimos) da soma dos valores do ativo circulante e do ativo não circulante realizável a longo prazo – investimentos, imobilizado e intangível –, existentes no último balanço patrimonial conhecido;

III - 0,21 (vinte e um centésimos) do valor do capital, inclusive sua correção monetária contabilizada como reserva de capital constante do último balanço patrimonial conhecido ou registrado nos atos de constituição ou alteração da sociedade;

IV - 0,15 (quinze centésimos) do valor do patrimônio líquido constante do último balanço patrimonial conhecido;

V - 0,4 (quatro décimos) do valor das compras de mercadorias efetuadas no trimestre;

VI - 0,4 (quatro décimos) da soma, em cada trimestre, dos valores da folha de pagamento dos empregados e das compras de matérias-primas, produtos intermediários e materiais de embalagem;

VII - 0,8 (oito décimos) da soma dos valores devidos no trimestre a empregados;

VIII - 0,9 (nove décimos) do valor do aluguel devido no trimestre.

As alternativas previstas nos itens V, VI e VII, acima, a critério da autoridade lançadora, poderão ter sua aplicação limitada, respectivamente, às atividades comerciais, industriais e de prestação de serviços e, no caso de empresas com atividade mista, ser adotados isoladamente em cada atividade.

Para os efeitos da aplicação do disposto no item I deste subtópico, quando o lucro real for decorrente de período-base anual, o valor que servirá de base ao arbitramento será proporcional ao número de meses do período-base considerado.

Nas alternativas previstas nos itens V e VI deste subtópico, as compras serão consideradas pelos valores totais das operações, devendo ser incluídos os valores decorrentes do Ajuste a Valor Presente (AVP) de que trata o inciso III do art. 184 da Lei nº 6.404/1976.

À parcela apurada, serão adicionados, para efeitos de determinação do lucro arbitrado, os valores mencionados nos incisos II a VIII do art. 227 e art. 231 da IN RFB nº 1.700/2017.

1.6.12. Cálculo do Imposto

O imposto devido em cada trimestre será calculado mediante a aplicação da alíquota de 15% sobre a base de cálculo, sem prejuízo da incidência do adicional de 10%.

a) Deduções do Imposto:

§ 1º Para efeito de pagamento, a pessoa jurídica poderá deduzir do imposto apurado em cada trimestre o Imposto sobre a Renda pago ou retido na fonte sobre receitas que integraram a base de cálculo do imposto devido, desde que pago ou retido até o encerramento do correspondente período de apuração.

b) Incentivos Fiscais:

É vedada a aplicação de qualquer parcela do imposto devido sobre o lucro arbitrado em incentivos fiscais.

c) Tributação pelo Lucro Real:

A pessoa jurídica submetida à tributação com base no lucro real, que não mantenha escrituração nos termos da legislação comercial e fiscal, pagará o Imposto sobre a Renda devido trimestralmente mediante a utilização das regras de tributação com base no lucro arbitrado.

d) Tributação pelo Lucro Presumido:

A pessoa jurídica que, em qualquer trimestre do ano-calendário, tiver seu lucro arbitrado, poderá optar pela tributação com base no lucro presumido relativamente aos demais trimestres desse ano-calendário, desde que não obrigada à apuração do lucro real.

e) Período de Abrangência do Imposto:

A apuração do IRPJ com base no lucro arbitrado abrangerá todos os trimestres do ano-calendário, assegurada a tributação com base no lucro real relativa aos trimestres não submetidos ao arbitramento, se a pessoa jurídica dispuser de escrituração exigida pela legislação comercial e fiscal que demonstre o lucro real dos períodos não abrangidos por aquela modalidade de tributação.

(Fundamentação legal: arts. 233 a 237 da IN RFB n° 1.700/2017)

1.6.13. Exemplo Prático

Aplicando os dados do enunciado apresentado no subtópico 1.4.11 (lucro presumido), tem-se o seguinte cálculo do lucro arbitrado:

a) Determinação da base de cálculo do imposto:

- 9,6%% sobre R$ 1.800.000,00	= R$ 172.800,00
- 38,4% sobre R$ 120.000,00	= R$ 46.080,00
- Soma	= R$ 218.880,00
- Rendimentos de aplicações financeiras de renda fixa	= R$ 14.000,00
- Ganhos de capital na alienação de bens do Ativo Não Circulante	= R$ 36.000,00
- Base de cálculo do imposto trimestral	= R$ 268.880,00

b) IRPJ Devido no 1° Trimestre de 2017:

- Imposto normal: 15% de R$ 268.880,00   = R$ 40.332,00

- Adicional do imposto: 10% de R$ 208.880,00   = R$ 20.888,00

[(R$ 268.880,00 − R$ 60.000,00) x 10%]

Total do IRPJ devido   R$ 61.220,00

(-) Compensações:

- IRRF sobre as Receitas Financeiras computadas a BC = (R$ 2.800,00)

- Imposto líquido a pagar   = R$ 58.420,00

c) Pagamento do IRPJ:

O IRPJ apurado em cada trimestre deverá ser pago, em quota única, até o último dia útil do mês subsequente ao do encerramento do período de sua apuração ou, por opção da empresa, em até 3 (três) quotas mensais, iguais e sucessivas, observando-se o seguinte (art. 856 do RIR/1999 e art. 55 da IN RFB n° 1.700/2017):

Tributação das Pessoas Jurídicas

a) as quotas deverão ser pagas até o último dia útil dos meses subsequentes aos de encerramento do período de apuração;

b) nenhuma quota poderá ter valor inferior a R$ 1.000,00, e o imposto de valor inferior a R$ 2.000,00 será pago em quota única;

c) o valor de cada quota (excluída a primeira, se paga no prazo) será acrescido de juros equivalentes à taxa Selic para títulos federais, acumulada mensalmente, a partir do primeiro dia do segundo mês subsequente ao do encerramento do período de apuração até o último dia do mês anterior ao do pagamento, e de 1% no mês do pagamento.

Em nosso exemplo, o IRPJ a pagar de R$ 58.420,00 poderá ser quitado em quota única até 29/04/2017 (valor original), ou em até duas quotas de R$ 29.210,00 cada uma, com vencimento em 29/04/2017 (1ª quota/valor original) e 31/05/2017 (2ª quota/valor corrigido pela Selic de 1%), ou em até três quotas de R$ 19.473,33 cada uma (R$ 58.420,00 / 3), vencíveis em 29/04, 31/05 e 30/06/2017, com acréscimo de juros sobre as quotas pagas a partir de maio/2018, calculados de acordo com a taxa Selic acumulada para títulos federais.

> **Atenção:**
>
> A pessoa jurídica deverá recolher duas quotas de R$ 19.473,33 cada uma e a terceira quota no valor de R$ 19.473,34.

d) Preenchimento do Darf:

No preenchimento do Darf para o pagamento do IRPJ devido com base no lucro arbitrado, utiliza-se, no campo 04, o código 5625.

(Fundamentação legal: Ato Declaratório SRF/Cosar nº 13/1997)

CONTRIBUIÇÃO SOCIAL SOBRE O LUCRO LÍQUIDO

1.6.14. Contribuição Social sobre o Lucro Líquido (CSLL)

As pessoas jurídicas submetidas à tributação pelo Imposto de Renda com base no lucro arbitrado deverão apurar a Contribuição Social sobre o Lucro (CSL) trimestralmente, com observância das normas focalizadas a seguir (arts. 28 e 29 da Lei nº 9.430/1996).

1.6.14.1. Regra Geral para Empresas Comerciais, Industriais e Serviços

A base de cálculo da CSL compõe-se pelo somatório dos seguintes valores (Lei n° 9.249/1995, art. 20, Lei n° 9.430/1996, art. 29 e Lei n° 12.973/2014, art. 9°):

I – 12% da receita bruta da venda de mercadorias, produtos e/ou da prestação de serviços, definida no tópico 1.1.1, auferida no trimestre, deduzida das devoluções, vendas canceladas e dos descontos incondicionais concedidos, exceto para as pessoas jurídicas referidas subtópico 1.6.14.2;

II - demais receitas e resultados auferidos no período, não compreendidos na receita bruta.

Na base de cálculo da CSL devida no quarto trimestre do ano-calendário, deverão ser computados também (Lei n° 9.430/1996, arts. 28 e 29):

a) 12% do valor das receitas de exportação realizadas no ano-calendário a pessoas vinculadas ou domiciliadas em países com tributação favorecida, determinado segundo as normas sobre preços de transferência que exceder o valor apropriado na escrituração da empresa;

b) os valores correspondentes à diferença de encargos e receitas financeiras de mútuos apurados durante o ano-calendário;

c) os lucros, rendimentos e ganhos de capital auferidos no exterior e disponibilizados a partir de 1°.10.1999, os quais deverão ser computados na base de cálculo da contribuição devida no quarto trimestre do ano-calendário da sua disponibilização (Lei n° 9.532/1997, art. 1°; Medida Provisória n° 2.158-35/2001, art. 19; Ato Declaratório SRF n° 75/1999).

1.6.14.2. Prestadoras de Serviços (Base de Cálculo desde 1°.09.2003)

Desde 1°.09.2003, o percentual a ser aplicado sobre a receita bruta auferida no mês sobre o lucro das empresas optantes por estimativa mensal e das pessoas jurídicas desobrigadas de escrituração contábil é de 32% para aquelas que exerçam as seguintes atividades (Lei n° 10.684/2003, art. 22, Lei n° 12.973/2014 e IN RFB n° 1.700/2017, art. 34):

a) prestação de serviços em geral, exceto serviços hospitalares e de transportes, inclusive de cargas;

b) prestação de serviços de auxílio-diagnóstico e terapia, patologia clínica, imagenologia, anatomia patológica e citopatologia, medicina nuclear e análises e patologias clínicas, desde que a prestadora destes serviços seja organizada sob a forma de sociedade empresária e atenda às normas da Agência Nacional de Vigilância Sanitária (Anvisa) – vigência desde 1°.01.2009;

c) intermediação de negócios;

d) administração, locação ou cessão de bens imóveis, móveis e direitos de qualquer natureza;

e) prestação cumulativa e contínua de serviços de assessoria creditícia, mercadológica, gestão de crédito, seleção de riscos, administração de contas a pagar e a receber, compra de direitos creditórios resultantes de vendas mercantis a prazo ou de prestação de serviços (*factoring*);

f) prestação de serviços de construção, recuperação, reforma, ampliação ou melhoramento de infraestrutura vinculados a contrato de concessão de serviço público – vigência desde 1°/01/2015, ou desde 1°/01/2014, para optantes da Lei n° 12.973/2014 (Lei n° 9.249/1995, art. 20, incluído pela Lei n° 12.973/2014).

1.6.14.3. Instituições Financeiras, Empresas de Seguro e Entidades Equiparadas

Para os bancos comerciais, bancos de investimentos, bancos de desenvolvimento, caixas econômicas, sociedades de crédito, financiamento e investimento, sociedades de crédito imobiliário, sociedades corretoras de títulos, valores mobiliários e câmbio, distribuidoras de títulos e valores mobiliários, empresas de arrendamento mercantil, cooperativas de crédito, empresas de seguros privados e de capitalização, e entidades de previdência privada aberta, submetidos à tributação pelo lucro arbitrado, a base de cálculo da Contribuição Social sobre o Lucro corresponderá ao somatório dos seguintes valores (Lei n° 8.981/1995, art. 57, § 2°, com a redação dada pela Lei n° 9.065/1995 e IN RFB n° 1.700/2017):

I - 12% da receita bruta auferida no trimestre, ajustada pelas seguintes deduções:

a) no caso das instituições financeiras, sociedades corretoras de títulos, valores mobiliários e câmbio e sociedades distribuidoras de títulos e valores mobiliários:

a.1) despesas incorridas na captação de recursos de terceiros;

a.2) despesas com obrigações por refinanciamentos, empréstimos e repasses de recursos de órgãos e instituições oficiais e do exterior;

a.3) despesas de cessão de créditos;

a.4) despesas de câmbio;

a.5) perdas com títulos e aplicações financeiras de renda fixa;

a.6) perdas nas operações de renda variável;

b) no caso de empresas de seguros privados, o cosseguro e o resseguro cedidos, os valores referentes a cancelamentos e restituições de prêmios que houverem sido computados em conta de receita, assim como a parcela dos prêmios destinada à constituição de provisões ou reservas técnicas;

c) no caso de entidades de previdência privada abertas e de empresas de capitalização, a parcela das contribuições e prêmios, respectivamente, destinada à constituição de provisões ou reservas técnicas;

II - rendimentos obtidos em aplicações financeiras de renda fixa de titularidade de instituição financeira, sociedade de seguro, de previdência e de capitalização, sociedade corretora de títulos, valores mobiliários e câmbio, sociedade distribuidora de títulos e valores mobiliários ou sociedade de arrendamento mercantil;

III - ganhos líquidos e rendimentos auferidos nas operações de renda variável realizadas em bolsa, no mercado de balcão organizado, autorizado por órgão competente, ou por meio de fundos de investimento, para a carteira própria das instituições referidas na letra anterior.

1.6.14.4. Alíquotas

1) Alíquotas vigentes desde o ano-calendário de 1999

Sobre a base de cálculo determinada, aplica-se a alíquota demonstrada no quadro abaixo (Lei n° 9.249/1995, art. 19 e Medida Provisória n° 2.158-35/2001, arts. 6° e 7°):

Alíquotas	Fato Gerador
8%	Fatos geradores ocorridos no período de 1°.01 a 30.04.1999
12%	Fatos geradores ocorridos no período de 1°.05 a 31.01.2000
9%	Fatos geradores ocorridos a partir de 1°.02.2000

2) Instituições financeiras e equiparadas – alíquota a ser aplicada desde 1°.05.2008

Desde 1°.05.2008, a alíquota da CSL devida pelas pessoas jurídicas de seguros privados, as de capitalização e as referidas na Lei Complementar n° 105/2001, art. 1°, § 1°, I a XII (bancos de qualquer espécie, distribuidoras de valores mobiliários, corretoras de câmbio e de valores mobiliários, sociedades de crédito, financiamento e investimentos, sociedades de crédito imobiliário, administradoras de cartões de crédito, sociedades de arrendamento mercantil, administradoras de mercado de balcão organizado, cooperativas de crédito,

Tributação das Pessoas Jurídicas | 85

associações de poupança e empréstimo, bolsas de valores e de mercadorias e futuros e entidades de liquidação e compensação), passa a ser de 15%.

Já a CSL devida no 3° (terceiro) e 4° (quarto) trimestres de 2008 será calculada mediante a utilização da alíquota de 15% (Lei n° 11.727/2008, art. 17 e IN RFB n° 810/2008).

1.7. Participações em Coligadas e Controladas

1.7.1. Desdobramento do Custo de Aquisição com Base em Laudo

O contribuinte que avaliar investimento pelo valor de patrimônio líquido deverá, por ocasião da aquisição da participação, desdobrar o custo de aquisição em:

    I - valor de patrimônio líquido na época da aquisição, determinado de acordo com o disposto no art. 179 da IN RFB n° 1.700/2017 e que será tratado no subtópico 1.7.2, a seguir;

    II - mais ou menos-valia, que corresponde à diferença entre o valor justo dos ativos líquidos da investida, na proporção da porcentagem da participação adquirida, e o valor de que trata o inciso I; e

    III - ágio por rentabilidade futura (*goodwill*), que corresponde à diferença entre o custo de aquisição do investimento e o somatório dos valores de que tratam os itens I e II deste subtópico.

1.7.1.1.Reconhecimento em Subcontas

Os valores de que tratam os itens I a III acima (valor de patrimônio líquido à época da aquisição, mais ou menos-valia e o ágio por rentabilidade futura) serão registrados em subcontas distintas.

1.7.1.2.Laudo de Avaliação

O valor da mais ou menos-valia deverá ser baseado em laudo elaborado por perito independente e protocolado na Secretaria da Receita Federal do Brasil ou cujo sumário deverá ser registrado em Cartório de Registro de Títulos e Documentos, até o último dia útil do 13° (décimo terceiro) mês subsequente ao da aquisição da participação. Isto também deverá ser observado, ainda que o valor da mais ou menos-valia seja 0 (zero).

O protocolo do laudo na Secretaria da Receita Federal do Brasil ocorrerá com o envio do seu inteiro teor utilizando-se de processo eletrônico da Secretaria da Receita Federal do Brasil até o último dia útil do 13° (décimo terceiro) mês subsequente ao da aquisição da participação. Nesse caso, o contribuinte deverá informar o número do processo eletrônico no 1° Lalur a ser entregue depois do prazo previsto.

1.7.1.3.Sumário do Laudo

A entrega do sumário do laudo na Secretaria da Receita Federal do Brasil dispensa o registro do sumário em Cartório de Registro de Títulos e Documentos.

O sumário do laudo a ser registrado em Cartório de Registro de Títulos e Documentos deverá conter no mínimo as seguintes informações:

I - qualificação da adquirente, alienante e adquirida;

II - data da aquisição;

III - percentual adquirido do capital votante e do capital total;

IV - principais motivos e descrição da transação, incluindo-se potenciais direitos de voto;

V - discriminação e valor justo dos itens que compõem a contraprestação total transferida;

VI – relação individualizada dos ativos identificáveis adquiridos e dos passivos assumidos com os respectivos valores contábeis e valores justos;

VII - identificação e assinatura do perito independente e do responsável pelo adquirente.

1.7.1.4.Desatendimento das Formalidades

O desatendimento das formalidades acima implica:

I - no não aproveitamento da mais-valia, conforme disposto no inciso III do *caput* do art. 186 da IN RFB n° 1.700/2017;

II - em considerar a menos-valia como integrante do custo dos bens ou direitos que forem realizados em menor prazo, conforme disposto no inciso III do *caput* do art. 187 da IN RFB n° 1.700/2017;

III - no não aproveitamento do ágio por rentabilidade futura (*goodwill*), conforme disposto no *caput* do art. 188 da IN RFB n° 1.700/2017.

1.7.1.5.Avaliação pelo Valor do Patrimônio Líquido

A aquisição de participação societária sujeita à avaliação pelo valor do patrimônio líquido exige:

I – primeiramente, a mensuração dos ativos identificáveis adquiridos e dos passivos assumidos a valor justo; e

II – posteriormente, o reconhecimento do ágio por rentabilidade futura (*goodwill*) ou do ganho proveniente de compra vantajosa.

1.7.1.6.Ganho de Compra Vantajosa

O ganho proveniente de compra vantajosa, que corresponde ao excesso do valor justo dos ativos líquidos da investida, na proporção da participação adquirida, em relação ao custo de aquisição do investimento, será computado na determinação do lucro real no período de apuração da alienação ou baixa do investimento.

1.7.1.6.1. Registro no e-Lalur

O ganho proveniente de compra vantajosa registrado em conta de resultado deverá ser registrado no e-Lalur como:

I - exclusão ao lucro líquido para apuração do lucro real na Parte "A" e registro na Parte "B" do valor excluído, quando do seu reconhecimento; e

II - adição ao lucro líquido para apuração do lucro real na Parte "A" e respectiva baixa na Parte "B", quando da apuração do ganho ou perda de capital na alienação ou baixa do investimento.

A composição do custo de aquisição respeitará o disposto na legislação comercial, considerando inclusive contraprestações contingentes, sendo o seu tratamento tributário disciplinado no art. 196 da IN RFB n° 1.700/2017.

(Fundamentação legal: art. 178 da IN RFB n° 1.700/2017)

1.7.2. Avaliação do Investimento

Em cada balanço, o contribuinte deverá avaliar o investimento pelo valor de patrimônio líquido da investida, de acordo com o disposto no art. 248 da Lei n° 6.404/1976, e com as seguintes normas:

I - o valor de patrimônio líquido será determinado com base em balanço patrimonial ou balancete de verificação da investida levantado na mesma data do balanço do contribuinte ou até 2 (dois) meses, no máximo, antes dessa data, com observância da lei comercial, inclusive quanto à dedução das participações nos resultados e da provisão para o Imposto sobre a Renda;

II - se os critérios contábeis adotados pela investida e pelo contribuinte não forem uniformes, o contribuinte deverá fazer no balanço ou balancete da investida os ajustes necessários para eliminar as diferenças relevantes decorrentes da diversidade de critérios;

III - o balanço ou balancete da investida, levantado em data anterior à do balanço do contribuinte, deverá ser ajustado para registrar os efeitos relevantes de fatos extraordinários ocorridos no período;

IV - o prazo de 2 (dois) meses aplica-se aos balanços ou balancetes de verificação das sociedades de que a investida participe, direta ou indiretamente, com investimentos que devam ser avaliados pelo valor de patrimônio líquido para efeito de determinação do valor de patrimônio líquido da investida;

V - o valor do investimento do contribuinte será determinado mediante a aplicação sobre o valor de patrimônio líquido ajustado de acordo com os incisos anteriores da porcentagem da participação do contribuinte na investida; e

VI - no caso de filiais, sucursais, controladas e coligadas, domiciliadas no exterior, aplicam-se as normas da legislação correspondente do país de domicílio.

Atenção:

No caso de filiais, sucursais, controladas e coligadas, domiciliadas no exterior, o patrimônio será apurado de acordo com a legislação correspondente do país de domicílio, ajustando-o para eliminar as diferenças relevantes decorrentes da diversidade de critérios conforme disposto no item II deste subtópico.

1.7.2.1.Ajuste do Valor Contábil do Investimento

O valor do investimento na data do balanço deverá ser ajustado ao valor de patrimônio líquido determinado de acordo com o disposto no subtópico 1.7.2, acima, mediante lançamento da diferença a débito ou a crédito da conta de investimento.

1.7.2.1.1. Lucros ou Dividendos Distribuídos pela Investida

Os lucros ou dividendos distribuídos pela investida deverão ser registrados pelo contribuinte como diminuição do valor do investimento e não influenciarão as contas de resultado.

Tributação das Pessoas Jurídicas 89

1.7.2.2.Contrapartida do Ajuste do Valor do Patrimônio Líquido

A contrapartida do ajuste de que trata o subtópico 1.7.2.1, por aumento ou redução no valor de patrimônio líquido do investimento, não será computada na determinação do lucro real.

Na situação prevista no § 1º do art. 114 e no *caput* do art. 115, ambos da IN RFB n° 1.700/2017, a exclusão do lucro líquido para apuração do lucro real somente poderá ser efetuada caso haja evidenciação por meio de subconta nas condições determinadas pelos dispositivos legais mencionados.

1.7.2.2.1. Investimentos em Sociedades Estrangeiras que não Funcionem no Brasil

Não serão computadas na determinação do lucro real as contrapartidas de ajuste do valor do investimento ou da redução dos valores da mais ou menos-valia e do ágio por rentabilidade futura (*goodwill*) derivadas de investimentos em sociedades estrangeiras que não funcionem no País.

1.7.2.3.Redução da Mais-valia ou Menos-valia e do Goodwill

A contrapartida da redução dos valores da mais ou menos–valia e do ágio por rentabilidade futura (*goodwill*) registrada em conta de resultado não será computada na determinação do lucro real.

A contrapartida deverá ser registrada no e-Lalur como:

I – adição ao lucro líquido para apuração do lucro real na Parte "A", relativamente à mais–valia e ao ágio por rentabilidade futura (*goodwill*), e controlada na Parte "B" para exclusão futura quando da apuração do ganho ou perda de capital na alienação ou liquidação do investimento; e

II – exclusão ao lucro líquido para apuração do lucro real Parte "A", relativamente à menos–valia, e controlada na Parte "B", para adição futura quando da apuração do ganho ou perda de capital na alienação ou liquidação do investimento.

(Fundamentação legal: arts. 179 a 182 da IN RFB n° 1.700/2017)

1.7.3. Aquisição de Participação Societária em Estágios

No caso de aquisição de controle de outra empresa na qual se detinha participação societária anterior, o contribuinte deve observar as seguintes disposições:

I - o ganho decorrente de avaliação da participação societária anterior com base no valor justo, apurado na data da aquisição, poderá ser diferido, sendo reconhecido para fins de apuração do lucro real por ocasião da alienação ou baixa do investimento;

II - a perda relacionada à avaliação da participação societária anterior com base no valor justo, apurada na data da aquisição, poderá ser considerada na apuração do lucro real somente por ocasião da alienação ou baixa do investimento; e

III - o ganho decorrente do excesso do valor justo dos ativos líquidos da investida, na proporção da participação anterior, em relação ao valor dessa participação avaliada a valor justo, também poderá ser diferido, sendo reconhecido para fins de apuração do lucro real por ocasião da alienação ou baixa do investimento.

A pessoa jurídica deverá manter controle destes valores na Parte "B" do e-Lalur, que serão baixados quando do cômputo do ganho ou perda na apuração do lucro real.

Os valores apurados em decorrência da operação, relativos à participação societária anterior, que tenham a mesma natureza das parcelas discriminadas da mais ou menos-valia e do ágio por rentabilidade futura (*goodwill*), sujeitam-se ao mesmo disciplinamento tributário dado a essas parcelas.

1.7.3.1.Evidenciação em Subcontas

Deverão ser contabilizadas em subcontas distintas:

I - a mais-valia ou menos-valia e o ágio por rentabilidade futura (*goodwill*) relativos à participação societária anterior, existente antes da aquisição do controle; e

II - as variações nos valores da mais ou menos-valia e do ágio por rentabilidade futura (*goodwill*) em decorrência da aquisição do controle.

O disposto neste subtópico aplica-se aos demais casos em que o contribuinte avalia a valor justo a participação societária anterior no momento da aquisição da nova participação societária.

(Fundamentação legal: art. 178 da IN RFB n° 1.700/2017)

1.7.4. Resultado da Alienação do Investimento – Ganho de Capital

O valor contábil, para efeito de determinar o ganho ou perda de capital na alienação ou liquidação do investimento avaliado pelo valor de patrimônio líquido, será a soma algébrica dos seguintes valores:

I - valor de patrimônio líquido pelo qual o investimento estiver registrado na contabilidade do contribuinte;

II - mais ou menos-valia e ágio por rentabilidade futura (*goodwill*), ainda que tenham sido realizados na escrituração comercial do contribuinte, conforme previsto no art. 182 da IN RFB n° 1.700/2017).

> **Atenção:**
>
> Não será computado na determinação do lucro real o acréscimo ou a diminuição do valor de patrimônio líquido de investimento decorrente de ganho ou perda por variação na porcentagem de participação do contribuinte no capital social da investida.

(Fundamentação legal: art. 184 da IN RFB n° 1.700/2017)

1.7.5. Exemplo Prático

1.7.5.1.Aquisição de Participação Societária em Estágios

Com a finalidade de auxiliar o leitor no entendimento e melhor compreensão da complexidade do tema que é a aquisição de participação societária em estágios, focamos nosso exemplo no caso apresentado pelo Fisco no Anexo VI da IN RFB n° 1.700/2017.

O objetivo é apresentar de forma prática e objetiva o desenvolvimento deste caso. Alguns dados foram alterados para melhor compreensão.

Premissas
- 14.04.20x1, a empresa "A" adquire 10% de participação no capital (votante e total) da empresa "B", sem controlá-la.

O custo de aquisição do investimento foi desdobrado em:

I – Valor do Patrimônio Líquido (10%) = R$ 1.000,00

II – Mais-valia Participação I = R$ 200,00

III – *Goodwill* Participação I = R$ 100,00

Total do custo de aquisição = R$ 1.300,00

- A mais-valia está relacionada a um bem (Máquina X) no ativo da entidade "B", adquirida em 02.01.20X0, e uma vida útil de 5 anos (depreciação de 20% ao ano).
- 18.09.20x1, a entidade "A" compra mais 40% de participação de capital (votante e total) na entidade "B", obtendo o controle.

O custo de aquisição do investimento foi desdobrado em:

I – Valor do Patrimônio Líquido (40%)	= R$ 4.000,00
II – Mais-valia Participação II	= R$ 1.200,00
III – *Goodwill* Participação II	= R$ 600,00
Total do custo de aquisição	= R$ 5.800,00

De acordo com o Pronunciamento Técnico do Comitê de Pronunciamentos Contábeis CPC 15, na combinação de negócios em estágios, o adquirente deve remensurar sua participação anterior na adquirida pelo valor justo na data da aquisição e deve reconhecer no resultado do período o ganho ou a perda resultante, se houver.

Nesse exemplo, será considerado que a primeira participação avaliada a valor justo na data de aquisição do controle (segunda participação) correspondia ao valor de R$ 1.450,00, desdobrada da seguinte forma:

Custo de Aquisição	1ª Aquisição	1ª Aquisição Avaliada a Valor Justo	Diferença
Participação	1.000,00	1.000,00	0,00
Mais-valia	200,00	300,00	100,00
Goodwill	100,00	150,00	50,00
Total	1.300,00	1.450,00	150,00

- No balanço de 31.12.20x1, a empresa investida teve lucro de R$ 1.000.
- Em 02.01.20X2, a empresa "A" incorpora a empresa "B".
- A Máquina X está intrinsecamente relacionada com a produção ou comercialização dos bens e serviços das empresas "A" e "B".
- As empresas "A" e "B" são tributadas pelo lucro real anual.

Lançamentos contábeis:

Ano de 20X1

1) Pela aquisição da primeira participação (10%):

SP 14.04.20x1

D – Participação – Empresa "B" (AÑC)	1.000,00
D – Mais-valia Participação I – Empresa "B" (AÑC)	200,00
D – *Goodwill* Participação I – Empresa "B" (AÑC)	100,00
C – Bancos conta Movimento (AC)	1.300,00

2) Pela aquisição da segunda participação (40%):

SP 18.09.20x1

D – Participação – Empresa "B" (AÑC)	4.000,00
D – Mais-valia Participação II – Empresa "B" (AÑC)	1.200,00
D – *Goodwill* Participação II – Empresa "B" (AÑC)	600,00
C – Bancos conta Movimento (AC)	5.800,00

3) Pela avaliação da "Participação I" a Valor Justo:

SP 31.12.20x1

D – AVJ – *Goodwill* Participação I (AÑC)	50,00
D – AVJ – Mais-valia Participação I (AÑC)	100,00
C – Ganho Avaliação Participação I – AVJ (Resultado)	150,00

4) Pelo ajuste mediante a equivalência patrimonial:

SP 31.12.20x1

D – Participação Empresa "B" (AÑC)	500,00
C – Resultado Equivalência Patrimonial (Resultado)	500,00

5) Pela realização da mais-valia (em decorrência da depreciação do bem na empresa "B"):

SP 31.12.20x1

D – Resultado Equivalência Patrimonial (Resultado)	117,00
C – Mais-valia Participação I – Empresa "B" (AÑC)	30,00
C – Mais-valia Participação II – Empresa "B" (AÑC)	80,00
C – AVJ – Mais-valia Participação I – Empresa "B" (Resultado)	7,00

Comentários:

Conforme previsto no § 3° do art. 183 da IN RFB n° 1.700/2017, deverão ser contabilizadas em subcontas distintas:

a) a mais-valia ou menos-valia e o ágio por rentabilidade futura (*goodwill*) relativos à participação societária anterior, existente antes da aquisição do controle (no exemplo corresponde a "Mais-valia Participação I" e ao "*Goodwill* Participação I"); e

b) as variações nos valores a que se refere a alínea "a", em decorrência da aquisição do controle (no exemplo: "AVJ – Mais-valia Participação I" e "AVJ – *Goodwill* Participação I").

Assim, temos, no e-Lalur:

Demonstração do Lucro Real
Ano de 20X1

Lucro líquido antes do IRPJ	***
(+) Adições	
Art. 182 da IN nº 1.700/2017	117,00
(-) Exclusões	
Art. 181 da IN nº 1.700/2017	500,00
Art. 183, inciso I, da IN nº 1.700/2017	150,00
(=) Lucro real antes da comp. prej.	***
(-) Compensação de prejuízos fiscais	***
(=) Lucro real	***

Comentários:

1. Adição de R$ 117,00 (com controle na Parte "B" do Lalur) – art. 182 da IN RFB n° 1.700/2017.
2. Exclusão de R$ 500,00 (sem controle na Parte "B" do Lalur) – art. 181 da IN RFB n° 1.700/2017.
3. Exclusão de R$ 150,00 (com controle na Parte "B" do Lalur) – inciso I do art. 183 da IN RFB n° 1.700/2017.

Ano de 20X2

- 02.01.20x2 – Incorporação da entidade "B" pela entidade "A":

1) Pelo registro do *Goodwill*:

SP. 02.01.20x2

D – *Goodwill* Participação – Empresa "B" (Intangível)	700,00
D – AVJ – *Goodwill* Participação I (Intangível)	50,00
C- *Goodwill* Participação I – Empresa "B"	100,00
C – *Goodwill* Participação II – Empresa "B"	600,00
C – AVJ – *Goodwill* Participação I	50,00

2) Pelo registro da mais-valia:

SP. 02.01.20x2

D – Máquina X   1.290,00

D – Máquina X – AVJ – Mais-valia Participação I	93,00
C – Mais-valia Participação I – Empresa "B"	170,00
C – Mais-valia Participação II – Empresa "B"	1.120,00
C – AVJ – Mais-valia Participação I	93,00

Comentários:

1. Conforme o inciso I do art. 185 da IN RFB nº 1.700/2017, a pessoa jurídica resultante da incorporação poderá considerar como integrante do custo do bem ou direito que lhe deu causa o saldo existente na contabilidade, na data da aquisição da participação societária. Tal regra não alcança o valor correspondente ao "AVJ Mais-valia Participação I", conforme estabelece o inciso II do art. 190 desta IN.

2. Para utilização do disposto no inciso I do art. 185 da IN RFB nº 1.700/2017, é necessário que a pessoa jurídica determine na data do evento de incorporação a diferença entre o valor da "mais-valia" na data da aquisição da participação societária e na data do evento.

No exemplo, tem-se o seguinte resultado:

Nas datas de aquisições = Mais-valia Participação I + Mais-valia Participação II = R$ 200,00 + R$ 1.200,00 = R$ 1.400,00

Saldo na data da incorporação = Mais-valia Participação I + Mais-valia Participação II = R$ 170,00 + R$ 1.120,00 = R$ 1.290,00

Diferença = R$ 1.400,00 -R$ 1.290,00 = R$ 110,00

Caso o valor do *goodwill* tivesse sofrido redução ainda na entidade "A", antes da incorporação, deveria ser adotado o mesmo procedimento (inciso III do art. 185 da IN RFB nº 1.700/2017).

3. O valor da diferença de R$ 110,00 poderá ser excluído na apuração do lucro real, à medida que a "Máquina X" for sendo realizada. Do valor de R$ 117,00 registrado na Parte "B" do e-Lalur, em 31.12.20X1, R$ 7,00 serão baixados quando da incorporação da entidade "B" pela entidade "A", resultando nos R$ 110,00 a serem excluídos.

4. A incorporadora deve manter em subcontas distintas os valores da "mais-valia" e do *goodwill*, conforme demonstrado no exemplo, sob pena de não poder usufruir do disposto nos incisos I e III do art. 185 da IN RFB nº 1.700/2017, combinado com a alínea "b" do inciso III do art. 186 e inciso II do art. 188 dessa IN.

5. O valor de R$ 150,00, correspondente ao "Ganho Avaliação Participação I – AVJ", controlado na Parte "B" do Lalur da investidora, em virtude do diferimento da tributação, quando da avaliação a valor justo da Participação I, deverá ser baixado (art. 190, inciso I, desta IN).

6. A baixa do valor de R$ 93,00, correspondente a "Máquina X – AVJ – Mais-valia Participação I", é indedutível e deverá ser adicionado à medida que o bem for sendo realizado (art. 190, inciso II, desta IN).

7. No que se refere ao ágio por rentabilidade futura (*goodwill*), a empresa poderá excluir 1/60 de R$ 700,00 nos próximos 60 meses (art. 185, inciso III, dessa IN).

Assim, temos, no e-Lalur da incorporadora:

Demonstração do Lucro Real
Ano de 20X2

Lucro líquido antes do IRPJ	***
(+) Adições	
Depreciação (art. 190, inciso III, alínea "a", da IN nº 1.700/2017	31,00
(-) Exclusões	
Goodwill (art. 185, inciso III, da IN nº 1.700/2017)	140,00
Mais-valia (art. 186, inciso I, da IN nº 1.700/2017)	37,00
(=) Lucro real antes da comp. prejuízos	***
(-) Compensação de prejuízos fiscais	***
(=) Lucro Real	***

Comentários:

1. Adição de R$ 31,00 = Parcela da Depreciação relacionada à conta "Máquina X – AVJ – Mais-valia Participação I"= 93/3 = R$ 31,00 (art. 190, inciso III, alínea "a", da IN RFB nº 1.700/2017).

2. Exclusão de R$ 140,00 = Dedução do *Goodwill* = 700/5 = R$ 140,00 (inciso III do art. 185 da IN RFB nº 1.700/2017).

3. Exclusão de R$ 37,00 = Parcela correspondente à diferença entre o saldo contábil da Mais-valia na data da aquisição da participação societária e na data da incorporação = 110/3 = R$ 37,00 (art. 186, inciso I, da IN RFB nº 1.700/2017).

2

Controle por Subcontas - Adoção Inicial

A primeira regulamentação da Receita Federal do Brasil (RFB), que focou na adoção inicial da Lei n° 12.973/2014, foi a Instrução Normativa (IN) RFB n° 1.493/2014. Posteriormente, essa IN e as IN SRF n°s 93/1997, 104/1998, 390/2004 e 1.515/2014 foram revogadas pela IN RFB n° 1.700/2017.

A IN RFB n° 1.700/2017 dispõe sobre os procedimentos de adoção inicial e pós-adoção por meio de subcontas previstos na Lei n° 12.973/2014. As disposições pertinentes aos ajustes por meio de subcontas estão dispostas nos arts. 163 a 169 desta IN.

Neste capítulo, por meio de comentários e aplicação de exemplos práticos, irei auxiliar você, caro leitor, a entender como efetuar os ajustes necessários na adoção inicial das subcontas, bem como no tratamento da pós-adoção.

Os ajustes são aplicados às pessoas jurídicas que optaram pela Lei n° 12.973/2014, no ano-calendário de 2014, e a partir de 1°.01.2015.

As diferenças apuradas são registradas por meio de subcontas. Esta é uma prerrogativa do lucro real; para o lucro presumido, isso não é obrigatório. Porém, caso se mantenha contabilidade de acordo com a legislação societária, é recomendável que também as aplique.

As diferenças, positivas ou negativas, das contas do ativo e do passivo, decorrentes da comparação dos critérios de reconhecimento de ativo, passivo, despesas e receitas, pela lei comercial e pela fiscal (FCont), em 1º.01.2015 ou em 1º.01.2014, para quem optou pela extinção do RTT em 2014, somente poderão ser diferidas ou excluídas se a pessoa jurídica evidenciar em subcontas vinculadas ao ativo e passivo. Caso contrário, serão imediatamente tributadas.

Assim temos:

2.1.   Data da Adoção Inicial

A data da adoção inicial dos arts. 1º, 2º, 4º a 71 e incisos I a VI, VIII e X do *caput* do art. 117 da Lei nº 12.973/2014 será 1º.01.2014, para as pessoas jurídicas optantes nos termos do art. 75 da Lei nº 12.973/2014, disciplinado pela IN RFB nº 1.469/2014 e, a partir de 1º.01.2015, para as não optantes.

(Fundamentação legal: art. 291 da IN RFB nº 1.700/2017)

2.2.   Neutralidade Tributária

Para as operações ocorridas anteriormente à data da adoção inicial, permanece a neutralidade tributária estabelecida nos arts. 15 e 16 da Lei nº 11.941/2009, e a pessoa jurídica deverá proceder, nos períodos de apuração a partir dessa data, aos respectivos ajustes na base de cálculo do IRPJ, observado o disposto nos arts. 294 a 300 da IN RFB nº 1.700/2017.

Os ajustes de adição e exclusão na determinação do lucro real controlados por essas subcontas têm como objetivo manter a neutralidade tributária.

(Fundamentação legal: art. 292 da IN RFB nº 1.700/2017)

2.3.   Escrituração Contábil para Fins Societários e do Controle Fiscal Contábil de Transição (FCont)

Na contabilidade societária, os ativos e passivos estarão mensurados de acordo com as disposições da Lei nº 6.404/1976 e, no FCont (contabilidade fiscal), os ativos e passivos estarão mensurados de acordo com os métodos e critérios vigentes em 31.12.2007, em conformidade com as disposições do Decreto-Lei nº 1.598/1977.

2.3.1. Contabilidade Societária

A contabilidade societária é apresentada por meio da Escrituração Contábil Digital (ECD), no caso de pessoa jurídica que a tenha adotado nos termos da IN RFB nº 787/2007 ou da IN RFB nº 1.420/2013.

Controle por Subcontas -Adoção Inicial 99

2.3.2. Contabilidade Fiscal (FCont)

O FCont é gerado a partir da contabilidade societária, expurgando e inserindo os lançamentos informados no Programa Validador e Assinador da Entrada de Dados para o Controle Fiscal Contábil de Transição (FCont) aprovado pela IN RFB n° 967/2009.

2.3.3. Opção em 2014

As pessoas jurídicas que optaram pela adoção inicial dos arts. 1°, 2°, 4° a 71 e incisos I a VI, VIII e X do *caput* do art. 117 da Lei n° 12.973/2014 estão desobrigadas de entregar o FCont, relativo ao ano-calendário de 2014, em 2015.

2.3.4. Aplicação da Lei em 2015

A partir de 1°.01.2015, as pessoas jurídicas não optantes pela extinção do RTT em 2014 poderão diferir as diferenças positivas ou negativas decorrentes dos critérios de reconhecimento societário e fiscal, desde que evidenciem essas diferenças por meio de subcontas na contabilidade societária.

Assim, no dia 1°.01.2015, a pessoa jurídica deverá comparar os saldos das contas do ativo e passivo na contabilidade societária (Lei n° 6.404/1976, atualizada pela Lei n° 11.638/2007) com as mesmas descritas na contabilidade fiscal (Decreto-Lei n° 1.598/1977), e a diferença apurada, positiva ou negativa, será adicionada ou excluída no e-Lalur.

(Fundamentação legal: art. 293 da IN RFB n° 1.700/2017)

2.4. Subcontas de Adoção Inicial

As subcontas de natureza fiscal, criadas na adoção inicial da Lei n° 12.973/2014, não devem alterar os saldos das contas na contabilidade societária. A soma do saldo da subconta com o saldo da conta do ativo ou passivo ao qual a subconta está vinculada deve resultar no valor originalmente registrado na contabilidade societária.

Assim, temos:

O procedimento que a pessoa jurídica deverá adotar na realização da diferença identificada está diretamente relacionado com a natureza da conta: se ativo ou passivo, e se a diferença for positiva ou negativa.

No quadro a seguir, apresentamos o tratamento tributário e contábil dos ajustes efetuados por meio de subcontas na adoção inicial da Lei n° 12.973/2014.

Natureza das contas	Diferença apurada	Ajuste no Lalur	Base legal (IN nº 1.700)	Lançamento contábil
Ativo	Positiva	Adicionar	Art. 294, *caput*	Débito da subconta crédito do ativo
Passivo	Negativa	Adicionar	Art. 294, parágrafo único	Débito da subconta crédito do passivo
Ativo	Negativa	Excluir	Art. 298, *caput*	Débito do ativo crédito da subconta
Passivo	Positiva	Excluir	Art. 298, *caput*	Débito do passivo crédito da subconta

Exemplo:

Aquisição de um veículo, a prazo, pelo valor de R$ 35.000,00. Os juros sobre o financiamento importaram em R$ 5.000,00. O reconhecimento contábil foi o seguinte:

(Socierária)   **(Fiscal)**

Veículos – Principal (AÑC)   Veículos – Principal (AÑC)   Veículos – Subconta

30.000,00		30.000,00		5.000,00 (1)
		5.000,00 (1)		
		35.000,00 SF		

Como se observa, o valor justo do veículo foi registrado na contabilidade societária por R$ 30.000,00, enquanto que pela legislação fiscal seria por R$ 35.000,00.

Assim, em 1º.01.2015, pelo critério fiscal, o valor do veículo mensurado na contabilidade teria que ser de R$ 35.000,00.

Para que isso se concretize, sem alterar o valor do patrimônio (R$ 30.000,00), a empresa terá que fazer um lançamento contábil de ajuste negativo na contabilidade societária de R$ 5.000,00 (R$ 30.000,00 – R$ 35.000,00 = -R$ 5.000,00).

A soma dos saldos das contas principal mais a subconta vinculada deste ativo não pode ser diferente do valor mensurado inicialmente pela legislação societária.

2.4.1. Subcontas Analíticas

As subcontas devem ser analíticas e registrar os lançamentos contábeis em último nível, observando-se que:

a) a soma do saldo da subconta com o saldo da conta do ativo ou passivo ao qual a subconta está vinculada resultará no valor do ativo ou passivo mensurado de acordo com as disposições da Lei nº 6.404/1976;

Exemplo:

A aquisição de um edifício, a prazo, pelo valor de R$ 50.000,00, para ser utilizado no processo administrativo e operacional da empresa. Os juros do financiamento são de R$ 10.000,00. Assim temos:

(Societária)		(Fiscal)		
Edifícios		**Edifícios**		**Edifícios – Subconta**
40.000,00		40.000,00		10.000,00 (2)
		10.000,00 (2)		
		50.000,00 SF		

Assim, temos:

Saldo fiscal da conta do ativo	= R$ 50.000,00 D
(+) Saldo fiscal da subconta do ativo	= (R$ 10.000,00) C
= Valor do patrimônio	= R$ 40.000,00 D

b) no caso de ativos ou passivos representados por mais de uma conta, tais como bens depreciáveis, o controle deve ser feito com a utilização de uma subconta para cada conta;

Exemplo:

Contabilidade	Controle em Subcontas
Terrenos	Terrenos – Subconta cf. Lei nº 12.973/2014
Veículos	Veículos – Subconta cf. Lei nº 12.973/2014
Dep. Acum. Veículos	Dep. Acum. Veículos – Subconta cf. Lei nº 12.973/2014

c) no caso de conta que se refira a grupo de ativos ou passivos, de acordo com a natureza desses, a subconta poderá se referir ao mesmo grupo de ativos ou passivos, desde que haja livro Razão Auxiliar que demonstre o detalhamento individualizado por ativo ou passivo (veja item 4 a seguir);

d) nos casos de subcontas vinculadas à participação societária ou valor mobiliário, que devam discriminar ativos ou passivos da investida ou da emitente do valor mobiliário, pode ser utilizada subconta única para cada participação societária ou valor mobiliário, desde que haja livro Razão Auxiliar que demonstre o detalhamento individualizado por ativo ou passivo da investida ou da emitente do valor mobiliário (veja item 4 a seguir);

e) o controle por meio de subcontas dispensa o controle dos mesmos valores na Parte "B" do Lalur;

f) cada subconta deve se referir a apenas uma conta de ativo ou passivo, e cada conta de ativo ou passivo deve se referir a mais de uma subconta, caso haja fundamentos distintos para sua utilização.

2.4.2. Efeito Tributário das Subcontas

Os aspectos tributários decorrentes dos ajustes fiscais positivos e negativos na adoção inicial, previstos pela Lei nº 12.973/2014 e Instrução Normativa RFB nº 1.700/2017, estão evidenciados no quadro a seguir.

Assim, temos:

2.4.3. Subcontas do Ativo

Na comparação dos saldos das contas do ativo, reconhecidas pela legislação societária, com os saldos dessas contas reconhecidas pela legislação fiscal (FCont), podem-se apresentar diferenças positivas ou negativas.

Os arts. 294 e 295 da IN RFB nº 1.700/2017 dispõem que a diferença positiva verificada na data da adoção inicial entre o valor de ativo na contabilidade societária e no FCont deve ser adicionada na determinação do lucro real e, se negativa, conforme dispõem os arts. 297 e 298, será excluída na Parte "A" e controlada na Parte "B" deste livro para posterior adição.

O diferimento tributário dessa diferença deve ser evidenciado por subcontas. Não havendo esta evidenciação em 1º.01.2015, elas serão tributadas de imediato.

2.4.4. Diferença POSITIVA do Ativo

A diferença POSITIVA verificada na data da adoção inicial entre o valor de ATIVO na contabilidade societária e no FCont não deve ser ADICIONADA na determinação do lucro real, se o contribuinte evidenciar contabilmente essa diferença em subconta vinculada ao ativo, para ser adicionada à medida de sua realização, inclusive pela depreciação, amortização, exaustão, alienação ou baixa (art. 294 da IN RFB nº 1.700/2017).

2.4.4.1 Adição da Diferença

A tributação da diferença positiva verificada na data da adoção inicial entre o valor de ativo na contabilidade societária e no FCont somente poderá ser diferida desde que o contribuinte evidencie essa diferença em subconta vinculada ao ativo (art. 295 da IN RFB n° 1.700/2017).

2.4.4.2 Registro em Subconta

A diferença positiva do ativo será registrada a <u>débito</u> na subconta e a <u>crédito</u> da conta representativa do ativo.

Exemplo:

D – Depreciação Acumulada – Edifícios – Subconta cf. Lei n° 12.973/2014 (AÑC – Imobilizado)

C – Depreciação Acumulada – Edifícios (AÑC – Imobilizado)

2.4.4.3 Baixa da Subconta

O valor registrado na subconta será baixado à medida que o ativo for realizado, inclusive mediante depreciação, amortização, exaustão, alienação ou baixa.

2.4.4.4 Ativo Representado por mais de uma Conta

No caso de ativo depreciável, amortizável ou exaurível, em que o controle é feito com a utilização de uma subconta para cada conta, a baixa relativa à depreciação, amortização ou exaustão será feita na subconta vinculada à conta de depreciação acumulada, amortização acumulada ou exaustão acumulada (arts. 295, § 3° e 300, § 2°, da IN RFB n° 1.700/2017).

2.4.4.5 Realização do Ativo

Caso o valor realizado do ativo seja dedutível (quotas de depreciação, por exemplo), o valor da subconta baixado deverá ser adicionado ao lucro líquido na determinação do lucro real no período de apuração relativo à baixa. Caso seja indedutível, o valor realizado do ativo, incluído o valor da subconta baixado, deverá ser adicionado ao lucro líquido na determinação do lucro real no período de apuração relativo à realização (art. 295, §§ 4° e 5°, da IN RFB n° 1.700/2017).

2.4.4.6 Utilização de Subconta Auxiliar

Alternativamente à opção do subtópico 2.4.2.4, o contribuinte poderá evidenciar a diferença positiva do ativo por meio da utilização de 2 (duas) subcontas:

I – a subconta vinculada ao ativo; e

II – uma subconta auxiliar à subconta vinculada ao ativo.

Assim, temos:

I – a diferença apurada entre o critério de reconhecimento societário e o fiscal (FCont) será registrada a débito na subconta vinculada ao ativo e a crédito na subconta auxiliar;

II – o valor registrado na subconta vinculada ao ativo será baixado à medida que o ativo for realizado, inclusive mediante depreciação, amortização, exaustão, alienação ou baixa;

III – a baixa a que se refere o item II, acima, deste parágrafo, será feita mediante registro a crédito na subconta vinculada ao ativo e a débito na subconta auxiliar;

IV – caso o valor realizado do ativo seja dedutível, o valor da subconta baixado conforme previsto nos itens II e III, acima, deverá ser adicionado ao lucro líquido na determinação do lucro real no período de apuração relativo à baixa;

V – caso seja indedutível, o valor realizado do ativo deverá ser adicionado ao lucro líquido na determinação do lucro real no período de apuração relativo à realização.

(Fundamentação legal: art. 295, §§ 6° e 7°, da IN RFB n° 1.700/2017; e IN RFB n° 1.575/2015)

2.4.4.6.1 Aspectos Técnicos e Práticos

Apresentamos a seguir um caso prático em que a pessoa jurídica se utiliza de subcontas auxiliares, conforme previsto no art. 294 e *caput*, e §§ 6° e 7° do art. 295 da IN RFB n° 1.700/2017.

Premissas:

- aquisição de terreno em 02.02.2013, por R$ 100.000,00, classificado como propriedade para investimento;
- terreno é mensurado, depois do reconhecimento inicial, pelo valor justo;
- valores justos em 31.12.2013, 31.12.2014, 31.12.2015 e 31.12.2016: R$ 120.000,00;
- alienação do terreno em 02.02.2017, por R$ 130.000,00;
- valor realizado por alienação é dedutível;
- pessoa jurídica tributada pelo Lucro Real Anual;
- data da adoção inicial dos arts. 1°, 2°, 4° a 71 da Lei n° 12.973, de 2014, é dia 01.01.2015.

Controle por Subcontas -Adoção Inicial

Lançamentos contábeis:
Ano de 2013

1) Aquisição do terreno:
SP. 02.02.2013

D – Terrenos (AÑC – Propriedade para Investimentos)   R$ 100.000,00

C – Bancos conta Movimento (AC)   R$ 100.000,00

2) Avaliação a valor justo:
SP. 31.12.2013

D – Terrenos (AÑC – Propriedade para Investimentos) R$ 20.000,00

C – Ganho na AVJ (Resultado)   R$ 20.000,00

Assim, temos, no e-Lalur:

Demonstração do Lucro Real
31.12.2013

Lucro Líquido antes do IRPJ	20.000,00
(-) Ajuste do RTT	(20.000,00)
= Lucro Líquido depois do RTT	0,00
+ Adições	0,00
- Exclusões	0,00
= Lucro Real antes da Compensação de PF	0,00
(-) Compensação de PF	0,00
= Lucro Real	0,00

Ano de 2014
Não houve movimentação no ano-calendário de 2014.

Ano de 2015
Premissas:
- valor do terreno na contabilidade societária: R$ 120.000,00;
- valor do terreno no FCont: R$ 100.000,00;
- diferença positiva na data da adoção inicial: R$ 120.000,00 – R$ 100.000,00 = R$ 20.000,00;
- evidenciação contábil da diferença em subconta vinculada ao terreno:

3) Adoção Inicial em 1°.01.2015
SP 01.01.2015

D – Terrenos – Subconta cf. Lei n° 12.973/2014 (AÑC)   20.000,00
C – Terrenos – Subconta Auxiliar (AÑC)   20.000,00

Ano de 2016
Não houve movimentação no ano-calendário de 2016.

Ano de 2017
Premissa:
- alienação do terreno em 02.02.2017.

4) Pelo recebimento da venda do terreno:
SP 02.02.2017

D – Bancos conta Movimento (AC)   R$ 130.000,00
C – Receita na Venda do Terreno (Resultado)   R$ 130.000,00

5) Pela baixa do terreno do ativo:
SP 02.02.2017

D – Custo do Terreno Vendido (Resultado)   R$ 120.000,00
C – Terrenos (AÑC – Propriedade para Investimento)   R$ 120.000,00

6) Pela baixa nas subcontas:
SP 02.02.2017

D – Terrenos – Subconta Auxiliar (AÑC)   R$ 20.000,00
C – Terrenos – Subconta cf. Lei n° 12.973/2014 (AÑC)   R$ 20.000,00

Assim, temos, no e-Lalur:

Demonstração do Lucro Real
31.12.2017

Lucro Líquido antes do IRPJ	10.000,00
+ Adições	20.000,00
- Exclusões	0,00
= Lucro Real antes da Compensação de PF	30.000,00
(-) Compensação de PF	0,00
= Lucro Real	30.000,00

2.4.4.7. Exemplo Prático

Com a finalidade de auxiliar o leitor no entendimento e na compreensão da complexidade do tema, que é a apuração da diferença por subcontas na adoção inicial e depois da adoção da Lei n° 12.973/2014, focamos nosso exemplo no caso apresentado pelo Fisco no exemplo n° 01 – Diferença na Depreciação Acumulada (arts. 124, 294 e 295) do Anexo VIII da IN RFB n° 1.700/2017).

Nosso objetivo é apresentar de forma prática e objetiva, por meio de lançamentos contábeis e razonetes específicos, o desenvolvimento desse caso. Alguns dados foram alterados para melhor compreensão.

Premissas:
- aquisição de equipamento em 02.01.2013 por R$ 60.000,00 à vista;
- vida útil para fins societários: 6 anos; não há valor residual;
- vida útil estabelecida nos Anexos I e II da IN SRF n° 162/1998: 4 anos;
- valores realizados por depreciação são dedutíveis;
- pessoa jurídica tributada pelo Lucro Real Anual;
- data da adoção inicial dos arts. 1°, 2°, 4° a 71 da Lei n° 12.973, de 2014: 01.01.2015.

Valor de Aquisição

Contábil	R$ 60.000,00
Fiscal	R$ 60.000,00

Depreciação

Contábil – Vida útil: 6 anos (Taxa: 16,67% a.a) – Quota Anual = R$ 10.000,00

Fiscal – Vida útil: 4 anos (Taxa: 25% a.a) – Quota Anual = R$ 15.000,00

Diferença entre a quota anual contábil da fiscal = R$ 5.000,00

Lançamentos contábeis

Ano de 2013

a) Pela aquisição:

D – Equipamentos (AÑC)	R$ 60.000,00
C – Bancos (AC)	R$ 60.000,00

b) Depreciação anual (SOCIETÁRIA)

D – Depreciação (Resultado)	R$ 10.000,00
C – Dep. Acum. Equipamento (AÑC)	R$ 10.000,00

c) Depreciação anual (FISCAL)★

D – Depreciação (Resultado)	R$ 15.000,00
C – Dep. Acum. Equipamento (AÑC)	R$ 15.000,00

(★) Registro contábil somente no FCont

d) Diferença: R$ 5.000,00

Há uma diferença negativa na depreciação acumulada de R$ 5.000,00, que deverá ser ajustada no FCont do ano-calendário de 2013.

e) Procedimento no FCont:

- Não há o expurgo da conta principal porque não houve diferença.
- Quanto à depreciação acumulada, a PJ deve expurgar o lançamento contábil societário e incluir o fiscal.
- Assim, temos no e-Lalur:

Demonstração do Lucro Real
31.12.2013

Lucro Líquido antes do IRPJ	(10.000,00)
(-) Ajuste do RTT	(5.000,00)
= Lucro Líquido depois do RTT	(15.000,00)
+ Adições	0,00
- Exclusões	0,00
= Lucro Real antes da Compensação de PF	(15.000,00)
(-) Compensação de PF	0,00
= Lucro Real	(15.000,00)

Ano de 2014

f) Depreciação anual (SOCIETÁRIA)

D – Depreciação (Resultado)	R$ 10.000,00
C – Dep. Acum. Equipamento (AÑC)	R$ 10.000,00

g) Depreciação anual (FISCAL)★

D – Depreciação (Resultado)	R$ 15.000,00
C – Dep. Acum. Equipamento (AÑC)	R$ 15.000,00

(★) Registro contábil somente no FCont

h) Diferença: R$ 5.000,00

Há uma diferença negativa na depreciação acumulada de R$ 5.000,00 e que deverá ser ajustada no FCont do ano-calendário de 2014.

i) Procedimento no FCont:

- não há o expurgo da conta principal porque não houve diferença;
- quanto à depreciação acumulada, a PJ deve expurgar o lançamento contábil societário e incluir o fiscal;
- assim, temos no e-Lalur:

Demonstração do Lucro Real
31.12.2014

Lucro Líquido antes do IRPJ	(10.000,00)
(-) Ajuste do RTT	(5.000,00)
= Lucro Líquido depois do RTT	(15.000,00)
+ Adições	0,00
- Exclusões	0,00
= Lucro Real antes da Compensação de PF	(15.000,00)
(-) Compensação de PF	0,00
= Lucro Real	(15.000,00)

Ano de 2015

j) Adoção Inicial em 1°.01.2015:

SOCIETÁRIA	FISCAL
Equipamentos (Principal)	**Equipamentos (Principal)**
60.000,00	60.000,00

Dep. Acum. Equipamentos		Dep. Acum. Equipamentos	
	10.000,00		15.000,00
	10.000,00		15.000,00
	20.000,00 SF (2014)		30.000,00 SF

Ajuste na conta principal:

a) valor do equipamento na Contabilidade Societária = R$ 40.000,00 (R$ 60.000,00 − R$ 20.000,00)

b) valor do equipamento na Contabilidade Fiscal (FCont) = R$ 30.000,00 (R$ 60.000,00 − R$ 30.000,00)

c) DIFERENÇA POSITIVA na data da adoção inicial = R$ 10.000,00 (R$ 40.000,00 − R$ 30.000,00)

Diferença por subconta − Principal:

1. valor do equipamento na contabilidade societária (sem a dep. acumulada) = R$ 60.000,00
2. valor do equipamento na contabilidade fiscal − FCont (sem a dep. acumulada) = R$ 60.000,00
3. diferença na Adoção Inicial = Zero (R$ 60.000,00 − R$ 60.000,00)

Diferença por subconta − Depreciação acumulada:

1. valor da depreciação acumulada na contabilidade societária = R$ 20.000,00
2. valor da depreciação acumulada na contabilidade fiscal (FCont) = R$ 30.000,00
3. diferença na adoção inicial = R$ 10.000,00
   [−R$ 20.000,00 − (−R$ 30.000,00)]
   DIFERENÇA TOTAL = R$ 10.000,00 (positiva)
   (R$ 0,00 + R$ 10.000,00 + R$ 10.000,00)

Evidenciação contábil da diferença em subconta:

SP 1°.01.2015

D − Dep. Acum. Equipamentos − Subconta cf.

Lei 12.973/2014 (AÑC)   R$ 10.000,00

C − Dep. Acum. Equipamentos (AÑC)   R$ 10.000,00

Controle por Subcontas -Adoção Inicial

DEPRECIAÇÃO EM 2015:

Valor do Bem (societária) =	R$ 60.000,00
(x) Taxa Anual de Depreciação =	16,67%
= Quota Anual (societária) =	R$ 10.000,00

Dep. Acum. Equipamentos (societária)

	10.000,00
	10.000,00
	20.000,00 SF (2014)

Dep. Acum. Equipamentos (fiscal)

	15.000,00
	15.000,00
	30.000,00 SF

Vida útil (societária) = 6 anos (falta depreciar + 4 anos = R$ 40.000,00)
Vida útil (fiscal) = 4 anos (falta depreciar + 4 anos = R$ 2.500,00)
(R$ 10.000,00 × 25% = R$ 2.500,00)

Assim, temos:
SP 31.12.2015

D – Depreciação (Conta de Resultado)	R$ 10.000,00
C – Dep. Acum. Equipamentos (AÑC)	R$ 7.500,00
C – Dep. Acum. Equipamentos – Subconta cf.	
Lei nº 12.973/2014	2.500,00

ou

D – Depreciação (Conta de Resultado)	R$ 10.000,00
C – Dep. Acum. Equipamentos (AÑC)	R$ 10.000,00

- e -

D – Dep. Acum. Equipamentos (AÑC)	R$ 2.500,00
C – Dep. Acum. Equipamentos – Subconta cf.	
Lei nº 12.973/2014	2.500,00

Assim, temos, no e-Lalur:

Demonstração do Lucro Real
31.12.2015

Lucro Líquido antes do IRPJ	(10.000,00)
+ Adições (§ 4º do art. 164)	2.500,00
- Exclusões (§ 4º do art. 68)	(5.000,00)
= Lucro Real antes da Compensação de PF	(12.500,00)
(-) Compensação de PF	0,00
= Lucro Real	(12.500,00)

Assim, temos na Parte "B" do e-Lalur:

Parte "B" – e-Lalur

Data	Histórico	Valor R$	Débito/Crédito	Saldo Devedor/Credor
31.12.2015	Exclusão (art. 68, § 4º)	5.000,00	Crédito	5.000,00 C

Base legal:

– IN RFB Nº 1.700/2017 (arts. 124 e 295):

Art. 295:

§ 4º Caso o valor realizado do ativo seja dedutível, o valor da subconta baixado conforme o § 2º deverá ser adicionado ao lucro líquido na determinação do lucro real no período de apuração relativo à baixa.

§ 2º O valor registrado na subconta será baixado à medida que o ativo for realizado, inclusive mediante depreciação, amortização, exaustão, alienação ou baixa. (R$ 2.500,00)

Art. 124:

§ 4º Caso a quota de depreciação registrada na contabilidade do contribuinte seja menor do que aquela calculada com base no § 1º, a diferença poderá ser excluída do lucro líquido na apuração do lucro real com registro na Parte "B" do Lalur do valor excluído, observando-se o disposto no § 3º do art. 65.

Depreciação Fiscal (§ 1º do art. 124)	= R$ 15.000,00
Depreciação Societária	= R$ 10.000,00
Diferença	= R$ 5.000,00 *
(*) Controlar o valor de R$ 5.000,00 na Parte "B" do e-Lalur e adicionar em períodos subsequentes.	

Controle por Subcontas -Adoção Inicial   113.

Ano de 2016
Depreciação em 2016:

Valor do Bem (societária) =	R$ 60.000,00
(x) Taxa Anual de Depreciação =	16,67%
= Quota Anual (societária) =	R$ 10.000,00

SP 31.12.2016

D – Depreciação (Conta de Resultado)	R$ 10.000,00
C – Dep. Acum. Equipamentos (AÑC)	R$ 7.500,00
C – Dep. Acum. Equipamentos – Subconta cf.	
Lei nº 12.973/2014	R$ 2.500,00

Assim, temos, no e-Lalur:

Demonstração do Lucro Real
31.12.2016

Lucro Líquido antes do IRPJ	(10.000,00)
+ Adições (§ 4º do art. 295)	2.500,00
- Exclusões (§ 4º do art. 124)	(5.000,00)
= Lucro Real antes da Compensação de PF	(12.500,00)
(-) Compensação de PF	0,00
= Lucro Real	(12.500,00)

Atenção:

Controlar na Parte "B" o valor de R$ 5.000,00 e adicionar em períodos subsequentes. Total acumulado na Parte "B" do e-Lalur é de R$ 10.000,00 (2015 + 2016).

Assim, temos, no e-Lalur:

Parte "B" – e-Lalur

Data	Histórico	Valor R$	Débito/Crédito	Saldo Devedor/Credor
31.12.2015	Exclusão (art. 124, § 4º)	5.000,00	Crédito	5.000,00 C
31.12.2016	Exclusão (art. 124, § 4º)	5.000,00	Crédito	10.000,00 C

Ano de 2017

depreciação em 2017:

Valor do Bem (societária) =	R$ 60.000,00
(x) Taxa Anual de Depreciação =	16,67%
= Quota Anual (societária) =	R$ 10.000,00

SP 31.12.2017

D – Depreciação (Conta de Resultado)	R$ 10.000,00
C – Dep. Acum. Equipamentos (AÑC)	R$ 7.500,00
C – Dep. Acum. Equipamentos – Subconta cf.	
Lei n° 12.973/2014	2.500,00

Assim, temos, no e-Lalur:

Demonstração do Lucro Real
31.12.2017

Lucro Líquido antes do IRPJ	(10.000,00)
+ Adições (§ 4º do art. 295)	2.500,00
+ Adições (§ 5º do art. 124)	5.000,00
- Exclusões	(0,00)
= Lucro Real antes da Compensação de PF	(2.500,00)
(-) Compensação de PF 0,00	
= Lucro Real	(2.500,00)

Atenção:

Valor a ser adicionado na Parte "A" do e-Lalur em períodos subsequentes (R$ 5.000,00), e que está controlado na Parte "B".

Assim, temos, no e-Lalur:

Parte "B" – e-Lalur

Data	Histórico	Valor R$	Débito/Crédito	Saldo Devedor/Credor
31.12.2015	Exclusão (art. 124, § 4º)	5.000,00	Crédito	5.000,00 C
31.12.2016	Exclusão (art. 124, § 4º)	5.000,00	Crédito	10.000,00 C
31.12.2017	Baixa (art. 124, § 5º)	5.000,00	Débito	5.000,00 C

Ano de 2018

DEPRECIAÇÃO EM 2018:

Valor do Bem (societária) =	R$ 60.000,00
(x) Taxa Anual de Depreciação =	16,67%
= Quota Anual (societária) =	R$ 10.000,00

SP 31.12.2018

D – Depreciação (Conta de Resultado)	R$ 10.000,00
C – Dep. Acum. Equipamentos (AÑC)	R$ 7.500,00
C – Dep. Acum. Equipamentos – Subconta cf. Lei n° 12.973/2014	2.500,00

Assim, temos, no e-Lalur:

Demonstração do Lucro Real
31.12.2018

Lucro Líquido antes do IRPJ	(10.000,00)
+ Adições (§ 4° do art. 295)	2.500,00
+ Adições (§ 5° do art. 124)	5.000,00
- Exclusões	(0,00)
= Lucro Real antes da Compensação de PF	(2.500,00)
(-) Compensação de PF	0,00
= Lucro Real	(2.500,00)

Atenção:

Valor a ser adicionado na Parte "A" do e-Lalur em períodos subsequentes (R$ 0,00), e que está controlado na Parte "B".

Assim, temos, no e-Lalur:

Parte "B" – e-Lalur

Data	Histórico	Valor R$	Débito/Crédito	Saldo Devedor/Credor
31.12.2015	Exclusão (Art. 124, § 4°)	5.000,00	Crédito	5.000,00 C
31.12.2016	Exclusão (Art. 124, § 4°)	5.000,00	Crédito	10.000,00 C
31.12.2017	Baixa (Art. 124, § 5°)	5.000,00	Débito	5.000,00 C
31.12.2018	Baixa (Art. 124, § 5°)	5.000,00	Débito	0,00 C

2.4.5. Diferença NEGATIVA do Ativo

A diferença NEGATIVA verificada na data da adoção inicial entre o valor de ATIVO na contabilidade societária e no FCont poderá ser EXCLUÍDA na determinação do lucro real, se o contribuinte evidenciar contabilmente essa diferença em subconta vinculada ao ativo para ser excluída à medida de sua realização, inclusive mediante depreciação, amortização, exaustão, alienação ou baixa (art. 297 da IN RFB n° 1.700/2017).

2.4.5.1. Exclusão da Diferença

A tributação da diferença negativa verificada na data da adoção inicial entre o valor de ativo na contabilidade societária e no FCONT somente poderá ser computada na determinação do lucro real se o contribuinte evidenciar essa diferença em subconta vinculada ao ativo, obedecidas às condições estabelecidas nos §§ 1° a 5° ou 6° ou 7° do art. 298 da IN RFB n° 1.700/2017.

2.4.5.2. Registro em Subconta

A diferença negativa do ativo verificada na data da adoção inicial será registrada a <u>débito</u> da conta representativa do ativo e a <u>crédito</u> na subconta do ativo (art. 298, § 1°, da IN RFB n° 1.700/2017).

(Fundamentação legal: art. 298 da IN RFB n° 1.700/2017; IN RFB n° 1.575/2015)

Exemplo:

D – Depreciação Acumulada – Edifícios (AÑC – Imobilizado)

C – Depreciação Acumulada – Edifícios – Subconta cf. Lei n° 12.973/2014 (AÑC – Imobilizado)

2.4.5.3. Baixa da Subconta

O valor registrado na subconta será baixado à medida que o ativo for realizado, inclusive mediante depreciação, amortização, exaustão, alienação ou baixa (art. 298, § 2°, da IN RFB n° 1.700/2017).

2.4.5.4. Ativo Representado por mais de uma Conta

No caso de ativo depreciável, amortizável ou exaurível, em que o controle é feito com a utilização de uma subconta para cada conta, a baixa relativa à depreciação, amortização ou exaustão será feita na subconta vinculada à conta de depreciação acumulada, amortização acumulada ou exaustão acumulada (art. 298, § 3°, da IN RFB n° 1.700/2017).

2.4.5.5. Realização do Ativo

Caso o valor realizado do ativo seja dedutível (quotas de depreciação, por exemplo), o valor da subconta baixado poderá ser excluído do lucro líquido na determinação do lucro real no período de apuração relativo à baixa.

Caso o valor realizável seja indedutível, o valor da subconta baixado não poderá ser excluído do lucro líquido na determinação do lucro real no período de apuração relativo à realização (art. 298, §§ 4° e 5°, da IN RFB n° 1.700/2017).

2.4.5.6. Subconta Auxiliar

Alternativamente à opção acima, o contribuinte poderá evidenciar a diferença negativa do ativo por meio da utilização de 2 (duas) subcontas:

I – a subconta vinculada ao ativo; e

II - uma subconta auxiliar à subconta vinculada ao ativo.

Assim, temos:

I – a diferença apurada entre o critério de reconhecimento societário e o fiscal (FCont) será registrada a crédito na subconta vinculada ao ativo e a débito na subconta auxiliar;

II - o valor evidenciado na subconta vinculada ao ativo será baixado à medida que o ativo for realizado, inclusive mediante depreciação, amortização, exaustão, alienação ou baixa;

III – a baixa a que se refere o item II, acima, deste parágrafo, será feita mediante registro a débito na subconta vinculada ao ativo e a crédito na subconta auxiliar;

IV – caso o valor realizado do ativo seja dedutível, o valor da subconta baixado conforme previsto nos itens II e III, acima, poderá ser excluído do lucro líquido na determinação do lucro real no período de apuração relativo à baixa;

V – caso seja indedutível, o valor realizado do ativo deverá ser adicionado ao lucro líquido na determinação do lucro real no período de apuração relativo à realização, e o valor da subconta baixado conforme previsto nos itens II e III, acima, deste parágrafo, não poderá ser excluído do lucro líquido na determinação do lucro real.

(Fundamentação legal: art. 298, §§ 6° e 7°, da IN RFB n° 1.700/2017; IN RFB n° 1.575/2015)

2.4.5.6.1. Utilização Prática

Apresentamos a seguir um caso prático em que a pessoa jurídica se utiliza de subcontas auxiliares, conforme previsto no art. 163 e *caput* e §§ 6° e 7° do art. 298 da IN RFB n° 1.700/2017.

Premissas:

- aquisição de equipamento, em 02.01.2014, por R$ 120.000,00, para pagamento em 30.06.2015;
- valor presente: R$ 100.000,00. Juros a apropriar em decorrência do AVP nos anos de 2014 e 2015 são, respectivamente, de R$ 13.000,00 e R$ 7.000,00;
- taxa de depreciação: 10% ao ano; não há valor residual;
- alienação do equipamento em 02.01.2017, pelo valor de R$ 90.000,00;
- valores realizados por depreciação e alienação são dedutíveis;
- pessoa jurídica tributada pelo Lucro Real Anual;
- data da adoção inicial dos arts. 1º, 2º, 4º a 71 da Lei nº 12.973, de 2014 foi em 01.01.2015.

Lançamentos contábeis:

Ano de 2014

1) Pela aquisição do equipamento:

SP 02.01.2014

D – Equipamentos (AÑC)	100.000,00
D – Juros a Apropriar (Red. Fornecedores)	20.000,00
C – Fornecedores (PC)	120.000,00

2) Apropriação da despesa financeira de 2014:

SP 31.12.2014

D – Despesa Financeira (Resultado)	13.000,00
C – Juros a Apropriar (Red. Fornecedores)	13.000,00

3) Apropriação da despesa de depreciação de 2014:

SP 31.12.2014

D – Depreciação (Resultado)	10.000,00
C – Dep. Acum. Equip. (AÑC)	10.000,00

Assim, temos, no e-Lalur:

Controle por Subcontas -Adoção Inicial

Demonstração do Lucro Real
31.12.2014

Lucro Líquido antes do IRPJ	(23.000,00)
(-) Ajuste do RTT	(11.000,00)
= Lucro Líquido depois do RTT	(12.000,00)
+ Adições	0,00
- Exclusões	0,00
= Lucro Real antes da Compensação de PF	(12.000,00)
(-) Compensação de PF	0,00
= Lucro Real	(12.000,00)

Ano de 2015

Premissas:

- valor do equipamento na contabilidade societária: R$ 90.000,00;
- valor do equipamento no FCont: R$ 108.000,00;
- diferença negativa na data da adoção inicial: R$ 90.000,00 – R$ 108.000,00 = – R$ 18.000,00.

Lançamentos contábeis:

4) **Pela evidenciação contábil das diferenças em subcontas vinculadas ao equipamento:**

SP 01.01.2015

D – Equipamentos – Subconta Auxiliar (AÑC)	18.000,00
C – Equipamentos – Subconta cf. Lei nº 12.973/2014 (AÑC)	18.000,00

5) Pelo pagamento do equipamento:

SP 30.06.2015

D – Fornecedores (PC)	120.000,00
C – Bancos conta Movimento (AC)	120.000,00

6) Apropriação da despesa financeira de 2015:

SP 31.12.2015

D – Despesa Financeira (Resultado)	7.000,00
C – Juros a Apropriar (Red. Fornecedores)	7.000,00

7) Apropriação da depreciação de 2015:

SP 31.12.2015

D – Depreciação (Resultado)	10.000,00
C – Dep. Acum. Equip. (AÑC)	10.000,00

8) Pela baixa nas subcontas:

SP 31.12.2015

D – Equipamentos – Subconta cf. Lei nº 12.973/2014 (AÑC)	2.000,00
C – Equipamentos – Subconta Auxiliar (AÑC)	2.000,00

Assim, temos, no e-Lalur:

Demonstração do Lucro Real
31.12.2015

Lucro Líquido antes do IRPJ	(17.000,00)
+ Adições	7.000,00
- Exclusões	(2.000,00)
= Lucro Real antes da Compensação de PF	(12.000,00)
(-) Compensação de PF	0,00
= Lucro Real	(12.000,00)

Ano de 2016

9) Apropriação da depreciação de 2016:

SP 31.12.2016

D – Depreciação (Resultado)	10.000,00
C – Dep. Acum. Equip. (AÑC)	10.000,00

10) Pela baixa nas subcontas:

SP 31.12.2016

D – Equipamentos – Subconta cf. Lei nº 12.973/2014 (AÑC)	2.000,00
C – Equipamentos – Subconta Auxiliar (AÑC)	2.000,00

Assim, temos, no e-Lalur:

Controle por Subcontas -Adoção Inicial

Demonstração do Lucro Real
31.12.2016

Lucro Líquido antes do IRPJ	(10.000,00)
+ Adições	0,00
- Exclusões	(2.000,00)
= Lucro Real antes da Compensação de PF	(12.000,00)
(-) Compensação de PF	0,00
= Lucro Real	(12.000,00)

Ano de 2017

11) Pela venda do equipamento:

SP 02.01.2017

D – Bancos conta Movimento (AC)	90.000,00
C – Receita na Venda do Equipamento (Resultado)	90.000,00

12) Pela baixa do equipamento vendido:

SP 02.01.2017

D – Custo do Equipamento Vendido (Resultado)	70.000,00
D – Dep. Acum. Equip. (AÑC)	30.000,00
C – Equipamentos (AÑC)	100.000,00

13) Pela baixa nas subcontas;

SP 02.01.2017

D – Equipamentos – Subconta cf. Lei nº 12.973/2014 (AÑC)	14.000,00
C – Equipamentos – Subconta Auxiliar (AÑC)	14.000,00

Assim, temos, no e-Lalur:

Demonstração do Lucro Real
31.12.2017

Lucro Líquido antes do IRPJ	20.000,00
+ Adições	0,00
- Exclusões	(14.000,00)
= Lucro Real antes da Compensação de PF	6.000,00
(-) Compensação de PF	0,00
= Lucro Real	6.000,00

Atenção:

Se os valores realizados por depreciação fossem indedutíveis, e o valor realizado por alienação fosse dedutível, teríamos os seguintes resultados no e-Lalur:

Ano de 2014

Demonstração do Lucro Real
31.12.2014

Lucro Líquido antes do IRPJ	(23.000,00)
(-) Ajuste do RTT	(11.000,00)
= Lucro Líquido depois do RTT	(12.000,00)
+ Adições	0,00
- Exclusões	0,00
= Lucro Real antes da Compensação de PF	(12.000,00)
(-) Compensação de PF	0,00
= Lucro Real	(12.000,00)

Ano de 2015

Demonstração do Lucro Real
31.12.2015

Lucro Líquido antes do IRPJ	(17.000,00)
+ Adições	17.000,00 *
- Exclusões	0,00
= Lucro Real antes da Compensação de PF	0,00

(-) Compensação de PF	0,00
= Lucro Real	0,00
(*) R$ 7.000,00 + R$ 10.000,00 = R$ 17.000,00	

Ano de 2016

Demonstração do Lucro Real
31.12.2016

Lucro Líquido antes do IRPJ	(10.000,00)
+ Adições	10.000,00 *
- Exclusões	0,00
= Lucro Real antes da Compensação de PF	0,00
(-) Compensação de PF	0,00
= Lucro Real	0,00

Ano de 2017

Demonstração do Lucro Real
31.12.2017

Lucro Líquido antes do IRPJ	20.000,00
+ Adições	0,00
- Exclusões	(14.000,00)
= Lucro Real antes da Compensação de PF	6.000,00
(-) Compensação de PF	0,00
= Lucro Real	6.000,00

2.4.5.7. Exemplo Prático

Com a finalidade de auxiliar no entendimento e na compreensão da complexidade do tema, que é a apuração da diferença do controle por subcontas na adoção inicial e da pós-adoção da Lei nº 12.973/2014, focamos nosso exemplo no caso apresentado pelo Fisco no modelo nº 03 (arts. 124, 297 e 298) do Anexo VIII da IN RFB nº 1.700/2017.

Nosso objetivo é apresentar de forma didática e prática, por meio de lançamentos contábeis e razonetes específicos, o desenvolvimento desse caso. Alguns dados foram alterados para melhor compreensão.

Premissas:

- 02.01.2013 = aquisição de equipamento, a prazo, pelo valor de R$ 90.000,00;
- 30.06.2014 = data do pagamento, à vista;
- valor presente = R$ 60.000,00;
- Ajuste a Valor Presente (AVP) = R$ 30.000,00;
- apropriação do AVP (Juros a Apropriar) = R$ 18.000,00 (2013) e R$ 12.000,00 (2014);
- prazo de vida útil:

    a) societário: 6 anos (não há valor residual);

    b) fiscal: 4 anos (IN SRF nº 162/1998, Anexos I e II);

- PJ tributada pelo lucro real anual;
- valores realizados por depreciação são dedutíveis;
- data da adoção inicial: 1º.01.2015 (arts. 1º, 2º, 4º a 71 da Lei nº 12.973/2014)

Lançamentos contábeis

Ano de 2013

(Societária)	(Fiscal)
a) Pela Aquisição:	
(1) SP 02.01.2013	SP 02.01.2013
D – Equipamentos (AÑC – Imobilizado) 60.000,00	D – Equipamentos (AÑC) 90.000,00
D – Juros a Apropriar (Redutora PC) 30.000,00	C – Contas a Pagar (PC) 90.000,00
C – Contas a Pagar (PC) 90.000,00	
b) Despesa Financeira:	
(2) SP 31.12.2013	
D – Despesas Financeiras (Resultado) 18.000,00	
C – Juros a Apropriar (Redutora PC) 18.000,00	

Controle por Subcontas -Adoção Inicial

c) Depreciação

(Societária)	(Fiscal)
Quota Anual = Aquisição x Taxa Anual	Quota Anual = Aquisição x Taxa Anual
Quota Anual = R$ 60.000,00 x 16,67%	Quota Anual = R$ 90.000,00 x 25%
Quota Anual = R$ 10.000,00	Quota Anual = R$ 22.500,00

Ajuste no FCont:

Depreciação Contábil = R$ 10.000,00

Depreciação Fiscal = R$ 22.500,00

Diferença = R$ 12.500,00

Expurgar o lançamento contábil (societário), no valor de R$ 10.000,00, e incluir no FCont o lançamento fiscal (FCont), no valor de R$ 22.500,00.

d) Lançamento Contábil da Quota Anual de Depreciação em 2013

(Societária)	(Fiscal)
(3) SP 31.12.2013	SP 31.12.2013
D – Depreciação (Resultado) 10.000,00	D – Depreciação (Resultado) 22.500,00
C – Dep. Acum. Equip. (AÑC) 10.000,00	C – Dep. Acum. Equip. (AÑC) 22.500,00

e) Razonetes em 31.12.2013:

(Societária)

Equipamentos (AÑC)

(1) 60.000,00	

Contas a Pagar (PC)

	90.000,00 (1)

Juros a Apropriar (Red. PC)

(1) 30.000,00	18.000,00 (2)
SF 12.000,00	

Dep. Acum. Equip. (AÑC)

	10.000,00 (3)

Depreciação (Resultado)

(3) 10.000,00

Despesa Financeira (Resultado)

(2) 18.000,00

(Fiscal)

Equipamentos (AÑC)

(1) 90.000,00

Dep. Acum. Equip. (AÑC)

22.500,00 (3)

Depreciação (Resultado)

(3) 22.500,00

Assim, temos, no e-Lalur:

e) Demonstração do Lucro Real
31.12.2013

Lucro Líquido do Exercício antes do IRPJ	(28.000,00)
(+) Ajuste do RTT	5.500,00 *
Lucro Líquido do Exercício depois do Ajuste do RTT	(22.500,00)
(+) Adições	0,00
(-) Exclusões	0,00
Lucro Real antes da Compensação de Prejuízos	(22.500,00)
(-) Compensação de Prejuízos Fiscais	0,00
Lucro Real	(22.500,00)
(*) Ajuste do RTT	
(+) Expurgo da Depreciação Societária	= R$ 10.000,00
(-) Inclusão da Depreciação Fiscal	= (R$ 22.500,00)
(+) Expurgo da Despesa Financeira	= R$ 18.000,00
= Ajuste Líquido do RTT	= R$ 5.500,00

Controle por Subcontas -Adoção Inicial 127

Ano de 2014

f) Pagamento do Equipamento:

(4) **SP 30.06.2014**

D – Contas a Pagar (PC)	90.000,00
C – Bancos conta Movimento (AC)	90.000,00

g) Despesa Financeira:

(5) **SP 31.12.2014**

D – Despesas Financeiras (Resultado)	12.000,00
C – Juros a Apropriar (Redutora PC)	12.000,00

h) Depreciação:

Legislação Societária:

Quota Anual = Custo de Aquisição × Taxa Anual

Quota Anual = R$ 60.000,00 × 16,67%

Quota Anual = R$ 10.000,00

Legislação Fiscal:

Quota Anual = Custo de Aquisição × Taxa Anual

Quota Anual = R$ 90.000,00 × 25%

Quota Anual = R$ 22.500,00

Ajuste no FCont:

Depreciação Contábil	= R$ 10.000,00
Depreciação Fiscal	= R$ 22.500,00
Diferença	= R$ 12.500,00

Expurgar o lançamento contábil (societário), no valor de R$ 10.000,00, e incluir no FCont o lançamento fiscal (FCont), no valor de R$ 22.500,00.

i) Lançamento Contábil da Quota Anual de Depreciação em 2014:

Societária	Fiscal
(6) SP 31.12.2014	SP 31.12.2014
D – Depreciação (Resultado) 10.000,00	D – Depreciação (Resultado) 22.500,00
C – Dep. Acum. Equip. (AÑC) 10.000,00	C – Dep. Acum. Equip. (AÑC) 22.500,00

j) Razonetes em 31.12.2014:

(Societária)

Equipamentos (AÑC)

(2) 60.000,00	

Contas a Pagar (PC)

(4) 90.000,00	90.000,00 (1)
	0,00 SF

Juros a Apropriar (Red. PC)

(1) 30.000,00	18.000,00 (2)
	12.000,00 (5)
SF 0,00	

Dep. Acum. Equip. (AÑC)

	10.000,00 (3)
	10.000,00 (6)
	20.000,00 SF

Depreciação (Resultado)

(6) 10.000,00	

Despesa Financeira (Resultado)

(5) 12.000,00	

(Fiscal)

Equipamentos (AÑC)

(2) 90.000,00	

Dep. Acum. Equip. (AÑC)

	22.500,00 (3)
	22.500,00 (6)
	45.000,00 SF

Depreciação (Resultado)

(6) 22.500,00	

Assim, temos, no e-Lalur:

Demonstração do Lucro Real
31.12.2014

Lucro Líquido do Exercício antes do IRPJ	(22.000,00)
(+) Ajuste do RTT	(500,00) *
Lucro Líquido do Exercício depois do Ajuste do RTT	(22.500,00)
(+) Adições	0,00

(-) Exclusões	**0,00**
Lucro Real antes da Compensação de Prejuízos	(22.500,00)
(-) Compensação de Prejuízos Fiscais	**0,00**
Lucro Real	(22.500,00)

(*) Ajuste do RTT

(+) Expurgo da Depreciação Societária = R$ 10.000,00	
(-) Inclusão da Depreciação Fiscal	= (R$ 22.500,00)
(+) Expurgo da Despesa Financeira	= R$ 12.000,00
= Ajuste Líquido do RTT	= R$ (500,00)

Ano de 2015

Controle por subcontas:

- Ajustes iniciais em 1°.01.2015:

Valor residual do equipamento na contabilidade societária = R$ 40.000,00

(R$ 60.000,00 – R$ 20.000,00)

(–) Valor residual do equipamento na contabilidade fiscal (FCont) = R$ 45.000,00

(R$ 90.000,00 – R$ 45.000,00)

= Diferença NEGATIVA na data da adoção inicial = R$ 5.000,00

(R$ 40.000,00 – R$ 45.000,00)

- Evidenciação Contábil da Diferença em Subcontas:

a) Custo de Aquisição:

- Valor do equipamento na contabilidade societária, sem a dep. acum. = R$ 60.000,00
- Valor do equipamento na contabilidade fiscal (FCont), sem a dep. acum. = R$ 90.000,00

Diferença na data da adoção inicial = (R$ 30.000,00)

(R$ 60.000,00 – R$ 90.000,00)

b) Depreciação Acumulada:

- Valor da Depreciação Acumulada na contabilidade societária = (R$ 20.000,00)

- Valor da Depreciação Acumulada na contabilidade fiscal (FCont) = (R$ 45.000,00)

Diferença na data da adoção inicial = R$ 25.000,00

[-R$ 20.000,00 − (-R$ 45.000,00)]

c) Diferença Total:

- Diferença em relação ao custo de aquisição = (R$ 30.000,00)
- Diferença em relação à depreciação acumulada = R$ 25.000,00

Diferença Total = (R$ 5.000,00)

(-R$ 30.000,00 + R$ 25.000,00)

- Razonetes em 31.12.2014:

(Societária)

Equipamentos (AÑC)		Dep. Acum. Equip. (AÑC)	
(1) 60.000,00			10.000,00 (3)
			10.000,00 (6)
			20.000,00 SF

(Fiscal)

Equipamentos (AÑC)		Dep. Acum. Equip. (AÑC)	
(1) 90.000,00			22.500,00 (3)
			22.500,00 (6)
			45.000,00 SF

- Lançamentos Contábeis por Subcontas:

a) Ajuste da conta principal:

(7) SP 1º.01.2015

D − Equipamentos (AÑC)   R$ 30.000,00

C − Equipamentos − Subconta cf.

Lei nº 12.973/2014 (AÑC)   R$ 30.000,00

b) Ajuste da conta depreciação acumulada:

(8) SP 1º.01.2015

D − Dep. Acum. Equip. − Subconta cf.

Lei nº 12.973/2014 (AÑC)   R$ 25.000,00

C − Dep. Acum. Equip. (AÑC)   R$ 25.000,00

Controle por Subcontas - Adoção Inicial

- Razonetes em 1º.01.2015:

(Societária)

Equipamentos (AÑC)		Dep. Acum. Equip. (AÑC)	
(1) 60.000,00			10.000,00 (3)
(7) 30.000,00			10.000,00 (6)
			25.000,00 (8)
SF 90.000,00			45.000,00 SF

Equipamentos Subconta (AÑC)		Dep. Acum. Equip. Subconta (AÑC)	
	30.000,00 (7)	(8) 25.000,00	

(Fiscal)

Equipamentos (AÑC)		Dep. Acum. Equip. (AÑC)	
(1) 90.000,00			22.500,00 (3)
			22.500,00 (6)
			45.000,00 SF

c) Depreciação de 2015:

– Cálculo da quota de depreciação anual depois do ajuste por meio de subcontas:

a) Ajuste por subcontas:

Diferença pelo ajuste por subcontas × Taxa anual de depreciação = Quota anual

R$ 5.000,00 × 25% = R$ 1.250,00

b) Baixa da depreciação societária ajustada:

Quota societária + Ajuste de depreciação por subconta = Baixa depreciação societária

R$ 10.000,00 + R$ 1.250,00 = R$ 11.250,00

– Lançamento contábil:

(9) **SP 31.12.2015**

D – Despesa de Depreciação (Resultado)	R$ 10.000,00
D – Dep. Acum. Equipamentos – Subconta cf. Lei nº 12.973/2014 (AÑC)	R$ 1.250,00
C – Dep. Acum. Equipamentos (AÑC)	R$ 11.250,00

Lançamento contábil alternativo:

Esse lançamento contábil poderá ser efetuado da seguinte forma:

SP 31.12.2015

D – Despesa de Depreciação (RE)	R$ 10.000,00
C – Dep. Acum. Equipamentos (AÑC)	R$ 10.000,00

e

D – Dep. Acum. Equipamentos – Subcont cf. Lei nº 12.973/2014 (AÑC)	R$ 1.250,00
C – Dep. Acum. Equipamentos (AÑC)	R$ 1.250,00

- Razonetes em 31.12.2015:

(Societária)

Equipamentos (AÑC)		Dep. Acum. Equip. (AÑC)	
(2) 60.000,00			10.000,00 (3)
(7) 30.000,00			10.000,00 (6)
			25.000,00 (8)
			11.250,00 (9)
SF 90.000,00			56.250,00 SF

Equipamentos Subconta (AÑC)		Dep. Acum. Equip. Subconta (AÑC)	
	30.000,00 (7)	(8) 25.000,00	
		(9) 1.250,00	
		SF 26.250,00	

Depreciação (Resultado)	
(9) 10.000,00	

(Fiscal)

Equipamentos (AÑC)		Dep. Acum. Equip. (AÑC)	
(2) 90.000,00			22.500,00 (3)
			22.500,00 (6)
			22.500,00 (9)
			67.500,00 SF

Assim, temos, no e-Lalur:

Demonstração do Lucro Real
31.12.2015

Lucro Líquido do Exercício antes do IRPJ	(10.000,00)
(+) Adições	0,00
(-) Exclusões	
§ 4º do art. 298 da IN nº 1.700/2017	(1.250,00)
§ 4º do art. 124 da IN nº 1.700/2017 (5.000,00)	(6.250,00)
Lucro Real antes da Compensação de Prejuízos	(16.250,00)
(-) Compensação de Prejuízos Fiscais	0,00
Lucro Real	(16.250,00)

A diferença líquida evidenciada em subconta do ativo no ano-calendário de 2015 é de R$ 5.000,00. Trata-se, portanto, conforme art. 298 da IN RFB nº 1.700/2017, de uma diferença negativa do ativo.

A diferença foi obtida da seguinte forma:

- Dep. Acum. Equipamentos – Subcont cf.
Lei nº 12.973/2014   = R$ 25.000,00
- Equipamentos – Subconta cf. Lei nº 12.973/2014   = R$ 30.000,00
Diferença   = (R$ 5.000,00)

Esse valor será excluído na determinação do lucro real e controlado na Parte "B" do e-Lalur (art. 124, § 4º, da IN nº 1.700/2017).

Caso esse valor realizado do ativo seja dedutível, ele deverá ser adicionado ao lucro líquido na determinação do lucro real de períodos subsequentes relativos à realização (art. 295, § 4º, da IN nº 1.700/2017).

Assim, temos, no e-Lalur:

Parte "B" – e-Lalur

Data	Histórico	Valor R$	Débito/Crédito	Saldo Devedor/Credor
31.12.2015	Exclusão (art. 68, § 4°)	5.000,00	Crédito	5.000,00 C

Ano de 2016

d) Depreciação de 2016:

(10) **SP 31.12.2016**

D – Despesa de Depreciação (Resultado)   R$ 10.000,00

D – Dep. Acum. Equipamentos – Subconta cf.

  Lei n° 12.973/2014 (AÑC)   R$ 1.250,00

C – Dep. Acum. Equipamentos (AÑC)   R$ 11.250,00

- Razonetes em 31.12.2016:

(Societária)

Equipamentos (AÑC)	
(3) 60.000,00	
(7) 30.000,00	
SF 90.000,00	

Dep. Acum. Equip. (AÑC)	
	10.000,00 (3)
	10.000,00 (6)
	25.000,00 (8)
	11.250,00 (9)
	11.250,00 (10)
	67.500,00 SF

Equipamentos Subconta (AÑC)	
	30.000,00 (7)

Dep. Acum. Equip. Subconta (AÑC)	
(8) 25.000,00	
(9) 1.250,00	
(10) 1.250,00	
SF 27.500,00	

Depreciação (Resultado)	
(10) 10.000,00	

Controle por Subcontas - Adoção Inicial

(Fiscal)

Equipamentos (AÑC)		Dep. Acum. Equip. (AÑC)
(3) 90.000,00		22.500,00 (3)
		22.500,00 (6)
		22.500,00 (9)
		22.500,00 (10)
		90.000,00 SF

Assim, temos, no e-Lalur:

Demonstração do Lucro Real
31.12.2016

Lucro Líquido do Exercício antes do IRPJ	(10.000,00)
(+) Adições	0,00
(-) Exclusões	
§ 4º do art. 298 da IN nº 1.700/2017	1.250,00)
§ 4º do art. 124 da IN nº 1.700/2017 (5.000,00)	(6.250,00)
Lucro Real antes da Compensação de Prejuízos	(16.250,00)
(-) Compensação de Prejuízos Fiscais	0,00
Lucro Real	(16.250,00)

A diferença líquida evidenciada em subconta do ativo, no ano-calendário de 2016, é no valor de R$ 5.000,00. Trata-se, portanto, conforme o art. 298 da IN RFB nº 1.700/2017, de uma diferença negativa do ativo.

A diferença foi obtida da seguinte forma:

Dep. Acum. Equipamentos – Subcont cf. Lei nº 12.973/2014	= R$ 25.000,00
Equipamentos – Subconta cf. Lei nº 12.973/2014	= R$ 30.000,00
Diferença	= (R$ 5.000,00)

Esse valor será excluído na determinação do lucro real e controlado na Parte "B" do e-Lalur (art. 124, § 4º, da IN nº 1.700/2017). Caso o valor realizado do ativo seja dedutível, deverá ser adicionado ao lucro líquido na determinação do lucro real de períodos subsequentes relativos à realização (art. 295, § 4º, da IN nº 1.700/2017).

O valor a ser adicionado em períodos posteriores (2017 e 2018), controlado na Parte "B" do e-Lalur, em 2016, será de: R$ 5.000,00 + R$ 5.000,00 = R$ 10.000,00.

Assim, temos, Parte "B" do e-Lalur:

Parte "B" – e-Lalur

Data	Histórico	Valor R$	Débito/Crédito	Saldo Devedor/Credor
31.12.2015	Exclusão (art. 68, § 4º)	5.000,00	Crédito	5.000,00 C
31.12.2016	Exclusão (art. 68, § 4º)	5.000,00	Crédito	10.000,00 C

Ano de 2017

d) Depreciação de 2017:

(11) **SP 31.12.2017**

D – Despesa de Depreciação (Resultado)   R$ 10.000,00

D – Dep. Acum. Equipamentos – Subconta cf.

Lei nº 12.973/2014 (AÑC)   R$ 1.250,00

C – Dep. Acum. Equipamentos (AÑC)   R$ 11.250,00

- Razonetes em 2017:

(Societária)

Equipamentos (AÑC)	
(4) 60.000,00	
(7) 30.000,00	
SF 90.000,00	

Dep. Acum. Equip. (AÑC)	
	10.000,00 (3)
	10.000,00 (6)
	25.000,00 (8)
	11.250,00 (9)
	11.250,00 (10)
	11.250,00 (11)
	78.750,00 SF

Equipamentos Subconta (AÑC)	
	30.000,00 (7)

Dep. Acum. Equip. Subconta (AÑC)	
(8) 25.000,00	
(9) 1.250,00	
(10) 1.250,00	
(11) 1.250,00	
SF 28.750,00	

Depreciação (Resultado)

(11)10.000,00	

(Fiscal)

Equipamentos (AÑC)

(4) 90.000,00	

Dep. Acum. Equip. (AÑC)

22.500,00 (3)
22.500,00 (6)
22.500,00 (9)
22.500,00 (11)
90.000,00 SF

Assim, temos, no e-Lalur:

Demonstração do Lucro Real
31.12.2017

Lucro Líquido do Exercício antes do IRPJ	(10.000,00)
(+) Adições:	
§ 5º do art. 124 da IN nº 1.700/2017	5.000,00 (*)
(-) Exclusões:	
§ 4º do art. 298 da IN nº 1.700/2017	(1.250,00)
Lucro Real antes da Compensação de Prejuízos	(6.250,00)
(-) Compensação de Prejuízos Fiscais	0,00
Lucro Real	(6.250,00)

(*) O montante acumulado das quotas de depreciação não poderá ultrapassar o custo de aquisição do bem (art. 121, § 3º, da IN nº 1.700/2017).

Quando o montante acumulado da depreciação acumulada (societária) mais a parte diferida e controlada na Parte "B" do e-Lalur (fiscal) atingir o limite do custo de aquisição do bem (R$ 60.000,00), o valor da depreciação, registrado na escrituração comercial, deverá ser adicionado ao lucro líquido para efeito de determinação do lucro real, com a respectiva baixa na Parte "B" do e-Lalur (art. 124, § 5°, da IN n° 1.700/2017).

Assim, na determinação do lucro real, no ano-calendário de 2017, a pessoa jurídica deverá adicionar o valor de R$ 5.000,00 ao lucro líquido do exercício. Na Parte "B" desse livro, ainda restará uma parcela de R$ 5.000,00 para ser adicionada na Parte "A" nos períodos subsequentes.

Assim, temos, em 31.12.2017:

a) Custo de Aquisição do Bem:
   - Equipamentos (custo de aquisição)   = R$ 90.000,00
   - Equipamentos – Subconta   = (R$ 30.000,00)

   Saldo residual   = R$ 60.000,00

b) Depreciação Acumulada do Bem:
   - Dep. Acum-Equip.   = R$ 78.750,00
   - Dep. Acum. Equip. Subconta   = (R$ 28.750,00)
   - Dep. Acum. Equip. Parte "B" do e-Lalur   = R$ 10.000,00

   Saldo da conta   = R$ 60.000,00

Assim, temos, no e-Lalur:

Parte "B" – e-Lalur

Data	Histórico	Valor R$	Débito/Crédito	Saldo Devedor/Credor
31.12.2015	Exclusão (Art. 124, § 4º)	5.000,00	Crédito	5.000,00 C
31.12.2016	Exclusão (Art. 124, § 4º)	5.000,00	Crédito	10.000,00 C
31.12.2017	Baixa (Art. 124, § 5º)	5.000,00	Débito	5.000,00 C

Ano de 2018

d) Depreciação de 2018:

(12) **SP 31.12.2018**

D – Despesa de Depreciação (Resultado)   R$ 10.000,00

D – Dep. Acum. Equipamentos – Subconta cf.
Lei nº 12.973/2014 (AÑC)   R$ 1.250,00

C – Dep. Acum. Equipamentos (AÑC)   R$ 11.250,00

Controle por Subcontas -Adoção Inicial

- Razonetes em 2018:

(Societária)

Equipamentos (AÑC)	
(5) 60.000,00	
(7) 30.000,00	
SF 90.000,00	

Dep. Acum. Equip. (AÑC)	
	10.000,00 (3)
	10.000,00 (6)
	25.000,00 (8)
	11.250,00 (9)
	11.250,00 (10)
	11.250,00 (11)
	11.250,00 (12)
	90.000,00 SF

Equipamentos Subconta (AÑC)	
	30.000,00 (7)

Dep. Acum. Equip. Subconta (AÑC)	
(8) 25.000,00	
(9) 1.250,00	
(10) 1.250,00	
(11) 1.250,00	
(12)1.250,00	
SF 30.000,00	

Depreciação (Resultado)	
(12)10.000,00	

(Fiscal)

Equipamentos (AÑC)	
(5) 90.000,00	

Dep. Acum. Equip. (AÑC)	
	22.500,00 (3)
	22.500,00 (6)
	22.500,00 (9)
	22.500,00 (11)
	90.000,00 SF

Assim, temos, no e-Lalur:

Demonstração do Lucro Real
31.12.2018

Lucro Líquido do Exercício antes do IRPJ	(10.000,00)
(+) Adições:	
§ 5º do art. 124 da IN nº 1.700/2017	5.000,00 (*)
(-) Exclusões:	
§ 4º do art. 298 da IN nº 1.700/2017	(1.250,00)
Lucro Real antes da Compensação de Prejuízos	(6.250,00)
(-) Compensação de Prejuízos Fiscais	0,00
Lucro Real	(6.250,00)

O saldo existente em 31.12.2018 na Parte "B" do e-Lalur é Zero. O valor foi realizado nos anos-calendário de 2017 e 2018.

Assim, temos, no e-Lalur:

Parte "B" – e-Lalur

Data	Histórico	Valor R$	Débito/Crédito	Saldo Devedor/Credor
31.12.2015	Exclusão (art. 124, § 4º)	5.000,00	Crédito	5.000,00 C
31.12.2016	Exclusão (art. 124, § 4º)	5.000,00	Crédito	10.000,00 C
31.12.2017	Baixa (art. 124, § 5º)	5.000,00	Débito	5.000,00 C
31.12.2018	Baixa (art. 124, § 5º)	5.000,00	Débito	0,00 C

Legislação:

Arts. 124, 297 e 298 da IN RFB nº 1.700/2017:

Da Taxa Anual de Depreciação

Art. 124. A taxa anual de depreciação será fixada em função do prazo durante o qual se possa esperar a utilização econômica do bem, pelo contribuinte, na produção dos seus rendimentos.

§ 1º O **prazo de vida útil** admissível é aquele estabelecido nos **Anexos I e II** da Instrução Normativa **SRF nº 162**, de 31 de dezembro de 1998, ficando assegurado ao contribuinte o direito de computar a quota efetivamente adequada às condições de depreciação dos seus bens, desde que faça a prova dessa adequação quando adotar **taxa diferente**.

§ 2º No caso de dúvida, o contribuinte ou a Secretaria da Receita Federal do Brasil poderão pedir perícia do Instituto Nacional de Tecnologia, ou de outra entidade oficial de pesquisa científica ou tecnológica, prevalecendo os prazos de vida útil recomendados por essas instituições enquanto não forem alterados por decisão administrativa superior ou por sentença judicial baseadas, igualmente, em **laudo técnico idôneo**.

§ 3º Quando o registro do bem for feito por conjunto de instalação ou equipamentos, sem especificação suficiente para permitir aplicar as diferentes taxas de depreciação de acordo com a natureza do bem, e o contribuinte não tiver elementos para justificar as taxas médias adotadas para o conjunto, será obrigado a utilizar as taxas aplicáveis aos bens de maior vida útil que integrem o conjunto.

§ 4º Caso a **quota de depreciação** registrada na contabilidade do contribuinte seja **menor** do que aquela calculada com base no § 1º, **a diferença** poderá ser **excluída** do lucro líquido na apuração do lucro real com registro na Parte "B" do Lalur do valor excluído, observando-se o disposto no § 3º do art. 65.

§ 5º Para fins do disposto no § 4º, **a partir do período de apuração em que o montante acumulado das quotas de depreciação computado na determinação do lucro real atingir o limite previsto no § 3º do art. 65** (*o montante acumulado das quotas de depreciação não poderá ultrapassar o custo de aquisição do bem*) **o valor da depreciação**, registrado na escrituração comercial, **deverá ser adicionado ao lucro líquido** para efeito de determinação do lucro real com a respectiva **baixa na Parte "B"** do Lalur.

Art. 166:

A **diferença negativa** verificada na data da adoção inicial entre o valor de ativo na contabilidade societária e no FCONT **não poderá ser excluída** na determinação do lucro real, **salvo** se o contribuinte **evidenciar contabilmente essa diferença em subconta** vinculada ao ativo **para ser excluída à medida de sua realização**, inclusive mediante depreciação, amortização, exaustão, alienação ou baixa.

Parágrafo único. O disposto no *caput* aplica-se à diferença positiva no valor do passivo e não pode ser excluída na determinação do lucro real, salvo se o contribuinte evidenciar contabilmente essa diferença em subconta vinculada ao passivo para ser excluída à medida da baixa ou liquidação.

Art. 167:

A **diferença negativa**, verificada na data da adoção inicial, entre o valor de ativo na contabilidade societária e no FCONT, a que se refere o *caput* do art. 166, somente poderá ser computada na determinação do lucro real se o contribuinte **evidenciar contabilmente** essa **diferença em subconta** vinculada ao ativo, obedecidas às condições estabelecidas nos §§ 1º a 5º ou 6º e 7º deste artigo.

§ 1º A diferença de que trata o *caput* será registrada a crédito na subconta em contrapartida à conta representativa do ativo.

§ 2º O valor evidenciado na subconta será baixado à medida que o ativo for realizado, inclusive mediante depreciação, amortização, exaustão, alienação ou baixa.

§ 3º No caso de ativo depreciável, amortizável ou exaurível, em que o controle é feito com a utilização de uma subconta para cada conta conforme disposto no § 2º do art. 169, a baixa relativa à depreciação, amortização ou exaustão a que se refere o § 2º será feita na subconta vinculada à conta de depreciação acumulada, amortização acumulada ou exaustão acumulada.

§ 4º Caso o valor realizado do ativo seja dedutível, o valor da subconta baixado conforme o § 2º poderá ser excluído do lucro líquido na determinação do lucro real no período de apuração relativo à baixa.

§ 5º Caso o valor realizado do ativo seja indedutível, o valor da subconta baixado conforme o § 2º não poderá ser excluído do lucro líquido na determinação do lucro real.

§ 6º Alternativamente ao disposto nos §§ 1º a 5º, o contribuinte poderá **evidenciar** a **diferença** de que trata o *caput* por meio da **utilização de 2 (duas) subcontas**:

I – a subconta vinculada ao ativo mencionada no *caput*; e

II – uma subconta auxiliar à subconta vinculada ao ativo de que trata o inciso I.

§ 7º Na hipótese de que trata o § 6º: (*evidenciação em duas subcontas*)

I – a diferença de que trata o *caput* será registrada a crédito na subconta vinculada ao ativo e a débito na subconta auxiliar;

II – o valor evidenciado na subconta vinculada ao ativo será baixado à medida que o ativo for realizado, inclusive mediante depreciação, amortização, exaustão, alienação ou baixa;

III – a baixa a que se refere o inciso II será feita mediante registro a débito na subconta vinculada ao ativo e a crédito na subconta auxiliar;

IV – caso o valor realizado do **ativo seja dedutível**, o valor da subconta baixado conforme previsto nos incisos II e III poderá ser excluído do lucro líquido na determinação do lucro real no período de apuração relativo à baixa;

V – caso **seja indedutível**, o valor realizado do ativo deverá ser adicionado ao lucro líquido na determinação do lucro real no período de apuração relativo à realização, e o valor da subconta baixado conforme previsto nos incisos II e III não poderá ser excluído do lucro líquido na determinação do lucro real.

2.4.6. Subcontas do Passivo

As diferenças relativas aos ajustes iniciais realizados por meio de subcontas do passivo podem mensurar resultados positivos ou negativos. A diferença negativa verificada na data da adoção inicial entre o valor de passivo na contabilidade societária e no FCont deve ser adicionada na determinação do lucro real na data da adoção inicial, salvo se a pessoa jurídica evidenciar contabilmente essa diferença em subconta vinculada ao passivo para ser adicionada à medida da baixa ou liquidação.

Já a diferença positiva, verificada na data da adoção inicial, entre o valor de passivo na contabilidade societária e no FCont, poderá ser excluída na determinação do lucro real, salvo se a pessoa jurídica evidenciar contabilmente essa diferença em subconta vinculada ao passivo.

2.4.7. Diferença POSITIVA do Passivo

A diferença positiva do passivo verificada na data da adoção inicial da Lei n° 12.973/2014 terá tratamento tributário e contábil específico na determinação do lucro real e da base de cálculo da Contribuição Social sobre o Lucro Líquido.

2.4.7.1. Exclusão da Diferença

A diferença POSITIVA, verificada na data da adoção inicial, entre o valor de PASSIVO na contabilidade societária e no FCont poderá ser EXCLUÍDA na determinação do lucro real.

Para que possa ser excluída na determinação do lucro real, a pessoa jurídica deverá evidenciar contabilmente essa diferença em subconta vinculada ao passivo.

2.4.7.2. Registro em Subconta

A diferença positiva apurada será registrada na contabilidade a <u>débito</u> da conta representativa do passivo e a <u>crédito</u> da Subconta do passivo.

> **Atenção:**
>
> Se a empresa não evidenciar em subconta a diferença positiva do passivo, esta deverá ser adicionada na data da adoção inicial.

2.4.7.3. Baixa da Subconta

O valor evidenciado na subconta será baixado à medida que o passivo for baixado ou liquidado.

Este valor poderá ser excluído do lucro líquido na determinação do lucro real no período de apuração relativo à baixa.

(Fundamentação legal: arts. 297, parágrafo único, e 299 da IN RFB nº 1.700/2017)

2.4.8. Diferença NEGATIVA do Passivo

2.4.8.1. Adição da Diferença

A diferença NEGATIVA verificada na data da adoção inicial entre o valor de PASSIVO na contabilidade societária e no FCont deve ser ADICIONADA na determinação do lucro real na data da adoção inicial, salvo se o contribuinte evidenciar contabilmente essa diferença em subconta vinculada ao passivo, para ser adicionada à medida da baixa ou liquidação.

2.4.8.2. Registro em Subconta

A diferença positiva apurada será registrada na contabilidade a débito da Subconta e a crédito da conta representativa do passivo.

Atenção:

Se a empresa não evidenciar em subconta a diferença negativa do passivo, deverá ser adicionada de imediato na data da adoção inicial.

2.4.8.3. Baixa da Subconta

O valor da diferença negativa do passivo deve ser adicionado ao lucro líquido na determinação do lucro real no período de apuração relativo à baixa ou liquidação.

(Fundamentação legal: arts. 294 e 296 da IN RFB nº 1.700/2017)

2.5.   Lucro Presumido na Adoção Inicial

A empresa tributada pelo lucro presumido também pode estar envolvida com os ajustes por meio de subcontas. Para tanto, na data da adoção inicial, deverá reportar aos ajustes necessários e que serão apresentados a seguir.

2.5.1. Lucro Presumido antes da Data da Adoção Inicial

O cálculo das diferenças na data da adoção inicial é simples, pois o cálculo dos valores contábeis dos ativos considerando os critérios contábeis vigentes em 31.12.2007 pode ser feito facilmente.

No caso de ativo imobilizado, por exemplo, basta obter seu custo de aquisição constante na nota fiscal relativa à aquisição e diminuir a respectiva depreciação acumulada.

Observa-se como regra geral que a pessoa jurídica já tem o valor da diferença, pois se a empresa aplica os novos métodos e critérios em sua contabilidade, deve aplicar também o CPC 32 – Tributos sobre o Lucro, ou seja, deve saber qual é a diferença entre a base fiscal (critérios de 31.12.2007) e a base societária para registrar o ativo ou passivo fiscal diferido.

2.5.2. Lucro Presumido antes e depois da Data da Adoção Inicial

A pessoa jurídica deverá fazer os ajustes necessários na base de cálculo dos períodos posteriores à data da adoção inicial, e o controle por subcontas não será obrigatório. Caso não faça o controle por subcontas, deverá manter controle extracontábil das diferenças e suas realizações.

2.5.3. Lucro Presumido antes e Lucro Real depois da Data da Adoção Inicial

A pessoa jurídica tributada pelo lucro presumido que passe a ser tributada pelo lucro real na data da adoção inicial deverá atender a todas as disposições relativas ao controle por subcontas pertinentes à pessoa jurídica tributada pelo lucro real.

2.6. Venda a Prazo ou em Prestações de Unidades Imobiliárias

O lucro bruto na venda de cada unidade será apurado e reconhecido quando, contratada a venda, ainda que mediante instrumento de promessa, ou quando implementada a condição suspensiva a que estiver sujeita a venda (art. 27, § 1º, da Lei nº 12.973/2014).

2.6.1. Venda a Prazo ou em Prestações

Na venda a prazo, ou em prestações, com pagamento posterior ao término do período de apuração da venda, o lucro bruto na venda de cada unidade imobiliária poderá, para efeito de determinação do lucro real, ser reconhecido proporcionalmente à receita de venda recebida, observadas as seguintes normas (art. 29 do Decreto-Lei nº 1.598/1977):

II – por ocasião da venda será determinada a relação entre o lucro bruto e a receita bruta de venda e, em cada período, será computada, na determinação do lucro real, parte do lucro bruto proporcional à receita recebida no mesmo período;

III – a relação entre o lucro bruto e a receita bruta de venda, de que trata o inciso II do *caput*, deverá ser reajustada sempre que for alterado o valor do orçamento, em decorrência de modificações no projeto ou nas especificações do empreendimento, e apurada diferença entre custo orçado e efetivo, devendo ser computada na determinação do lucro real, do período de apuração desse reajustamento, a diferença de custo correspondente à parte da receita de venda já recebida;

IV– se o custo efetivo foi inferior, em mais de 15%, ao custo orçado, aplicar-se-á o disposto no § 2º do artigo 28 do Decreto-Lei nº 1.598/1977;

V – os ajustes pertinentes ao reconhecimento do lucro bruto, na forma do inciso II do *caput*, e da diferença de que trata o inciso III do *caput* deverão ser realizados no livro de apuração do lucro real de que trata o inciso I do *caput* do art. 8º do Decreto-Lei nº 1.598/1977.

> **Atenção:**
>
> Se a venda for contratada com juros, estes deverão ser apropriados nos resultados dos exercícios sociais a que competirem (art. 29, § 1º, do Decreto-Lei nº 1.598/1977).

Na venda contratada com cláusula de correção monetária do saldo credor do preço, a contrapartida da correção, nas condições estipuladas no contrato, da receita de vendas a receber será computada, no resultado do exercício, como variação monetária (art. 18), pelo valor que exceder o da correção, segundo os mesmos critérios, do saldo do lucro bruto registrado na conta de resultados de exercícios futuros de que trata o item I do art. 29 do Decreto-Lei nº 1.598/1977.

A pessoa jurídica poderá registrar como variação monetária passiva as atualizações monetárias do custo contratado e do custo orçado, desde que o critério seja aplicado uniformemente.

2.6.2. Tratamento na Adoção Inicial

O saldo de lucro bruto, decorrente da venda a prazo, ou em prestações, de que trata o art. 29 do Decreto-Lei nº 1.598/1977 (reportado no 2º parágrafo acima), registrado em conta específica de Resultados de Exercícios Futuros na data da adoção inicial no FCont, deverá ser computado na determinação do lucro real dos períodos de apuração subsequentes, proporcionalmente à receita recebida, observadas as normas deste artigo (art. 301 da IN RFB n° 1.700/2017).

> **Atenção:**
>
> O saldo de lucro bruto será controlado na Parte "B" do e-Lalur.

2.7. Ativo Diferido – Diferença Negativa

2.7.1. Exclusão no e-Lalur

A diferença negativa, verificada na data da adoção inicial, entre o valor de ativo diferido na contabilidade societária e no FCont, somente poderá ser excluída do lucro líquido na determinação do lucro real se o contribuinte evidenciar contabilmente essa diferença em subconta vinculada ao ativo, obedecidas às condições estabelecidas nos §§ 1° a 5° ou 6° e 7° do art. 298 da IN RFB n° 1.700/2017.

2.7.2. Ativo Diferido só Reconhecido no FCont

No caso de ativo diferido, não reconhecido na data da adoção inicial na contabilidade societária, mas reconhecido no FCont, a diferença deverá ser controlada na Parte "B" do e-Lalur.

Exemplo:

Despesas Pré-operacionais

Na contabilidade societária, os gastos pré-operacionais consumidos na fase pré-operacional (abertura) da empresa são registrados em "despesa", enquanto que a legislação fiscal prevê seu registro na conta de "ativo diferido", que não existe mais na estrutura patrimonial da contabilidade.

2.7.3. Realização do Ativo Diferido no e-Lalur

A diferença controlada na Parte "B" do e-Lalur poderá ser excluída em cada período de apuração proporcionalmente à parcela equivalente à amortização do ativo diferido de acordo com as normas e critérios tributários vigentes em 31.12.2007.

(Fundamentação legal: art. 302 da IN RFB n° 1.700/2017; IN RFB n° 1.575/2015)

2.8. Arrendamento Mercantil

Arrendamento mercantil ou *leasing* é o negócio jurídico realizado entre pessoa jurídica, na qualidade de arrendadora, e pessoa física ou jurídica, na qualidade de arrendatária, e que tenha por objeto o arrendamento de bens adquiridos pela arrendadora, segundo especificações da arrendatária e para uso próprio desta (art. 1º, parágrafo único, da Lei nº 6.099/1974).

O arrendador é a empresa de *leasing*. O arrendatário é a pessoa física ou jurídica que, em vez de comprar o bem de que necessita, utiliza o *leasing* para suprir suas necessidades.

O *leasing* pode ser financeiro ou operacional.

a) *Leasing* Financeiro:

Neste tipo de contrato de *leasing*, há a transferência substancial dos riscos e benefícios inerentes à propriedade do ativo.

b) *Leasing* Operacional:

Neste tipo de contrato de *leasing*, não há a transferência substancial dos riscos e benefícios inerentes à propriedade do ativo. Assim, pode ser considerado como uma operação de aluguel do bem.

c) Tratamento Contábil e Fiscal:

Os aspectos contábeis da operação de *leasing*, conforme as normas internacionais de contabilidade, constam da NBC TG 06 (R1), aprovada pela Resolução CFC nº 1.304/2010 e CPC 06, aprovado pela Deliberação CVM nº 645/2010, enquanto que o tributário, na Lei nº 6.099/1974, art. 356, do Decreto nº 3.000/1999 (RIR/1999) e inciso VIII do art.13 da Lei nº 9.249/1995.

O novo tratamento fiscal e os ajustes na adoção inicial da Lei nº 12.973/2014, que devem ser aplicados a contar de 1º.01.2014 ou 1º.01.2015, dependendo do ano da opção, constam dos arts. 46 a 49 desta Lei, disciplinados pelos arts. 172 a 177 e 303 da IN RFB nº 1.700/2017.

> A legislação também condiciona a dedutibilidade das contraprestações quando o bem arrendado estiver relacionado intrinsecamente com a produção e comercialização dos bens e serviços (IOB: Guia Prático da ECF, 2015, p. 70).

Neste capítulo, trataremos dos aspectos tributários do arrendamento mercantil, bem como dos ajustes por subconta a serem adotados na data da adoção inicial da Lei nº 12.973/2014.

2.8.1. Arrendadora

2.8.1.1. Operações Sujeitas ao Tratamento Tributário da Lei nº 6.099/1974

Na apuração do lucro real de pessoa jurídica arrendadora que realize operações sujeitas ao tratamento tributário disciplinado pela Lei n° 6.099/1974:

I - o valor da contraprestação é considerado receita da atividade da pessoa jurídica;

II - são dedutíveis os encargos de depreciação gerados por bem objeto de arrendamento mercantil, calculados na forma da legislação vigente.

> **Atenção:**
>
> Isto também se aplica às operações não sujeitas ao controle e à fiscalização do Banco Central do Brasil, conforme disciplinado pela Lei n° 6.099/1974, desde que não haja transferência substancial dos riscos e benefícios inerentes à propriedade do ativo.

(Fundamentação legal: art. 172 da IN RFB n° 1.700/2017)

2.8.1.2. Operações não Sujeitas ao Tratamento Tributário da Lei n° 6.099/1974

Na apuração do lucro real de pessoa jurídica arrendadora, que realize operações em que haja transferência substancial dos riscos e benefícios inerentes à propriedade do ativo e que não estejam sujeitas ao tratamento tributário disciplinado pela Lei n° 6.099/1974, o resultado relativo à operação de arrendamento mercantil deverá ser reconhecido proporcionalmente ao valor de cada contraprestação durante o período de vigência do contrato.

Entende-se por resultado a diferença entre o valor do contrato de arrendamento e o somatório dos custos diretos iniciais e o custo de aquisição, produção ou construção dos bens arrendados.

A pessoa jurídica deverá proceder, caso seja necessário, aos ajustes ao lucro líquido para fins de apuração do lucro real, no e-Lalur.

O resultado da operação deve ser apurado no começo do contrato de arrendamento mercantil, que corresponde à data a partir da qual o arrendatário passa a poder exercer o seu direito de usar o ativo arrendado.

Para efeitos do disposto neste subtópico, consideram-se:

I – valor do Contrato de Arrendamento Mercantil = somatório dos valores a serem pagos pela arrendatária à arrendadora em decorrência do contrato, excluídos os acréscimos decorrentes da mora no cumprimento das obrigações ou pelo descumprimento de cláusulas contratuais;

II –custos diretos iniciais = são os custos incrementais que são diretamente atribuíveis à negociação e à estruturação de um arrendamento mercantil.

Não será dedutível, para fins de apuração do lucro real, a diferença a menor entre o valor contábil residual do bem arrendado e o seu preço de venda, quando do exercício da opção de compra.

> **Atenção:**
>
> O disposto neste subtópico também se aplica aos contratos não tipificados como arrendamento mercantil que contenham elementos contabilizados como arrendamento mercantil por força de normas contábeis e da legislação comercial.

> **Conclusão:**
>
> **Arrendadora: tributação da contraprestação e dedução fiscal dos encargos de depreciação.**
> * A regra é válida às operações ainda que não sujeitas à Lei n° 6.099/1974, desde que não haja transferência substancial dos riscos e benefícios inerentes à propriedade do ativo, caso contrário, o resultado (diferença entre o valor do contrato e o do somatório dos custos iniciais e o custo de aquisição ou construção dos bens arrendados) será tributado proporcionalmente ao valor de cada contraprestação.
> * Não é dedutível a diferença a menor entre o valor contábil residual do bem arrendado e o seu preço de venda, quando do exercício da opção de compra.

(Fundamentação legal: arts. 173 e 174 da IN RFB n° 1.700/2017)

2.8.2. Arrendatária

2.8.2.1. Operações Sujeitas ao Tratamento Tributário da Lei n° 6.099/1974

Na apuração do lucro real da pessoa jurídica arrendatária:

I – poderão ser computadas as contraprestações pagas ou creditadas por força de contrato de arrendamento mercantil referentes a bens móveis ou imóveis intrinsecamente relacionados com a produção ou comercialização dos bens e serviços, inclusive as despesas financeiras nelas consideradas;

Controle por Subcontas -Adoção Inicial

> **Atenção:**
>
> Consideram-se contraprestações creditadas as contraprestações vencidas (art. 175, § 4º, da IN RFB nº 1.700/2017).

Entende-se por despesa financeira os juros computados no valor da contraprestação de arrendamento mercantil (art. 175, § 5º, da IN RFB nº 1.700/2017).

II – são indedutíveis as despesas financeiras incorridas pela arrendatária em contratos de arrendamento mercantil, inclusive os valores decorrentes do Ajuste a Valor Presente (AVP), de que trata o inciso III do *caput* do art. 184 da Lei nº 6.404/1976;

III – são vedadas as deduções de despesas de depreciação, amortização e exaustão geradas por bem objeto de arrendamento mercantil, na hipótese em que a arrendatária reconheça contabilmente o encargo, inclusive depois do prazo de encerramento do contrato;

IV – na hipótese tratada no item III, acima, deste subtópico, não comporá o custo de produção dos bens ou serviços os encargos de depreciação, amortização e exaustão, gerados por bem objeto de arrendamento mercantil.

a) Ajustes no e-Lalur:

A pessoa jurídica arrendatária que reconheça contabilmente o bem, em decorrência de o contrato de arrendamento prever a transferência substancial dos benefícios e riscos, e controle do bem arrendado (*leasing* financeiro), deverá proceder aos ajustes ao lucro líquido para fins de apuração do lucro real, no e-Lalur.

No caso previsto no item IV, acima, deste subtópico, a pessoa jurídica deverá proceder ao ajuste no lucro líquido para fins de apuração do lucro real, no período de apuração em que o encargo de depreciação, amortização ou exaustão for apropriado como custo de produção.

b) Contratos Não Tipificados:

O disposto também se aplica aos contratos não tipificados como arrendamento mercantil que contenham elementos contabilizados como arrendamento mercantil por força de normas contábeis e da legislação comercial.

No caso de inadimplemento da contraprestação, a dedutibilidade dos juros observará o disposto nos §§ 4º e 5º do art. 73 da IN RFB nº 1.700/2017.

c) Evidenciação em Subconta:

No caso de bem objeto de arrendamento mercantil não é necessária a evidenciação em subconta (art. 175, § 7º, da IN RFB nº 1.700/2017).

(Fundamentação legal: art. 175 da IN RFB nº 1.700/2017)

2.8.2.2. Operações não Sujeitas ao Tratamento Tributário da Lei nº 6.099/1974

a) Descaracterização da Operação de Arrendamento Mercantil:

a aquisição, pelo arrendatário, de bens arrendados em desacordo com as disposições contidas na Lei nº 6.099/1974, nas operações em que seja obrigatória a sua observância, será considerada operação de compra e venda a prestação.

O preço de compra e venda será o total das contraprestações pagas durante a vigência do arrendamento, acrescido da parcela paga a título de preço de aquisição.

As importâncias já deduzidas, como custo ou despesa operacional pela adquirente, acrescerão ao lucro tributável, no período de apuração correspondente à respectiva dedução. Os tributos incidentes e não recolhidos, serão devidos com acréscimos previstos na legislação vigente.

(Fundamentação legal: Art. 176 da IN RFB nº 1.700/2017)

2.8.2.3. Ganho de Capital (Arrendamento Mercantil)

A determinação do ganho ou perda de capital de bens ou direitos que tenham sido objeto de arrendamento mercantil terá por base o valor contábil do bem, assim entendido o que estiver registrado na escrituração do contribuinte, diminuído, se for o caso, da depreciação, amortização ou exaustão acumulada e das perdas estimadas no valor de ativos.

Isto também se aplica aos contratos não tipificados como arrendamento mercantil que contenham elementos contabilizados como arrendamento mercantil por força de normas contábeis e da legislação comercial.

> **Atenção:**
>
> O disposto neste subtópico não se aplica quando o valor contábil do bem já tiver sido computado na determinação do lucro real pela arrendatária, a título de contraprestação de arrendamento mercantil. Neste caso, o resultado tributável na alienação de bem ou direito corresponderá ao respectivo valor da alienação.

(Fundamentação legal: art. 177 da IN RFB nº 1.700/2017)

2.8.2.4. Contratos em Curso na Data da Adoção Inicial

Para os contratos de arrendamento mercantil em curso na data da adoção inicial, nos quais haja transferência substancial dos riscos e benefícios inerentes

Controle por Subcontas -Adoção Inicial 153

à propriedade do bem arrendado (*leasing* financeiro), não se aplica o controle por subcontas de que tratam os arts. 294 a 300 da IN RFB n° 1.700/2017, devendo, a partir da data da adoção inicial, ser observado o tratamento tributário previsto nesta Instrução Normativa (art. 303 da IN RFB n° 1.700/2017).

O disposto acima aplica-se, inclusive, aos contratos não tipificados como arrendamento mercantil que contenham elementos contabilizados como arrendamento mercantil por força de normas contábeis e da legislação comercial.

Conclusão:

Arrendatária: autorizada a dedução das contraprestações referentes a bens intrinsecamente relacionados com a produção ou comercialização de bens e serviços.

- Vedada a dedução da despesa de depreciação e amortização;
- Indedutibilidade das despesas financeiras e do Ajuste a Valor Presente (AVP) relacionados ao contrato; e
- Fazer ajustes no e-Lalur.

2.8.3. Exemplo Prático

Trata-se de um exemplo desenvolvido para a operação de *leasing* financeiro.

Premissas

- bens adquiridos:
  - valor pago (contraprestação)   250.672,00
  - depreciação do período   47.000,00
  - encargos financeiros a apropriar   64.300,00
- lucro líquido contábil   2.653.439,00

Demonstração do Lucro Real

Lucro Líquido antes do IRPJ	2.653.439,00
(+) Adições:	
Depreciação do período	47.000,00
Encargos Financeiros 64.300,00	111.300,00
(-) Exclusões:	
Contraprestações pagas	(250.672,00)
Lucro Real antes da Compensação de Prejuízos	2.514.067,00
(-) Compensação de Prejuízos Fiscais	0,00
Lucro Real	2.514.067,00

(Fundamentação legal: arts. 172 a 177 e 303 da IN RFB n° 1.700/2017)

2.9. Contratos de Concessão de Serviços Públicos

2.9.1. Na Data da Adoção Inicial

No caso de contrato de concessão de serviços públicos, o contribuinte deverá:

I – calcular o resultado tributável do contrato de concessão acumulado até a data da adoção inicial, considerando os métodos e critérios vigentes em 31.12.2007;

II – calcular o resultado tributável do contrato de concessão acumulado até a data da adoção inicial, considerando as disposições desta Instrução Normativa e da Lei n° 6.404/1976;

III – calcular a diferença entre os valores referidos nos números I e II acima; e

IV – adicionar, se negativa, ou excluir, se positiva, a diferença referida no número III, acima, na apuração do lucro real em quotas fixas mensais durante o prazo restante de vigência do contrato.

2.9.2. Na Pós-adoção

A partir da data da adoção inicial, o resultado tributável de todos os contratos de concessão de serviços públicos será determinado considerando-se as disposições da IN RFB n° 1.700/2017 e da Lei n° 6.404/1976.

A diferença determinada conforme o item III do subtópico 2.9.1, acima, deverá ser controlada na Parte "B" do e-Lalur.

A pessoa jurídica deverá conservar os documentos comprobatórios da diferença determinada conforme disposto no número III, acima, enquanto os períodos de apuração abrangidos pelo contrato estiverem sujeitos à verificação por parte da Receita Federal do Brasil.

2.9.3. Conclusão Final

Na data da adoção inicial da Lei n° 12.973/2014, as concessionárias de serviço público deverão calcular a diferença entre:

1) o resultado tributável acumulado até 31.12.2013, para os optantes, ou até 31.12.2014, para os não optantes, considerando os métodos e critérios vigentes em 31.12.2007; e

2) o resultado tributável acumulado até 31.12.2013, para os optantes, ou até 31.12.2014, para os não optantes, considerando as disposições das Leis n°s 12.973/2014 e 6.404/1976.

Havendo diferença apurada entre os dois resultados tributáveis, a adição ou exclusão na apuração do lucro real e da base de cálculo da CSL se dará em quotas fixas mensais durante o prazo restante da vigência do contrato de concessão.

A pessoa jurídica deverá fazer o controle apenas na Parte "B" do e-Lalur.

O resultado tributável dos contratos de concessão de serviços públicos será determinado considerando apenas as novas regras, aplicáveis a partir de 1°.01.2014, para os optantes, ou 1°.01.2015, para os não optantes.

2.9.4. Exemplo Prático

Com a finalidade de auxiliar no entendimento e na compreensão da complexidade do tema, que é a apuração da diferença do controle por subcontas na adoção inicial e da pós-adoção da Lei n° 12.973/2014, focamos nosso exemplo no caso apresentado pela Receita Federal do Brasil constante do Anexo III da IN RFB n° 1.700/2017 (arts. 299 a 301).

Nosso objetivo é apresentar de forma didática e prática o desenvolvimento deste caso.

Premissas:
- prazo do contrato: 30 anos, sendo 2 (dois) anos de construção e 28 (amos) de operação.
- custos de construção da infraestrutura = R$ 250,00/ano.
- custos de operação e manutenção da infraestrutura = R$ 10,00/ano.
- valor justo da contraprestação a receber:
  - **na fase de construção = R$ 275,00/ano;**
  - **na fase de operação = R$ 11,00/ano.**
- Indenização pela parte não depreciada da infraestrutura, prevista para o final do contrato (art. 36 da Lei n° 8.987, de 1995) = R$ 150,00.
- taxa interna de retorno = 7% ao ano.
- para simplificação do exemplo, não foram considerados tributos sobre receitas e outros custos ou despesas.

Solução:
1) Fluxo financeiro: custos, contraprestação a receber e recebimentos ao longo do contrato:

> **Atenção:**
>
> No recebimento do ano 30, está incluída a indenização pela parte não depreciada da infraestrutura.

2) Receitas financeiras geradas pelos ativos financeiros da fase de construção:

3) Apuração do resultado do contrato e do lucro real:

(Fundamentação legal: art. 305 da IN RFB n° 1.700/2017)

2.10. Demonstrativo das Diferenças na Adoção Inicial

A pessoa jurídica tributada pelo lucro real deverá apresentar o "Demonstrativo das Diferenças na Adoção Inicial". Este demonstrativo consta do Registro Y665 da Escrituração Contábil Fiscal (ECF).

Para cada conta que apresente diferença, a pessoa jurídica deverá informar o código da conta; a descrição da conta; o saldo da conta na ECD; o saldo da conta no FCont; o valor da diferença de saldos; e, no caso de elemento do ativo ou do passivo, se a diferença:

a) é controlada por subconta;

b) é controlada por subconta, que poderá ser a própria conta que já evidencia a diferença;

c) não é controlada por subconta, mas é controlada na Parte "B" do e-Lalur; ou

d) não é controlada por subconta porque não haverá ajustes decorrentes das diferenças na forma prevista nos arts. 294 a 299 da IN RFB n$^{\underline{o}}$ 1.700/2017, tais como nas participações em coligadas e controladas de que trata o art. 304 desta IN e nos contratos de concessão de serviços públicos de que trata o art. 305 também desta IN;

e) o código da subconta, nas hipóteses previstas nas letras "a" e "b" acima; e

f) a descrição da subconta.

2.10.1. Obrigação para Optantes em 2014

A pessoa jurídica que optou pela adoção antecipada do art. 75 da Lei n° 12.973/2014 poderá diferir a tributação das diferenças durante o ano-calendário de 2014 ou excluir as diferenças na forma prevista nos arts. 297 a 299

Controle por Subcontas -Adoção Inicial 157

da IN RFB nº 1.700/2017, durante o ano de 2014, mesmo não havendo o controle por subcontas, desde que o façam em 1º.01.2015.

Neste caso, a pessoa jurídica deverá apresentar o "Demonstrativo das Diferenças na Adoção Inicial" (Registro Y665 da ECF) verificadas em 1º.01.2014, nos termos do art. 306 da IN RFB nº 1.700/2017, assim como os demais contribuintes a partir de 1º.01.2015, informando se a diferença seria ou não controlada por subconta.

Estas pessoas jurídicas deverão ainda elaborar "Razão Auxiliar das Subcontas (RAS)", constante da ECD, que demonstre o detalhamento individualizado por ativo ou passivo, caso haja diferença em 1º.01.2014 entre a contabilidade societária e o FCont em conta que se refira a grupo de ativos ou passivos.

Caso a pessoa jurídica optante não tenha implementado o controle por subcontas em 1º.01.2015, deverá adicionar, na determinação do lucro real e na base de cálculo da CSL, as diferenças em 1º.01.2014, e não poderá excluir na determinação do lucro real e na base de cálculo da CSL tais diferenças.

O livro Z, relativo aos anos-calendários de 2014 e 2015, deve ser transmitido na Escrituração Contábil Digital (ECD) a ser entregue no ano de 2016.

2.10.2. Obrigatório a partir de 2015

A pessoa jurídica tributada pelo lucro real que adotar o controle por subcontas a partir de 1º.01.2015 deverá atender aos trâmites enunciados no subtópico 2.11.1 anterior.

É importante lembrar que o Razão Auxiliar das Subcontas está na ECD (livro Z, no formado RAS) a ser entregue em 2016, relativo ao ano-calendário de 2015.

Atenção:

1) O controle por subcontas é exigido para as empresas tributadas pelo lucro real (arts. 291 e 292 da IN RFB nº 1.700/2017).

2) Para as empresas tributadas pelo lucro presumido que mantêm escrituração comercial (contabilidade), é recomendável o uso de subcontas.

3) O efeito tributário das diferenças apuradas por subcontas (arts. 291 a 309 da IN RFB nº 1.700/2017) aplica-se também à Contribuição Social sobre o Lucro Líquido (art. 291 desta IN).

(Fundamentação legal: arts. 306 e 307 da IN RFB nº 1.700/2017)

2.11. Reserva de Reavaliação

Somente aos saldos remanescentes na contabilidade societária na data da adoção inicial aplica-se a legislação tributária sobre reservas de reavaliação até sua completa realização.

2.11.1. Controle na Parte "B" do e-Lalur

A diferença negativa verificada na data da adoção inicial entre a reserva de reavaliação na contabilidade societária e a reserva de reavaliação no FCont deverá ser controlada na Parte "B" do e-Lalur.

Caso a reserva de reavaliação tenha sido constituída em contrapartida a aumento do investimento em coligada ou controlada, em virtude de reavaliação de bens do ativo da investida, a diferença controlada no e-Lalur:

a) será baixada à medida que os bens reavaliados da investida se realizarem por depreciação, amortização, exaustão, alienação ou baixa, e não será computada na determinação do lucro real;

b) deverá ser computada na determinação do lucro real do período de apuração em que o contribuinte alienar ou liquidar o investimento, ou em que utilizar a reserva de reavaliação para aumento do seu capital social.

(Fundamentação legal: arts. 308 e 309 da IN RFB n° 1.700/2017)

3

Controle por Subcontas – Pós-adoção

3.1. Controle por Subcontas

As subcontas de que trata este capítulo serão analíticas e registrarão os lançamentos contábeis em último nível.

A soma do saldo da subconta com o saldo da conta do ativo ou passivo a que a subconta está vinculada resultará no valor do ativo ou passivo mensurado de acordo com as disposições da Lei nº 6.404/1976.

No caso de ativos ou passivos representados por mais de uma conta, tais como bens depreciáveis, o controle deverá ser feito com a utilização de uma subconta para cada conta.

No caso de conta que se refira a grupo de ativos ou passivos, de acordo com a natureza desses, a subconta poderá se referir ao mesmo grupo de ativos ou passivos, desde que haja livro Razão Auxiliar que demonstre o detalhamento individualizado por ativo ou passivo.

Nos casos de subcontas vinculadas à participação societária ou a valor mobiliário a que se referem os arts. 110 a 117 da IN RFB nº 1.700/2017, que devam discriminar ativos ou passivos da investida ou da emitente do valor mobiliário, poderá ser utilizada subconta única para cada participação societária ou valor mobiliário, desde que haja livro Razão Auxiliar que demonstre o detalhamento individualizado por ativo ou passivo da investida ou da emitente do valor mobiliário.

Cada subconta deve se referir a apenas uma conta de ativo ou passivo, e cada conta de ativo ou passivo deverá se referir a mais de uma subconta, caso haja fundamentos distintos para sua utilização.

> **Atenção:**
>
> O controle por meio de subcontas dispensa o controle dos mesmos valores na Parte "B" do e-Lalur.

(Fundamentação legal: art. 89 da IN RFB nº 1.700/2017)

3.2. Ajuste a Valor Presente (AVP)

Os critérios de avaliação dos elementos do ativo e do passivo estão determinados nos arts. 183 e 184 da Lei nº 6.404/1976 (Lei das S.A.).

Os elementos do ativo decorrentes de operações de longo prazo (Ativo Não Circulante) serão Ajustados a Valor Presente (AVP). Já os elementos do ativo decorrentes de operações de curto prazo (Ativo Circulante) somente serão ajustados a valor presente quando houver efeito relevante determinado pela administração (art. 184, inciso VIII, da Lei nº 6.404/1976).

3.2.1. AVP de Ativo

Os valores decorrentes do AVP, de elementos do ativo decorrentes de operações de longo prazo, relativos a cada operação, somente serão considerados na determinação do lucro real no mesmo período de apuração em que a receita ou resultado da operação deva ser oferecido à tributação. Assim, os valores decorrentes do AVP somente serão oferecidos à tributação no mesmo período de apuração em que a receita ou resultado correspondente também for oferecido à tributação.

3.2.1.1.Vendas a Prazo

Na venda a prazo sujeita ao AVP, os valores decorrentes do AVP serão registrados a crédito em conta de Juros a Apropriar ou equivalente.

Caso esta receita da venda deva ser classificada como receita bruta, os valores decorrentes do AVP deverão ser registrados a débito em conta de dedução da receita bruta, em contrapartida à conta de Juros a Apropriar ou equivalente.

Controle por Subcontas – Pós-adoção

Exemplo:

03.04.2015 –Venda, a prazo, de mercadorias no valor de R$ 100.000,00.

Como a venda é parcelada, há a incidência de juros no valor de R$ 12.000,00 a ser reconhecido como "Receita Financeira" pelo regime de competência.

a) Pela venda das mercadorias:

SP 03.04.2015

D – Clientes (AC)	100.000,00
C –Vendas Brutas (Resultado)	100.000,00

b) Pelo registro do AVP:

SP 03.04.2015

D – AVP s/ Receita Bruta (Resultado)	12.000,00
C – Juros a Apropriar (AC)	12.000,00

Assim, temos na Demonstração do Resultado do Exercício (DRE):

DRE

Receita Bruta de Vendas	100.000,00
(-) AVP sobre Receita Bruta	(12.000,00)
(-) Impostos sobre Vendas	($$$)
= Receita Líquida de Vendas	88.000,00

Os valores apropriados como receita, a partir da conta de Juros a Apropriar ou equivalente, poderão ser excluídos do lucro líquido na determinação do lucro real nos períodos de apuração relativos às apropriações.

Parte "B" – e-Lalur

Data	Histórico	Valor R$	Débito-Crédito	Saldo Devedor/Credor
03.04.2015	AVP de Juros a Apropriar de Ativo a ser excluído na sua realização (art. 91, § 4º, da IN nº 1.700/2017)	12.000,00	Débito	12.000,00 D

Apropriação dos Juros:

A seguir, o lançamento contábil correspondente:

c) Apropriação mensal dos juros:

SP XX.XX.2015

D – Juros a Apropriar (AC)   12.000,00

C – Receita Financeira (Resultado)   12.000,00

Assim, temos no e-Lalur:

Demonstração do Lucro Real
2015

Lucro Líquido do Exercício antes do IRPJ	12.000,00
(+) Adições:	0,00
(-) Exclusões:	
Receita Financeira	(12.000,00)
Lucro Real	0,00

Parte "B" – e-Lalur

Data	Histórico	Valor R$	Débito-Crédito	Saldo Devedor/Credor
03.04.2015	AVP de Juros a Apropriar de Ativo a ser excluído na sua realização (art. 91, § 4º, da IN nº 1.700/2017)	12.000,00	Débito	12.000,00 D
31.12.2015	Baixa pelo aproveitamento	12.000,00	Crédito	0,00 D

3.2.1.2.Demais Operações

Nas demais operações sujeitas ao AVP (operações de curto prazo), os valores decorrentes do AVP também serão registrados a crédito em conta de Juros a Apropriar ou equivalente.

Os valores apropriados como receita a partir da conta de Juros a Apropriar ou equivalente mencionados acima poderão ser excluídos do lucro líquido na determinação do lucro real nos períodos de apuração relativos às apropriações.

Os valores decorrentes do AVP serão adicionados ao lucro líquido na determinação do lucro real no período de apuração em que a receita ou resultado relacionado à operação deva ser oferecido à tributação.

As adições e exclusões enunciadas serão controladas na Parte "B" do e-Lalur.

Controle por Subcontas – Pós-adoção **163**

> **Atenção:**
>
> Caso o AVP esteja relacionado a:
>
> I – outro ativo, a adição será feita à medida que esse ativo for realizado, inclusive mediante depreciação, amortização, exaustão, alienação ou baixa;
>
> II – uma despesa, a adição será feita no período de apuração em que a despesa for incorrida; ou
>
> III – um custo de produção de bens ou serviços, a adição será feita no período de apuração em que o custo for incorrido.

3.2.1.3.Exemplo Prático

Com a finalidade de auxiliar o leitor no entendimento e na compreensão de um tema complexo, que é a apuração da diferença do controle por subcontas na adoção inicial e na pós-adoção da Lei nº 12.973/2014, apresentamos nosso exemplo focado no caso nº 03 do Anexo VI da IN RFB nº 1.700/2017, arts. 90, 91 e 92 – AVP de Ativo.

Nosso objetivo é demonstrar de forma didática, objetiva e prática, por meio de lançamentos contábeis e razonetes, o desenvolvimento desse caso. Alguns enunciados foram alterados para auxiliar na compreensão do tema.

Premissas:

- 02.01.2015 = Venda de mercadoria, a prazo, pelo valor de R$ 120.000,00
- 30.06.2016 = Data do recebimento dessa venda;
- o Valor Presente (VP) da venda é de R$ 100.000,00;
- o Ajuste a Valor Presente (AVP) da venda corresponde aos juros a apropriar nos anos de 2015 (R$ 13.000,00) e 2016 (R$ 7.000,00).

Dados complementares:

- o Custo da Mercadoria Vendida (CMV) é no valor de R$ 70.000,00;
- a pessoa jurídica é tributada pelo Lucro Real Anual.

Ano de 2015

Lançamentos contábeis:

1) Pela venda das mercadorias

<u>SP 02.01.2015</u>

D – Clientes (AC)		120.000,00
C – Vendas Brutas (Resultado)		120.000,00

2) Pelo AVP sobre a receita de vendas

SP 02.01.2015

D – AVP s/ Receita Bruta (Resultado)	20.000,00
C – Juros a Apropriar (Redutora de Clientes)	20.000,00

(Fundamentação legal: art. 91, § 1º, da IN RFB nº 1.700/2017)

3) Pela baixa das mercadorias do estoque

SP 02.01.2015

D – Custo das Mercadorias Vendidas (Resultado)	70.000,00
C – Estoques de Mercadorias (AC)	70.000,00

Parte "B" – e-Lalur

Data	Histórico	Valor R$	Débito-Crédito	Saldo Devedor/ Credor
02.01.2015	AVP de Juros a Apropriar de Ativo a ser excluído na sua realização (art. 91, § 4º, da IN nº 1.700/2017)	20.000,00	Débito	20.000,00 D

4) Apropriação da receita financeira

SP 31.12.2015

D – Juros a Apropriar (AC)	13.000,00
C – Receitas Financeiras (Resultado)	13.000,00

Demonstração do Resultado do Exercício (DRE)
31.12.2015

Receita Bruta de Vendas	120.000,00
(-) AVP s/ Receita Bruta	(20.000,00)
(=) Receita Líquida	100.000,00
(-) CMV	(70.000,00)
(=) Lucro Bruto	30.000,00
(+) Receita financeira	13.000,00
(=) Lucro Líquido antes do IRPJ	43.000,00

Nesse caso, temos no e-Lalur:

Demonstração do Lucro Real
31.12.2015

Lucro líquido antes do IRPJ	43.000,00
(+) Adições:	
AVP s/ Receitas Brutas	20.000,00 *
(-) Exclusões:	
Apropriação de Receita Financeira	(13.000,00) **
(=) Lucro Real antes da comp. prejuízo	50.000,00
(-) Compensação de prejuízos fiscais	0,00
(=) Lucro Real	50.000,00

(*) Os valores decorrentes do AVP serão adicionados ao lucro líquido na determinação do lucro real no período de apuração em que a receita ou resultado da venda deva ser oferecido à tributação (art. 91, § 3º, e art. 92, § 1º, da IN RFB nº 1.700/2017).
(**) Os valores apropriados como receita a partir da conta de Juros a Apropriar ou equivalente poderão ser excluídos do lucro líquido na determinação do lucro real nos períodos de apuração relativos às apropriações (art. 91, § 2º, e art. 92, § 1º, da IN RFB nº 1.700/2017)

Parte "B" — e-Lalur

Data	Histórico	Valor R$	Débito-Crédito	Saldo Devedor/Credor
02.01.2015	AVP de Juros a Apropriar de Ativo (art. 91, § 4º, da IN nº 1.700/2017)	20.000,00	Débito	20.000,00 D
31.12.2015	Baixa parcial pela realização do AVP de Juros a Apropriar de Ativo (art. 91, § 2º, da IN nº 1.700/2017)	13.000,00	Crédito	7.000,00 D

Razonetes:

Cliantes (AC)		Vendas Brutas	
(1) 120.000,00			120.000,00 (1)

AVP – Receita Bruta		CVM (Resultado)	
(2) 20.000,00		(3) 70.000,00	

Estoques (AC)		Juros a Apropriar (AC)	
Si XXXX	70.000,00 (3)		20.000,00 (2)
		(4) 13.000,00	
			7.000,00 SF

Receitas Financeiras (Resultado)	
	13.000,00 (4)

Ano de 2016

Lançamentos contábeis:

5) Pelo recebimento da duplicata:

SP 30.06.2016

D – Bancos conta Movimento (AC)	120.000,00
C – Clientes (AC)	120.000,00

6) Pela apropriação de receita financeira de 2016:

SP 31.12.2016

D – Juros a Apropriar (AC)	7.000,00
C – Receitas Financeiras (Resultado)	7.000,00

Nesse caso, temos no e-Lalur:

Demonstração do Lucro Real
31.12.2016

Lucro líquido antes do IRPJ	7.000,00
(+) Adições: 0,00	
(-) Exclusões:	
Apropriação de Receita Financeira	(7.000,00) *
(=) Lucro Real antes da comp. prejuízo	(7.000,00)
(-) Compensação de prejuízos fiscais	0,00
(=) Lucro Real	0,00

(*) Os valores apropriados como receita a partir da conta de Juros a Apropriar ou equivalente poderão ser excluídos do lucro líquido na determinação do lucro real nos períodos de apuração relativos às apropriações (art. 91, § 2º, e art. 92, § 1º, da IN RFB nº 1.700/2017)

Controle por Subcontas – Pós-adoção

.167.

Parte "B" – e-Lalur

Data	Histórico	Valor R$	Débito-Crédito	Saldo Devedor/Credor
02.01.2015	AVP de Juros a Apropriar de Ativo (art. 91, § 4º, da IN nº 1.700/2017)	20.000,00	Débito	20.000,00 D
31.12.2015	Baixa parcial pela realização do AVP de Juros a Apropriar de Ativo (art. 91, § 2º, da IN nº 1.700/2017)	13.000,00	Crédito	7.000,00 D
31.12.2016	Baixa total pela realização do AVP de Juros a Apropriar de Ativo (art. 91, § 2º, da IN nº 1.700/2017)	7.000,00	Crédito	0,00 D

Razonetes:

Clientes (AC)

(3) 70.000,00	120.000,00 (5)

Bancos (AC)

(5) 120.000,00	

Juros a Apropriar (AC)

(4) 13.000,00	20.000,00 (2)
(6) 7.000,00	7.000,00 SF

Receitas Financeiras (Resultado)

	7.000,00 (6)

(Fundamentação legal: arts. 90, 91 e 92 da IN RFB nº 1.700/2017)

3.2.2. AVP de Passivo

3.2.2.1. AVP na Determinação do Lucro Real

Os valores decorrentes do AVP, de elementos do passivo não circulante, relativos a cada operação, somente serão considerados na determinação do lucro real no período de apuração em que:

I – o bem for revendido, no caso de aquisição, a prazo, de bem para revenda;

II – o bem for utilizado como insumo na produção de bens ou serviços, no caso de aquisição, a prazo, de bem a ser utilizado como insumo na produção de bens ou serviços;

III – o ativo for realizado, inclusive mediante depreciação, amortização, exaustão, alienação ou baixa, no caso de aquisição a prazo de ativo não utilizado para revenda ou utilizado como insumo na produção ou na prestação de serviços;

IV – a despesa for incorrida, no caso de aquisição, a prazo, de bem ou serviço contabilizado diretamente como despesa; e

V - o custo for incorrido, no caso de aquisição, a prazo, de bem ou serviço contabilizado diretamente como custo de produção de bens ou serviços.

3.2.2.2.Situações em que o AVP não é Considerado na Determinação do Lucro Real

Os valores decorrentes de AVP do passivo não circulante não poderão ser considerados na determinação do lucro real:

I – na hipótese prevista no número III do subtópico 3.2.2.1, caso o valor realizado, inclusive mediante depreciação, amortização, exaustão, alienação ou baixa, não seja dedutível;

II – na hipótese prevista no inúmero IV do subtópico 3.2.2.1, caso a despesa não seja dedutível; e

III – nas hipóteses previstas nos números I, II e III do subtópico 3.2.2.1, caso os valores decorrentes do AVP não tenham sido evidenciados contabilmente.

3.2.2.3.Controle em Subcontas

Na aquisição a prazo sujeita ao AVP, os valores decorrentes do AVP serão registrados a débito em conta de juros a apropriar ou equivalente.

Nas hipóteses I, II e III do subtópico 3.2.2.1, os valores decorrentes do AVP do passivo não circulante deverão ser evidenciados contabilmente em subconta vinculada ao ativo. Nesse caso, os valores decorrentes do AVP serão registrados a crédito na subconta vinculada ao ativo, em contrapartida à conta de juros a apropriar ou equivalente

Os valores apropriados como despesa a partir da conta de juros a apropriar ou equivalente serão adicionados ao lucro líquido na determinação do lucro real nos períodos de apuração relativos às apropriações.

3.2.2.4.Baixa da Subconta

3.2.2.4.1.Bens Revendidos

Na hipótese de aquisição de bem adquirido a prazo, para revenda, o valor evidenciado na subconta vinculada ao ativo será baixado no período de apuração em que o bem for revendido.

Controle por Subcontas – Pós-adoção

Atenção:

Caso os valores decorrentes do AVP não tenham sido evidenciados em subconta, não poderão ser considerados na determinação do lucro real.

3.2.2.4.2. Bens Utilizados como Insumo na Produção de Bens ou Serviços

No caso de bem a ser utilizado como insumo na produção de bens ou serviços, o valor evidenciado na subconta vinculado ao ativo será baixado no período de apuração em que o bem for utilizado como insumo na produção de bens ou serviços.

Na determinação do período de apuração em que o bem foi revendido ou utilizado como insumo na produção de bens ou serviços, caso não haja controle individual das unidades em estoque, poderá ser utilizado o método contábil denominado Primeiro que Entra, Primeiro que Sai (Peps), independentemente de haver ou não registro permanente de estoque ou de o registro permanente ser feito com base no custo médio.

O valor da subconta baixado poderá ser excluído do lucro líquido na determinação do lucro real no período de apuração relativo à baixa.

Atenção:

Caso os valores decorrentes do AVP não tenham sido evidenciados em subconta, não poderão ser considerados na determinação do lucro real.

3.2.2.4.3 Demais Casos

Nos casos em que o bem adquirido não for utilizado para revenda ou utilizado como insumo de produção de bens e na prestação de serviços, o valor evidenciado na subconta vinculado ao ativo será baixado à medida que o ativo for realizado, inclusive mediante depreciação, amortização, exaustão, alienação ou baixa.

No caso de ativo depreciável, amortizável ou exaurível, em que o controle é feito com a utilização de uma subconta para cada conta, a baixa relativa à depreciação, amortização ou exaustão será feita por meio de registro a débito na subconta vinculada à conta de depreciação acumulada, amortização acumulada ou exaustão acumulada.

Caso o valor realizado do ativo seja dedutível, o valor da subconta baixado poderá ser excluído do lucro líquido na determinação do lucro real no período de apuração relativo à baixa. Porém, caso seja indedutível, o valor da subconta baixado não poderá ser excluído do lucro líquido na determinação do lucro real.

Assim, os valores decorrentes de AVP tratados neste subtópico não poderão ser considerados na determinação do lucro real, caso o valor realizado, inclusive mediante depreciação, amortização, exaustão, alienação ou baixa não seja dedutível.

> **Atenção:**
>
> Caso os valores decorrentes do AVP não tenham sido evidenciados em subconta, não poderão ser considerados na determinação do lucro real.

3.2.2.4.4. Bem ou Serviço Contabilizado Diretamente em Despesa

Na hipótese de bens ou serviços serem contabilizados diretamente em despesas, caso a despesa seja dedutível, os valores decorrentes do AVP poderão ser excluídos do lucro líquido na determinação do lucro real no período de apuração em que a despesa for incorrida. Porém, caso a despesa seja indedutível, os valores decorrentes do ajuste a valor presente de que trata o *caput* deste artigo não poderão ser excluídos do lucro líquido na determinação do lucro real.

Assim, os valores decorrentes de AVP tratados neste subtópico não poderão ser considerados na determinação do lucro real, caso a despesa não seja dedutível.

> **Atenção:**
>
> Controlar as adições e exclusões na Parte "B" do e-Lalur.

3.2.2.4.5. Bem ou Serviço Contabilizado Diretamente em Custo de Produção de Bens ou Serviços

Nos casos de aquisição a prazo, de bem ou serviço contabilizado diretamente como custo de produção de bens ou serviços, os valores decorrentes do AVP poderão ser excluídos do lucro líquido na determinação do lucro real no período de apuração em que o custo for incorrido.

> **Atenção:**
>
> Controlar as exclusões na Parte "B" do e-Lalur.

3.2.2.5. Demais Operações Sujeitas ao AVP de Elementos do Passivo Não Circulante

Nas demais operações sujeitas ao AVP de elementos do passivo não circulante, os valores decorrentes do AVP também serão registrados a débito em conta de juros a apropriar ou equivalente.

Os valores apropriados como despesa a partir da conta de juros a apropriar ou equivalente serão adicionados ao lucro líquido na determinação do lucro real nos períodos de apuração relativos às apropriações.

Caso o AVP esteja relacionado a um ativo, os valores decorrentes do AVP serão registrados a crédito em subconta vinculada ao ativo, em contrapartida à conta de juros a apropriar ou equivalente mencionada no *caput*. Nesse caso, o valor evidenciado na subconta será baixado à medida que o ativo for realizado, inclusive mediante depreciação, amortização, exaustão, alienação ou baixa.

3.2.2.5.1 Ativo Depreciável, Amortizável ou Exaurível

No caso de ativo depreciável, amortizável ou exaurível, em que o controle é feito com a utilização de uma subconta para cada conta, a baixa relativa à depreciação, amortização ou exaustão será feita na subconta vinculada à conta de depreciação acumulada, amortização acumulada ou exaustão acumulada.

Caso o valor realizado do ativo seja dedutível, o valor da subconta baixado poderá ser excluído do lucro líquido na determinação do lucro real no período de apuração relativo à baixa. Porém, caso o valor realizado do ativo seja indedutível, o valor da subconta baixado não poderá ser excluído do lucro líquido na determinação do lucro real.

3.2.2.5.2. AVP Relacionado à Despesa Dedutível

Caso o AVP esteja relacionado a uma despesa dedutível, os valores decorrentes do AVP poderão ser excluídos do lucro líquido na determinação do lucro real no período de apuração em que a despesa for incorrida. Porém, caso o AVP esteja relacionado a uma despesa indedutível, os valores decorrentes do AVP não poderão ser excluídos do lucro líquido na determinação do lucro real.

> **Atenção:**
>
> Controlar as adições e exclusões na Parte "B" do e-Lalur.

3.2.2.5.3. AVP Relacionado ao Custo de Produção de Bens ou Serviços

Caso o AVP esteja relacionado a um custo de produção de bens ou serviços, os valores decorrentes do AVP poderão ser excluídos do lucro líquido na determinação do lucro real no período de apuração em que o custo for incorrido.

> **Atenção:**
>
> Controlar as exclusões na Parte "B" do e-Lalur.

3.2.2.5.4. Variação Cambial – Juros a Apropriar

As variações monetárias, ativas ou passivas, em razão da taxa de câmbio referentes aos saldos de Juros a Apropriar decorrentes de AVP não serão computadas na determinação do lucro real.

3.2.2.6. Exemplo Prático

Com a finalidade de auxiliar o leitor no entendimento e na compreensão de um tema complexo, que é a apuração da diferença do controle por subcontas na adoção inicial e na pós-adoção da Lei nº 12.973/2014, apresentamos nosso exemplo focado no caso nº 04, do Anexo V da IN RFB nº 1.700/2017, arts. 93 e 94 – AVP de Passivo.

Nosso objetivo é demonstrar de forma didática, objetiva e prática, por meio de lançamentos contábeis e razonetes, o desenvolvimento deste caso. Alguns enunciados foram alterados para auxiliar na compreensão do tema.

O exemplo será apresentado em duas partes. A primeira refere-se ao AVP relacionado a uma despesa de depreciação dedutível, e a outra ao AVP de uma despesa depreciação não dedutível.

3.2.2.6.1. AVP Depreciação Dedutível

Ajuste a Valor Presente (AVP) relacionado a uma depreciação dedutível.

Premissas:

- 02.01.2015 = Aquisição, a prazo, de equipamento pelo valor de R$ 120.000,00;
- 30.06.2016 = Data para pagamento;
- Valor Presente (VP) = R$ 100.000,00;
- 02.01.2018 = Alienação do equipamento por R$ 90.000,00.

Dados complementares:

O valor presente (VP) corresponde ao valor do equipamento adquirido à vista, por R$ 100.000,00. Assim, o Ajuste a Valor Presente (AVP) será de R$ 20.000,00, que corresponde ao valor do equipamento adquirido a prazo menos o valor de aquisição à vista.

Controle por Subcontas – Pós-adoção

- AVP = Corresponde ao valor dos Juros a Apropriar de R$ 20.000,00, em decorrência do AVP nos anos de 2015 (R$ 13.000,00) e 2016 (R$ 7.000,00);
- taxa de depreciação do equipamento = 10% ao ano; não há valor residual;
- os valores realizados por depreciação e alienação são dedutíveis;
- a pessoa jurídica é tributada pelo Lucro Real Anual.

Ano de 2015

Lançamentos contábeis:

1) Pela aquisição do equipamento:

SP 02.01.2015

D – Equipamentos (AÑC – Imobilizado)	120.000,00
C – Fornecedores (PC)	120.000,00

2) Pelo registro do AVP:

SP. 02.01.2015

D – Juros a Apropriar (Red. Fornecedores)	20.000,00
C – Equipamentos – subconta cf. Lei nº 12.973/2014	20.000,00

(Fundamentação legal: art. 93, § 1º e *caput* do art. 94 da IN RFB nº 1.700/2017)

3) Apropriação da despesa financeira em 2015:

SP 31.12.2015

D – Despesa Financeira (Resultado)	13.000,00
C – Juros a Apropriar (Red. Fornecedores)	13.000,00

4) Pela depreciação anual em 2015:

- Societária = R$ 10.000,00

[R$ 100.000,00 x 10%]

– Fiscal = R$ 12.000,00

[R$ 120.000,00 x 10%]

– Diferença = – R$ 2.000,00 (negativa)

[R$ 10.000,00 – R$ 12.000,00]

SP 31.12.2015

D – Depreciação (Resultado)   10.000,00

D – Dep. Acum. Equip. Subconta cf. Lei nº 12.973/2014   2.000,00

C – Dep. Acum. Equipamentos (AÑC)   12.000,00

(Fundamentação legal: art. 94, §§ 7º e 8º, da IN RFB nº 1.700/2017)

Assim, temos, no e-Lalur:

Demonstração do Lucro Real
2015

Lucro líquido antes do IRPJ	(23.000,00)
(+) Adições:	
Despesa Financeira (Art. 38, § 2º da IN).	13.000,00 *
(-) Exclusões:	
Art. 94, § 9º da IN nº 1.700/2017	(2.000,00) **
(=) Lucro Real antes da comp. prejuízo	(12.000,00)
(-) Compensação de prejuízos fiscais	0,00
(=) Lucro Real	(12.000,00)

(*) Os valores apropriados como despesa a partir da conta de juros a apropriar ou equivalente serão adicionados ao lucro líquido na determinação do lucro real nos períodos de apuração relativos às apropriações (art. 94, § 2º, da IN RFB nº 1.700/2017).

(**) Como o valor realizado do ativo por meio da depreciação é dedutível, o valor da subconta baixado conforme o § 7º do art. 94 da IN RFB nº 1.700/2017 poderá ser excluído do lucro líquido na determinação do lucro real no período de apuração relativo à baixa (Art. 94, § 9º da IN RFB nº 1.700/2017).

Parte "B" – e-Lalur

Data	Histórico	Valor R$	Débito-Crédito	Saldo Devedor/Credor
02.01.2015	AVP de Juros a Apropriar de Passivo (art. 94, § 14º, da IN nº 1.700/2017)	20.000,00	Débito	20.000,00 D
31.12.2015	Baixa parcial pela realização do AVP de Juros a Apropriar de Passivo (art. 94, § 9º, da IN nº 1.700/2017)	2.000,00	Crédito	18.000,00 D

Razonetes:

Equipamento

120.000,00 (1)	

Fornecedores

	120.000,00 (1)

Juros a apropriar

20.000,00 (2)	
	13.000,00 (3)
7.000,00 SF	

Equipamentos Subconta

	20.000,00 (2)

Despesas financeiras

13.000,00 (3)	

Depreciação

10.000,00 (4)	

Dep. Acum. Equipamentos

	12.000,00 (4)

Dep. Acum. Equip. Subconta

2.000,00 (4)	

Ano de 2016
Lançamentos contábeis:
5) Pelo pagamento do equipamento:
SP 30.06.2016

D – Fornecedores (PC)	120.000,00
C – Bancos conta Movimento (AC)	120.000,00

6) Pela apropriação da despesa financeira:
SP 31.12.2016

D – Despesa Financeira (Resultado)	7.000,00
C – Juros a Apropriar (Red. Fornecedores)	7.000,00

7) Pela depreciação anual em 2016:
SP 31.12.2016

D – Depreciação (Resultado)	10.000,00
D – Dep. Acum. Equip. Subconta cf. Lei nº 12.973/2014	2.000,00

C – Dep. Acum. Equipamentos (AÑC)   12.000,00

(Fundamentação legal: art. 94, §§ 7º e 8º, da IN RFB nº 1.700/2017)

Nesse caso, temos, no e-Lalur:

Demonstração do Lucro Real
2016

Lucro líquido antes do IRPJ	17.000,00)
(+) Adições:	
Despesa Financeira (art. 94, § 2º, da IN nº 1.700/2017)	7.000,00 *
(-) Exclusões:	
Art. 94, § 9º, da IN nº 1.700/2017	(2.000,00) **
(=) Lucro Real antes da comp. prejuízo	(12.000,00)
(-) Compensação de prejuízos fiscais	0,00
(=) Lucro Real	(12.000,00)

(*) Os valores apropriados como despesa a partir da conta de juros a apropriar ou equivalente serão adicionados ao lucro líquido na determinação do lucro real nos períodos de apuração relativos às apropriações (art. 94, § 2º, da IN RFB nº 1.700/2017).

(**) Como o valor realizado do ativo por meio da depreciação é dedutível, o valor da subconta baixado conforme o § 7º do art. 94 da IN RFB nº 1.700/2017 poderá ser excluído do lucro líquido na determinação do lucro real no período de apuração relativo à baixa (art. 94, § 9º, da IN RFB nº 1.700/2017).

Parte "B" – e-Lalur

Data	Histórico	Valor R$	Débito-Crédito	Saldo Devedor/Credor
02.01.2015	AVP de Juros a Apropriar de Passivo (art. 94, § 14, da IN nº 1.700/2017)	20.000,00	Débito	20.000,00 D
31.12.2015	Baixa parcial pela realização do AVP de Juros a Apropriar de Passivo (art. 94, § 9º, da IN nº 1.700/2017)	2.000,00	Crédito	18.000,00 D
31.12.2016	Baixa parcial pela realização do AVP de Juros a Apropriar de Passivo (art. 95, § 9º, da IN nº 1.700/2017)	2.000,00	Crédito	16.000,00 D

Ano de 2017
Lançamentos contábeis:
8) Pela depreciação anual, em 2017:
SP 31.12.2017

D – Depreciação (Resultado)	10.000,00
D – Dep. Acum. Equip. Subconta cf. Lei nº 12.973/2014	2.000,00
C – Dep. Acum. Equipamentos (AÑC)	12.000,00

Nesse caso, temos, no e-Lalur:

Demonstração do Lucro Real
2017

Lucro líquido antes do IRPJ	(10.000,00)
(+) Adições:	0,00
(-) Exclusões:	
Art. 94, § 9º, da IN nº 1.700/2017	(2.000,00) *
(=) Lucro Real antes da comp. prejuízo	(12.000,00)
(-) Compensação de prejuízos fiscais	0,00
(=) Lucro Real	(12.000,00)

(*) Como o valor realizado do ativo por meio da depreciação é dedutível, o valor da subconta baixado conforme o § 7º do art. 94 da IN RFB nº 1.700/2017 poderá ser excluído do lucro líquido na determinação do lucro real no período de apuração relativo à baixa (art. 94, § 9º, da IN RFB nº 1.700/2017).

Parte "B" – e-Lalur

Data	Histórico	Valor R$	Débito-Crédito	Saldo Devedor/Credor
02.01.2015	AVP de Juros a Apropriar de Passivo (art. 94, § 14, da IN nº 1.700/2017)	20.000,00	Débito	20.000,00 D
31.12.2015	Baixa parcial pela realização do AVP de Juros a Apropriar de Passivo (art. 94, § 9º, da IN nº 1.700/2017)	2.000,00	Crédito	18.000,00 D
31.12.2016	Baixa parcial pela realização do AVP de Juros a Apropriar de Passivo (art. 94, § 9º, da IN nº 1.700/2017)	2.000,00	Crédito	16.000,00 D
31.12.2017	Baixa parcial pela realização do AVP de Juros a Apropriar de Passivo (art. 94, § 9º, da IN nº 1.700/2017)	2.000,00	Crédito	14.000,00 D

Ano de 2018

Lançamentos contábeis:

9) Pela venda à vista do equipamento em 2018:

SP 02.01.2018

D – Bancos conta Movimento (AC)	90.000,00
C – Receita na Venda do Equipamento (Resultado)	90.000,00

10) Baixa do equipamento pelo custo vendido:

SP 02.01.2018

D – Custo do Equipamento Vendido (Resultado)	70.000,00
D – Equipamento Subconta cf. Lei nº 12.973/2014 (AÑC – Imobilizado)	20.000,00
D – Dep. Acum. Equipamento (AÑC – Imobilizado)	36.000,00
C – Dep. Acum. Equipamento – Subconta cf. Lei nº 12.973/2014 (AÑC)	6.000,00
C – Equipamentos (AÑC – Imobilizado)	120.000,00

Nesse caso, temos, no e-Lalur:

Demonstração do Lucro Real
2018

Lucro líquido antes do IRPJ	20.000,00
(+) Adições:	0,00
(-) Exclusões:	
Art. 94, § 9º, da IN nº 1.700/2017	(14.000,00) *
(=) Lucro Real antes da comp. prejuízo	6.000,00
(-) Compensação de prejuízos fiscais	0,00
(=) Lucro Real	6.000,00

(*) O valor excluído de R$ 14.000,00 corresponde ao saldo de Juros a Apropriar no valor de R$ 20.000,00, registrado em 2015 e controlado na subconta.

Como o valor realizado do ativo por meio da depreciação é dedutível, o valor da subconta baixado conforme o § 7º do art. 94 da IN RFB nº 1.700/2017

Controle por Subcontas – Pós-adoção

poderá ser excluído do lucro líquido na determinação do lucro real no período de apuração relativo à baixa (art. 94, § 9º, da IN RFB nº 1.700/2017).

Assim, temos:

Valor aquisição à vista (societária) – Valor aquisição a prazo (fiscal) = Ajuste a Valor Presente

[(R$ 100.000,00 – R$ 120.000,00) = R$ 20.000,00]

Composição:

- 2015 = R$ 2.000,00
- 2016 = R$ 2.000,00
- 2017 = R$ 2.000,00
- 2018 = R$ 14.000,00
  Total = R$ 20.000,00

Por ocasião da alienação do equipamento, todo o ajuste por subconta apurado na data do reconhecimento inicial do bem na contabilidade deve ser baixado.

Parte "B" – e-Lalur

Data	Histórico	Valor R$	Débito-Crédito	Saldo Devedor/Credor
02.01.2015	AVP de Juros a Apropriar de Passivo (art. 94, § 14, da IN nº 1.700/2017)	20.000,00	Débito	20.000,00 D
31.12.2015	Baixa parcial pela realização do AVP de Juros a Apropriar de Passivo (art. 94, § 9º, da IN nº 1.700/2017)	2.000,00	Crédito	18.000,00 D
31.12.2016	Baixa parcial pela realização do AVP de Juros a Apropriar de Passivo (art. 94, § 9º, da IN nº 1.700/2017)	2.000,00	Crédito	16.000,00 D
31.12.2017	Baixa parcial pela realização do AVP de Juros a Apropriar de Passivo (art. 94, § 9º, da IN nº 1.700/2017)	2.000,00	Crédito	14.000,00 D
31.12.2018	Baixa total pela realização do AVP de Juros a Apropriar de Passivo (art. 94, § 9º, da IN nº 1.700/2017)	14.000,00	Crédito	0,00 D

Razonetes:

Equipamentos	
120.000,00 (1)	
	120.000,00 (10)

Fornecedores	
120.000,00 (5)	120.000,00 (1)

Juros a Apropriar	
20.000,00 (2)	
	13.000,00 (3)
7.000,00 SF	
	7.000,00 (6)

Equipamentos Subconta	
	20.000,00 (2)
20.000,00 (10)	

Despesas Financeiras	
13.000,00 (3)	
7.000,00 (6)	
20.000,00 SF	

Depreciação	
10.000,00 (4)	
10.000,00 (7)	
10.000,00 (8)	
30.000,00 SF	

Dep. Acum. Equipamentos	
	12.000,00 (4)
	12.000,00 (7)
	12.000,00 (8)
36.000,00 (10)	

Dep. Acum. Equip. Subconta	
2.000,00 (4)	
2.000,00 (7)	
2.000,00 (8)	
	6.000,00 (10)

Receita Venda Equipamento	
	90.000,00 (9)

Custo Equip. Vendido	
70.000,00 (10)	

Bancos conta Movimento

XXX	
	120.000,00 (5)
90.000,00 (9)	

3.2.2.6.2 AVP Despesa Indedutível

- AVP relacionado a uma despesa de depreciação indedutível

Premissas:

Aplicando os dados das premissas do exemplo anterior, e caso os valores realizados por depreciação fossem indedutíveis e o valor realizado por alienação fosse dedutível, teremos:

Ano de 2015

Nesse caso, temos, no e-Lalur:

Demonstração do Lucro Real
2015

Lucro líquido antes do IRPJ	(23.000,00)
(+) Adições:	23.000,00*
(-) Exclusões:	(0,00)
(=) Lucro Real antes da comp. prejuízo	0,00
(-) Compensação de prejuízos fiscais	(0,00)
(=) Lucro Real	0,00

(*) R$ 13.000,00 (Desp. Financeira) + R$ 10.000,00 (Desp. Depreciação) = R$ 23.000,00

Assim, temos:

- **Art. 94, § 10, da IN n° 1.700/2017** = Caso o valor realizado do ativo seja indedutível (R$ 10.000,00), o valor da subconta baixado (R$ 13.000,00) conforme o § 7° desta IN não poderá ser excluído do lucro líquido na determinação do lucro real.

Ano de 2016

Nesse caso, temos, no e-Lalur:

Demonstração do Lucro Real
2016

Lucro líquido antes do IRPJ	(17.000,00)
(+) Adições:	17.000,00 *
(-) Exclusões:	0,00)
(=) Lucro Real antes da comp. prejuízo	0,00
(-) Compensação de prejuízos fiscais	(0,00)
(=) Lucro Real	0,00

(*) R$ 7.000,00 (Desp. Financeira) + R$ 10.000,00 (Desp. Depreciação) = R$ 17.000,00

Assim, temos:

- **Art. 94, § 10, da IN nº 1.700/2017** = Caso o valor realizado do ativo seja indedutível (R$ 10.000,00), o valor da subconta baixado (R$ 7.000,00) conforme o § 7º desta IN não poderá ser excluído do lucro líquido na determinação do lucro real.

Ano de 2017

Nesse caso, temos, no e-Lalur:

Demonstração do Lucro Real
2017

Lucro líquido antes do IRPJ	(10.000,00)
(+) Adições:	10.000,00 *
(-) Exclusões:	(0,00)
(=) Lucro Real antes da comp. prejuízo	0,00
(-) Compensação de prejuízos fiscais	(0,00)
(=) Lucro Real	0,00

(*) [R$ 0,00 (Desp. Financeira) + R$ 10.000,00 (Desp. Depreciação) = R$ 10.000,00]

Assim, temos:

Controle por Subcontas – Pós-adoção

- **Art. 94, § 10, da IN nº 1.700/2017** = Caso o valor realizado do ativo seja indedutível (R$ 10.000,00), o valor da subconta baixado (R$ 0,00) conforme o § 7º desta IN não poderá ser excluído do lucro líquido na determinação do lucro real.

Ano de 2018

Nesse caso, temos, no e-Lalur:

Demonstração do Lucro Real
2018

Lucro líquido antes do IRPJ	20.000,00
(+) Adições:	0,00
(-) Exclusões:	(14.000,00)*
(=) Lucro Real antes da comp. prejuízo	0,00
(-) Compensação de prejuízos fiscais	(0,00)
(=) Lucro Real	6.000,00

(*) O valor excluído de R$ 14.000,00 corresponde ao saldo de Juros a Apropriar no valor de R$ 20.000,00, registrado em 2015, controlado em subconta na Parte "B" do e-Lalur e baixado por ocasião da realização do passivo.

> **Atenção:**
>
> A pessoa jurídica não efetuou o ajuste da diferença entre o critério de reconhecimento e mensuração pela legislação societária e a fiscal das subcontas do passivo (arts. 93 a 96 da IN RFB nº 1.700/2017).

Assim, temos:
- *2015 = R$ 2.000,00 (não excluiu no e-Lalur)*
- *2016 = R$ 2.000,00 (não excluiu no e-Lalur)*
- *2017 = R$ 2.000,00 (não excluiu no e-Lalur)*
- *2018 = R$ 14.000,00 (exclusão pela alienação do bem)*

  Total = R$ 20.000,00

(Fundamentação legal: arts. 93 a 96 da IN RFB nº 1.700/2017)

3.3. Ganho na Avaliação a Valor Justo (AVJ)

O critério de Avaliação a Valor Justo de ativos e passivos está disposto nos arts. 183 e 184 da Lei nº 6.404/1976 (Lei das S.A.), juntamente com os Pronunciamentos, Orientações e Interpretações do Comitê de Pronunciamentos Contábeis (CPC).

A NBC TG 46 (R1) – Mensuração a Valor Justo, aprovada pela Resolução CFC nº 1.428/2013, e o CPC 46 – Mensuração a Valor Justo, aprovado pela Deliberação CVM nº 699/2012, é que disciplinam a matéria contábil e societária.

A matéria tributária está disciplinada pelas Leis n°s 11.941/2009 e 12.973/2014, e os procedimentos e regras da tributação das diferenças por meio de subcontas pela IN RFB n° 1.700/2017.

3.3.1. Definição de Valor Justo

A definição de valor justo está associada a um ativo ou a um passivo. O valor justo é uma mensuração baseada em mercado e não uma mensuração específica da entidade.

O item 9 do Pronunciamento CPC 46 define valor justo como o preço que seria recebido pela venda de um ativo ou que seria pago pela transferência de um passivo em uma transação não forçada entre participantes do mercado na data de mensuração.

O ativo ou o passivo mensurado ao valor justo pode ser qualquer um dos seguintes:

a) um ativo ou passivo individual (por exemplo, um instrumento financeiro ou um ativo não financeiro); ou

b) um grupo de ativos, grupo de passivos ou grupo de ativos e passivos (por exemplo, uma unidade geradora de caixa ou um negócio).

Segundo a Lei nº 6.404/1976, art. 183, são avaliados a valor justo os instrumentos financeiros relativos a aplicações destinadas à negociação ou disponíveis para venda. Ainda, segundo o § 1º deste artigo, considera-se valor justo:

a) das matérias-primas e dos bens em almoxarifado, o preço pelo qual possam ser repostos, mediante compra no mercado;

b) dos bens ou direitos destinados a venda, o preço líquido de realização mediante venda no mercado, deduzidos os impostos e demais despesas necessárias para a venda, e a margem de lucro;

c) dos investimentos, o valor líquido pelo qual possam ser alienados a terceiros;

d) dos instrumentos financeiros, o valor que se pode obter em um mercado ativo decorrente de transação não compulsória realizada entre partes independentes, e na ausência de um mercado ativo para determinado instrumento financeiro:

1) o valor que se pode obter em um mercado ativo com a negociação de outro instrumento financeiro de natureza, prazo e risco similares;

2) o valor presente líquido dos fluxos de caixa futuros para instrumentos financeiros de natureza, prazo e risco similares; ou

3) o valor obtido por meio de modelos matemático-estatísticos de precificação de instrumentos financeiros.

Os aspectos tributários relativos aos ganhos oriundos da AVJ de ativo estão dispostos na Lei nº 12.973/2014, e os procedimentos para o diferimento deste resultado apurado por meio de subcontas, nos arts. 97 a 101 da IN RFB nº 1.700/2017.

3.3.2. Ganho na AVJ de Ativo

3.3.2.1.Evidenciação por Subcontas

O ganho decorrente de avaliação de ativo ou passivo com base no valor justo não será computado na determinação do lucro real desde que o respectivo aumento no valor do ativo ou redução no valor do passivo seja evidenciado contabilmente em subconta vinculada ao ativo ou passivo.

O ganho evidenciado por meio da subconta acima será computado na determinação do lucro real à medida que o ativo for realizado, inclusive mediante depreciação, amortização, exaustão, alienação ou baixa, ou quando o passivo for liquidado ou baixado.

Este ganho não será computado na determinação do lucro real, caso o valor realizado, inclusive mediante depreciação, amortização, exaustão, alienação ou baixa, seja indedutível.

Caso o ganho de AVJ não seja evidenciado por meio de subconta, ele será tributado. Nessa hipótese, o ganho não poderá acarretar redução de prejuízo fiscal do período, devendo, assim, ser considerado em período de apuração seguinte em que exista lucro real antes do cômputo do referido ganho.

O ganho decorrente de avaliação a valor justo pode ser contabilizado diretamente no resultado do exercício ou na conta de patrimônio líquido.

> **Atenção:**
>
> O disposto neste subtópico não se aplica aos ganhos no reconhecimento inicial de ativos avaliados com base no valor justo decorrentes de doações recebidas de terceiros.

Exemplo:

D – Imóveis – Subconta cf. Lei n° 12.973/2014   xxxx

C – Ganho na AVJ (Resultado) ou Ganho no Ajuste a Valor Justo (PL)   xxxx

3.3.2.2.Operações de Permuta que Envolva Troca de Ativo ou Passivo

No caso de operações de permuta que envolva troca de ativo ou passivo, o ganho decorrente da avaliação com base no valor justo poderá ser computado na determinação do lucro real na medida da realização do ativo ou passivo recebido na permuta, de acordo com as hipóteses previstas quando o ganho de AVJ não seja evidenciado por meio de subcontas.

3.3.2.3.Diferimento da Subconta

A tributação do ganho decorrente de avaliação de ativo com base no valor justo poderá ser diferida desde que o respectivo aumento no valor do ativo seja registrado em subconta vinculada ao ativo.

Caso o valor realizado do ativo seja dedutível, o valor da subconta baixado, à medida em que o ativo for realizado, inclusive mediante depreciação, amortização, exaustão, alienação ou baixa, deverá ser adicionado ao lucro líquido na determinação do lucro real no período de apuração relativo à baixa.

O ganho poderá ser excluído do lucro líquido na determinação do lucro real no período de apuração em que for apropriado como receita.

3.3.2.4.Registro Contábil em Subconta

Quando da avaliação com base no valor justo, o ganho será registrado a crédito em conta de receita ou de patrimônio líquido em contrapartida à subconta vinculada ao ativo.

No caso de ativo depreciável, amortizável ou exaurível, em que o controle é feito com a utilização de uma subconta para cada conta conforme disposto no § 2° do art. 89 da IN RFB n° 1.700/2017, a baixa relativa à depreciação, amortização ou exaustão será feita na subconta vinculada à conta de depreciação acumulada, amortização acumulada ou exaustão acumulada.

3.3.2.5. Dedutibilidade da Subconta

Se o valor realizado do ativo for dedutível, o valor da subconta baixado deverá ser adicionado ao lucro líquido na determinação do lucro real no período de apuração relativo à baixa.

Caso seja indedutível, o valor realizado do ativo, incluído o valor da subconta baixado, deverá ser adicionado ao lucro líquido na determinação do lucro real no período de apuração relativo à realização.

3.3.2.6. Ganho na AVJ (Permuta de Ativos)

3.3.2.6.1. Diferimento do Ganho

A tributação do ganho decorrente de AVJ em permuta que envolva troca de ativos poderá ser diferida desde que a diferença entre os valores dos ativos seja registrada em subconta vinculada ao ativo recebido.

> **Atenção:**
>
> Não se considera permuta quando o ativo recebido for classificado em disponibilidades ou recebíveis.

3.3.2.6.2. Registro Contábil em Subconta

Quando da permuta, o ganho será registrado a crédito em conta de receita ou de patrimônio líquido em contrapartida à subconta vinculada ao ativo recebido.

3.3.2.6.3. Exclusão no e-Lalur

O ganho poderá ser excluído do lucro líquido na determinação do lucro real no período de apuração em que for apropriado como receita.

Exemplo:

01.01.2015 – Aquisição de ações da Petrobras no ano-calendário de 2015, pelo valor de R$ 10.000,00, classificadas no ativo como "mantidas para negociação".

31.12.2015 – Valo justo nesta data – R$ 12.000,00

13.06.2016 – Venda à vista das ações pelo valor de R$ 13.000,00

Pessoa jurídica tributada pelo lucro real

Ano de 2015

Lançamentos contábeis:

1) Pela aquisição das ações:

SP 01.01.2015

D – Ações da Petrobras (AC)	10.000,00
C – Bancos conta Movimento (AC)	10.000,00

2) Pelo ganho na AVJ:

SP 31.12.2015

D – AVJ Ações da Petrobras – Subconta cf. Lei nº 12.973/2014 (AC)	2.000,00
C – Ganho na AVJ (Resultado)	2.000,00

Nesse caso, temos, no e-Lalur:

Demonstração do Lucro Real
2015

Lucro Líquido antes do IRPJ	2.000,00
(+) Adições:	
(-) Exclusões:	
Ganho na AVJ	(2.000,00)
Lucro Real antes da Compensação de Prejuízo	0,00
(-) Compensação de Prejuízos	0,00
Lucro Real	0,00

Parte "B" – e-Lalur

Data	Histórico	Valor R$	Débito-Crédito	Saldo Devedor/Credor
31.12.2015	Ganho na AVJ (art. 97 e 98, §§ 1º e 2º, da IN nº 1.700/2017)	2.000,00	Crédito	2.000,00 C

Ano de 2016
Lançamentos contábeis:

1) Pela venda das ações:

SP 13.06.2016

D – Bancos conta Movimento (AC)	13.000,00
C – Receita de Venda das Ações (Resultado)	13.000,00

2) Baixa da venda das ações:

SP 13.06.2016

D – Custo das Ações Vendidas (Resultado)	12.000,00
C – Ações da Petrobras (AC)	10.000,00
C – AVJ Ações da Petrobras Subconta cf.	
Lei nº 12.973/2014 (AC)	2.000,00

Nesse caso, temos no e-Lalur:

Demonstração do Lucro Real
2016

Lucro Líquido antes do IRPJ	1.000,00
(+) Adições:	
Baixa da Subcconta	2.000,00
(-) Exclusões:	
Lucro Real antes da Compensação de Prejuízo	3.000,00
(-) Compensação de Prejuízos	0,00
Lucro Real	3.000,00

Parte "B" – e-Lalur

Data	Histórico	Valor R$	Débito-Crédito	Saldo Devedor/Credor
31.12.2015	Ganho na AVJ (arts. 97 e 98, §§ 1º e 2º, da IN nº 1.700/2017)	2.000,00	Crédito	2.000,00 C
31.12.2016	Baixa total do Ganho na AVJ pela realização do ativo mediante alienação das ações (art. 97, §§ 1º e 2º, da IN nº 1.700/2017)	2.000,00	Débito	0,00 C

3.3.2.6.4. Baixa da Subconta

O valor registrado na subconta será baixado à medida que o ativo for realizado, inclusive mediante depreciação, amortização, exaustão, alienação ou baixa.

No caso de ativo depreciável, amortizável ou exaurível, em que o controle é feito com a utilização de uma subconta para cada conta, a baixa relativa à depreciação, amortização ou exaustão será feita na subconta vinculada à conta de depreciação acumulada, amortização acumulada ou exaustão acumulada.

Exemplo:

D – Depreciação (Resultado)	xxxx
C – Dep. Acum. Imóveis	xxxx
C – Dep. Acum. Imóveis – Subconta cf. Lei nº 12.973/2014	xxxx

---

Atenção:

Se o valor realizado do ativo for dedutível, o valor da subconta baixado deverá ser adicionado ao lucro líquido na determinação do lucro real no período de apuração relativo à baixa. Porém, caso seja indedutível, o valor realizado do ativo, incluído o valor da subconta baixado, deverá ser adicionado ao lucro líquido na determinação do lucro real no período de apuração relativo à realização.

3.3.2.6.5. Dedutibilidade da Subconta Baixada

Se o valor realizado do ativo for dedutível, o valor da subconta baixado deverá ser adicionado ao lucro líquido na determinação do lucro real no período de apuração relativo à baixa.

Caso seja indedutível, o valor realizado do ativo, incluído o valor da subconta baixado, deverá ser adicionado ao lucro líquido na determinação do lucro real no período de apuração relativo à realização.

(Fundamentação legal: arts. 97 e 98 da IN RFB nº 1.700/2017)

3.3.2.7. Exemplo Prático

Com a finalidade de auxiliar no entendimento e na compreensão do assunto, que é a apuração da diferença do controle por subcontas na adoção inicial e na pós-adoção da Lei nº 12.973/2014, focamos nosso exemplo no caso nº 05 (arts. 97 e 98 – AVJ – Ganho), constante do Anexo I da IN RFB nº 1.700/2017.

Controle por Subcontas – Pós-adoção

O objetivo é apresentar de forma didática e prática, mediante lançamentos contábeis e razonetes específicos, o desenvolvimento desse caso. Alguns dados do enunciado foram alterados para melhor compreensão do tema.

Apresentamos dois casos práticos. No primeiro, os valores realizados por depreciação e alienação são dedutíveis. No segundo, os valores realizados por depreciação são indedutíveis, e o valor realizado por alienação é dedutível.

3.3.2.7.1. Ganho na AVJ de Ativo (Depreciação Dedutível)

Se os valores realizados por depreciação e o valor realizado por alienação fossem dedutíveis:

Premissas:

- 02.02.2015 – Aquisição de um edifício, à vista, pelo valor de R$ 100.000,00;
- 31.12.2015 – Avaliação a valor justo, conf. laudo de avaliação, no valor de R$ 120.000,00;
- 02.01.2017 – Imóvel passa a ser ocupado pela empresa;
- 02.01.2019 – Alienação do edifício, à vista, pelo valor de R$ 95.000,00;

Dados complementares:

a) na data da aquisição o edifício foi classificado como "Propriedade para Investimento";

b) valores justos em 31.12.2015 e 31.12.2016 = R$ 120.000,00;

c) valores realizados por depreciação são dedutíveis;

d) prazo de vida útil = 25 anos;

e) taxa anual de depreciação = 4% ao ano (não há valor residual);

f) a pessoa jurídica é tributada pelo lucro real.

Ano de 2015

Lançamentos contábeis:

1) Pela aquisição do edifício:

SP. 02.02.2015

D – Edifícios (AÑC – Propriedade p/ Investimentos)   100.000,00

C – Bancos conta Movimento (AC)   100.000,00

2) Avaliação a Valor Justo (AVJ):

SP. 31.12.2015

D – Edifícios – Subconta cf. Lei nº 12.973/2014

    (AÑC – Propr. Invest.)   20.000,00

C – Ganho na AVJ (Resultado)   20.000,00

Atenção:

O edifício não foi depreciado no ano-calendário de 2015 porque os gestores não têm a intenção de ocupar o ativo na atividade administrativa ou operacional da empresa.

Nesse caso, temos, no e-Lalur:

Demonstração do Lucro Real
2015

Lucro Líquido do Exercício antes do IRPJ	20.000,00
(+) Adições	0,00
(-) Exclusões	
Ganho na AVJ (art. 98, § 2º, da IN nº 1.700/2017)	(20.000,00) *
Lucro Real antes da Compensação de Prejuízos Fiscais	0,00
(-) Compensação de Prejuízos Fiscais	0,00
Lucro Real	0,00

(*) O ganho na AVJ poderá ser excluído do lucro líquido na determinação do lucro real no período de apuração em que for apropriado como receita.

Parte "B" – e-Lalur

Data	Histórico	Valor R$	Débito-Crédito	Saldo Devedor/Credor
31.12.2015	Ganho na AVJ (art. 97 e 98, §§ 1º e 2º, da IN nº 1.700/2017)	20.000,00	Crédito	20.000,00 C

Razonetes:

Edifícios (AÑC – Propriedade para Investimento)		Bancos conta Movimento	
(1) 100.000,00			100.000,00 (1)

Edifícios – Subconta cf. Lei nº 12.973/2014 (AÑC – Prop. Invest.)		Ganho na AVJ (Resultado)	
(2) 20.000,00			20.000,00 (2)

Ano de 2016

Não há movimentação nestas contas.

Ano de 2017

Premissas:

- 02.01.2017 – O edifício passa a ser ocupado pela empresa e utilizado no processo administrativo e operacional.
- Taxa de depreciação: 4% a.a. (não há valor residual)

Depreciação:

a) Societária:

R$ 120.000,00 x 4% = R$ 4.800,00

b) Fiscal:

R$ 100.000,00 x 4% = R$ 4.000,00

c) Diferença = R$ 800,00

Atenção:

O valor da diferença positiva de R$ 800,00 será realizado mediante a depreciação do ativo. Neste caso, como o valor da depreciação é dedutível, o valor da subconta baixado deverá ser adicionado ao lucro líquido na determinação do lucro real no período de apuração relativo à baixa (§§ 3º e 5º do art. 98 da IN RFB nº 1.700/2017).

Lançamentos contábeis:

3) Reclassiïcação da conta ‡Propriedade para Investimentos· para o ‡Ativo Imobilizado·, pelo uso do imóvel para Ïns administrativos e operacionais, a partir de 02.01.2017, pela empresa:

SP 02.01.2017

D – Edifícios (AÑC – Imobilizado)	100.000,00
C – Edifícios (AÑC – Propriedade para Investimentos)	100.000,00

4) Reclassificação da subconta de edifícios (propriedade para investimentos) para subconta de edifícios (imobilizado) pelo uso do imóvel a partir desta data pela empresa:

SP. 02.01.2017

D – Edifícios – Subconta cf. Lei nº 12.973/2014	
(AÑC – Imobilizado)	20.000,00
C – Edifícios – Subconta cf. Lei nº 12.973/2014	
(AÑC – Propr. Invest.)	20.000,00

5) Pela depreciação anual de 2017:

SP 31.12.2017

D – Depreciação (Resultado)	4.800,00
C – Dep. Acum. Edifícios (AÑC – Imobilizado)	4.000,00
C – Dep. Acum. Edifícios – Subconta cf.	
Lei nº 12.973/2014 (AÑC)	800,00★

(★) Art. 98, § 2º, da IN nº 1.700/2017

Nesse caso, temos, no e-Lalur:

Demonstração do Lucro Real
2017

Lucro Líquido do Exercício antes do IRPJ	(4.800,00)
(+) Adições	
Art. 98, § 5º, da IN nº 1.700/2017	800,00 (*)
(-) Exclusões	0,00

Controle por Subcontas – Pós-adoção

Lucro Real antes da Compensação de Prejuízos Fiscais	(4.000,00)
(-) Compensação de Prejuízos Fiscais	0,00
Lucro Real	(4.000,00) **

(*) Como o valor realizado do ativo é dedutível, o valor da subconta baixado (R$ 800,00) conforme o § 3º do art. 98 da IN RFB nº 1.700/2017 foi adicionado ao lucro líquido na determinação do lucro real no período de apuração relativo à baixa.
(**) O lucro real está representado pela quota anual de depreciação fiscal.

Parte "B" – e-Lalur

Data	Histórico	Valor R$	Débito-Crédito	Saldo Devedor/ Credor
31.12.2015	Ganho na AVJ (art. 97 e 98, §§ 1º e 2º, da IN nº 1.700/2017)	20.000,00	Crédito	20.000,00 C
31.12.2017	Baixa parcial do Ganho na AVJ pela realização do ativo mediante depreciação (art. 97, §§ 1º e 2º, da IN nº 1.700/2017)	800,00	Débito	19.200,00 C

Razonetes:

Edifícios (AÑC – Propriedade para Investimento)

(1) 100.000,00	
	100.000,00 (3)

Edifícios – Subconta cf. Lei nº 12.973/2014 (AÑC – Propr. Invest.)

(2) 20.000,00	
	20.000,00 (4)

Edifícios (AÑC – Imobilizado)

(3) 100.000,00	

Edifícios – Subconta cf. Lei nº 12.973/2014 (AÑC – Imobilizado)

(4) 20.000,00	

Dep. Acum. Edifícios (AÑC – Imobilizado)

	4.000,00 (5)

Depreciação (Resultado)

(5) 4.800,00	

Dep. Acum. Edifícios – Subconta cf. Lei nº
12.973/2014 (AÑC – Imobilizado)

800,00 (5)

Ano de 2018
Lançamentos contábeis:
6) Pela depreciação anual de 2018:

SP 31.12.2018
D – Depreciação (Resultado)   4.800,00
C – Dep. Acum. Edifícios (AÑC – Imobilizado)   4.000,00
C – Dep. Acum. Edifícios – Subconta cf.
    Lei nº 12.973/2014 (AÑC)   800,00 ⋆
(⋆) Art. 98, § 2º, da IN RFB nº 1.700/2017
Nesse caso, temos, no e-Lalur:

Demonstração do Lucro Real
2018

Lucro Líquido do Exercício antes do IRPJ	(4.800,00)
(+) Adições	
Art. 98, § 5º da IN nº 1.700/2017	800,00 *
(-) Exclusões	0,00
Lucro Real antes da Compensação de Prejuízos Fiscais	(4.000,00)
(-) Compensação de Prejuízos Fiscais	0,00
Lucro Real	(4.000,00) **

(*) Como o valor realizado do ativo é dedutível, o valor da subconta baixado (R$ 800,00) conforme o § 3º do art. 98 da IN RFB nº 1.700/2017 foi adicionado ao lucro líquido na determinação do lucro real no período de apuração relativo à baixa.
(**) O lucro real está representado pela quota anual de depreciação fiscal.

Parte "B" – e-Lalur

Data	Histórico	Valor R$	Débito-Crédito	Saldo Devedor/Credor
31.12.2015	Ganho na AVJ (arts. 97 e 98, §§ 1º e 2º, da IN nº 1.700/2017)	20.000,00	Crédito	20.000,00 C
31.12.2017	Baixa parcial do Ganho na AVJ pela realização do ativo mediante depreciação (art. 97, §§ 1º e 2º, da IN nº 1.700/2017)	800,00	Débito	18.400,00 C
31.12.2018	Baixa parcial do Ganho na AVJ pela realização do ativo mediante depreciação (art. 97, §§ 1º e 2º, da IN nº 1.700/2017)	800,00	Débito	19.200,00 C

Razonetes:

Edifícios (AÑC – Imobilizado)

(1) 100.000,00	

Edifícios – Subconta cf. Lei nº 12.973/2014 (AÑC – Imobilizado)

(2) 20.000,00	

Dep. Acum. Edifícios (AÑC – Imobilizado)

	4.000,00 (5)
	4.000,00 (6)
	8.000,00 SF

Depreciação (Resultado)

(6) 4.800,00	

Dep. Acum. Edifícios – Subconta cf. Lei nº 12.973/2014 (AÑC – Imobilizado)

	800,00 (5)
	800,00 (6)
	1.600,00 SF

Ano de 2019

Lançamentos Contábeis:

7) **Pela venda do edifício por R$ 95.000,00:**

<u>SP 02.01.2019</u>

D – Bancos conta Movimento (AC) 95.000,00

C – Ganho ou Perda de Capital (Resultado) 95.000,00

8) Pela baixa do custo do bem vendido:

SP 02.01.2019

D – Ganho ou Perda de Capital (Resultado) 110.400,00

D – Dep. Acum. Edifícios (AÑC – Imobilizado) 8.000,00

D – Dep. Acumu. Edifícios – Subconta cf.

Lei nº 12.973/2014 (AÑC) 1.600,00

C – Edifícios (AÑC – Imobilizado) 100.000,00

C – Edifícios – Subconta cf. Lei nº 12.973/2014 (AÑC) 20.000,00

Nesse caso, temos no e-Lalur:

Demonstração do Lucro Real
2019

Lucro Líquido do Exercício antes do IRPJ	(15.400,00)
(+) Adições	
Art. 97, §§ 1º e 2º, da IN nº 1.700/2017	18.400,00 *
(-) Exclusões	0,00
Lucro Real antes da Compensação de Prejuízos Fiscais	3.000,00
(-) Compensação de Prejuízos Fiscais	0,00
Lucro Real	3.000,00

(*) O valor adicionado corresponde ao ganho na AVJ de edifícios no valor de R$ 20.000,00, em 2015, menos as parcelas realizadas por meio de subcontas em 2017 e 2018.

Assim, temos:

[R$ 20.000,00 – (R$ 800,00 + R$ 800,00)] = R$ 18.400,00

[R$ 20.000,00 – R$ 1.600,00] = R$ 18.400,00

Atenção:

A pessoa jurídica deve dar baixa do saldo restante de R$ 18.400,00, correspondente ao valor de R$ 20.000,00, escriturado na Parte "B" do e-Lalur relativo ao Ganho de AVJ apurado no ano-calendário de 2015.

Controle por Subcontas – Pós-adoção

Parte "B" – e-Lalur

Data	Histórico	Valor R$	Débito-Crédito	Saldo Devedor/Credor
31.12.2015	Ganho na AVJ (art. 97 e 98, §§ 1º e 2º, da IN nº 1.700/2017)	20.000,00	Crédito	20.000,00 C
31.12.2017	Baixa parcial do Ganho na AVJ pela realização do ativo mediante depreciação (art. 97, §§ 1º e 2º, da IN nº 1.700/2017)	800,00	Débito	19.200,00 C
31.12.2018	Baixa parcial do Ganho na AVJ pela realização do ativo mediante depreciação (art. 97, §§ 1º e 2º, da IN nº 1.700/2017)	800,00	Débito	18.400,00 C
31.12.2019	Baixa total do Ganho na AVJ pela realização do ativo mediante alienação (art. 97, §§ 1º e 2º, da IN nº 1.700/2017)	18.400,00	Débito	0,00 C

Razonetes:

Edifícios (AÑC – Imobilizado)

(1) 100.000,00	
	100.000,00 (8)

Bancos c/ Movimento (AC)

(8) 95.000,00	

Edifícios – Subconta cf. Lei nº 12.973/2014 (AÑC – Imobilizado)

(2) 20.000,00	
	20.000,00 (8)

Dep. Acum. Edifícios (AÑC – Imobilizado)

	4.000,00 (5)
	4.000,00 (6)
(8) 8.000,00	

Dep. Acum. Edifícios – Subconta cf. Lei nº 12.973/2014 (AÑC – Imobilizado)		Ganho ou Perda de Capital (Resultado)	
	800,00 (5) 800,00 (6)	(8) 110.400,00	95.000,00 (9)
(8) 1.600,00			
		15.400,00 SF	

(Fundamentação legal: arts. 97 e 98 da IN RFB nº 1.700/2017)

3.3.2.7.2. Ganho na AVJ de Ativo (Depreciação Indedutível)

Com base nos dados do exemplo apresentado no subtópico 1.10.1, e se os valores realizados por depreciação fossem indedutíveis e o valor realizado por alienação fosse dedutível, teremos:

Ano de 2015

Nesse caso, temos, no e-Lalur:

Demonstração do Lucro Real
2015

Lucro Líquido do Exercício antes do IRPJ	20.000,00
(+) Adições	0,00
(-) Exclusões	
Art. 97, § 2º, da IN nº 1.700/2017	(20.000,00) *
Lucro Real antes da Compensação de Prejuízos Fiscais	0,00
(-) Compensação de Prejuízos Fiscais	0,00
Lucro Real	0,00

(*) O ganho na AVJ de R$ 20.000,00 poderá ser excluído do lucro líquido na determinação do lucro real no período de apuração em que for apropriado como receita.

Ano de 2016

Não houve movimentação nesta conta. Assim, não há o que evidenciar no e-Lalur.

Ano de 2017

Nesse caso, temos, no e-Lalur:

Demonstração do Lucro Real
2017

Lucro Líquido do Exercício antes do IRPJ	(4.800,00)
(+) Adições	
Art. 98, § 6º, da IN nº 1.700/2017	4.800,00 *
(-) Exclusões	0,00
Lucro Real antes da Compensação de Prejuízos Fiscais	0,00
(-) Compensação de Prejuízos Fiscais	0,00
Lucro Real	0,00

(*) Como o valor realizado do ativo é indedutível, o valor realizado do ativo de R$ 4.000,00, incluído o valor da subconta de R$ 800,00, baixado conforme o art. 98, § 3º da IN RFB nº 1.700/2017, foi adicionado ao lucro líquido na determinação do lucro real no período de apuração relativo à realização.

Ano de 2018

Nesse caso, temos, no e-Lalur:

Demonstração do Lucro Real
2018

Lucro Líquido do Exercício antes do IRPJ	(4.800,00)
(+) Adições	
Art. 98, § 6º, da IN nº 1.700/2017	4.800,00 *
(-) Exclusões	0,00
Lucro Real antes da Compensação de Prejuízos Fiscais	0,00
(-) Compensação de Prejuízos Fiscais	0,00
Lucro Real	0,00

(*) Como o valor realizado do ativo é indedutível, o valor realizado do ativo de R$ 4.000,00, incluído o valor da subconta de R$ 800,00, baixado conforme o art. 97, § 3º, da IN RFB nº 1.700/2017, foi adicionado ao lucro líquido na determinação do lucro real no período de apuração relativo à realização.

Ano de 2019

Nesse caso, temos, no e-Lalur:

Demonstração do Lucro Real
2019

Lucro Líquido do Exercício antes do IRPJ	(15.400,00)
(+) Adições	
Art. 97, §§ 1º e 2º, da IN nº 1.700/2017	18.400,00 *
(-) Exclusões	0,00
Lucro Real antes da Compensação de Prejuízos Fiscais	3.000,00
(-) Compensação de Prejuízos Fiscais	0,00
Lucro Real	3.000,00

(*) O valor de R$ 18.400,00 corresponde ao saldo restante do Ganho na AVJ apurado em 2015 que foi controlado na Parte "B" do e-Lalur.

3.3.3. Ganho na AVJ de Passivo

A tributação do ganho decorrente de avaliação de passivo com base no valor justo poderá ser diferida desde que a respectiva redução no valor do passivo seja registrada em subconta vinculada ao passivo.

3.3.3.1.Registro Contábil em Subconta

Quando da avaliação com base no valor justo, o ganho será registrado a crédito em conta de receita ou de patrimônio líquido em contrapartida à subconta vinculada ao passivo.

Exemplo:

D – Financiamentos – Subconta cf. Lei nº 12.973/2014 $$$

C – Ganho na AVJ (Resultado) ou Ganho no Ajuste a Valor Justo (PL) $$$

3.3.3.2.Avaliação a Valor Justo Registrado como Receita

No período de apuração em que o ganho decorrente de AVJ for apropriado como receita, o ganho poderá ser excluído do lucro líquido na determinação do lucro real.

Exemplo:

Controle por Subcontas – Pós-adoção 203

– Pessoa jurídica tributada pelo lucro real apurou um ganho na avaliação a valor justo do passivo no valor de R$ 300.000,00.

Nesse caso, temos, no e-Lalur:

Demonstração do Lucro Real
Ano

Lucro Líquido antes do IRPJ	300.000,00
(+) Adições:	0,00
(-) Exclusões	(300.000,00)
Lucro Líquido antes da Comp. PF	0,00
Lucro Real	0,00

3.3.3.3.Baixa da Subconta

O valor registrado na subconta será baixado quando o passivo for liquidado ou baixado. Nesse caso, o valor da subconta baixado deverá ser adicionado ao lucro líquido na determinação do lucro real no período de apuração relativo à baixa.

Exemplo:

D – Financiamentos – Subconta cf. Lei nº 12.973/2014 $$$

C – Bancos conta Movimento (AC) $$$

O valor da subconta baixado no subtópico anterior deverá ser adicionado ao lucro líquido na determinação do lucro real no período de apuração relativo à baixa.

Nesse caso, temos, no e-Lalur:

Demonstração do Lucro Real

Lucro Líquido antes do IRPJ	0,00
(+) Adições:	300.000,00
(-) Exclusões	0,00
Lucro Líquido antes da Comp. PF	0,00
Lucro Real	300.000,00

3.3.3.4.Ganho na AVJ (Permuta de Passivos)

A tributação do ganho decorrente de AVJ em permuta que envolva troca de passivos poderá ser diferida desde que a diferença entre os valores dos passivos seja registrada em subconta vinculada ao passivo recebido.

3.3.3.4.1.Evidenciação em Subconta

Quando da permuta, o ganho será registrado a crédito em conta de receita ou de patrimônio líquido em contrapartida à subconta vinculada ao passivo recebido.

3.3.3.4.2.Realização da Subconta

O ganho poderá ser excluído do lucro líquido na determinação do lucro real no período de apuração em que for apropriado como receita.

O valor registrado na subconta será baixado quando o passivo for liquidado ou baixado. Nesse caso, o valor da subconta baixado everá ser adicionado ao lucro líquido na determinação do lucro real no período de apuração relativo à baixa.

3.4.   Perda na Avaliação a Valor Justo (AVJ)

Os critérios de avaliação a valor justo de ativos e passivos constam dos arts. 183 e 184 da Lei nº 6.404/1976 (Lei das S.A.), juntamente com os Pronunciamentos, Orientações e Interpretações do Comitê de Pronunciamentos Contábeis (CPC).

A NBC TG 46 (R1) – Mensuração a Valor Justo, aprovada pela Resolução CFC nº 1.428/2013, e o CPC 46 – Mensuração a Valor Justo, aprovado pela Deliberação CVM nº 699/2012, disciplinam a matéria contábil e societária.

A disciplina tributária consta das Leis nºs 11.941/2009 e 12.973/2014, e os procedimentos e regras da apuração das diferenças por meio de subcontas pela IN RFB nº 1.700/2017.

3.4.1. Definição de Valor Justo

A definição de valor justo está associada a um ativo ou a um passivo. O valor justo é uma mensuração baseada em mercado e não uma mensuração específica da entidade.

O item 9 do Pronunciamento CPC 46 define valor justo como o preço que seria recebido pela venda de um ativo ou que seria pago pela transferência de um passivo em uma transação não forçada entre participantes do mercado na data de mensuração.

O ativo ou o passivo mensurado ao valor justo pode ser qualquer um dos seguintes:

a) um ativo ou passivo individual (por exemplo, um instrumento financeiro ou um ativo não financeiro); ou

b) um grupo de ativos, grupo de passivos ou grupo de ativos e passivos (por exemplo, uma unidade geradora de caixa ou um negócio).

Segundo a Lei nº 6.404/1976, art. 183, são avaliados a valor justo os instrumentos financeiros relativos a aplicações destinadas à negociação ou disponíveis para venda. Ainda, segundo o § 1º deste artigo, considera-se valor justo:

a) das matérias-primas e dos bens em almoxarifado, o preço pelo qual possam ser repostos, mediante compra no mercado;

b) dos bens ou direitos destinados a venda, o preço líquido de realização mediante venda no mercado, deduzidos os impostos e demais despesas necessárias para venda, e a margem de lucro;

c) dos investimentos, o valor líquido pelo qual possam ser alienados a terceiros.

d) dos instrumentos financeiros, o valor que pode se obter em um mercado ativo, decorrente de transação não compulsória realizada entre partes independentes, e na ausência de um mercado ativo para determinado instrumento financeiro:

1) o valor que se pode obter em um mercado ativo com a negociação de outro instrumento financeiro de natureza, prazo e risco similares;

2) o valor presente líquido dos fluxos de caixa futuros para instrumentos financeiros de natureza, prazo e risco similares; ou

3) o valor obtido por meio de modelos matemático-estatísticos de precificação de instrumentos financeiros.

Os aspectos tributários relativos aos ganhos oriundos da AVJ de ativo estão dispostos na Lei nº 12.973/2014, e os procedimentos para o diferimento deste resultado apurado por meio de subcontas, nos arts. 97 a 101 da IN RFB nº 1.700/2017.

3.4.2. Perda na AVJ de Ativo e Passivo

A perda decorrente de avaliação de ativo ou passivo com base no valor justo somente poderá ser computada na determinação do lucro real à medida que o ativo for realizado, inclusive mediante depreciação, amortização, exaustão, alienação ou baixa, ou quando o passivo for liquidado ou baixado, e desde que a respectiva perda por redução no valor do ativo ou aumento no valor do passivo seja evidenciada contabilmente em subconta vinculada ao ativo ou passivo.

A perda não será computada na determinação do lucro real caso o valor realizado, inclusive mediante depreciação, amortização, exaustão, alienação ou baixa, seja indedutível.

Atenção:

Na hipótese de não ser evidenciada por meio de subconta, a perda será considerada indedutível na apuração do lucro real.

3.4.2.1.Perda na AVJ de Ativo

A perda decorrente de avaliação de ativo com base no valor justo somente poderá ser computada na determinação do lucro real caso a respectiva redução no valor do ativo seja registrada em subconta vinculada ao ativo e obedecidas às seguintes condições:

a) quando da avaliação com base no valor justo, a perda será registrada a débito em conta de despesa ou de patrimônio líquido em contrapartida à subconta vinculada ao ativo;

b) a perda será adicionada ao lucro líquido na determinação do lucro real no período de apuração em que for apropriada como despesa;

c) o valor registrado na subconta será baixado à medida que o ativo for realizado, inclusive mediante depreciação, amortização, exaustão, alienação ou baixa; e

d) no caso de ativo depreciável, amortizável ou exaurível, em que o controle é feito com a utilização de uma subconta para cada conta conforme disposto no § 2° do art. 89 da IN RFB n° 1.700/2017, a baixa relativa à depreciação, amortização ou exaustão a que se refere a letra "c" será feita na subconta vinculada à conta de depreciação acumulada, amortização acumulada ou exaustão acumulada.

Caso o valor realizado do ativo seja dedutível, o valor da subconta baixado conforme a letra "c" poderá ser excluído do lucro líquido na determinação do lucro real no período de apuração relativo à baixa. Caso seja indedutível, o valor da subconta baixado não poderá ser excluído do lucro líquido na determinação do lucro real.

Exemplo:

– 31.12.2014 – Perda decorrente de AVJ da conta de Terrenos, registrado no Ativo não Circulante, no grupo de Propriedade para Investimentos, no valor de R$ 40.000,00;

– Registro contábil:

SP 31.12.2014

D – Perdas na AVJ (Resultado)   40.000,00

C – Terrenos – Subconta cf. Lei nº 12.973/2014

    (AÑC – Propried. p/ Invest.)   40.000,00

(Fundamentação legal: arts. 102 e 103 da IN RFB nº 1.700/2017)

3.4.2.2.Perda na AVJ de Passivo

A perda decorrente de avaliação de passivo com base no valor justo somente poderá ser computada na determinação do lucro real caso o respectivo aumento no valor do passivo seja registrado em subconta vinculada ao passivo e obedecidas as seguintes condições:

a) quando da avaliação com base no valor justo, a perda será registrada a débito em conta de despesa ou de patrimônio líquido em contrapartida à subconta vinculada ao passivo;

b) a perda será adicionada ao lucro líquido na determinação do lucro real no período de apuração em que for apropriada como despesa;

c) o valor registrado na subconta será baixado quando o passivo for liquidado ou baixado; e

d) o valor da subconta baixado conforme a letra "c" poderá ser excluído do lucro líquido na determinação do lucro real no período de apuração relativo à baixa.

Exemplo:

- 31.12.2014 – Perda decorrente de AVJ da conta de empréstimos, registrado no Passivo não Circulante, no valor de R$ 30.000,00.

Registro contábil:

SP 31.12.2014

D – Perdas na AVJ (Resultado)   30.000,00

C – Empréstimos – Subconta cf. Lei nº 12.973/2014

    (AÑC – Propried. p/ Invest.)   30.000,00

(Fundamentação legal: art. 104 da IN RFB nº 1.700/2017)

3.4.3. Exemplo prático

Com a finalidade de auxiliar no entendimento do assunto, que é a apuração da diferença do controle por subcontas na adoção inicial e na pós-adoção da Lei nº 12.973/2014, focamos nosso exemplo no caso nº 06 (arts. 102 e 103

– AVJ – ATIVO – Perda), constante do Anexo V da IN RFB nº 1.700/2017, com as devidas adaptações pelo autor.

O objetivo é demonstrar, de forma didática e prática, por meio de lançamentos contábeis e razonetes específicos, o desenvolvimento dese caso. Alguns enunciados foram alterados para melhor compreensão do tema.

Apresentamos dois casos práticos. No primeiro, os valores realizados por depreciação e alienação são dedutíveis. No segundo, os valores realizados por depreciação são indedutíveis, e o valor realizado por alienação é dedutível.

3.4.3.1.Perda na AVJ de Ativo (Depreciação Dedutível)

Apresentamos um caso prático de Ganho na Avaliação a Valor Justo (AVJ) de Ativo. Se os valores realizados por depreciação e o valor realizado por alienação fossem dedutíveis, temos o seguinte:

Premissas:

- 02.02.2015 – Aquisição de um edifício, à vista, pelo valor de R$ 100.000,00;
- 31.12.2015 – Avaliação a valor justo, conf. laudo de avaliação, no valor de R$ 80.000,00;
- 02.01.2017 – O edifício passa a ser ocupado pela empresa; a partir desta data é depreciado;
- 02.01.2019 – Alienação do edifício, à vista, pelo valor de R$ 95.000,00.

Dados complementares:

- na data da aquisição, o edifício foi classificado como "Propriedade para Investimentos", no grupo do Ativo não Circulante;
- o imóvel é mensurado, depois do reconhecimento inicial, pelo valor justo;
- valores justos em 31.12.2015 e 31.12.2016 é de R$ 80.000,00;
- taxa de depreciação: 4% a.a; não há valor residual;
- os valores realizados por depreciação e alienação são dedutíveis;
- pessoa jurídica é tributada pelo lucro real anual.

Ano de 2015

Lançamentos contábeis:

1) Pela aquisição do edifício:

SP 02.02.2015

D – Edifícios (ANC – Propriedade p/ Investimentos) 100.000,00

C – Bancos conta Movimento (AC)   100.000,00

Controle por Subcontas – Pós-adoção

2) Pela Avaliação a Valor Justo (AVJ):

SP 31.12.2015

D – Perda na AVJ (Resultado)	20.000,00
C – Edifícios – Subconta cf. Lei n° 12.973/2014	
(AÑC – Propr. Invest.)	20.000,00

Assim, temos no e-Lalur:

Demonstração do Lucro Real
2015

Lucro Líquido do Exercício antes do IRPJ	(20.000,00)
(+) Adições	
Art. 103, § 2º, da IN nº 1.700/2017	20.000,00 *
(-) Exclusões	0,00
Lucro Real antes da Compensação de Prejuízos Fiscais	0,00
(-) Compensação de Prejuízos Fiscais	0,00
Lucro Real	0,00

(*) Conforme § 2º do art. 103 da IN RFB nº 1.700/2017, o valor da perda será adicionado ao lucro líquido na determinação do lucro real no período de apuração em que for apropriado como despesa. No ano de 2015, a perda na AVJ foi contabilizada como despesa.

Parte "B" – e-Lalur

Data	Histórico	Valor R$	Débito-Crédito	Saldo Devedor/Credor
31.12.2015	Adição (art. 103, § 2º, da IN nº 1.700/2017)	20.000,00	Débito	20.000,00 D

Razonetes:

Edificações (AÑC – Propriedade para Investimento)	Bancos conta Movimento
100.000,00 (1)	100.000,00 (1)

Edificações – Subconta cf. Lei nº 12.973/2014 (AÑC – Propr. Invest.)		Perdas – AVJ (Resultado)	
	20.000,00 (2)	20.000,00 (2)	

Ano de 2016

Não há movimentação nessas contas.

Ano de 2017

Premissas:

- 02.01.2017 – O edifício passa a ser ocupado pela empresa e utilizado no processo administrativo e operacional;
- taxa de depreciação: 4% a.a (não há valor residual).

Depreciação:

a) Societária:

R$ 80.000,00 x 4% = R$ 3.200,00

b) Fiscal:

R$ 100.000,00 x 4% = R$ 4.000,00

c) Diferença: R$ 800,00

Atenção:

O valor de R$ 800,00 será registrado como Depreciação Acumulada de Edifícios – Subconta cf. Lei nº 12.973/2014. Nesse caso, como o valor da depreciação é dedutível, o valor da subconta deverá ser adicionado ao lucro líquido na determinação do lucro real no período de apuração relativo à baixa (§§ 3º e 5º do art. 103 da IN RFB nº 1.700/2017).

Lançamentos contábeis:

3) Reclassificação da conta ‡Propriedade para Investimentos· para a conta de ‡Ativo Imobilizado·, pelo uso do imóvel para Íns administrativos e operacionais a partir de 02.01.2017:

SP 02.01.2017

D – Edifícios (AÑC – Imobilizado)		100.000,00
C – Edifícios (AÑC – Propriedade para Investimentos)		100.000,00

Controle por Subcontas – Pós-adoção

4) Reclassificação do saldo da subconta de edifícios (proprie-dade para investimentos) para a subconta de edifícios (imo-bilizado) pelo uso do imóvel a partir desta data:

SP 02.01.2017

D – Edifícios – Subconta cf. Lei nº 12.973/2014

(AÑC – Propr. Invest.)   20.000,00

C – Edifícios – Subconta cf. Lei nº 12.973/2014

(AÑC – Imobilizado)   20.000,00

5) Pela depreciação anual de 2017:

SP 31.12.2017

D – Depreciação (Resultado)   3.200,00

D – Dep. Acum. Edifícios – Subconta cf.

Lei nº 12.973/2014 (AÑC)   800,00 ★

C – Dep. Acum. Edifícios (AÑC – Imobilizado)   4.000,00

(★) Art. 103, § 3º, da IN RFB nº 1.700/2017.

Nesse caso, temos, no e–Lalur:

Demonstração do Lucro Real
2017

Lucro Líquido do Exercício antes do IRPJ	(3.200,00)
(+) Adições	0,00
(-) Exclusões	
Art. 103, § 5º, da IN nº 1.700/2017	(800,00)*
Lucro Real antes da Compensação de Prejuízos Fiscais	(4.000,00)
(-) Compensação de Prejuízos Fiscais	0,00
Lucro Real	(4.000,00) **

(*) O valor de R$ 800,00 corresponde à diferença entre a depreciação societária e a fiscal. Conforme dispõe o art. 103, § 5º, da IN nº 1.700/2017, este valor representa a parcela realizada da perda no AVJ de R$ 20.000,00. Portanto, a pessoa jurídica deve baixar parcialmente este valor na Parte "B" do e-Lalur.
(**) O lucro real é representado pela quota anual de depreciação fiscal.

Parte "B" – e-Lalur

Data	Histórico	Valor R$	Débito-Crédito	Saldo Devedor/Credor
31.12.2015	Perda AVJ (art. 103, § 2º, da IN nº 1.700/2017)	20.000,00	Débito	20.000,00 D
31.12.2017	Baixa parcial conf. art. 103, §§ 3º e 5º, da IN nº 1.700/2017	800,00	Crédito	19.200,00 D

Razonetes:

Edifícios (AÑC – Propriedade para Investimento)

100.000,00 (1)	100.000,00 (3)

Edifícios – Subconta cf. Lei nº 12.973/2014 (AÑC – Prop. Invest.)

20.000,00 (4)	20.000,00 (2)

Edifícios (AÑC – Imobilizado)

100.000,00 (3)	

Dep. Acum. Edifícios (AÑC – Imob.)

	4.000,00 (5)

Edifícios – Subconta cf. Lei nº 12.973/2014 (AÑC – Imobilizado)

	20.000,00 (4)

Dep. Acum. Edifícios – Subconta cf. Lei nº 12.973/2014 (AÑC – Imobilizado)

800,00 (5)	

Depreciação (Resultado)

3.200,00 (5)	

Ano de 2018

Lançamentos contábeis:

6) Pela depreciação anual de 2018:

SP 31.12.2018

D – Depreciação (Resultado)   3.200,00

Controle por Subcontas – Pós-adoção

D – Dep. Acum. Edifícios – Subconta cf.
Lei nº 12.973/2014 (AÑC)   800,00 *
C – Dep. Acum. Edifícios (AÑC – Imobilizado)   4.000,00
(*) Art. 103, § 3º, da IN RFB nº 1.700/2017

Nesse caso, temos, no e-Lalur:

Demonstração do Lucro Real
2018

Lucro Líquido do Exercício antes do IRPJ	(3.200,00)
(+) Adições	0,00
(-) Exclusões	
Art. 103, § 5º, da IN nº 1.700/2017	(800,00) *
Lucro Real antes da Compensação de Prejuízos Fiscais	(4.000,00)
(-) Compensação de Prejuízos Fiscais	0,00
Lucro Real	(4.000,00) **

(*) O valor de R$ 800,00 corresponde à diferença entre a depreciação societária e a fiscal. Conforme dispõe o art. 103, § 5º, da IN nº 1.700/2017, esse valor representa a parcela realizada da perda no AVJ de R$ 20.000,00. Portanto, a pessoa jurídica deve baixar parcialmente este valor na Parte "B" do e-Lalur.
(**) O lucro real é representado pela quota anual de depreciação fiscal.

Parte "B" – e-Lalur

Data	Histórico	Valor R$	Débito-Crédito	Saldo Devedor/Credor
31.12.2015	Perda AVJ (art. 103, § 2º, da IN nº 1.700/2017)	20.000,00	Débito	20.000,00 D
31.12.2017	Baixa parcial conf. art. 103, §§ 3º e 5º, da IN nº 1.700/2017	800,00	Crédito	19.200,00 D
31.12.2018	Baixa parcial conf. art. 103, §§ 3º e 5º, da IN nº 1.700/2017	800,00	Crédito	18.400,00 D

Razonetes

Edifícios (AÑC – Imobilizado)	
100.000,00 (3)	

Dep. Acum. Edifícios (AÑC – Imob.)	
	4.000,00 (5)
	4.000,00 (6)
	8.000,00 SF

Edifícios – Subconta cf. Lei nº 12.973/2014 (AÑC – Imobilizado)	
	20.000,00 (4)

Dep. Acum. Edifícios – Subconta cf. Lei nº 12.973/2014 (AÑC – Imobilizado)	
800,00 (5)	
800,00 (6)	
1.600,00 SF	

Depreciação (Resultado)	
3.200,00 (6)	

Ano de 2019

Lançamentos contábeis:

7) Pela venda do edifício, por R$ 95.000,00:

SP 02.01.2019

D – Bancos conta Movimento (AC)	95.000,00
C – Ganho ou Perda de Capital (Resultado)	95.000,00

8) Pela baixa do custo do bem vendido:

SP 02.01.2019

D – Ganho ou Perda de Capital (Resultado)	73.600,00
D – Dep. Acum. Edifícios (AÑC – Imobilizado)	8.000,00
D – Edifícios – Subconta cf. Lei nº 12.973/2014 (AÑC)	20.000,00
C – Dep. Acum. Edifícios – Subconta cf. Lei nº 12.973/2014 (AÑC)	1.600,00
C – Edifícios (AÑC – Imobilizado)	100.000,00

Nesse caso, temos, no e-Lalur:

Controle por Subcontas – Pós-adoção

Demonstração do Lucro Real
2019

Lucro Líquido do Exercício antes do IRPJ	21.400,00
(+) Adições	0,00
(-) Exclusões	
Art. 103, §§ 3º e 5º, da IN nº 1.700/2017	(18.400,00)*
Lucro Real antes da Compensação de Prejuízos Fiscais	3.000,00
(-) Compensação de Prejuízos Fiscais	0,00
Lucro Real	3.000,00

(*) O valor de R$ 18.400,00, excluído na Parte "A" do e-Lalur, corresponde à perda na AVJ de edifícios no valor de R$ 20.000,00 (adicionado no ano-calendário de 2015) e subtraída das parcelas realizadas por meio de subcontas em 2017 e 2018, no valor de R$ 800,00 em cada ano-calendário.

Assim, temos:

[R\$ 20.000,00 − (R\$ 800,00 + R\$ 800,00)] = R\$ 18.400,00

[R\$ 20.000,00 − R\$ 1.600,00] = R\$ 18.400,00

Atenção:

A pessoa jurídica deve dar baixa do saldo de R$ 18.400,00, correspondente ao valor de R$ 20.000,00, controlado na Parte "B" do e-Lalur, relativa à perda na AVJ registrada no ano-calendário de 2015.

Parte "B" – e-Lalur

Data	Histórico	Valor R$	Débito-Crédito	Saldo Devedor/Credor
31.12.2015	Perda AVJ (art. 103, § 2º, da IN nº 1.700/2017)	20.000,00	Débito	20.000,00 D
31.12.2017	Baixa parcial conf. art. 103, §§ 3º e 5º, da IN nº 1.700/2017	800,00	Crédito	19.200,00 D
31.12.2018	Baixa parcial conf. art. 103, §§ 3º e 5º, da IN nº 1.700/2017	800,00	Crédito	18.400,00 D
31.12.2019	Baixa total da perda na AVJ pela realização do ativo mediante alienação (art. 103, §§ 3º e 5º, da IN nº 1.700/2017)	18.400,00	Crédito	0,00 D

Razonetes:

Edifícios (AÑC – Imobilizado)		Bancos c/ Movimento (AC)	
100.000,00 (3)			
	100.000,00 (8)	95.000,00 (7)	

Edifícios – Subconta cf. Lei nº 12.973/2014 (AÑC – Imobilizado)		Dep. Acum. Edifícios (AÑC – Imobilizado)	
	20.000,00 (4)		4.000,00 (5)
20.000,00 (8)			4.000,00 (6)
		8.000,00 (8)	

Dep. Acum. Edifícios – Subconta cf. Lei nº 12.973/2014 (AÑC – Imobilizado)		Ganho ou Perda de Capital (Resultado)	
800,00 (5)		73.600,00 (8)	95.000,00 (7)
800,00 (6)			
	1.600,00 (8)		
			21.400,00 SF

3.4.3.2.Perda na AVJ de Ativo (Depreciação Indedutível)

Com base nos dados do exemplo apresentado no subtópico 3.4.3.1, enunciamos um caso prático de Ganho na Avaliação a Valor Justo (AVJ) de Ativo, na situação em que os valores realizados por depreciação fossem indedutíveis e o valor realizado por alienação fosse dedutível.

Ano de 2015

Assim, temos, no e-Lalur:

Demonstração do Lucro Real
2015

Lucro Líquido do Exercício antes do IRPJ	(20.000,00)
(+) Adições	
Art. 103, § 2º, da IN nº 1.700/2017	20.000,00 *
(-) Exclusões	0,00
Lucro Real antes da Compensação de Prejuízos Fiscais	0,00
(-) Compensação de Prejuízos Fiscais	0,00
Lucro Real	0,00

(*) O valor da perda (R$ 20.000,00) será adicionado ao lucro líquido na determinação do lucro real no período de apuração em que for apropriado como despesa. No ano de 2015, a perda na AVJ foi contabilizada como despesa.

Ano de 2016

Não houve movimentação no período.

Ano de 2017

Assim, temos, no e-Lalur:

Demonstração do Lucro Real
2017

Lucro Líquido do Exercício antes do IRPJ	(3.200,00) *
(+) Adições	
Art. 103, § 6º, da IN nº 1.700/2017	3.200,00 *
(-) Exclusões	0,00
Lucro Real antes da Compensação de Prejuízos Fiscais	0,00
(-) Compensação de Prejuízos Fiscais	0,00
Lucro Real	0,00

(*) O valor de R$ 3.200,00 corresponde à quota anual de depreciação societária.

Ano de 2018

Assim, temos, no e-Lalur:

Demonstração do Lucro Real
2018

Lucro Líquido do Exercício antes do IRPJ	(3.200,00) *
(+) Adições	
Art. 103, § 6º, da IN nº 1.700/2017	3.200,00
(-) Exclusões	0,00
Lucro Real antes da Compensação de Prejuízos Fiscais	0,00
(-) Compensação de Prejuízos Fiscais	0,00
Lucro Real	0,00

(*) O valor de R$ 3.200,00 corresponde à quota anual de depreciação societária.

Ano de 2019

Nesse caso, temos, no e-Lalur:

Demonstração do Lucro Real
2019

Lucro Líquido do Exercício antes do IRPJ	21.400,00
(+) Adições	0,00
(-) Exclusões	
Art. 103, §§ 3º e 5º, da IN nº 1.700/2017	(18.400,00)*
Lucro Real antes da Compensação de Prejuízos Fiscais	3.000,00
(-) Compensação de Prejuízos Fiscais	0,00
Lucro Real	3.000,00

(*) O valor de R$ 18.400,00, excluído na Parte "A" do e-Lalur, corresponde à perda na AVJ de edifícios no valor de R$ 20.000,00 (adicionado no ano-calendário de 2015), e foi subtraído das parcelas realizadas de depreciação fiscal por meio de subcontas nos anos-calendário de 2017 e 2018, no valor de R$ 800,00 em cada ano.

Assim, temos:

[R$ 20.000,00 − (R$ 800,00 + R$ 800,00)] = R$ 18.400,00

[R$ 20.000,00 − R$ 1.600,00] = R$ 18.400,00

(Fundamentação legal: arts. 102 a 104 da IN RFB nº 1.700/2017)

3.4.3.3. Perda na AVJ de Ativo (Investimentos Temporários)

A Companhia Mi Roma S.A. possui investimentos temporários em ações de três empresas (Vale1; Petra2 e BBAS3).

Dados Complementares:

* saldo do valor do investimento em 31.01.2015 = R$ 100.000,00;
* valor justo das ações em 30.06.2015, conforme laudo de avaliação = R$ 60.000,00.

Lançamentos Contábeis:

1) Pela Avaliação a Valor Justo:

SP 30.06.2015

D − Perdas na AVJ (Resultado)   40.000,00

C − Investimentos Temporários AVJ (AÑC)   40.000,00

Razonetes:

Investimentos Temporários		Investimentos Temp. AVJ (art. 103 da IN nº 1.700/2017)	
100.000,00 Si			40.000,00 (1)

Perdas na AVJ (Resultado)	
40.000,00 (1)	

> **Atenção:**
>
> O livro Razão Auxiliar de Subcontas (RAS) deve identificar o Ajuste a Valor Justo (AVJ) por ação. A escrituração do livro RAS da ECD será apresentada no tópico 8.2 deste livro.

3.5. Avaliação a Valor Justo de Títulos e Valores Mobiliários – GANHO e PERDA

3.5.1. Evidenciação por Subconta

O ganho ou perda decorrente de AVJ de títulos e valores mobiliários adquiridos pelas pessoas jurídicas somente serão computados na base de cálculo do IRPJ quando de sua alienação ou baixa, observados os procedimentos estabelecidos nos arts. 97 a 99, 102 e 103 da IN RFB nº 1.700/2017 (controle por subconta).

> **Atenção:**
>
> Considera-se alienação qualquer forma de transmissão da propriedade, bem como a liquidação, resgate, cessão ou repactuação do título ou aplicação.

3.5.2. Mercados de Liquidação Futura Sujeitos a Ajustes de Posições

No caso de operações realizadas em mercados de liquidação futura sujeitos a ajustes de posições, não se considera como hipótese de liquidação ou baixa o pagamento ou recebimento de tais ajustes durante a vigência do contrato, devendo os resultados positivos ou negativos incorridos nas operações realizadas ser reconhecidos por ocasião da liquidação do contrato, cessão ou encerramento da posição na forma prevista no art. 32 da Lei nº 11.051/2004 e no art. 1º da IN SRF nº 575/2005.

3.5.3. Títulos e Valores Mobiliários Adquiridos por Instituições Financeiras

No caso de títulos e valores mobiliários adquiridos por instituições financeiras e demais entidades autorizadas a funcionar pelo Banco Central do Brasil, serão observados os critérios para registro e avaliação contábil de títulos e valores mobiliários estabelecidos no Plano Contábil das Instituições do Sistema Financeiro Nacional (Cosif), sem prejuízo do disposto nos arts. 35 da Lei nº 10.637/2002 e 110 da Lei nº 11.196/2005.

3.5.4. Parcela Não Dedutível

Não serão dedutíveis na determinação do lucro real, desde que observado o disposto no subtópico 3.5.5 a seguir:

I – as perdas incorridas em operações iniciadas e encerradas no mesmo dia (*day-trade*) realizadas em mercado de renda fixa ou variável, devendo ser adicionadas ao lucro líquido do período de apuração;

II – as perdas apuradas nas operações de renda variável realizadas em bolsa e nas operações de *swap*, que excederem os ganhos auferidos nas mesmas operações.

As perdas incorridas nas operações de *swap* somente serão dedutíveis na determinação do lucro real, se a operação de *swap* for registrada e contratada de acordo com as normas emitidas pelo Conselho Monetário Nacional e pelo Banco Central do Brasil.

As perdas não deduzidas em um período de apuração poderão ser deduzidas nos períodos subsequentes, observado o limite a que se refere o número II acima.

> **Atenção:**
>
> O disposto deste subtópico não se aplica às perdas apuradas pelas aplicações de titularidade de instituição financeira, agência de fomento, sociedade de seguro, previdência e capitalização, sociedade corretora de títulos, valores mobiliários e câmbio, sociedade distribuidora de títulos e valores mobiliários ou sociedade de arrendamento mercantil.

3.5.5. Operações Realizadas para Fins de *Hedge*

Consideram-se operações realizadas para fins de *hedge* as operações com derivativos destinadas exclusivamente à proteção contra riscos inerentes às oscilações de preço ou de taxas, quando o objeto do contrato negociado:

I – estiver relacionado com as atividades operacionais da pessoa jurídica;

II – destinar-se à proteção de direitos ou obrigações da pessoa jurídica.

Isto se aplica também às operações de *hedge* realizadas nos mercados financeiro ou de liquidação futura de taxas de juros, de preços de título ou valor mobiliário, de mercadoria, de taxa de câmbio e de índices, desde que objetivem a proteção de negócios relacionados com a atividade operacional da empresa e se destinem à proteção de direitos ou obrigações da pessoa jurídica.

> **Atenção:**
>
> A limitação de dedutibilidade de perdas prevista no subtópico 3.5.4 acima não se aplica às perdas incorridas nas operações de que trata este artigo.

3.5.5.1.Dedutibilidade das Perdas em Operações de Hedge

Será adicionalmente admitida a dedutibilidade de perdas em operações para *hedge* registradas no mercado de balcão organizado ou em sistemas de registro administrados por entidades autorizadas nos termos da legislação vigente.

3.5.5.2.Variações no Valor Justo do Instrumento de Hedge

As variações no valor justo do instrumento de *hedge* e do item objeto de *hedge*, para fins de apuração do Imposto sobre a Renda, devem ser computadas no mesmo período de apuração, observado o disposto no art. 105 da IN RFB nº 1.700/2017.

Sem prejuízo do disposto no parágrafo anterior, as operações com instrumentos financeiros derivativos destinadas a *hedge* devem atender, cumulativamente, às seguintes condições:

I – ter comprovada a necessidade do *hedge* por meio de controles que mostrem os valores de exposição ao risco relativo aos bens, direitos, obrigações e outros itens objeto de *hedge*, destacados o processo de gerenciamento de risco e a metodologia utilizada na apuração desses valores;

II – ter demonstrada a adequação do *hedge* por meio de controles que comprovem a existência de correlação, na data da contratação da operação, entre as variações de preço do instrumento de *hedge* e os retornos esperados pelos bens, direitos, obrigações e outros itens objeto de *hedge*.

> **Atenção:**
>
> No caso de não atendimento, a qualquer tempo, das exigências previstas no art. 107 da IN RFB nº 1.700/2017 ou a falta de comprovação da efetividade do *hedge*, a operação será tributada na forma prevista no art. 49 dessa IN e a compensação de perdas na apuração do Imposto sobre a Renda fica limitada aos ganhos auferidos em outras operações de renda variável, conforme disposto no inciso II, *caput*, do art. 106 desta IN.

3.5.5.3.Resultados Líquidos Obtidos em Operações de Hedge

No caso de resultados líquidos, positivos ou negativos, obtidos em operações de *hedge* realizadas em mercados de liquidação futura, diretamente pela empresa brasileira, em bolsas no exterior, deverá ser observado o disposto no art. 17 da Lei nº 9.430/1996, e regulamentação específica.

(Fundamentação legal: arts. 105 a 109 da IN RFB nº 1.700/2017)

3.6. Ganho na Avaliação a Valor Justo na Subscrição de Ações

3.6.1. Evidenciação em Subconta

"Art. 110. O ganho decorrente de avaliação com base no valor justo de bem do ativo incorporado ao patrimônio de outra pessoa jurídica, na subscrição em bens de capital social, ou de valores mobiliários emitidos por companhia, não será computado na determinação do lucro real, desde que o aumento no valor do bem do ativo seja evidenciado contabilmente em subconta vinculada à participação societária ou aos valores mobiliários, com discriminação do bem objeto de avaliação com base no valor justo, em condições de permitir a determinação da parcela realizada em cada período."

3.6.2. Realização do Ganho por Subconta

O ganho evidenciado por meio da subconta será computado na determinação do lucro real:

I – na alienação ou na liquidação da participação societária ou dos valores mobiliários, pelo montante realizado;

II – proporcionalmente ao valor realizado, no período-base em que a pessoa jurídica que houver recebido o bem realizar seu valor, inclusive mediante depreciação, amortização, exaustão, alienação ou baixa, ou com ele integralizar capital de outra pessoa jurídica; ou

III – na hipótese de bem não sujeito à realização por depreciação, amortização ou exaustão, que não tenha sido alienado, baixado ou utilizado na integralização do capital de outra pessoa jurídica, nos 5 (cinco) anos-calendário subsequentes à subscrição em bens de capital social, ou de valores mobiliários emitidos por companhia, à razão de 1/60, no mínimo, para cada mês do período de apuração.

3.6.2.1.Subconta Não Evidenciada

O ganho não evidenciado por meio de subconta será tributado. Nesse caso, o ganho não poderá acarretar redução de prejuízo fiscal do período e deverá ser considerado em período de apuração seguinte em que exista lucro real antes do cômputo do referido ganho.

3.6.2.2. Subscrição do Capital Social

Se a subscrição de capital social for feita por meio da entrega de participação societária, será considerada realização a absorção do patrimônio da investida, em virtude de incorporação, fusão ou cisão, pela pessoa jurídica que teve o capital social subscrito por meio do recebimento da participação societária.

Isto também se aplica quando a investida absorver, em virtude de incorporação, fusão ou cisão, o patrimônio da pessoa jurídica que teve o capital social subscrito por meio do recebimento da participação societária.

3.6.2.3.Diferimento do Ganho

No caso de ativo incorporado ao patrimônio de outra pessoa jurídica nessas condições, a tributação do ganho decorrente de avaliação com base no valor justo poderá ser diferida, desde que o respectivo aumento no valor do ativo seja registrado em subconta vinculada à participação societária ou aos valores mobiliários adquiridos, com discriminação do bem na denominação da subconta, e em condições de permitir a determinação da parcela realizada em cada período de apuração.

3.6.3. Registro Contábil em Subconta

Quando da avaliação com base no valor justo, o ganho será registrado a crédito em conta de receita ou de patrimônio líquido em contrapartida à subconta vinculada à participação societária ou aos valores mobiliários adquiridos.

Exemplo:

SP 01.01.2015

D – Participação Societária – Subconta cf. Lei nº 12.973/2014 (AÑC)

C – Receita Operacional (Resultado) ou Patrimônio Líquido (PL)

3.6.4. Exclusão do e-Lalur

O ganho poderá ser excluído do lucro líquido na determinação do lucro real no período de apuração em que for apropriado como receita.

3.6.5. Baixa da Subconta

O valor registrado na subconta será baixado da seguinte forma:

I – na alienação ou na liquidação da participação societária ou dos valores mobiliários, pelo montante realizado;

II – proporcionalmente ao valor realizado, no período-base em que a pessoa jurídica que houver recebido o bem realizar seu valor, inclusive mediante depreciação, amortização, exaustão, alienação ou baixa, ou com ele integralizar capital de outra pessoa jurídica; ou

III – na hipótese de bem não sujeito à realização por depreciação, amortização ou exaustão que não tenha sido alienado, baixado ou utilizado na integralização do capital de outra pessoa jurídica, nos 5 (cinco) anos-calendário subsequentes à subscrição em bens de capital social, ou de valores mobiliários emitidos por companhia, à razão de 1/60, no mínimo, para cada mês do período de apuração.

> **Atenção:**
>
> O valor da subconta baixado deverá ser adicionado ao lucro líquido na determinação do lucro real no período de apuração relativo à baixa.

(Fundamentação legal: arts. 110 a 113 da IN RFB nº 1.700/2017)

3.7. Perda na Avaliação a Valor Justo na Subscrição de Ações

3.7.1. Evidenciação em Subconta

A perda decorrente de AVJ de bem do ativo incorporado ao patrimônio de outra pessoa jurídica, na subscrição em bens de capital social, ou de valores mobiliários emitidos por companhia, somente poderá ser computada na

Controle por Subcontas – Pós-adoção

determinação do lucro real caso a respectiva redução no valor do bem do ativo seja evidenciada contabilmente em subconta vinculada à participação societária ou aos valores mobiliários, com discriminação do bem objeto de avaliação com base no valor justo, em condições de permitir a determinação da parcela realizada em cada período, e:

I – na alienação ou na liquidação da participação societária ou dos valores mobiliários, pelo montante realizado;

II – proporcionalmente ao valor realizado, no período-base em que a pessoa jurídica que houver recebido o bem realizar seu valor, inclusive mediante depreciação, amortização, exaustão, alienação ou baixa, ou com ele integralizar capital de outra pessoa jurídica; ou

III – na hipótese de bem não sujeito à realização por depreciação, amortização ou exaustão que não tenha sido alienado, baixado ou utilizado na integralização do capital de outra pessoa jurídica, a perda poderá ser amortizada nos balanços correspondentes à apuração de lucro real, levantados durante os 5 anos-calendário subsequentes à subscrição em bens de capital social, ou de valores mobiliários emitidos por companhia, à razão de 1/60, no máximo, para cada mês do período de apuração.

3.7.2. Subconta Não Evidenciada

A perda não evidenciada em subconta será considerada indedutível na determinação do lucro real.

3.7.3. Subscrição de Capital por Meio de Participação Societária

Se a subscrição de capital social for feita por meio da entrega de participação societária, será considerada realização, nos termos do número II do subtópico 3.7.1, a absorção do patrimônio da investida, em virtude de incorporação, fusão ou cisão pela pessoa jurídica que teve o capital social subscrito por meio do recebimento da participação societária.

Isto se aplica, inclusive, quando a investida absorver, em virtude de incorporação, fusão ou cisão, o patrimônio da pessoa jurídica que teve o capital social subscrito por meio do recebimento da participação societária.

Se o ativo for incorporado ao patrimônio de outra pessoa jurídica nas condições previstas no parágrafo acima, a perda decorrente da avaliação com base no valor justo somente poderá ser computada na determinação do lucro real caso a respectiva redução no valor do ativo seja registrada em subconta vinculada à participação societária ou aos valores mobiliários adquiridos, com discriminação do bem na denominação da subconta e em condições de permitir a determinação da parcela realizada em cada período. Para isto, devem ser obedecidas as seguintes condições:

a) quando da avaliação com base no valor justo, a perda será registrada a débito em conta de despesa ou de patrimônio líquido em contrapartida à subconta vinculada à participação societária ou aos valores mobiliários adquiridos;

b) a perda será adicionada ao lucro líquido na determinação do lucro real no período de apuração em que for apropriada como despesa;

c) o valor registrado na subconta será baixado de acordo com os números I, II e III do subtópico 3.7.1 acima.

> **Atenção:**
>
> O valor da subconta baixado poderá ser excluído do lucro líquido na determinação do lucro real no período de apuração relativo à baixa.

Para Silva (2015), os investimentos podem ser temporários ou permanentes. Os investimentos permanentes têm natureza diferente dos temporários, visto que há a intenção de aplicação não de forma temporária (SILVA, 2015, p. 20).

Ainda, segundo Silva:

> Os investimentos temporários são adquiridos quando a empresa investidora não tem a intenção de permanecer com tais investimentos por prazo muito longo, criando uma política de resgate em relação às suas necessidades imediatas normalmente no curto ou longo prazo. (SILVA, 2015, p. 20.)

(Fundamentação legal: arts. 112 e 113 da IN RFB nº 1.700/2017)

3.8. Ganhos e Perdas no Ajuste Decorrente de AVJ na Coligada/Controlada

3.8.1. Ganho no Ajuste Decorrente de AVJ na Coligada/Controlada

A contrapartida do ajuste positivo (ganho), na participação societária, mensurada pelo patrimônio líquido, decorrente da AVJ de ativo ou passivo da investida, deverá ser compensada pela baixa do respectivo saldo da mais-valia de que trata o inciso II do *caput* do art. 178 da IN RFB nº 1.700/2017, ou seja, da diferença entre o valor justo dos ativos líquidos da investida, na proporção da porcentagem da participação adquirida, e o valor de patrimônio líquido na época da aquisição.

3.8.1.1.Evidenciação por Subconta

O ganho relativo à contrapartida de que trata o *caput* deste artigo, no caso de bens diferentes dos que serviram de fundamento à mais-valia de que trata o inciso II do *caput* do art. 178 da IN RFB n° 1.700/2017, ou relativo à contrapartida superior ao saldo da mais-valia, deverá ser computado na determinação do lucro real, salvo se o ganho for evidenciado contabilmente em subconta vinculada à participação societária, com discriminação do bem, do direito ou da obrigação da investida objeto de avaliação com base no valor justo, em condições de permitir a determinação da parcela realizada, liquidada ou baixada em cada período.

3.8.1.2.Baixa da Subconta

O valor registrado no subtópico 3.8.1.1, acima, será baixado à medida que o ativo da investida for realizado, inclusive mediante depreciação, amortização, exaustão, alienação ou baixa, ou quando o passivo da investida for liquidado ou baixado, e o ganho respectivo não será computado na determinação do lucro real nos períodos de apuração em que a investida computar o ganho na determinação do lucro real.

3.8.1.3.Tributação da Subconta

O ganho relativo ao saldo da subconta deverá ser computado na determinação do lucro real do período de apuração em que o contribuinte alienar ou liquidar o investimento.

3.8.1.4.Diferimento do Ganho

A tributação do ganho relativo à contrapartida do ajuste positivo, na participação societária, mensurada pelo patrimônio líquido, decorrente da avaliação pelo valor justo de ativo ou passivo da investida (art. 114, § 1°, da IN RFB n° 1.700/2017), poderá ser diferida, desde que o ganho seja evidenciado em subconta vinculada à participação societária, com discriminação do bem, do direito ou da obrigação da investida objeto de avaliação com base no valor justo, em condições de permitir a determinação da parcela realizada, liquidada ou baixada em cada período de apuração.

3.8.1.5.Registro em Subconta

Quando da avaliação com base no valor justo pela investida, o ganho será registrado pela investidora a crédito em conta de receita ou de patrimônio líquido em contrapartida à subconta vinculada à participação societária.

Exemplo:

SP 01.01.2015

D – Participação Societária – Subconta cf. Lei nº 12.973/2014

C – Receita Operacional (Resultado) ou Patrimônio Líquido (PL)

> **Atenção:**
>
> O ganho poderá ser excluído do lucro líquido na determinação do lucro real no período de apuração em que for apropriado como receita.

3.8.1.6 Baixa da Subconta

A importância registrada na subconta será baixada à medida que o ativo da investida for realizado, inclusive mediante depreciação, amortização, exaustão, alienação ou baixa, ou quando o passivo da investida for liquidado ou baixado.

Este valor da subconta, quando baixado, não será adicionado ao lucro líquido na determinação do lucro real, caso a investida tenha computado o ganho respectivo na determinação do lucro real ou esteja desobrigada de computar o ganho respectivo na determinação do lucro real.

O valor da subconta baixado deverá ser adicionado ao lucro líquido na determinação do lucro real no período de apuração relativo à baixa.

> **Atenção:**
>
> O valor registrado na subconta também será baixado na alienação ou liquidação da participação societária pelo montante realizado.

3.8.1.7.Exemplo Prático

Premissas:

- a empresa MI Roma S.A. possui o terreno X (propriedade para investimento) registrado na contabilidade pelo valor de aquisição de R$ 1.000,00;
- a empresa Gabri S.A. adquire, em 20x1, o percentual de 100% do capital da MI Roma S.A., pelo valor de R$ 1.100,00. O valor justo do terreno X nesta data é de R$ 1.100,00;
- o valor justo do terreno X, em 31.12.20x1 é de R$ 1.300,00;
- em 20x2 MI Roma S.A. aliena o terreno X pelo valor de R$ 1.350,00.

Controle por Subcontas – Pós-adoção

Ano de 20x1
Lançamentos contábeis:
MI Roma S.A.:

1) Pelo registro do valor justo do terreno X
SP 31.12.20x1

D – Terreno X – AVJ (AÑC)	300,00	
C – Ganho na AVJ (RE)		300,00

2) Transferência do RE para PL
SP 31.12.20x1

D – Ganho na AVJ (Resultado)	300,00	
C – Patrimônio Líquido (PL)	300,00	

3) Razonetes nesta data:

Terreno X (AÑC)		Terreno X – AVJ (AÑC)	
1.000,00 Si		300,00 (2)	

Ganho na AVJ (Resultado)		Patrimônio Líquido (PL)	
	300,00 (2)		1.000,00 Si
300,00 (3)			300,00 (3) **
			1.300,00 SF

(**) O ganho na AVJ de R$ 300,00 transitou pelo resultado de MI Roma S.A. e foi excluído no e-Lalur.

Lançamentos contábeis:
Gabri S.A.:
1) Aquisição de 100% de participação societária em MI Roma S.A.

Atenção:

- O investimento é registrado pelo valor patrimonial de R$ 1.000,00.

- A mais-valia do terreno X é de R$ 100,00.

Assim, temos:

SP XX.XX.20x1

D – Investimentos MI Roma (AÑC)	1.000,00
D – Mais-valia Invest. MI Roma – Terreno X (AÑC)	100,00
C – Bancos conta Movimento (AC)	1.100,00

2) Ajuste da Mais-valia do investimento em MI Roma S.A.

SP. X.XX.20x1

D – Investimentos MI Roma (AÑC)	100,00
C – Mais-valia Invest. MI Roma – Terreno X (AÑC)	100,00

3) Avaliação a valor justo Terreno X

SP 31.12.20x1

D – Investimentos e Participações – AVJ – MI Roma (AÑC)	200,00
C – Ganho na AVJ (Resultado)	200,00

Nesse caso, temos, no e-Lalur:

Demonstração do Lucro Real

31.12.20x1

Lucro líquido antes do IRPJ	200,00
(+) Adições	0,00
(-) Exclusões	
Ganho na AVJ	(200,00)
Lucro Real antes da Compensação de Prejuízos	0,00
(-) Compensação de Prejuízos	(0,00)
Lucro Real	0,00

4) Razonetes:

Invest. Particip. MI ROMA (AÑC)		Mais-Valia Invest. MI ROMA (AÑC)	
1.000,00 (1)		100,00 (1)	
100,00 (2)			100,00 (2)
1.100,00 SF			

Controle por Subcontas – Pós-adoção

Bancos c/ Movimento (AC	
1.100,00 (1)	

Invest. MI ROMA – AVJ (AÑC)	
200,00 (3)	

Ganho na AVJ (Resultado)	
	200,00 (3)

Ano de 20x2

Lançamentos contábeis:

Mi Roma S.A.:

4) Pelo venda à vista do investimento:

SP XX.XX.20x2

D – Bancos conta Movimento (AC)	1.350,00
C – Receita na Venda do Investimento (Resultado)	1.350,00

5) Pela baixa do investimento do ativo:

SP XX.XX.20x2

D – Custo Baixa do Investimento (AÑC)	1.300,00
C – Terreno X (AÑC)	1.000,00
C – Terreno X – AVJ (AÑC)	300,00

6) Pela transferência da conta de resultado para RE

SP 31.12.20x2

D – Receita na Venda do Investimento (Resultado)	1.350,00
C – Custo na Baixa do Investimento (Resultado)	1.300,00
C – Patrimônio Líquido (PL)	50,00

Terreno X (AÑC)	
1.000,00 Si	
	1.000,00 (5)

Terreno X – AVJ (AÑC)	
300,00 (2)	
	300,00 (5)

Patrimônio Líquido (PL)		Receita Venda do Invest. (RE)	
	1.000,00 Si		1.350,00 (4)
	300,00 (3)	1.350,00 (6)	
1.300,00 (5)	1.350,00 (4)		
	1.350,00 SF **		

Custo Baixa do Invest. (RE)	
1.300,00 (5)	1.300,00 (6)

(**) A empresa MI Roma S.A. adicionou o valor de R$ 300,00 em seu e-Lalur.

Lançamentos contábeis:
Gabri S.A.:

4) Pela avaliação patrimonial do investimento:

SP XX.XX.20x2

D – Investimentos MI Roma (AÑC)	50,00
C – Ganho MEP (Resultado)	50,00

5) Pelo registro do AVJ – Terreno X:

SP XX.XX.20x2

D – Investimentos MI Roma (AÑC)	200,00
C – Investimentos MI Roma AVJ (AÑC)	200,00

6) Razonetes:

Investimentos MI Roma (AÑC)		Mais-Valia Invest. MI Roma (AÑC)	
1.000,00 (1)		100,00 (1)	100,00 (2)
100,00 (2)			
50,00 (4)			
200,00 (5)			
1.350,00 SF			

Bancos c/ Movimento (AC)		Invest. MI Roma – AVJ (AÑC)	
	1.100,00 (1)	200,00 (3)	200,00 (5)

Ganho MEP (Resultado)

	50,00 (4)

Nesse caso, temos no e-Lalur:

Demonstração do Lucro Real

31.12.20x2

Lucro líquido antes do IRPJ	50,00
(+) Adições	0,00
(-) Exclusões	
Ganho na AVJ	(50,00)
Lucro Real antes da Compensação de Prejuízos	0,00
(-) Compensação de Prejuízos	(0,00)
Lucro Real	0,00

Atenção:

Em uma cadeia societária em que há diversos "degraus" de empresas, a subconta relativa ao AVJ deverá ser reconhecida por todas as empresas investidoras ao longo da cadeia societária para que possam se beneficiar do diferimento ou não tributação do ganho.

(Fundamentação legal: arts. 114 e 115 da IN RFB nº 1.700/2017)

3.8.2. Perda no Ajuste Decorrente de AVJ na Coligada/Controlada

3.8.2.1.Evidenciação em Subconta

A contrapartida do ajuste negativo (perdas) na participação societária, mensurada pelo patrimônio líquido, decorrente da AVJ de ativo ou passivo da investida, deverá ser compensada pela baixa do respectivo saldo da menos-valia de que trata o inciso II do *caput* do art. 178 da IN RFB nº 1.700/2017, que corresponde à diferença entre o valor justo dos ativos líquidos da investida, na proporção da porcentagem da participação adquirida, e o valor de patrimônio líquido na época da aquisição.

3.8.2.2.Evidenciação no Caso de Bens Diferentes

A perda relativa à contrapartida do ajuste negativo, no caso de bens diferentes dos que serviram de fundamento à menos-valia, ou relativa à contrapartida superior ao saldo da menos-valia não será computada na determinação do lucro real e será evidenciada contabilmente em subconta vinculada à participação societária, com discriminação do bem, do direito ou da obrigação da investida objeto de avaliação com base no valor justo, em condições de permitir a determinação da parcela realizada, liquidada ou baixada em cada período.

3.8.2.3.Baixa da Subconta

O valor registrado na subconta será baixado à medida que o ativo da investida for realizado, inclusive mediante depreciação, amortização, exaustão, alienação ou baixa, ou quando o passivo da investida for liquidado ou baixado, e a perda respectiva não será computada na determinação do lucro real nos períodos de apuração em que a investida computar a perda na determinação do lucro real.

A perda relativa ao saldo da subconta poderá ser computada na determinação do lucro real do período de apuração em que o contribuinte alienar ou liquidar o investimento.

3.8.2.4.Subconta Não Evidenciada

Na hipótese de não ser evidenciada por meio de subconta, a perda será considerada indedutível na apuração do lucro real.

3.8.2.5.Determinação no Lucro Real

Esta perda somente poderá ser computada na determinação do lucro real caso seja evidenciada em subconta vinculada à participação societária, com discriminação do bem, do direito ou da obrigação da investida objeto de avaliação com base no valor justo, em condições de permitir a determinação da parcela realizada, liquidada ou baixada em cada período de apuração, e obedecidas as condições seguintes:

a) quando da avaliação com base no valor justo pela investida, a perda será registrada pela investidora a débito em conta de despesa ou de patrimônio líquido em contrapartida à subconta vinculada à participação societária;

b) a perda será adicionada ao lucro líquido na determinação do lucro real no período de apuração em que for apropriada como despesa;

c) o valor registrado na subconta será baixado à medida que o ativo da investida for realizado, inclusive mediante depreciação, amortização, exaustão, alienação ou baixa, ou quando o passivo da investida for liquidado ou baixado;

d) o valor da subconta baixado conforme a letra "c" não poderá ser excluído do lucro líquido na determinação do lucro real caso a investida tenha deduzido a perda respectiva na determinação do lucro real, ou esteja impedida de deduzir a perda respectiva na determinação do lucro real;

e) o valor registrado na subconta também será baixado na alienação ou liquidação da participação societária, pelo montante realizado. Este valor da subconta baixada poderá ser excluído do lucro líquido na determinação do lucro real no período de apuração relativo à baixa.

(Fundamentação legal: arts. 116 e 117 da IN RFB nº 1.700/2017)

3.9. Incorporação, Fusão e Cisão – Avaliação a Valor Justo transferido para a Sucessora

Nos casos de incorporação, fusão ou cisão, os ganhos decorrentes de avaliação com base no valor justo na sucedida não poderão ser considerados na sucessora como integrante do custo do bem ou direito que lhe deu causa para efeito de determinação de ganho ou perda de capital e do cômputo da depreciação, amortização ou exaustão.

Os ganhos e perdas evidenciados contabilmente em subconta vinculada ao ativo ou passivo de que tratam os itens 3.3 e 3.4 transferidos em decorrência de incorporação, fusão ou cisão terão, na sucessora, têm o mesmo tratamento tributário que teriam na sucedida.

(Fundamentação legal: art. 118 da IN RFB nº 1.700/2017)

3.10. Avaliação a Valor Justo – Mudança do Lucro Presumido para o Lucro Real

Este tópico trata da tributação dos ganhos decorrentes de AVJ da pessoa jurídica tributada pelo lucro presumido que, em período de apuração imediatamente posterior, passar a ser tributada pelo lucro real.

3.10.1. Ganho de AVJ no Lucro Presumido

Na mudança do lucro presumido para o lucro real, a pessoa jurídica deverá incluir na base de cálculo do imposto apurado pelo lucro presumido os ganhos decorrentes de AVJ, que façam parte do valor contábil, e na proporção deste, relativos aos ativos constantes em seu patrimônio.

A tributação dos ganhos poderá ser diferida para os períodos de apuração em que a pessoa jurídica for tributada pelo lucro real, desde que observados os procedimentos e requisitos previstos no tópico 3.3 anterior.

3.10.2. Perdas de AVJ no Lucro Presumido

As perdas verificadas nas condições acima somente poderão ser computadas na determinação do lucro real dos períodos de apuração posteriores se observados os procedimentos e requisitos previstos no tópico 3.4 anterior.

3.10.3. Passivos Relacionados a Ativos ainda não Totalmente Realizados na Transição

Os procedimentos previstos até o momento também se aplica na hipótese de avaliação com base no valor justo de passivos relacionados a ativos ainda não totalmente realizados na data de transição para o lucro real.

A tributação destes ganhos poderá ser diferida para os períodos de apuração em que a pessoa jurídica for tributada pelo lucro real, desde que observados os procedimentos e requisitos previstos no tópico 3.3 anterior.

As perdas apuradas somente poderão ser computadas na determinação do lucro real dos períodos de apuração posteriores se observados os procedimentos e requisitos previstos no tópico 3.4 anterior.

(Fundamentação legal: art. 119 da IN RFB n° 1.700/2017)

3.11. Custo do Ativo Imobilizado

O art. 2° da Lei n° 12.973/2014 alterou o art. 15 do Decreto-Lei n° 1.598/1977. Com isso, a partir de 1°.01.2015, entra em vigor o novo limite do custo de aquisição de bens do ativo não circulante imobilizado e intangível.

3.11.1. Limite Fiscal

O custo de aquisição de bens do ativo não circulante imobilizado e intangível não poderá ser deduzido como despesa operacional, salvo se o bem adquirido tiver valor unitário não superior a R$ 1.200,00 ou prazo de vida útil não superior a 1 (um) ano.

Nas aquisições de bens, cujo valor unitário esteja dentro deste limite, a exceção contida não contempla a hipótese onde a atividade exercida exija utilização de um conjunto desses bens.

Salvo disposições especiais prevista em Lei, o custo dos bens adquiridos ou das melhorias realizadas, cuja vida útil ultrapasse o período de 1 (um) ano, deverá ser ativado para ser depreciado ou amortizado.

3.11.2. Limite Contábil

É importante frisar que a legislação societária (NBC TG 27 (R2) – Ativo Imobilizado, aprovada pela Resolução CFC nº 1.177/2009), não impõe nenhum limite, porém, exige que seja satisfeita as seguintes condições:

a)   for provável que futuros benefícios econômicos associados ao item fluirão para a entidade; e

b)   o custo do item puder ser mensurado confiavelmente.

A legislação contábil exige também que além das condições anteriores à vida útil do bem deve ultrapassar o período de 1 (um) ano.

(Fundamentação legal: art. 120 da IN RFB nº 1.700/2017)

4

Controle por Subcontas a Partir de 1º.01.2018

4.1 Introdução

Desde 1º.01.2018, novas normas contábeis estão prometendo alterações significativas no reconhecimento e mensuração de receitas, custos e despesas. Com isso, podem alterar a base de cálculo e apuração dos tributos federais. Trata-se especificamente dos Pronunciamentos Técnicos Contábeis CPC 06 – Arrendamento Mercantil, CPC 47 – Receita de Contrato com Clientes e CPC 48 – Instrumentos Financeiros.

Tudo começou com a promulgação da Lei nº 11.638/1977, que alterou de forma significante a Lei nº 6.404/1976 (Lei das S.A.), permitindo o processo de convergência e adoção das Normas Internacionais de Contabilidade (*International Financial Reporting Satandards – IFRS*).

Estas alterações modificaram a cultura da contabilidade brasileira e, consequentemente, a base de cálculo e a apuração dos tributos federais. Como o processo de arrecadação tributária seria afetado, o Governo federal neutralizou os seus efeitos com a promulgação da Lei nº 12.973/2014. Observa-se que, no período de 1º.01.2008 a 31.12.2014, vigorou a figura do Regime Tributário de Tributação – RTT, que neutralizava os efeitos contábeis na base de cálculo dos tributos, extinto desde 1º.01.2015 por meio dessa Lei.

Os procedimentos fiscais de neutralidade e os lançamentos contábeis de ajuste iniciais, por meio de subcontas, passaram a ser realizados pela Receita Federal do Brasil em 1º.01.2015, por meio da Instrução Normativa nº 1.515/2014, posteriormente revogada pela Instrução Normativa RFB nº 1.700/2017, que manteve todo o procedimento legal vigente na Instrução Normativa anterior.

Segundo o art. 58 da Lei nº 12.973/2014, a modificação ou a adoção de métodos e critérios contábeis, por meio de atos administrativos emitidos com base em competência atribuída em lei comercial, que sejam posteriores à publicação dessa Lei, não terá implicação na apuração dos tributos federais até que lei tributária regule a matéria.

Isso significa que, se a legislação comercial e societária emitir atos administrativos (Pronunciamentos Contábeis, CPCs, NBCs, etc.) posteriormente à Lei nº 12.973/2014 e que alterem ou modifiquem métodos e critérios contábeis de reconhecimento e mensuração de receitas, custos e despesas, estes não terão implicação na apuração dos tributos federais até que nova lei tributária venha a regular as novas alterações.

O parágrafo único dessa Lei também estabeleceu que compete à Secretaria da Receita Federal do Brasil (RFB), no âmbito de suas atribuições, identificar os atos administrativos e dispor sobre os procedimentos para anular os efeitos desses atos sobre a apuração dos tributos federais.

Os atos administrativos a que o Fisco se refere são os emitidos pelos órgãos reguladores da matéria contábil, especificamente aos procedimentos técnicos editados pelo Comitê de Pronunciamentos Contábeis (CPC) e trazidos ao mundo jurídico por meio dos órgãos reguladores da matéria, como exemplo, o Conselho Federal de Contabilidade (CFC), por meio das Normas Brasileiras de Contabilidade (NBC T) e da Comissão de Valores Mobiliários (CVM), pelas suas deliberações e instruções normativas, dentre outros.

Como retratei anteriormente, desde 1º.01.2018, três novas normas contábeis referendadas pelo Comitê de Pronunciamentos Contábeis conflitam com as normas fiscais editadas pela Receita Federal do Brasil.

Para fins contábeis e comerciais, essas normas modificam e alteram o critério de reconhecimento, mensuração e divulgação de receitas, custos e despesas, e para fins fiscais, elas afetam a base de cálculo e a apuração dos tributos federais. Trata-se especificamente do Pronunciamento Técnico CPC 06, 47 e 48.

O primeiro é o CPC 06 – Arrendamento Mercantil, que corresponde ao IAS 17 – *Leases*. Trata-se da NBC TG 06, atual norma e com vigência até 31.12.2018, emitida pelo Conselho Federal de Contabilidade e que, a partir de 1º.01.2019, trará um modelo único, sem teste de classificação para o arrendatário.

Controle por Subcontas a Partir de 1o.01.2018

O segundo é o CPC 47 – Receita de Contratos com Clientes, que corresponde ao IFRS 15 – *Revenue from Contracts with Customers*. Trata-se da NBC TG 47 emitida pelo Conselho Federal de Contabilidade.

O terceiro e último é o CPC 48 – Instrumentos Financeiros, aprovado no final de 2016, que corresponde ao IFRS 9 – *Financial Instruments*. Apresenta-se na NBC TG 48, que também foi emitida pelo Conselho Federal de Contabilidade.

A partir do conhecimento desses três novos atos administrativos que modificam o critério de reconhecimento e mensuração de receitas, custos e despesas, e que afetam substancialmente a apuração e a base de cálculo dos tributos federais, a Receita Federal do Brasil, atendendo ao disposto do parágrafo único do artigo 58 da Lei n° 12.973/2014, emitiu as Instruções Normativas RFB n° 1.753/2017 e 1.771/2017, com a finalidade de dispor sobre os procedimentos para anular os efeitos desses atos administrativos e contábeis.

4.2   Novos Pronunciamentos Contábeis

4.2.1   CPC 06 – Arrendamento Mercantil

Com a atual redação do CPC 06, vigente até o final de 31.12.2018, a segregação entre o arrendamento mercantil financeiro e operacional continuará existindo. Porém, a partir de 1°.01.2019, passará a vigorar um "modelo único", sem teste de classificação para o arrendatário.

Pela norma atual, o arrendamento financeiro é reconhecido no Balanço Patrimonial, isto é, como um contrato de financiamento, e o bem registrado no ativo imobilizado. Já no caso do arrendamento operacional, há o reconhecimento do valor das prestações como um aluguel.

Com a mudança da norma a partir de 1°.01.2019, todos os arrendamentos (financeiro e o operacional) serão reconhecidos dentro do Balanço Patrimonial do arrendatário.

4.2.1.1 Substituição de Procedimentos e Interpretações

O CPC 06 substitui o pronunciamento e a interpretação seguintes:

a) CPC 06 (R1) – Operações de Arrendamento Mercantil; e

b) ICPC 03 – Aspectos Complementares das Operações de Arrendamento Mercantil (IFRIC4, SIC-15 e SIC-27).

4.2.1.2 Isenção de reconhecimento

O arrendatário pode decidir não aplicar os requisitos dos itens 22 a 49 a:

a) arrendamentos de curto prazo; e

b) arrendamentos para os quais o ativo subjacente é de baixo valor (conforme descrito nos itens B3 a B8 do CPC 06).

4.2.1.3 Alcance

A entidade deve aplicar este pronunciamento a todos os arrendamentos, incluindo arrendamentos de ativos de direito de uso em subarrendamento, exceto para:

a) arrendamentos para explorar ou usar minerais, petróleo, gás natural e recursos não renováveis similares;

b) arrendamentos de ativos biológicos dentro do alcance do CPC 29 – Ativo Biológico e Produto Agrícola mantidos por arrendatário;

c) acordos de concessão de serviço dentro do alcance da ICPC 01 – Contratos de Concessão;

d) licenças de propriedade intelectual concedidas por arrendador dentro do alcance do CPC 47 – Receita de Contrato com Cliente; e

e) direitos detidos por arrendatário previstos em contratos de licenciamento dentro do alcance do CPC 04 – Ativo Intangível para itens como: filmes, gravações de vídeo, reproduções, manuscritos, patentes e direitos autorais.

O arrendatário pode, mas não é obrigado, a aplicar este pronunciamento a arrendamentos de ativos intangíveis que não sejam aqueles descritos no item 3(e).

Exemplo:

Apresentamos um *case* apresentado por Almeida (2016, p. 209), a saber:

– Contrato de locação de plantas frutíferas

Um cliente faz um contrato com um fornecedor para alugar plantas frutíferas de banana, pelo prazo de dois anos, em troca de uma remuneração mensal. Em relação ao locatário, considerando que a banana é um ativo biológico, estaria fora do escopo do CPC 06?

Segundo o autor (2016), não. Estaria dentro do escopo do CPC 06. Embora as plantas frutíferas, como a banana, sejam ativos biológicos, são classificadas no ativo imobilizado dentro do escopo do CPC 27 – Ativo Imobilizado.

Nota-se que a exceção que consta no CPC 06.3 é somente para ativos biológicos no âmbito do CPC 29 – Ativo Biológico e Produto Agrícola.

Controle por Subcontas a Partir de 1o.01.2018

4.2.1.4 Identificação de arrrendamento

Na celebração de contrato, a entidade deve avaliar se o contrato é – ou contém – um arrendamento. O contrato é – ou contém – um arrendamento se ele transmite o direito de controlar o uso de ativo identificado por um período de tempo em troca de contraprestação. Os itens B9 a B31 estabelecem orientação sobre a avaliação se o contrato é – ou contém – um arrendamento.

O período de tempo pode ser descrito em termos da quantidade de uso do ativo identificado (por exemplo, o número de unidades de produção que o item do equipamento será utilizado para produzir).

4.2.1.5 Apresentação

O arrendatário deve apresentar no balanço patrimonial ou divulgar nas notas explicativas:

a) ativos de direito de uso separadamente de outros ativos. Se o arrendatário não apresentar ativos de direito de uso separadamente no balanço patrimonial, o arrendatário deve:

a.1) incluir ativos de direito de uso na mesma rubrica que aquela em que os ativos subjacentes correspondentes seriam apresentados se fossem próprios; e

a.2) divulgar quais rubricas no balanço patrimonial incluem esses ativos de direito de uso;

b) passivos de arrendamento separadamente de outros passivos. Se o arrendatário não apresentar passivos de arrendamento separadamente no balanço patrimonial, o arrendatário deve divulgar quais rubricas no balanço patrimonial incluem esses passivos.

Na Demonstração de Resultado do Exercício (DRE):

- Despesa de juros sobre passivos de arrendamentos (um componente de despesas financeiras); e

- Encargo de depreciação dos direitos de uso dos ativos.

As cláusulas necessárias, as quais se identificam como as mais relevantes na análise de um contrato de arrendamento, são apresentadas por Almeida (2016, p. 230).

Exemplo:

-Análise do contrato de arrendamento

Quais as cláusulas prováveis de serem mais relevantes na análise de um contrato de arrendamento?

Segundo o autor (2016), a análise de uma operação de arrendamento requererá um exame cuidadoso do contrato de arrendamento, incluindo aditivos, cartas firmadas entre as partes (especificamente quando estas incluírem quantias monetárias de pagamento de aluguel) e arranjos para a devolução e destinação do bem.

As evidências mais relevantes serão encontradas nas cláusulas que tratam de:

- pagamentos de aluguéis e abatimentos (normalmente contidas em um cronograma no contrato de locação), que serão utilizados para considerar ao locatário o direito de uso do ativo e o passivo de arrendamento; e

- regimes aplicáveis (exemplo: a existência de opções, garantias, processo para alienação do ativo).

Cláusulas que tratam das seguintes questões normalmente são de menor relevância:

- manutenção e seguro (geralmente não é um elemento importante do custo total); e

- regime de término do contrato que dificilmente será aplicável na prática (exemplo: a insolvência do locatário ou a falta de pagamento dos aluguéis).

4.2.1.6 Divulgação

O objetivo do CPC 06 na divulgação é que a empresa seja requerida para prover informações para capacitar os usuários das demonstrações contábeis para avaliar os efeitos desses arrendamentos no Balanço Patrimonial, na Demonstração do Resultado do Exercício e na Demonstração dos Fluxos de Caixa.

4.2.2 CPC 47 – Receita de Contrato com Clientes

O Pronunciamento Técnico CPC 47 – Receita de Contrato com Clientes, corresponde ao IFRS 15 – *Revenue from Contracts with Customers*. O Conselho Federal de Contabilidade aprovou esse pronunciamento como Norma Brasileira de Contabilidade (NBC TG 47). Para a Comissão de Valores Mobiliários, trata-se, simplesmente, de CPC 47.

Esse procedimento trata das novas regras contábeis de reconhecimento de receita de contrato com clientes, aplicável pelas empresas a partir de 1º.01.2018, e revoga pronunciamentos e interpretações técnicas anteriores que dispõem sobre o assunto, que são os seguintes:

a) CPC 17 – Contratos de Construção;

b) CPC 30 – Receitas;

c) Interpretação A – Programa de Fidelidade com o Cliente, anexa ao CPC 30;

d) Interpretação B – Receita – Transação de Permuta Envolvendo Serviços de Publicidade, anexa ao CPC 30.

e) ICPC 02 – Contrato de Construção do Setor Imobiliário; e

f) ICPC 11 – Recebimento em Transferência de Ativos dos Clientes.

Com a sua admissão, o reconhecimento de receita, que antes era feito somente quando existia segurança absoluta para tal reconhecimento, passa a ser diferenciado, isto é, desde 1º.01.2018, as entidades deverem fazer o reconhecimento de receita com base na transferência do objeto comercializado ou do serviço prestado. Atividades distintas e seus fluxos terão de ser avaliados.

Isso significa que a entidade, ao reconhecer uma receita de contratos com clientes, deve se ater apenas ao Pronunciamento Técnico CPC 47 e outras interpretações que o órgão contábil regulamentador emitir e publicar.

Vendas à vista não serão afetadas, porém as vendas a prazo, sim. Vendas de produtos e serviços combinados (combos), por exemplo, vendas de equipamentos e instalação.

Empresas que atuam com programas de fidelidade ligados a recompensas ou alguma forma de desconto futuro também terão alguns impactos no reconhecimento de suas receitas relacionadas ao CPC 47.

4.2.2.1 Impactos nas empresas

Na essência, diversos aspectos do CPC 30 (Receitas) foram mantidos nos requerimentos do CPC 47 (Receita de Contratos com Clientes). Porém, os novos requisitos do CPC 47 são mais detalhados e podem trazer impactos relevantes na aplicação pelas empresas (IOB Online Regulatório, 2018).

No quadro a seguir, apresentamos os principais impactos que, desde 1º.01.2018, influenciam diversas atividades com a nova forma de reconhecimento de receita.

RECONHECIMENTO DA RECEITA NO MOMENTO EM QUE SE TRANSFIRAM BENS E SERVIÇOS AOS CLIENTES	
Trata-se de uma mudança relevante trazida pelo CPC 47. Unifica o conceito do que é um contrato e estabelece as etapas a serem seguidas no processo de reconhecimento, mensuração e evidenciação de uma receita.	São 5 (cinco) as etapas: 1. identificação do contrato; 2. identificação da obrigação de desempenho; 3. determinação do preço da transação; 4. alocação do preço da transação; e 5. reconhecimento da receita.

RECONHECIMENTO DA RECEITA AO LONGO DO TEMPO OU EM UM MOMENTO ESPECÍFICO NO TEMPO	
Para aplicar os novos critérios, a empresa precisará avaliar a natureza das suas obrigações de desempenho e efetuar uma revisão detalhada dos termos contratuais vigentes.	Atividade Imobiliária – A empresa deverá rever se a receita será reconhecida ao longo do tempo de construção do imóvel ou num momento específico do tempo, ou seja, quando o bem estiver pronto.

CONTRAPRESTAÇÃO COM MÚLTIPLOS ELEMENTOS, CONTRAPRESTAÇÃO VARIÁVEL OU LICENÇAS	
No CPC 30, que trata sobre Receitas, não havia item específico sobre esses novos elementos trazidos pelo CPC 47 e que poderão trazer impactos significativos para as empresas. Em relação às transações com múltiplos elementos, poderá haver a aceleração ou o diferimento da receita quando comparado ao critério determinado pelo CPC anterior.	Enfim, o CPC 47 introduz novas estimativas e limites que apresentam alto grau de julgamento, o que pode afetar o valor e/ou o momento de reconhecimento de receita.

ABORDAGEM GERENCIAL E TRANSPARÊNCIA DAS INFORMAÇÕES
A contabilidade estará direcionada aos usuários externos, trazendo-a a uma abordagem mais gerencial e de maior transparência na informação.

IMPACTOS TRIBUTÁRIOS		
Reconhecimento da receita: A forma e o momento do reconhecimento da receita, segundo os preceitos do CPC 47, serão diferentes do que estabelece o Fisco por meio da Lei nº 12.973/2014. Com isso, e conforme dispõe o art. 58 dessa lei, poderá existir impacto tributário significativo para as empresas, principalmente na determinação da base de cálculo do IRPJ, CSL, PIS-Pasep e Cofins.	**O art. 78 da Lei nº 12.973/2014:** Diz que a modificação ou a adoção de métodos e critérios contábeis, por meio de atos administrativos emitidos com base em competência atribuída em lei comercial, posteriormente à publicação dessa Lei, não terá implicação na apuração dos tributos federais até que lei tributária regule a matéria.	**Contrato com cliente x Emissão da Nota fiscal:** A partir da vigência do CPC 47, o contrato firmado entre as partes é a fonte de dados para o reconhecimento da receita e não mais a emissão do documento fiscal propriamente dito. Nesse caso, segundo a norma contábil, a essência prevalece sobre a forma.

Nesse caso, as organizações deverão rever todo o processo contábil e fiscal para minimizar seus efeitos. Os ajustes serão controlados por meio de subcontas e na parte B do e-Lalur/e-Lacs.	A neutralização dos reflexos que impliquem mudança ou novos critérios de reconhecimento de receita, custos e despesas consta das Instruções Normativas RFB nºs. 1.700, 1.753 e 1.771/2017.	

Fonte: IOB Online Regulatório, 2018.

4.2.2.2 Reconhecimento da receita

A empresa deve reconhecer receitas quando (ou à medida que) a empresa satisfizer a obrigação de desempenho ao transferir o bem ou o serviço (ou seja, um ativo) prometido ao cliente.

O ativo é considerado transferido quando (ou à medida que) o cliente obtiver o controle desse ativo.

O Apêndice "A" do CPC 47 define "obrigação de desempenho" como sendo a promessa em contrato com cliente para a transferência ao cliente de:

a) bem ou serviço (ou grupo de bens ou serviços) que seja distinto; ou

b) série de bens ou serviços distintos que sejam praticamente os mesmos e que tenham o mesmo padrão de transferência para o cliente.

Esse novo modelo de reconhecimento ocorre em cinco etapas e deve demandar tempo, esforço e planejamento. Nele, é preciso:

1. identificar o contrato;

2. identificar as obrigações de desempenho;

3. determinar o preço de transação;

4. alocar o preço da transação; e

5. reconhecimento da receita.

4.2.2.3 Identificação do contrato

A empresa deve contabilizar os efeitos de um contrato com um cliente somente quando todos os critérios a seguir forem atendidos:

a) quando as partes do contrato aprovarem o contrato (por escrito, verbalmente ou de acordo com outras práticas usuais de negócios) e estiverem comprometidas em cumprir suas respectivas obrigações;

b) quando a empresa puder identificar os direitos de cada parte em relação aos bens ou serviços a serem transferidos;

c) quando a empresa puder identificar os termos de pagamento para os bens ou serviços a serem transferidos;

d) quando o contrato possuir substância comercial, ou seja, espera-se que o risco, a época ou o valor dos fluxos de caixa futuros da entidade se modifiquem como resultado do contrato; e

e) quando for provável que a empresa receberá a contraprestação à qual terá direito em troca dos bens ou serviços que serão transferidos ao cliente.

É necessário que todos os critérios sejam atendidos e não somente um deles. Os critérios são concomitantes para a contabilização dos efeitos de um contrato com o cliente. A figura abaixo ilustra os critérios para o reconhecimento de um contrato.

Fonte: IOB Online Regulatório, 2018.

Exemplo:

– Contrato com substância comercial

A empresa Alfa Ltda. firmou um contrato de venda a prazo de mercadorias com a empresa Beta Ltda. Nessa operação, haverá o risco de Alfa não vender para Beta, porém, com a transferência da mercadoria para a compradora, esse risco se desfez, e espera-se que haja geração de fluxo de caixa para a vendedora.

(FUND: itens 9 a 16 do CPC 47 e IOB Online Regulatório, 2018)

4.2.2.4 Identificação de obrigações de desempenho

A empresa deve identificar as obrigações de desempenho previstas no contrato e se elas são ou não distintas. Se os bens ou serviços prometidos fornecidos forem distintos, as obrigações de desempenho serão contabilizadas separadamente.

Portanto, no início do contrato, a empresa deve avaliar os bens ou serviços prometidos em contrato com o cliente e identificar como obrigação de desempenho cada promessa de transferir ao cliente:

a) bem ou serviço (ou grupo de bens ou serviços) que seja distinto; ou

b) série de bens ou serviços distintos, que sejam substancialmente os mesmos e que tenham o mesmo padrão de transferência para o cliente.

As obrigações de desempenho não incluem atividades que a empresa deve realizar para cumprir o contrato, a menos que essas atividades transfiram o bem ou o serviço ao cliente.

Por exemplo, o prestador de serviços pode precisar executar várias tarefas administrativas para elaborar o contrato.

A execução dessas tarefas não transfere o serviço ao cliente à medida que as tarefas são executadas. Portanto, essas atividades de elaboração não constituem obrigação de desempenho.

A empresa pode também transferir o controle do bem ou serviço ao longo do tempo e, portanto, satisfazer a obrigação de desempenho e reconhecer receitas ao longo do tempo, se um dos critérios a seguir for atendido:

a) o cliente recebe e consome simultaneamente os benefícios gerados pelo desempenho por parte da empresa à medida que a entidade efetiva o desempenho;

b) o desempenho por parte da empresa cria ou melhora o ativo (por exemplo, produtos em elaboração) que o cliente controla à medida que o ativo é criado ou melhorado; ou

c) o desempenho por parte da empresa não cria um ativo com uso alternativo para a empresa e a empresa possui direito executável (*enforcement*) ao pagamento pelo desempenho concluído até a data presente .

O ativo criado pelo desempenho por parte da empresa não possui uso alternativo para a empresa, se esta estiver contratualmente impedida de direcionar prontamente o ativo para outro uso durante a criação ou melhoria desse ativo, ou estiver limitada na prática de direcionar prontamente o ativo em seu estado concluído para outro uso.

A avaliação, se o ativo possui uso alternativo para a empresa, deve ser feita no início do contrato. Após o início do contrato, a empresa não deverá atualizar a avaliação do uso alternativo do ativo, a menos que as partes do contrato aprovem a modificação do contrato que altere, substancialmente, a obrigação de desempenho.

Exemplo:

– Desmembramento de contrato de prestação de serviços.

Uma empresa de tecnologia da informação desenvolve *software,* e no contrato assinado com a empresa "B", compromete-se a:

- transferir a licença de *software*;
- instalar o *software*;
- fornecer atualizações eventuais (não especificadas); e
- dar suporte técnico por três anos (presencial, *online* e por telefone).

A empresa de TI vende separadamente a licença, a instalação e o suporte técnico. A instalação inclui a adaptação das telas para diferentes usuários (financeiro, administrativo, contabilidade, compras, etc.).

O *software* é funcional mesmo sem as atualizações e sem o suporte técnico. Porém, a instalação é um tipo de serviço que poderia ser feito por outras empresas e não modificaria significativamente o *software*.

Também, nesse caso, segundo o item 26 do CPC 47, apesar de o contrato firmado com a empresa "B" ser um só para o desenvolvimento do *software*, a empresa de TI deverá contabilizar cada um dos projetos em separado.

(Fund.: itens 22 a 30 do CPC 47 e IOB Online Regulatório, 2018)

4.2.2.5 Determinação do preço de transação

A empresa deve considerar os termos do contrato e suas práticas de negócios usuais para determinar o preço da transação.

O preço da transação é o valor da contraprestação à qual a empresa espera ter direito em troca da transferência dos bens ou serviços prometidos ao cliente, excluindo quantias cobradas em nome de terceiros (por exemplo, alguns impostos sobre vendas). A contraprestação prometida em contrato com o cliente pode incluir valores fixos, valores variáveis ou ambos.

A natureza, a época e o valor da contraprestação prometida ao cliente afetam a estimativa do preço da transação. Ao determinar o preço da transação, a empresa deve considerar os efeitos de todos os itens a seguir:

a) contraprestação variável;

b) restrição de estimativas de contraprestação variável;

c) existência de componente de financiamento significativo no contrato;

Controle por Subcontas a Partir de 1o.01.2018

d) contraprestação não monetária; e

e) contraprestação a pagar ao cliente.

Para fins de determinação do preço da transação, a empresa deve presumir que os bens ou serviços serão transferidos ao cliente conforme prometido, de acordo com o contrato existente, o qual não será cancelado, renovado ou modificado.

Em alguns contratos, a empresa transfere o controle do produto ao cliente e também concede ao cliente o direito de devolver o produto por diversas razões, tais como, insatisfação com o produto, e receber qualquer combinação a seguir:

a) reembolso total ou parcial de qualquer contraprestação paga;

b) crédito que possa ser aplicado contra valores devidos, ou que serão devidos, à entidade; e

c) outro produto em troca.

Para contabilizar a transferência de produtos com direito à devolução (e para alguns serviços que são prestados e sujeitos a reembolso), a empresa deve reconhecer todos os itens abaixo:

a) receita para os produtos transferidos no valor da contraprestação à qual a entidade espera ter direito (portanto, a receita não seria reconhecida para os produtos que se espera serem devolvidos);

b) obrigação de restituição; e

c) ativo (e correspondente ajuste ao custo de vendas) por seu direito de recuperar produtos de clientes ao liquidar a obrigação de restituição.

A promessa de a empresa estar preparada para aceitar o produto devolvido durante o período de devolução não deve ser contabilizada como obrigação de desempenho adicional à obrigação de providenciar a restituição.

Exemplo:

– Devolução de Mercadorias

Em alguns contratos, a empresa transfere o controle do produto ao cliente e também concede ao cliente o direito de devolver o produto por diversas razões, tais como insatisfação com o produto, e receber qualquer combinação abaixo:

a) reembolso total ou parcial de qualquer contraprestação paga;

b) crédito que possa ser aplicado contra valores devidos, ou que serão devidos, à empresa; e

c) outro produto em troca.

Nesse caso, a empresa deve reconhecer um "passivo de desembolso" para vendas sujeitas à devolução.

(Fund.: item 51 e B-20 a B-23 do CPC 47 e IOB Online Regulatório, 2018)

4.2.2.6 Alocação do preço da transação

Após a definição do preço da transação, a empresa deve alocá-lo a cada obrigação de desempenho (bem ou serviço), identificada na segunda etapa, na proporção do seu preço de venda individual (IOB Online Regulatório, 2018).

O objetivo, ao alocar o preço da transação, consiste em que a empresa aloque o preço da transação a cada obrigação de desempenho (bem ou serviço distinto) pelo valor que reflita o valor da contraprestação à qual a empresa espera ter direito em troca da transferência dos bens ou serviços prometidos ao cliente.

Para atingir o objetivo de alocação, a empresa deve alocar o preço da transação a cada obrigação de desempenho identificada no contrato com base no preço de venda individual, de acordo com os itens 76 a 80, exceto conforme especificado nos itens 81 a 83 (para alocação de descontos) e nos itens 84 a 86 (para alocação de contraprestação que inclua valores variáveis), ambos do CPC 47.

Os itens 76 a 86 não serão aplicáveis, se o contrato tiver apenas uma obrigação de desempenho. Contudo, os itens 84 a 86 podem ser aplicados se a empresa prometer transferir uma série de bens ou serviços distintos identificados como única obrigação de desempenho, de acordo com o item 22(b), e a contraprestação prometida incluir valores variáveis. Todos os itens referem-se ao CPC 47.

Apresentamos no quadro a seguir o resumo do componente financeiro e da contrapartida a pagar ao cliente, necessários para identificar a determinação do preço da transação estabelecido no contrato.

DETERMINAÇÃO DO PREÇO DA TRANSAÇÃO	
Componente financeiro	**Contrapartida a pagar ao cliente**
O preço da transação deverá ser ajustado pelo valor do dinheiro no tempo, se os prazos acordados produzirem efeito financeiro relevante para o cliente ou para a empresa.	Se a empresa que reporta tiver que pagar contrapartida ao seu cliente, deverá determinar se essa obrigação de pagamento é resultante de transferência de bem e serviço distinto do cliente para a empresa que reporta.

Continua...

DETERMINAÇÃO DO PREÇO DA TRANSAÇÃO	
Componente financeiro	**Contrapartida a pagar ao cliente**
Não precisa ser algo explícito no contrato.	Se for, deverá contabilizar essa obrigação da mesma maneira que registraria uma obrigação por aquisição de bens e serviços de um fornecedor qualquer.
A receita se mede pelo valor à vista. Os efeitos financeiros não devem afetar o resultado operacional.	Se não for, a contrapartida a pagar ao cliente deve ser considerada como redução do preço de transação, portanto, da receita.
A taxa de desconto deve refletir o valor do dinheiro no tempo, se a operação de financiamento ocorresse em separado.	
Não é necessário ajustar os efeitos financeiros nos preços contratados, se os prazos são de um ano ou menos.	
Nota: o item 63 do CPC 47 foi eliminado, porém mantido no IFRS 15.	

Fonte: IOB Online Regulatório, 2018.

4.2.2.7 Reconhecimento da receita

Com o CPC 47, a empresa somente poderá reconhecer receitas quando houver a "transferência do controle ao cliente", de bens ou serviços prometidos. O item 9 deste CPC estabelece os critérios que devem ser atendidos para o reconhecimento da receita.

Se o contrato com o cliente não atender a esses critérios, a empresa deve continuar a avaliar o contrato para determinar se os critérios do item 9 serão atendidos subsequentemente. Isso significa que, se os critérios não forem atendidos, não teremos o reconhecimento da receita e sim um passivo.

Conclui-se que o reconhecimento da receita está baseado na satisfação da obrigação de desempenho da empresa, a qual ocorre quando o "controle" de um bem ou serviço é transferido ao cliente.

Segundo o IOB Online Regulatório (2018), após as quatro etapas cumpridas, a empresa efetivamente reconhece a receita na medida em que a obrigação de desempenho é realizada, ou seja, quando as mercadorias ou serviços prometidos forem transferidos para o cliente, e o cliente passar a ter o controle desses ativos. Isso pode ocorrer ao longo do tempo ou em um momento específico do tempo.

Como se observa, adota-se a essência econômica da transferência do controle em vez da figura jurídica da posse do bem respectivo. Isso deve ocorrer ao longo de tempo ou em um momento específico no tempo.

- Receita reconhecida em um ponto específico no tempo

Em diversas situações, a transferência do controle do ativo vendido ocorre em um ponto específico no tempo, portanto, é nesse ponto do tempo que a receita será reconhecida.

- Receita reconhecida ao longo de tempo

Há situações em que a transferência do controle do ativo vendido ocorre de maneira contínua, isto é, numa sucessão de pontos ao longo de tempo, portanto, a receita acompanha essa curva.

Portanto, a empresa reconhece as receitas ao longo de tempo, se o contrato atender a pelo menos um dos seguintes critérios:

a) o cliente recebe e consome simultaneamente os benefícios gerados pelo desempenho por parte da empresa à medida que a empresa efetiva o desempenho;

b) a empresa cria ou melhora um ativo (ex.: produtos em elaboração) que o cliente controla à medida que o ativo é criado ou melhorado; ou

c) a empresa não cria um ativo com uso alternativo para a si e a mesma possui direito executável (*enforcement*) de exigir o pagamento pelo desempenho concluído até o momento.

Se um ou mais critérios forem observados, a empresa reconhece a receita ao longo de tempo utilizando o método que melhor demonstrar o seu desempenho. O objetivo é que o cliente perceba o desempenho da empresa durante a transferência do controle.

A receita deverá ser reconhecida por meio da mensuração do progresso em direção à liquidação completa da obrigação, o que é conhecido como "Método do Percentual de Conclusão" ou *Percentage of Completion (POC)*.

As áreas de telecomunicações, tecnologia da informação, construção, engenharia e imobiliária, dentre outras, por exemplo, são algumas das atividades que irão ter relevantes impactos em relação à aplicação do CPC 47.

Exemplo:

Apresentamos a seguir o exemplo de um *case* relacionado a contratos de construção de um ativo em curto prazo, ilustrado pelo IOB Online Regulatório, 2018, a saber:

Dados:

A incorporadora Alfa S.A. assinou com o Governo um contrato para construção de uma ponte, a obra acabada será entregue dentro do exercício social da incorporadora.

Quando do reconhecimento da receita, a incorporadora deve aplicar o item 35.c do CPC 47?

Análise:

Sim. De acordo com o item 35.c do CPC 47, num contrato de construção, a receita é reconhecida ao longo do contrato. Outro ponto importante é que o CPC 47 não prevê duração mínima para o período de construção nem se refere a contratos de longo prazo.

Conforme esse item do CPC 47, o desempenho da empresa não cria um ativo com uso alternativo para ela, além disso, a empresa tem o direito exequível ao pagamento pelo desempenho concluído até a data.

No quadro a seguir, apresentamos um resumo de situações que irão permitir ao leitor entender o momento exato para o reconhecimento de uma receita.

RECONHECIMENTO DE RECEITAS	
Receita em particular (e material) com dúvida razoável de recebimento.	A receita não deve ser reconhecida.
Conjunto de receitas com dúvida razoável de recebimento no conjunto, mas não em cada uma individualmente.	Reconhece cada "receita" individualmente;
	Aplicar a PCLD para o conjunto; e
	A partir de 2018, volta-se a "perda estimada" (CPC 48 – Instrumentos Financeiros), se é que as empresas não financeiras realmente praticavam a "perda efetiva".
Cliente obtém o controle do ativo objeto do contrato de venda.	A obrigação de desempenho é satisfeita.
	Adota-se a "essência econômica" da transferência do controle em vez da figura jurídica da posse do bem respectivo.
	A receita deve ser reconhecida.

Continua...

RECONHECIMENTO DE RECEITAS	
A receita é reconhecida ao longo de tempo, se um dos critérios for atendido (item 35 do CPC 47):	O cliente recebe e consome simultaneamente os benefícios gerados pelo desempenho por parte da empresa à medida que a empresa efetiva o desempenho.
	O desempenho por parte da empresa cria ou melhora o ativo (ex.: produtos em elaboração) que o cliente controla à medida que o ativo é criado ou melhorado.
	O desempenho por parte da empresa não cria um ativo com uso alternativo para a si, e a empresa possui direito executável (*enforcement*) ao pagamento pelo desempenho concluído até a data presente.
	Nota: Divulgar os métodos utilizados para reconhecer receitas (ex.: descrição dos métodos de produto ou métodos de insumo utilizados e como esses métodos são aplicados).

Fonte: IOB Online Regulatório, 2018.

4.2.2.8 Apresentação na DRE

Quando da prestação de serviços, a empresa emite a Nota Fiscal de Serviços. Porém, o reconhecimento contábil da receita deve ocorrer com o cumprimento das obrigações de desempenho (promessa em contrato com o cliente para transferência de bens ou serviços), conforme os critérios do CPC 47.

A receita bruta, definida no art. 12 do Decreto-Lei n° 1.598/1977 e no inciso I do art. 187 da Lei n° 6.404/1976 (Lei das S.A.), continuará a ser reconhecida e mensurada, conforme determinado pela legislação fiscal e registrada na escrituração comercial.

Segundo o Fisco federal, por meio do item 14 do Anexo IV da Instrução Normativa RFB n° 1.771/2017, a pessoa jurídica que adotar procedimento contábil de que resulte valor de receita bruta ou momento de reconhecimento dessa receita diferente do decorrente da aplicação do Decreto-Lei n° 1.598/1977 deverá registrar a diferença mediante lançamento a débito ou a crédito em conta específica de Ajuste da Receita Bruta devidamente mapeada no plano de contas referencial (IOB Online Regulatório, 2018).

Assim, temos, segundo o exemplo com o respectivo lançamento contábil apresentado pelo IOB Online Regulatório, 2018, a saber:

Controle por Subcontas a Partir de 1o.01.2018

A empresa "A" presta serviços técnicos para a empresa "B" no valor de R$ 40.000,00. A assinatura do contrato ocorreu em janeiro de 2018 e o serviço será concluído no próximo mês.

De acordo com o CPC 47, os lançamentos contábeis de reconhecimento da receita na empresa "A" serão os seguintes:

- Lançamentos contábeis:
  - Jan/2018

Na data de emissão da Nota Fiscal de prestação de serviços. Nesse mês, ainda não havia sido cumprida a obrigação de desempenho. Nesse caso, a receita contábil não é reconhecida e registrada no momento, conforme item 112-A do CPC 47. Porém, a receita fiscal deve sim ser reconhecida e mensurada, conforme item 5 do Anexo IV da Instrução Normativa RFB nº 1.753/2017, alterada pela Instrução Normativa RFB nº 1.771/2017.

Atenção:

A receita bruta da prestação de serviços deve ser registrada na escrituração comercial da empresa "A", conforme previsto no item 112-A do CPC 47.

1) Pela assinatura e reconhecimento do contrato.

D – Clientes (AC)	50.000,00
C – Receita Bruta (RE)★	50.000,00

(★) Registro conforme item 6 do Anexo IV da Instrução Normativa RFB nº 1.753/2017.

2) Pela emissão da Nota Fiscal de serviços:

D – Ajuste de Receita Bruta (RE)★	50.000,00
C – Passivo de Contrato (PC)★★	50.000,00

(★) Registro conforme item 6 do Anexo IV da Instrução Normativa RFB nº 1.753/2017.

(★★)Registro conforme item 106 e 112-A do CPC 47.

Atenção:

Não foi considerado o registro dos tributos incidentes sobre a Receita Bruta Tributável, inclusive os diferidos. Fazer os ajustes pertinentes no e-Lalur/e-Lacs.

3) Demonstração de Resultado do Exercício (DRE), em Jan/2018:

DRE	
Receita Bruta Tributável	R$ 50.000,00
(-) Ajuste de Receita Bruta	(R$ 50.000,00)
= Receita líquida	R$ 0,00

➢ Fev./2018

4) Pelo cumprimento da obrigação de desempenho com a efetiva conclusão da prestação de serviços.

D – Passivo de Contrato (PC)   50.000,00

C – Ajuste de Receita Bruta (RE)   50.000,00

5) Demonstração de Resultado do Exercício (DRE), em fev./2018:

DRE	
Receita Bruta Tributável	R$ 50.000,00
(-) Ajuste de Receita Bruta	R$ 0,00
= Receita líquida	R$ 50.000,00

4.2.3 CPC 48 – Instrumentos Financeiros

Esse pronunciamento contábil corresponde ao IFRS 9 – *Financial Instruments* e apresenta-se na NBC TG 48, emitida pelo Conselho Federal de Contabilidade.

4.2.3.1 Vigência

A empresa deve aplicar o CPC 48 para períodos anuais iniciados em ou após 1º.01.2018. Pode aplicá-lo também retrospectivamente.

4.2.3.2 Objetivo

O objetivo do CPC 48 é estabelecer princípios tanto para os relatórios financeiros quanto para os contratos relacionados aos ativos e passivos financeiros ou, conforme a própria norma define, para os instrumentos financeiros, trazendo maior controle e transparência das atividades para os usuários das demonstrações contábeis.

4.2.3.3 Impacto nas empresas

Esta norma terá grande impacto para as instituições financeiras e bancos, porque envolve a diferenciação no tratamento da informação dos instrumentos financeiros.

A partir da adoção do CPC 48, haverá uma série de efeitos sobre o "modelo de risco" anteriormente adotado por essas instituições. O CPC identifica que na maioria das vezes é impossível associar risco e a consequente dificuldade de recebimento a evento único.

Há mudanças no reconhecimento da metodologia e cálculo da Provisão para Crédito de Liquidação Duvidosa. O cálculo passa a ter como base a perda esperada e não mais a incorrida, considerando-se todos os fatores anteriormente apresentados e, principalmente, a ideia de risco. Já o cálculo da Provisão de Perdas por Redução ao Valor Recuperável (*impairment*) teve também a sua base alterada e a inclusão de diferentes estágios em seu relacionamento.

Os requisitos para constituição de tal provisão devem ser aplicados aos direitos que o CPC 47 especifica que devem ser contabilizados de acordo com o CPC 48 para as finalidades de reconhecimento de ganhos ou de perdas por redução ao valor recuperável. Outra mudança substancial foi em relação à contabilização de *hedge* que teve mudanças relativas aos efeitos da gestão de riscos.

4.2.3.4 Reconhecimento do ativo passivo ou passivo financeiro

Assim, a empresa deve reconhecer um ativo financeiro ou um passivo financeiro em seu Balanço Patrimonial, quando – e apenas quando – a empresa se tornar parte das disposições contratuais do instrumento.

Ao reconhecer, pela primeira vez, um ativo financeiro, a empresa deve classificá-lo de acordo com os itens 4.1.1 a 4.1.5 e mensurá-lo de acordo com os itens 5.1.1 a 5.1.3, ambos do CPC 48.

Ao reconhecer, pela primeira vez, um passivo financeiro, a entidade deve classificá-lo de acordo com os itens 4.2.1 e 4.2.2 e mensurá-lo de acordo com o item 5.1.1, ambos do CPC 48.

Como se observa, a partir de 1°.01.2018, o CPC 48 trará significantes mudanças para as empresas quando do registro de um ativo ou passivo financeiro.

4.3 Reflexos fiscais dos Pronunciamentos Contábeis

4.3.1 Instrução Normativa RFB nº 1.753 e 1.771/2017

Essas Instruções Normativas (IN) dispõem sobre os procedimentos a serem observados pelos contribuintes para anular os efeitos dos atos administrativos contábeis emitidos com base em competência atribuída por lei comercial que contemplem modificação ou adoção de novos métodos ou critérios contábeis.

Segundo as INs em comento, referidos procedimentos que sejam posteriores a 12.11.2013 não terão implicação na apuração dos tributos federais até que lei tributária regule a matéria.

A Receita Federal do Brasil está se referindo aos Pronunciamentos Contábeis relativos aos CPC 06, 47 e 48, que tratam especificamente do Arrendamento mercantil, da Receita de contratos com clientes e de Instrumentos financeiros.

Segundo o Fisco, a identificação dos atos administrativos e os procedimentos para anulação dos seus efeitos serão veiculados na forma dos Anexos constantes da Instrução Normativa RFB n° 1.753/2017 e do Anexo Único da Instrução Normativa RFB n° 1.771/2017.

Foram aprovados os seguintes Anexos:

– Anexo I, que estabelece procedimentos relativos às disposições do item 1 da Revisão de Pronunciamentos Técnicos n° 09, divulgado em 22.12.2016 pelo CPC. O item 1 da referida Revisão trata das taxas de câmbio usadas para conversão de moeda estrangeira;

– Anexo II, que estabelece procedimentos relativos às disposições do art. 6° da Resolução do Conselho Monetário Nacional (CMN) n° 4.512, de 28.07.2016. O artigo 6° da referida Resolução trata da constituição pelas instituições financeiras de provisão para cobertura das perdas associadas às garantias prestadas;

– Anexo III, que estabelece procedimentos relativos às disposições da Resolução do Conselho Monetário Nacional (CMN) 4.524, de 29.09.2016, que trata do reconhecimento dos efeitos das variações cambiais.

– Anexo IV, que estabelece os ajustes a serem efetuados na base de cálculo do IRPJ, CSL, PIS-Pasep e Cofins, e garantir a neutralidade tributária na apuração e cálculo desses tributos, tendo em vista que o Pronunciamento Técnico CPC 47 estabeleceu ordem diversa no reconhecimento de receitas afetando consideravelmente a base de cálculo desses tributos (Anexo Único da Instrução Normativa RFB n° 1.771/2017).

A Instrução Normativa RFB n° 1.753/2017 foi publicada no Diário Oficial da União de 31.10.2017, quando entrou em vigor, enquanto que a Instrução Normativa RFB n° 1.771/2017, que incluiu o Anexo IV nos anexos da Instrução Normativa RFB n° 1.753/2017, entrou em vigor em 22.12.2017.

4.3.1.1 Anexo I – Revisão do Pronunciamento Técnico CPC 09 – Demonstração do Valor Adicionado (DVA)

O Anexo I da Instrução Normativa RFB n° 1.753/2017 trata especificamente do item 1 da Revisão de Pronunciamentos Técnicos n° 09, divulgado em 22.12.2016, pelo CPC.

O Anexo I dessa Instrução Normativa dispõe sobre o seguinte:

1. A pessoa jurídica que utilizar taxa de câmbio diferente da divulgada pelo Banco Central do Brasil (BCB) na elaboração de suas demonstrações financeiras e optar por considerar as variações cambiais dos direitos de crédito e das obrigações nas bases de cálculo do Imposto sobre a Renda da Pessoa Jurídica (IRPJ), da Contribuição Social sobre o Lucro Líquido (CSLL), da Contribuição para os Programas de Integração Social e de Formação do Patrimônio do Servidor Público (Contribuição para o PIS/Pasep) e da Contribuição para o Financiamento da Seguridade Social (Cofins), pelo regime de competência deverá:

I – na apuração do IRPJ e da CSLL pelo lucro real:

a) adicionar, na parte A do e-Lalur e do e-Lacs, de que trata o art. 310 da Instrução Normativa RFB nº 1.700/2017, as variações cambiais passivas reconhecidas no período de apuração com base em taxa de câmbio diferente da divulgada pelo BCB;

b) excluir, na parte A do e-Lalur e do e-Lacs, as variações cambiais ativas reconhecidas no período de apuração com base em taxa de câmbio diferente da divulgada pelo BCB;

c) adicionar, na parte A do e-Lalur e do e-Lacs, as variações cambiais ativas que teriam sido reconhecidas no período de apuração caso tivesse sido utilizada a taxa de câmbio divulgada pelo BCB; e

d) excluir, na parte A do e-Lalur e do e-Lacs, as variações cambiais passivas que teriam sido reconhecidas no período de apuração caso tivesse sido utilizada a taxa de câmbio divulgada pelo BCB;

II – no cálculo do lucro da exploração de que trata o art. 19 do Decreto-Lei nº 1.598/1977, desconsiderar as variações cambiais ativas e passivas reconhecidas com base em taxa de câmbio diferente da divulgada pelo BCB, substituindo-as pelas variações cambiais ativas e passivas que teriam sido reconhecidas com base na taxa de câmbio divulgada pelo BCB na apuração do lucro líquido do período base a que se refere o *caput* do artigo mencionado e no cálculo da parte das receitas financeiras que exceder as despesas financeiras a que se refere o inciso I do mesmo artigo;

III – na apuração do IRPJ e da CSLL pelo lucro presumido ou lucro arbitrado, acrescer às bases de cálculo as receitas financeiras relativas às variações cambiais ativas que teriam sido reconhecidas no período de apuração caso tivesse sido utilizada a taxa de câmbio divulgada pelo BCB; e

IV – na apuração das bases de cálculo da contribuição para o PIS-Pasep e da Cofins pelo regime não cumulativo, acrescer as receitas financeiras relativas às variações cambiais ativas que teriam sido reconhecidas no período de apuração, caso tenha sido utilizada a taxa de câmbio divulgada pelo BCB.

4.3.1.2 – Anexo II – Resolução do Conselho Monetário Nacional (CMN) n° 4.512/2016

A Resolução do Conselho Monetário Nacional n° 4.512/2016 dispõe sobre procedimentos contábeis aplicáveis na avaliação e no registro de provisão passiva para garantias financeiras prestadas.

O Anexo II da Instrução Normativa RFB n° 1.753/2017 trata especificamente do artigo 6° dessa Resolução e dispõe sobre o seguinte:

"Art. 6° da Resolução Conselho Monetário Nacional (CMN) n° 4.512, de 28 de julho de 2016

1. As instituições financeiras e demais entidades autorizadas a funcionar pelo Banco Central do Brasil que realizarem o ajuste contábil de aplicação inicial previst 4.3.1.3 o no § 1° do art. 6° da Resolução Conselho Monetário Nacional n° 4.512, de 2016, deverão:

   I – ajustar o valor registrado na parte B do e-Lalur e do e-Lacs de que trata o art. 310 da Instrução Normativa RFB n° 1.700, de 14 de março de 2017, pelo valor lançado em conta de lucros ou prejuízos acumulados, na hipótese de existência de provisões para cobertura de perdas associadas às garantias financeiras prestadas, anteriormente constituídas com base nos critérios gerais vigentes até 1° de janeiro de 2017; ou

   II – registrar na parte B do e-Lalur e do e-Lacs o valor lançado em conta de lucros ou prejuízos acumulados, na hipótese de inexistência anterior de provisões para cobertura de perdas associadas às garantias financeiras prestadas.

2. O valor registrado na parte B do e-Lalur e do e-Lacs constituirá controle de futuras exclusões a serem efetuadas na determinação do lucro real e do resultado ajustado, quando do uso ou reversão da provisão.

3. A exclusão referente ao uso da provisão, mencionada no parágrafo anterior, está condicionada à comprovação de que a despesa relativa à provisão seja necessária à atividade ou operação da pessoa jurídica."

4.3.1.3 – Anexo III – Resolução do Conselho Monetário Nacional (CMN) n° 4.524/2016

A Resolução do Conselho Monetário Nacional n° 4.524/2016 dispõe sobre procedimentos contábeis relativos ao reconhecimento dos efeitos das variações cambiais resultantes da conversão de transações em moeda estrangeira e de demonstrações financeiras de investidas no exterior e às operações de *hedge* de variação cambial de investimentos no exterior.

O Anexo III da Instrução Normativa RFB n° 1.753/2017 dispõe sobre o seguinte:

1. As instituições financeiras e demais autorizadas a funcionar pelo Banco Central do Brasil que utilizarem o procedimento contábil para definição, apuração e registro da parcela efetiva do *hedge* de ativos e passivos financeiros não derivativos, registrados contabilmente no patrimônio líquido na forma estabelecida na Resolução Conselho Monetário Nacional (CMN) n° 4.524/2016, deverão:

   I – na apuração do Imposto sobre a Renda da Pessoa Jurídica (IRPJ) e da Contribuição Social sobre o Lucro Líquido (CSLL):

   a) adicionar ou excluir, conforme o caso, na determinação do lucro real e do resultado ajustado do período de apuração, a parcela da variação cambial reconhecida no patrimônio líquido, devendo manter controle específico na Parte B do e-Lalur e do e-Lacs; e

   b) adicionar ou excluir, conforme o caso, na determinação do lucro real e do resultado ajustado do período de apuração, os valores ajustados nos termos da alínea "a", no período de apuração em que forem reclassificados para o resultado.

   II – para fins de apuração da Contribuição para os Programas de Integração Social e de Formação do Patrimônio do Servidor Público (Contribuição para o PIS/Pasep) e da Contribuição para o Financiamento da Seguridade Social (Cofins), ajustar as respectivas bases de cálculo no mês em que a parcela da variação cambial for reconhecida no patrimônio líquido.

4.3.1.4 – Anexo IV – Pronunciamento Técnico n° 47 – Receita de contrato com cliente

O Pronunciamento Técnico CPC 47, dispõe sobre o Reconhecimento da receita de contrato com cliente. Esse CPC modifica e traz um novo critério de reconhecimento e mensuração de receitas, custos e despesas que afetam a apuração e a base de cálculo dos tributos federais, como exemplo, IRPJ, CSL, PIS-Pasep e Cofins.

O objetivo das diretrizes estabelecidas pelo Anexo IV é neutralizar estas modificações e os novos critérios de reconhecimento de receita estabelecidos pelo CPC 47 a serem aplicados pelas entidades, desde 1°.01.2018.

O Anexo IV da Instrução Normativa RFB n° 1.753/2017 foi introduzido pelo Anexo Único da Instrução Normativa RFB n° 1.771/2017 e dispõe sobre o seguinte:

Dos Novos Métodos ou Critérios Contábeis

1. Os procedimentos contábeis relacionados abaixo, caso adotados pela pessoa jurídica, contemplam modificação ou adoção de novos métodos ou critérios contábeis:

I - o tratamento conferido às modificações contratuais (item 21 do CPC 47);

II - o reconhecimento de passivos em razão de obrigações contratuais relativas a:

a) garantias, exceto as contratadas com empresas de seguros e as contabilizadas como provisões (itens B30, B31 e B32 do CPC 47);

b) direitos não exercidos (item B46 do CPC 47); e

c) serviços de custódia, na hipótese de vendas para entrega futura (item B82 do CPC 47);

III - a aplicação dos critérios para a determinação do preço de transação em razão do reconhecimento de (itens 46, 47 e 48 do CPC 47):

a) contraprestações variáveis, nas hipóteses não previstas nos incisos I e II (itens 50 e 56 do CPC 47);

b) reavaliações da contraprestação variável (item 59 do CPC 47); e

c) contraprestações pagas ou a pagar (itens 70 a 72 do CPC 47); e

IV - a aplicação dos critérios para a alocação do preço de transação às obrigações de desempenho, nos casos não previstos nos incisos I e II (itens 73 e 74 do CPC 47).

2. Os procedimentos contábeis relacionados abaixo, caso adotados pela pessoa jurídica, contemplam métodos ou critérios contábeis que divergem da legislação tributária:

I - a aplicação do critério relativo à possibilidade de a entidade não receber a contraprestação a que tem direito na identificação do contrato (item 9.e do CPC 47); e

II - o reconhecimento de passivos em razão de obrigações contratuais relativas a:

a) direito à devolução (itens B21 a B27 do CPC 47); e

b) direitos de aquisição opcional de bens ou serviços adicionais ou com desconto (item B40 do CPC 47).

3. Os demais itens do CPC 47 que envolvam a aplicação, ainda que indireta, dos procedimentos contábeis estabelecidos nos itens 1 e 2 também contemplam

modificação ou adoção de novos métodos ou critérios contábeis ou divergem da legislação tributária.

4. Os itens do CPC 47 não mencionados nos itens 1, 2 e 3 não contemplam modificação ou adoção de novos métodos ou critérios contábeis ou não têm efeito na apuração dos tributos federais.

Da Receita Bruta

5. A receita bruta definida no art. 12 do Decreto-Lei nº 1.598/1977, e no inciso I do art. 187 da Lei nº 6.404/1976, continuará a ser reconhecida e mensurada conforme determinado pela legislação tributária e registrada na escrituração comercial da pessoa jurídica, conforme previsto no item 112-A do CPC 47.

6. A pessoa jurídica que adotar procedimento contábil relacionado nos itens 1 a 3 do qual resulte valor de receita bruta ou momento de reconhecimento dessa receita diferente do decorrente da aplicação do item 5 deverá registrar a diferença mediante lançamento a débito ou a crédito em conta específica de "Ajuste da receita bruta".

7. A conta de "Ajuste da Receita Bruta" de que trata o item 6 será criada de acordo com a origem da diferença, conforme hipóteses previstas nos incisos e alíneas dos itens 1 e 2.

8. Alternativamente ao disposto no item 7, a pessoa jurídica poderá criar somente uma conta de "Ajuste da Receita Bruta" que contemple todas as hipóteses previstas nos incisos e alíneas dos itens 1 e 2.

9. Caso a diferença de que trata o item 6 refira-se a alguma dedução da receita bruta conforme § 1º do art. 12 do Decreto-Lei nº 1.598/1977, conta de "Ajuste da Receita Bruta" poderá ser substituída pela conta de dedução da receita bruta.

10. O disposto no item 9 poderá ocorrer, por exemplo, quando a pessoa jurídica adotar o procedimento contábil mencionado na alínea "a" do inciso II do item 2 e houver devolução no mesmo período em que a respectiva receita bruta foi reconhecida.

11. Na Escrituração Contábil Fiscal (ECF) de que trata a Instrução Normativa RFB nº 1.422/2013, os valores lançados nas contas de "Ajuste da Receita Bruta" a que se refere o item 6 e na conta de dedução da receita bruta a que se refere o item 9 serão discriminados no plano de contas referencial de acordo com a origem da diferença, conforme hipóteses previstas nos incisos e alíneas dos itens 1 e 2.

Dos Ajustes na Apuração do IRPJ e da CSLL pelo Lucro Real

12. A pessoa jurídica tributada pelo lucro real que adotar procedimento contábil relacionado nos itens 1 a 3 calculará, para cada operação e em cada

período de apuração, a diferença entre a receita que teria sido reconhecida e mensurada conforme a legislação tributária e os critérios contábeis anteriores e a receita reconhecida e mensurada conforme o CPC 47.

13. A diferença de que trata o item 12 será:

I - adicionada ao lucro líquido na determinação do lucro real e do resultado ajustado na parte A do e-Lalur e do e-Lacs, caso seja positiva; e

II - excluída do lucro líquido na determinação do lucro real e do resultado ajustado na parte A do e-Lalur e do e-Lacs, caso seja negativa.

14. Caso a diferença de que trata o item 12 refira-se à receita bruta, o lançamento de ajuste a que se refere o item 13 deverá ser relacionado com a respectiva conta contábil de "Ajuste da Receita Bruta" devidamente mapeada no plano de contas referencial.

15. Caso a pessoa jurídica adote somente uma conta de "Ajuste da Receita Bruta", conforme disposto no item 8, o relacionamento de que trata o item 14 será detalhado de acordo com a origem da diferença, conforme hipóteses previstas nos incisos e alíneas dos itens 1 e 2, por meio de demonstrativo auxiliar a ser apresentado na ECF.

16. Na hipótese de a adoção de procedimento contábil relacionado nos itens 1 a 3 causar diferença entre custo ou despesa que teria sido reconhecida e mensurada conforme a legislação tributária e os critérios contábeis anteriores e custo ou despesa reconhecida e mensurada conforme o CPC 47, a pessoa jurídica tributada pelo lucro real calculará, para cada operação e em cada período de apuração, a diferença entre esses custos ou despesas.

17. A diferença de que trata o item 16 será:

I - excluída do lucro líquido na determinação do lucro real e do resultado ajustado na parte A do e-Lalur e do e-Lacs, caso seja positiva; e

II - adicionada ao lucro líquido na determinação do lucro real e do resultado ajustado na parte A do e-Lalur e do e-Lacs, caso seja negativa.

18. Os valores adicionados ou excluídos conforme os itens 13 e 17 serão controlados em conta específica na parte B do e-Lalur e do e-Lacs.

19. O controle na parte B de que trata o item 18 poderá ser feito em valores globais conforme hipóteses previstas nos incisos e alíneas dos itens 1 e 2, desde que a pessoa jurídica mantenha detalhamento específico por operação.

20. Na adoção inicial prevista nos itens C2 a C8 do CPC 47, os valores lançados contra lucros acumulados ou outro componente do patrimônio líquido não serão objeto de ajustes na apuração do lucro real e do resultado ajustado.

21. O controle na parte B de que trata o item 18 não será feito no caso de a adição ou a exclusão se referir ao efeito cumulativo reconhecido na adoção inicial de que trata o item 20.

Dos Ajustes na Apuração do IRPJ e da CSLL pelo Lucro Presumido e Lucro Arbitrado

22. A pessoa jurídica que for tributada pelo lucro presumido e optar pelo regime de competência, ou que for tributada pelo lucro arbitrado, e adotar procedimento contábil relacionado nos itens 1 a 3 deverá, em relação à parcela da base de cálculo relativa:

I – à receita bruta a que se referem o caput e o § 1° dos arts. 215 e 227 da Instrução Normativa RFB n° 1.700/2017:

a) considerar a receita bruta de que trata o item 5; e

b) deduzir da receita bruta as devoluções, vendas canceladas e descontos incondicionais concedidos que teriam sido reconhecidos e mensurados conforme a legislação tributária e os critérios contábeis anteriores; e

II – aos ganhos de capital e demais receitas e resultados positivos a que se refere o § 3° dos arts. 215 e 227 da Instrução Normativa RFB n° 1.700/2017, considerar as receitas e custos ou despesas que teriam sido reconhecidos e mensurados conforme a legislação tributária e os critérios contábeis anteriores.

23. A pessoa jurídica de que trata o item 22 deverá manter controle específico que detalhe, por operação, as receitas e custos ou despesas considerados na base de cálculo e os registrados em sua contabilidade, e respectivas diferenças.

Demonstrativo de Receitas, Custos e Despesas (item 23 do Anexo IV da IN RFB n° 1.753/2017)				
Operação	Receitas, Custos e Despesas	Valores Considerados na Base de Cálculo	Valores Registrados na Contabilidade	Diferenças

Dos Ajustes na Apuração da Contribuição para o PIS-Pasep e da Cofins no Regime Cumulativo

24. Na apuração pelo regime de competência das bases de cálculo da Contribuição para os Programas de Integração Social e de Formação do Patrimônio do Servidor Público (Contribuição para o PIS/Pasep) e da Contribuição para o Financiamento da Seguridade Social (Cofins) de que trata a Lei n° 9.718/1998, a pessoa jurídica que adotar procedimento contábil relacionado nos itens 1 a 3 deverá:

I – considerar a receita bruta de que trata o item 5; e

II – deduzir da receita bruta as vendas canceladas e descontos incondicionais concedidos que teriam sido reconhecidos e mensurados conforme a legislação tributária e os critérios contábeis anteriores.

25. A pessoa jurídica de que trata o item 24 deverá manter controle específico que detalhe, por operação, as despesas deduzidas na apuração da base de cálculo e as registradas em sua contabilidade, e respectivas diferenças.

Demonstrativo de Despesas (item 25 do Anexo IV da IN RFB nº 1.753/2017)				
Operação	Despesas	Valores Deduzidos na Apuração da Base de Cálculo	Valores Registrados na Contabilidade	Diferenças

d) Demonstração do resultado de P1 conforme CPC 47, sem considerar o art. 12 do Decreto-Lei nº 1.598/1977:

Receita Bruta	80.000,00
(-) CMV	(45.000,00)
= Lucro Líquido	35.000,00

e) Demonstrativo das diferenças em P1:

Demonstrativo das Diferenças (itens 12, 13, 16 e 17 do Anexo IV da IN RFB nº 1.753/2017)				
Operação	Receitas, Custos e Despesas.	Conforme critérios contábeis anteriores e legislação tributária.	Conforme CPC 47, sem considerar a legislação tributária.	Diferenças
Venda da mercadoria XPTO	Receita Bruta	100.000,00	80.000,00	20.000,00 (Adição)
	CMV	60.000,00	45.000,00	15.000,00 (Exclusão)

f) Lançamentos contábeis em P1 informados na Escrituração Contábil Digital (ECD) de que trata a Instrução Normativa RFB nº 1.420/2013:

D	Caixa	100.000,00	
D	Ajuste da Receita Bruta	20.000,00	
C	Obrigação de Restituição		20.000,00
C	Receita Bruta		100.000,00

Controle por Subcontas a Partir de 1o.01.2018

D	CMV	45.000,00	
D	Ativo de Devolução	15.000,00	
C	Estoque		60.000,00

g) Demonstração do resultado de P1 elaborado com base nas informações da ECD:

Receita Bruta	100.000,00
(-) Ajuste da Receita Bruta	(20.000,00)
= Receita Líquida	80.000,00
(-) CMV	(45.000,00)
= Lucro Líquido	35.000,00

h) Demonstração do Lucro Real de P1 informada na ECF:

Lucro Líquido	35.000,00
(+) Adições	20.000,00
(-) Exclusões	(15.000,00)
Lucro Real	40.000,00

Atenção:

A adição de R$ 20.000,00 e a exclusão de R$ 15.000,00 são temporárias. Serão, portanto, controladas na conta "Venda da Mercadoria XPTO" da Parte B do e-Lalur.

i) Lançamentos contábeis em P2 conforme legislação tributária e critérios contábeis anteriores:

D	Caixa	200.000,00	
C	Receita Bruta		200.000,00
D	CMV	120.000,00	
C	Estoque		120.000,00

D	Devolução de Vendas	20.000,00	
C	Caixa		20.000,00
D	Estoque	15.000,00	
C	CMV		15.000,00

> **Atenção:**
>
> A devolução da venda da mercadoria XPTO poderia ser contabilizada de forma diferente. Entretanto, após os ajustes de adição e exclusão o resultado final tributável seria o mesmo, independentemente da forma escolhida.

j) Demonstração do resultado de P2 conforme legislação tributária e critérios contábeis anteriores:

Receita Bruta	200.000,00
(-) Devolução de Vendas	(20.000,00)
= Receita Líquida	180.000,00
(-) CMV	(105.000,00)
= Lucro Líquido	75.000,00

k) Lançamentos contábeis em P2 conforme CPC 47, sem considerar o art. 12 do Decreto-Lei nº 1.598/1977:

D	Caixa	200.000,00	
C	Receita Bruta		200.000,00
D	CMV	120.000,00	
C	Estoque		120.000,00
D	Obrigação de Restituição	20.000,00	
C	Caixa		20.000,00
D	Estoque	15.000,00	
C	Ativo de Devolução		15.000,00

l) Demonstração do resultado de P2 conforme CPC 47, sem considerar o art. 12 do Decreto-Lei nº 1.598/1977:

Controle por Subcontas a Partir de 1o.01.2018

Receita Bruta	200.000,00
(-) CMV	(120.000,00)
= Lucro Líquido	80.000,00

m) Demonstrativo das diferenças em P2:

Demonstrativo das Diferenças (itens 12, 13, 16 e 17 do Anexo IV da IN RFB nº 1.753/2017)				
Operação	Receitas, Custos e Despesas.	Conforme critérios contábeis anteriores e legislação tributária.	Conforme CPC 47, sem considerar a legislação tributária.	Diferenças
Venda da mercadoria XPTO	Receita Bruta	200.000,00	200.000,00	-
	Devolução de Vendas	20.000,00	-	20.000,00(Exclusão)
	CMV	105.000,00	120.000,00	(15.000,00)(Adição)

n) Lançamentos contábeis em P2 informados na ECD:

D	Caixa	200.000,00	
C	Receita Bruta		200.000,00
D	CMV	120.000,00	
C	Estoque		120.000,00
D	Obrigação de Restituição	20.000,00	
C	Caixa		20.000,00
D	Estoque	15.000,00	
C	Ativo de Devolução		15.000,00

o) Demonstração do resultado de P2 elaborado com base nas informações da ECD:

Receita Bruta	200.000,00
(-) CMV	(120.000,00)
= Lucro Líquido	80.000,00

p) Demonstração o Lucro Real de P2 informada na ECF:

Lucro Líquido	80.000,00
(+) Adições	15.000,00
(-) Exclusões	(20.000,00)
Lucro Real	75.000,00

Atenção:

A adição de R$ 15.000,00 e a exclusão de R$ 20.000,00 baixarão o saldo controlado na conta "Venda da Mercadoria XPTO" da Parte B do e-Lalur, encerrando-a.

5

Demais Disposições Relativas à Legislação Tributária

5.1. Despesas Pré-Operacionais ou Pré-Industriais

Há uma diferença de tratamento em relação ao conceito fiscal e contábil no que se refere às despesas pré-operacionais ou pré-industriais.

O art. 325, inciso II, letra "a", do Decreto n° 3.000/1999 (RIR/1999), art. 58, § 3°, alínea "a", da Lei n° 4.506/1964 e Pareceres Normativos CST n°s 364/1971, 72/1975 e 110/1975 dispõem sobre o assunto.

5.1.1. Conceito Societário

Os direitos que tenham por objeto bens incorpóreos destinados à manutenção da companhia ou exercidos com essa finalidade, inclusive o fundo de comércio adquirido, devem ser classificados no Ativo Intangível (art. 179, inciso VI, da Lei n° 6.404/1976).

Assim sendo, os gastos efetuados na fase pré-operacional ou pré-industrial deverão ser classificados no Ativo não Circulante Intangível, em subcontas distintas, segundo a natureza, os empreendimentos ou atividades a que se destinam e o prazo de amortização.

Da mesma forma como existem as despesas operacionais dedutíveis e não dedutíveis, também as despesas pré-operacionais obedecem a essas condições e, por esse motivo, quando da contabilização no Ativo Intangível, para melhor controle, poderá ser efetuada a segregação em dois grupos distintos (Parecer Normativo CST nº 110/1975):

a)   despesas pré-operacionais dedutíveis; e

b)   despesas pré-operacionais não dedutíveis.

Ressalte-se que, por ocasião de sua amortização, os respectivos encargos relativos a ambas serão normalmente debitados à conta de resultados, devendo, entretanto, os valores referentes à amortização das despesas pré-operacionais não dedutíveis ser adicionados ao lucro líquido, no e-Lalur, para efeito de apuração do lucro real (Parecer Normativo CST nº 110/1975).

É importante frisar que os gastos necessários à abertura da empresa, tais como registro na Junta Comercial, taxas e alvarás, contribuição sindical patronal, honorários contábeis e advocatícios, etc., devem, pelo novo critério de reconhecimento contábil (IFRS), ser registrados diretamente na conta de despesas, diferentemente do Fisco, que manda ativar. Daí os ajustes fiscais no e-Lalur.

5.1.2. Conceito Fiscal

São "pré-operacionais" as despesas necessárias à organização e implantação da empresa ou "pré-industriais" e as despesas necessárias à ampliação de empreendimentos industriais da empresa, inclusive as de cunho administrativo, pagas ou incorridas até o início de suas operações ou plena utilização de suas instalações (Parecer Normativo CST nº72/1975).

As despesas pré-operacionais ou pré-industriais não devem ser confundidas com as "despesas pagas antecipadamente", que são classificáveis no Ativo Circulante ou no Realizável a Longo Prazo, conforme o caso, e representam a aplicação de recursos em despesas ainda não incorridas que serão computadas na apuração de resultados de exercícios futuros.

A despesa pré-operacional pode ocorrer em duas fases da atividade empresarial: antes do início das atividades da empresa e posteriormente, pela implantação de novos projetos, representada a despesa pré-operacional pelo custo antecipado de cada etapa que for sendo implantada (Pareceres Normativos CST nᵒˢ 72/1975 e 110/1975).

5.1.2.1.Despesas Pré-operacionais

São consideradas despesas pré-operacionais todas as despesas necessárias à organização e implantação ou ampliação da empresa, inclusive aquelas de cunho administrativo, tais como (inciso II do art. 325 do RIR/1999):

Demais Disposições Relativas à Legislação Tributária

a) as despesas com pesquisas científicas ou tecnológicas, inclusive com experimentação para criação ou aperfeiçoamento de produtos, processos, fórmulas e técnicas de produção, administração ou venda;

b) juros eventualmente pagos ou creditados a acionistas durante o período que anteceder o início das operações sociais ou de implantação do empreendimento inicial;

c) despesas com prospecção e cubagem de jazidas ou depósitos, realizadas por concessionárias de pesquisa ou lavra de minérios, sob a orientação técnica de engenheiro de minas;

d) os custos e as despesas de desenvolvimento de jazidas e minas ou de expansão de atividades industriais, classificadas como ativo diferido até o término da construção ou da preparação para exploração;

e) despesas, custos e outros encargos com a constituição, instalação e de organização da empresa;

f) encargos financeiros;

g) despesas administrativas: ordenados, salários, honorários, encargos trabalhistas, viagens;

h) parte dos custos, encargos e despesas operacionais registrados como ativo diferido durante o período em que a empresa, na fase inicial da operação, utilizou apenas parcialmente o seu equipamento ou as suas instalações;

i) gastos com estudos de viabilidade econômica, elaboração de projetos técnicos;

j) juros durante o período de construção e pré-operação; e

k) custos, despesas e outros encargos com a reestruturação, reorganização ou modernização da empresa.

5.1.2.2.Tratamento Tributário

Os resultados líquidos de transações não operacionais, ocorridas durante a fase pré-operacional, devem ser apurados como transações eventuais e apropriados como resultado no período de sua ocorrência ou, em caso de prejuízo, acumulados para posterior compensação com lucros (Parecer Normativo CST nº 110/1975).

Dispõe o art. 128 da IN RFB nº 1.700/2017 que, na determinação do lucro real, não serão computadas, no período de apuração em que incorridas, as despesas:

I - de organização pré-operacionais ou pré-industriais, inclusive da fase inicial de operação, quando a empresa utilizou apenas parcialmente o seu equipamento ou as suas instalações; e

II - de expansão das atividades industriais.

5.1.3. Amortização

As despesas enunciadas no subtópico 5.1.2.2, acima, poderão ser excluídas para fins de determinação do lucro real, em quotas fixas mensais e no prazo mínimo de 5 (cinco) anos, a partir:

I - do início das operações ou da plena utilização das instalações, no caso previsto no número I do subtópico 5.1.2.2; e

II - do início das atividades das novas instalações, no caso previsto no número II do subtópico 5.1.2.2.

Os valores não computados no lucro real deverão ser adicionados na Parte "A" do e-Lalur e registrados na Parte "B" do e-Lalur para controle de sua utilização conforme previsto nos números I e II acima.

5.1.4. Exemplo Prático

Pessoa jurídica tributada pelo lucro real efetuou despesas de organização pré-operacionais no período. No período de apuração do imposto, a empresa está fazendo uso pleno na utilização das suas instalações. Assim, fará uso do benefício do imposto.

Premissas:
– total dos gastos pré-operacionais = R$ 4.600.000,00;
– lucro líquido do exercício antes do Imposto de Renda = R$ 10.000.000,00;
– o gasto foi contabilizado no resultado do exercício como despesa;
– o gasto será fiscalmente amortizado em 5 (cinco) anos;
– taxa anual de amortização: 20% a.a.;
– quota anual de amortização = R$ 920.000,00:

[R$ 4.600.000,00 x 20%].

Assim, temos, no e-Lalur:

Demonstração do Lucro Real
31.12.2015

Lucro líquido do exercício antes do IRPJ	10.000.000,00
(+) Adições:	
Despesas Pré-operacionais	4.600.000,00
(-) Exclusões:	
Despesas Pré-operacionais	(920.000,00)
Lucro líquido antes da Compensação de Prejuízos Fiscais	13.680.000,00
Compensação de Prejuízos Fiscais	0,00
Lucro Real	13.680.000,00

(Fundamentação legal: art. 128 da IN RFB nº 1.700/2017)

5.2. Teste de Recuperabilidade

5.2.1. Definição

O Teste de Recuperabilidade ou *Impairment Test* é uma das alterações previstas na Lei nº 11.638/2007 que, pelo CPC 01, define a metodologia a ser aplicada para verificar se a companhia possui ativos de longo prazo que estejam contabilizados por um valor que possam ser recuperados por uso ou por venda.

5.2.2. Objetivo e Finalidade

O objetivo do teste de recuperabilidade é verificar se há na empresa a existência de ativos desvalorizados.

Um ativo está desvalorizado quando seu valor contábil excede seu valor recuperável. Como definição, valor recuperável é o maior valor entre o valor líquido de venda e o valor em uso.

5.2.3. Obrigatoriedade

O teste de recuperabilidade é obrigatório desde 31.12.2008, e deve se aplicado no mínimo a cada fim de exercício social.

O resultado do teste será contabilizado somente se o valor recuperável for inferior ao valor que está contabilizado. Caso o valor seja superior ao que está contabilizado, o ativo permanece registrado pelo seu valor original.

5.2.4. Comprovação do Teste

Para comprovar o resultado do *teste de impairment*, é necessário que haja documentação hábil sobre os procedimentos adotados para a realização do teste, como o laudo fornecido por empresa especializada ou mesmo se o teste foi realizado internamente.

Comprovada a perda por documentos idôneos sobre a existência de ativo desvalorizado, deverá mensurar o valor recuperável e contabilizar a diferença da perda na conta "Ajuste ao Valor Recuperável", que é uma despesa que deverá ser contabilizada no resultado do exercício.

5.2.5. Aspecto Tributário

A pessoa jurídica poderá reconhecer na apuração do lucro real somente os valores contabilizados como redução ao valor recuperável de ativos que não tenham sido objeto de reversão, quando ocorrer a alienação ou baixa do bem correspondente.

No caso de alienação ou baixa de um ativo que compõe uma unidade geradora de caixa, o valor a ser reconhecido na apuração do lucro real deve ser proporcional à relação entre o valor contábil desse ativo e o total da unidade geradora de caixa à data em que foi realizado o teste de recuperabilidade.

5.2.5.1.Ganho ou Perda de Capital

Para efeitos de apuração do ganho ou perda de capital, as perdas estimadas no valor de ativos deverão ser deduzidas do valor contábil do bem.

A perda estimada deverá ser adicionada na Parte "A" do Lalur no período de apuração em que for reconhecida e registrada na Parte "B" para ser excluída, ou na reversão.

5.2.5.2.Reversão das Perdas por Desvalorização

As reversões das perdas por desvalorização de bens que foram objeto de redução ao valor recuperável de ativos não são computadas na apuração do Imposto sobre a Renda Pessoa Jurídica.

(Fundamentação legal: arts. 129 e 130 da IN RFB n° 1.700/2017)

5.3. Custos de Empréstimos

Os juros e outros encargos, associados a empréstimos contraídos, especificamente ou não, para financiar a aquisição, construção ou produção de bens

Demais Disposições Relativas à Legislação Tributária

classificáveis como estoques de longa maturação, propriedade para investimento, ativo imobilizado ou ativo intangível, podem ser registrados como custo do ativo adquirido, construído ou produzido.

Os juros e outros encargos somente poderão ser registrados como custo até o momento em que o ativo estiver pronto para seu uso ou venda.

Considera-se como encargo associado a empréstimo aquele em que o tomador deve necessariamente incorrer para fins de obtenção dos recursos.

Os juros e outros encargos registrados como custo do ativo, poderão ser excluídos na determinação do lucro real do período de apuração em que forem incorridos, devendo a exclusão ser feita na Parte "A" do e-Lalur e controlada, de forma individualizada para cada bem ou grupo de bens de mesma natureza e uso, na Parte "B" deste livro.

Nesse caso, os valores excluídos deverão ser adicionados na Parte "A" do Lalur à medida que o ativo for realizado, inclusive mediante depreciação, amortização, exaustão, alienação ou baixa.

(Fundamentação legal: art. 145 da IN RFB nº 1.700/2017)

5.4. Contratos de Longo Prazo

A pessoa jurídica que utilizar critério, para determinação da porcentagem do contrato ou da produção executada, distinto dos previstos no § 1º do art. 10 do Decreto-Lei nº 1.598/1977, que implique resultado do período diferente daquele que seria apurado com base nesses critérios, deverá:

I - apurar a diferença entre o resultado obtido por meio do critério utilizado para fins da escrituração comercial e o resultado apurado conforme o disposto na Instrução Normativa SRF nº 21/1979; e

II - ajustar, na Parte "A" do e-Lalur, o lucro líquido do período pela diferença de que trata o número I, acima:

    a) se positiva, a diferença poderá ser excluída;

    b) se negativa, a diferença deverá ser adicionada.

A receita a ser computada na apuração do resultado de contratos, com prazo de execução superior a 1 (um) ano, de construção por empreitada ou de fornecimento, a preço predeterminado, de bens ou serviços a serem produzidos, corresponderá à receita bruta definida no art. 26 da IN RFB nº 1.700/2017.

5.4.1. Receita Bruta

O artigo 26 da IN RFB nº 1.700/2017 define a receita bruta como sendo:

I - o produto da venda de bens nas operações de conta própria;

II - o preço da prestação de serviços em geral;

III - o resultado auferido nas operações de conta alheia; e

IV - as receitas da atividade ou objeto principal da pessoa jurídica não compreendidas nos números I a III.

Na receita bruta, não se incluem os tributos não cumulativos cobrados, destacadamente, do comprador ou contratante pelo vendedor dos bens ou pelo prestador dos serviços na condição de mero depositário.

Na receita bruta, incluem-se os tributos sobre ela incidentes e os valores decorrentes do Ajuste a Valor Presente (AVP), de que trata o inciso VIII do *caput*, do art. 183/1976.

(Fundamentação legal: arts. 164 e 165 da IN RFB nº 1.700/2017)

5.5. Subvenções para Investimento

As subvenções para investimento, inclusive mediante isenção ou redução de impostos, concedidas como estímulo à implantação ou expansão de empreendimentos econômicos e as doações feitas pelo poder público, reconhecidas no resultado com observância das normas contábeis, não serão computadas na determinação do lucro real, desde que sejam registradas na conta de Reserva de Lucros a que se refere o art. 195-A da Lei nº 6.404/1976, observado o disposto no art. 193 dessa Lei.

5.5.1. Utilização da Reserva de Subvenções

A Reserva de Subvenções poderá ser utilizada para:

I - absorção de prejuízos, desde que anteriormente já tenham sido totalmente absorvidas as demais Reservas de Lucros, com exceção da Reserva Legal; ou

II - aumento do capital social.

Na hipótese prevista no número I acima, a pessoa jurídica deverá recompor a reserva à medida que forem apurados lucros nos períodos subsequentes.

Demais Disposições Relativas à Legislação Tributária

> **Atenção:**
>
> As doações e subvenções serão tributadas caso não seja observado sua utilização para absorção de prejuízos ou seja dada destinação diversa de Reserva de Lucros, inclusive nas hipóteses de:
>
> I – capitalização do valor e posterior restituição de capital aos sócios ou ao titular, mediante redução do capital social, hipótese em que a base para a incidência será o valor restituído, limitado ao valor total das exclusões decorrentes de doações ou subvenções governamentais para investimentos;
>
> II – restituição de capital aos sócios ou ao titular, mediante redução do capital social, nos 5 (cinco) anos anteriores à data da doação ou da subvenção, com posterior capitalização do valor da doação ou da subvenção, hipótese em que a base para a incidência será o valor restituído, limitada ao valor total das exclusões decorrentes de doações ou de subvenções governamentais para investimentos; ou
>
> III – integração à base de cálculo dos dividendos obrigatórios.

5.5.2. Apuração de Prejuízo Contábil

Se, no período de apuração, a pessoa jurídica apurar prejuízo contábil ou lucro líquido contábil inferior à parcela decorrente de doações e de subvenções governamentais e, nesse caso, não puder ser constituída como parcela de lucros nos termos do *caput*, esta deverá ocorrer à medida que forem apurados lucros nos períodos subsequentes.

5.5.3. Apuração Trimestral do Imposto

No caso de período de apuração trimestral do imposto, o registro na reserva de incentivos fiscais deverá ser efetuado até 31 de dezembro do ano em curso.

5.5.4. Controle no e-Lalur

O valor que constituir exclusão na Parte "A" do e-Lalur, reconhecido no resultado com observância das normas contábeis, será registrado na Parte "B" e será baixado:

I - no momento de sua utilização para aumento do capital social; ou

II - no momento em que for adicionado na Parte "A" do e-Lalur, nas hipóteses nos números I, II e III do subtópico 5.5.1 acima.

> **Atenção:**
>
> Isto não se aplica às subvenções concedidas por pessoas jurídicas de direito privado, que constituem receita da pessoa jurídica beneficiária.

5.5.5. Doação Recebida do Poder Público

Não poderá ser excluída da apuração do lucro real a subvenção recebida do Poder Público, em função de benefício fiscal, quando os recursos puderem ser livremente movimentados pelo beneficiário, isto é, quando não houver obrigatoriedade de aplicação da totalidade dos recursos na aquisição de bens ou direitos necessários à implantação ou expansão de empreendimento econômico, inexistindo sincronia e vinculação entre a percepção da vantagem e a aplicação dos recursos.

5.5.6. Exemplo Prático

A assistência governamental a entidades pode estar concentrada no estímulo ou no apoio de longo prazo a entidades de negócio em determinadas regiões ou setores industriais. As condições para receber essa assistência podem não estar especificamente relacionadas às atividades operacionais da entidade. Exemplos dessa assistência são transferências de recursos pelos governos a entidades que:

a) operam em um setor específico;

b) continuam operando em setores recentemente privatizados; e

c) começam ou continuam a conduzir seus negócios em áreas subdesenvolvidas.

(Fundamentação legal: Resolução CFC nº 1.305/2010)

Assim, temos:

- **Subvenção para Investimentos:**
1. **Registro contábil antes da Lei nº 11.638/2007:**

   D – Ativo   xxxx

   C– Patrimônio Líquido   xxxx
2. Depois e com observância da IN RFB nº 1.515/2014:

   D – Ativo   xxxx

   C – Conta de Resultado, na proporção da despesa, pelo confronto   xxxx

Demais Disposições Relativas à Legislação Tributária

Fiscalmente:

Exclusão da base de cálculo do Lucro Real e, consequentemente, abatimento de IRPJ e CSLL.

(Fundamentação legal: art. 198 da IN RFB nº 1.700/2017)

5.6. Prêmio na Emissão de Debêntures

O prêmio na emissão de debêntures, reconhecido no resultado com observância das normas contábeis, não será computado na determinação do lucro real, desde que:

I – a titularidade da debênture não seja de sócio ou titular da pessoa jurídica emitente; e

II – seja registrado em reserva de lucros específica, observado o disposto no art. 193 da Lei nº 6.404/1976, que somente poderá ser utilizada para:

a) absorção de prejuízos, desde que anteriormente já tenham sido totalmente absorvidas as demais Reservas de Lucros, com exceção da Reserva Legal; ou

b) aumento do capital social.

> **Atenção:**
>
> Na hipótese prevista na alínea "a" acima, a pessoa jurídica deverá recompor a reserva à medida que forem apurados lucros nos períodos subsequentes.

5.6.1. Tributação do Prêmio

O prêmio na emissão de debêntures de que trata o *caput* será tributado caso não seja recomposta a reserva à medida que forem apurados lucros nos períodos subsequentes, ou seja dada destinação diversa do parágrafo acima, inclusive nas hipóteses de:

I – capitalização do valor e posterior restituição de capital aos sócios ou ao titular, mediante redução do capital social, hipótese em que a base para a incidência será o valor restituído, limitado ao valor total das exclusões decorrentes do prêmio na emissão de debêntures;

II – restituição de capital aos sócios ou ao titular, mediante redução do capital social, nos 5 (cinco) anos anteriores à data da emissão das debêntures, com posterior capitalização do valor do prêmio na emissão de debêntures, hipótese em que a base para a incidência será o valor restituído, limitada ao valor total das exclusões decorrentes de prêmio na emissão de debêntures; ou

III – integração à base de cálculo dos dividendos obrigatórios.

> **Atenção:**
>
> Para fins do disposto no número I, acima, serão considerados os sócios com participação igual ou superior a 10% (dez por cento) do capital social da pessoa jurídica emitente.

5.6.2. Apuração de Prejuízo Contábil

Se, no período de apuração, a pessoa jurídica apurar prejuízo contábil ou lucro líquido contábil inferior à parcela decorrente de prêmio na emissão de debêntures e, nesse caso, não puder ser constituída como parcela de lucros nos termos do *caput*, esta deverá ocorrer à medida que forem apurados lucros nos períodos subsequentes.

5.6.3. Apuração Trimestral do Imposto

No caso de período de apuração trimestral do imposto, o registro na reserva de lucros específica deverá ser efetuado até 31 de dezembro do ano em curso.

5.6.4. Controle no e-Lalur

O valor reconhecido no resultado com observância das normas contábeis, excluído na Parte "A" do e-Lalur, será registrado na Parte "B" e será baixado:

I – no momento de sua utilização para aumento do capital social; ou

II – no momento em que for adicionado no e-Lalur, na Parte "A", nas hipóteses previstas nos números I, II e III do subtópico 5.6.1, acima.

(Fundamentação legal: art. 199 da IN RFB nº 1.700/2017)

5.7. Ganhos ou Perdas de Capital

5.7.1. Apuração do Ganho de Capital

Serão classificados como ganhos ou perdas de capital e computados, na determinação do lucro real, os resultados na alienação, inclusive por desapropriação, na baixa por perecimento, extinção, desgaste, obsolescência ou exaustão, ou na

Demais Disposições Relativas à Legislação Tributária

liquidação de bens do ativo não circulante classificados como investimentos, imobilizado ou intangível.

5.7.1.1. Valor Contábil

Ressalvadas as disposições especiais, a determinação do ganho ou perda de capital terá por base o valor contábil do bem, assim entendido o que estiver registrado na escrituração do contribuinte, diminuído, se for o caso, da depreciação, amortização ou exaustão acumulada e das perdas estimadas no valor de ativos.

5.7.2. Recebimento Depois do Término do Exercício Social

Nas vendas de bens do ativo não circulante classificados como investimentos, imobilizado ou intangível, para recebimento do preço, no todo ou em parte, depois do término do exercício social seguinte ao da contratação, o contribuinte poderá, para efeito de determinar o lucro real, reconhecer o lucro na proporção da parcela do preço recebida em cada período de apuração.

5.7.3. Tributação do Ganho de Capital

O contribuinte poderá diferir a tributação do ganho de capital na alienação de bens desapropriados, desde que:

I - o transfira para reserva especial de lucros;

II - aplique, no prazo máximo de 2 (dois) anos do recebimento da indenização, na aquisição de outros bens do ativo não circulante, importância igual ao ganho de capital;

III - discrimine, na reserva de lucros, os bens objeto da aplicação de que trata o item número II deste subtópico, em condições que permitam a determinação do valor realizado em cada período.

> **Atenção:**
>
> A reserva especial será computada na determinação do lucro real nos termos do § 1º do art. 35 do Decreto-Lei nº 1.598/1977, ou utilizados para distribuição de dividendos.

(Fundamentação legal: art. 200 da IN RFB nº 1.700/2017)

5.8. Compensação de Prejuízos Fiscais

A pessoa jurídica tributada pelo lucro real (trimestral ou anual) poderá compensar prejuízos fiscais de períodos anteriores com lucro fiscal (operacional ou não operacional) do período de apuração, desde que sejam observadas as regras previstas nos arts. 203 a 211 da IN RFB nº 1.700/2017, as quais apresentamos a seguir.

5.8.1. Limite Fiscal de 30%

O lucro líquido, depois de ajustado pelas adições e exclusões previstas ou autorizadas pela legislação do Imposto sobre a Renda, poderá ser reduzido pela compensação de prejuízos fiscais em até 30%. Esse limite de 30% não se aplica à compensação de prejuízos fiscais:

a) decorrentes da exploração de atividades rurais (RIR/1999, art. 512); ou

b) apurados pelas empresas industriais titulares de Programas Especiais de Exportação, aprovados até 03.06.1993, pela Comissão para Concessão de Benefícios Fiscais a Programas Especiais de Exportação (Befiex), as quais podem compensar o

prejuízo fiscal verificado em um período de apuração com

o lucro real determinado nos 6 (seis) anos-calendário subsequentes, independentemente da distribuição de lucros ou dividendos aos sócios ou acionistas (RIR/1999, art. 470 , I).

Afirma Higuchi (2013, p. 426): "O limite de redução de 30% do lucro real não se aplica aos prejuízos fiscais apurados pelas pessoas jurídicas que tenham por objeto a exploração de atividade rural."

A compensação poderá ser total ou parcial, em um ou mais períodos de apuração, à opção do contribuinte, desde que observado o limite previsto no art. 205 da IN RFB nº 1.700/2017, para compensação de prejuízos fiscais não operacionais.

> **Atenção:**
>
> O disposto somente se aplica às pessoas jurídicas que mantiverem os livros e documentos – exigidos pela legislação fiscal – comprobatórios do montante do prejuízo fiscal utilizado para compensação.

Exemplo:

- 31.12.2015 – Prejuízo fiscal de anos-calendário anteriores = R$ 200.000,00

Demais Disposições Relativas à Legislação Tributária

- 31.12.2015 – Lucro fiscal do ano-calendário atual, antes da compensação de prejuízo = R$ 500.000,00

Assim, temos, no e-Lalur:

Demonstração do Lucro Real
2015

Lucro Líquido do Exercício antes do IRPJ	500.000,00
(+) Adições	0,00
(-) Exclusões	0,00
Lucro Real antes da Compensação de Prejuízos Fiscais	500.000,00
(-) Compensação de Prejuízos Fiscais	(150.000,00) *
Lucro Real	350.000,00

(*) Do prejuízo fiscal acumulado de períodos anteriores no valor de R$ 200.000,00, a pessoa jurídica somente pode baixar na Parte "B" do e-Lalur o valor de R$ 150.000,00 em função do limite de 30% do lucro líquido ajustado mediante adições e exclusões.

5.8.2. Prejuízos Fiscais não Operacionais

5.8.2.1.Definição

Consideram-se não operacionais os resultados decorrentes da alienação de bens e direitos do ativo não circulante imobilizado, investimento e intangível, ainda que reclassificados para o ativo circulante com a intenção de venda.

Os prejuízos não operacionais somente podem ser compensados, nos períodos subsequentes ao de sua apuração, com lucros de mesma natureza.

5.8.2.2.Resultados não Operacionais

O resultado não operacional será igual à diferença, positiva ou negativa, entre valor pelo qual o bem ou direito houver sido alienado e o seu valor contábil, assim entendido o que estiver registrado na escrituração do contribuinte, diminuído, se for o caso, da depreciação, amortização ou exaustão acumulada e das perdas estimadas no valor de ativos.

Os resultados não operacionais de todas as alienações ocorridas durante o período de apuração deverão ser apurados englobadamente entre si.

Segundo Silva (2015, p. 416):

> Os resultados não operacionais de todas as alienações ocorridas durante o período-base deverão ser apurados englobadamente entre si e, no período-base de ocorrência, estes resultados, positivos ou negativos, integrarão o lucro real e a base de cálculo da CSLL. (SILVA, 2015, p. 416.)

No período de apuração de ocorrência, os resultados não operacionais, positivos ou negativos, integrarão o lucro real.

5.8.2.3. Separação dos Prejuízos Fiscais não Operacionais das Demais Atividades

A separação em prejuízos não operacionais e em prejuízos das demais atividades somente será exigida se, no período, forem verificados, cumulativamente, resultados não operacionais negativos e lucro real negativo (prejuízo fiscal).

Verificada a hipótese acima, a pessoa jurídica deverá comparar o prejuízo não operacional com o prejuízo fiscal apurado na demonstração do lucro real, observado o seguinte:

a) se o prejuízo fiscal for maior, todo o resultado não operacional negativo será considerado prejuízo fiscal não operacional e a parcela excedente será considerada prejuízo fiscal das demais atividades;

b) se todo o resultado não operacional negativo for maior ou igual ao prejuízo fiscal, todo o prejuízo fiscal será considerado não operacional.

(Fund.: IN SRF n° 11/1996, art. 36, § 5° a 6°)

5.8.3. Controle na Parte "B" do e-Lalur

Os prejuízos não operacionais e os decorrentes das demais atividades da pessoa jurídica deverão ser controlados de forma individualizada por espécie, na Parte "B" do e-Lalur, para compensação com lucros de mesma natureza apurados nos períodos subsequentes.

(Fund.: IN SRF n° 11/1996, art. 36, § 7°)

5.8.4. Compensação dos Prejuízos Fiscais

O valor do prejuízo fiscal não operacional a ser compensado em cada período de apuração subsequente não poderá exceder o total dos resultados não operacionais positivos apurados no período de compensação.

A soma dos prejuízos fiscais não operacionais com os prejuízos decorrentes de outras atividades da pessoa jurídica, a ser compensada, não poderá exceder o limite de 30% do lucro líquido do período de apuração da compensação ajustado pelas adições e exclusões previstas ou autorizadas pela legislação do Imposto sobre a Renda.

Demais Disposições Relativas à Legislação Tributária

No período de apuração em que for apurado resultado não operacional positivo, todo o seu valor poderá ser utilizado para compensar os prejuízos fiscais não operacionais de períodos anteriores, ainda que a parcela do lucro real admitida para compensação não seja suficiente ou tenha sido apurado prejuízo fiscal.

Nessa hipótese, a parcela dos prejuízos fiscais não operacionais compensados com os lucros não operacionais que não puder ser compensada com o lucro real, seja em virtude do limite de 30% ou de ter ocorrido prejuízo fiscal no período, passará a ser considerada prejuízo das demais atividades, devendo ser promovidos os devidos ajustes na Parte "B" do e-Lalur.

(FUND.: IN SRF n° 11/1996, art. 35)

5.8.5. Neutralidade Tributária

Para fins da neutralidade tributária a que se refere o art. 292 da IN RFB nº 1.700/2017, deverá ser considerada no valor contábil eventual diferença entre o valor do ativo na contabilidade societária e o valor do ativo mensurado de acordo com os métodos e critérios contábeis vigentes em 31 de dezembro de 2007, observada na data da adoção inicial de que trata o art. 160 desta IN.

> **Atenção:**
>
> O disposto acima não se aplica em relação às perdas decorrentes de baixa de bens ou direitos em virtude de terem se tornado imprestáveis, obsoletos ou terem caído em desuso, ainda que posteriormente venham a ser alienados como sucata.

5.8.6. Saldo Existente na Adoção Inicial

O saldo de prejuízos não operacionais existente na data da adoção inicial de que trata o art. 291 da IN RFB nº 1.700/2017 somente poderá ser compensado nos períodos de apuração subsequentes, nos termos apresentados neste tópico.

5.8.7. Mudança de Controle Societário e de Ramo da Sociedade

"Art. 118. A pessoa jurídica não poderá compensar seus próprios prejuízos fiscais se entre a data da apuração e da compensação houver ocorrido, cumulativamente, modificação de seu controle societário e do ramo de atividade."

(Fundamentação legal: art. 209 da IN RFB nº 1.700/2017)

5.8.8. Sucessora por Incorporação, Fusão ou Cisão

A pessoa jurídica sucessora por incorporação, fusão ou cisão não poderá compensar prejuízos fiscais da sucedida.

5.8.8.1.Cisão Parcial

No caso de cisão parcial, a pessoa jurídica cindida poderá compensar os seus próprios prejuízos proporcionalmente à parcela remanescente do patrimônio líquido.

(Fundamentação legal: art. 210 da IN RFB nº 1.700/2017)

5.8.9. Sociedade em Conta de Participação (SCP)

O prejuízo fiscal apurado por Sociedade em Conta de Participação (SCP) somente poderá ser compensado com o lucro real decorrente da mesma SCP.

Atenção:

É vedada a compensação de prejuízos fiscais e lucros entre duas ou mais SCPs ou entre estas e o sócio ostensivo.

(Fundamentação legal: art. 211 da IN RFB nº 1.700/2017)

5.8.10. Exemplo Prático

Apresentaremos dois exemplos práticos formulando situações diferentes, a saber:

5.8.10.1. Ex. 01 – Separação dos Prejuízos na Parte "B" do e-Lalur

Pessoa jurídica tributada pelo lucro real anual, no ano-calendário de 2014, apresentou as seguintes operações:

a) apurou prejuízo fiscal, no e-Lalur, no valor de R$ 255.000,00;

b) realizou alienações de bens do Ativo não Circulante, das quais resultou prejuízo fiscal não operacional de R$ 170.000,00.

No ano-calendário de 2014, como o prejuízo fiscal apurado de R$ 255.000,00 foi superior ao valor do prejuízo fiscal não operacional de R$ 170.000,00, a pessoa jurídica deverá fazer a seguinte separação no e-Lalur:

Demais Disposições Relativas à Legislação Tributária 291

Discriminação	Valor em R$
Prejuízo Fiscal apurado no e-Lalur	255.000,00
Prejuízo Fiscal não Operacional	(170.000,00)
Prejuízo Fiscal das demais atividades	85.000,00

Assim, na Parte "B" do e-Lalur, temos duas páginas ou registros a serem escriturados:

1ª página: Prejuízo Fiscal não Operacional = R$ 170.000,00 D

2ª página: Prejuízo Fiscal das Demais Atividades = R$ 85.000,00 D

Total = **R$ 255.000,00 D**

Se a situação fosse inversa, ou seja, se o Prejuízo Fiscal não Operacional fosse de R$ 255.000,00 e o Prejuízo Fiscal apurado no e-Lalur fosse de R$ 170.000,00, o total do Prejuízo Fiscal apurado de R$ 170.000,00 seria considerado não operacional.

5.8.10.2. Ex. 02 – Compensação de Prejuízo Fiscal

Com base no exemplo anterior, e admitindo-se que esta empresa, no ano-calendário de 2015, apurou resultado não operacional positivo (lucro) de R$ 180.000,00 e lucro real, antes da compensação de prejuízos fiscais, de R$ 480.000,00, temos:

a) **Prejuízo fiscal compensável dentro do limite de 30% do lucro líquido ajustado**	Valor em R$
Total do prejuízo fiscal a compensar (apurado no ano-calendário de 2014)	255.000,00
Limite para a compensação = 30% de R$ 480.000,00	(144.000,00)
Parcela excedente a compensar nos períodos de apuração subsequentes	111.000,00
b) **Compensação do prejuízo não operacional de 2014**	
Prejuízo fiscal não operacional de 2014	170.000,00
Parcela compensada (dentro do limite de 30%) do lucro real de 2014	144.000,00
Parcela não compensada	26.000,00

> **Atenção:**
>
> Como o lucro não operacional de 2014 no valor de R$ 180.000,00 é suficiente para compensar o total do prejuízo não operacional de R$ 170.000,00, a parcela do prejuízo não operacional no valor de R$ 26.000,00, que não pode ser compensada em virtude do limite de 30% do lucro real de 2014, passará a ser considerada prejuízo das demais atividades, procedendo-se aos ajustes na Parte "B" do e-Lalur.

5.9. Lucros e Dividendos Distribuídos

Os lucros e dividendos pagos ou creditados a sócios, acionistas ou titular de empresa individual estão isentos de Imposto de Renda, inclusive se atribuídos a sócios ou acionistas residentes ou domiciliados no exterior (art. 238 da IN RFB nº 1.700/2017 e capítulo III da IN RFB nº 1.397/2013).

A isenção somente se aplica em relação aos lucros e dividendos distribuídos por conta de lucros apurados no encerramento de período-base ocorrido desde 1º.01.1996.

A isenção inclui os lucros ou dividendos pagos ou creditados a beneficiários de todas as espécies de ações previstas no art. 15 da Lei nº 6.404/1976, ainda que a ação seja classificada em conta de passivo ou que a remuneração seja classificada como despesa financeira na escrituração comercial.

É importante observar que não são dedutíveis na apuração do lucro real os lucros ou dividendos pagos ou creditados a beneficiários de qualquer espécie de ação prevista no art. 15 da Lei nº 6.404/1976, ainda que classificados como despesa financeira na escrituração comercial.

> **Atenção:**
>
> A isenção não abrange os valores pagos a outro título, tais como *pro labore,* aluguéis e serviços prestados.

5.9.1. Lucro Presumido ou Arbitrado

No caso de pessoa jurídica tributada com base no lucro presumido ou arbitrado, poderá ser distribuído, sem incidência de imposto:

I – o valor da base de cálculo do imposto, diminuída de todos os impostos e contribuições a que estiver sujeita a pessoa jurídica;

Demais Disposições Relativas à Legislação Tributária

II – a parcela de lucros ou dividendos excedentes ao valor determinado no item I, desde que a empresa demonstre, por meio de escrituração contábil feita com observância da lei comercial, que o lucro efetivo é maior que o determinado segundo as normas para apuração da base de cálculo do imposto pela qual houver optado, ou seja, o lucro presumido ou arbitrado.

5.9.2. Período-base não Encerrado

A parcela dos rendimentos pagos ou creditados a sócio ou acionista ou ao titular da pessoa jurídica submetida ao regime de tributação com base no lucro real, presumido ou arbitrado, a título de lucros ou dividendos distribuídos, ainda que por conta de período-base não encerrado, que exceder o valor apurado com base na escrituração, será imputada aos lucros acumulados ou reservas de lucros de exercícios anteriores, ficando sujeita à incidência do Imposto sobre a Renda calculado segundo o disposto na legislação específica, com acréscimos legais.

5.9.3. Inexistência de Lucros Acumulados

§ 4º Inexistindo lucros acumulados ou reservas de lucros em montante suficiente, a parcela excedente será submetida à tributação nos termos dos incisos I a IV do parágrafo único do art. 28 da IN RFB nº 1.397/2013.

Nesse caso, a parcela excedente deverá:

I – estar sujeita à incidência do IRRF calculado de acordo com a Tabela Progressiva Mensal e integrar a base de cálculo do Imposto sobre a Renda na Declaração de Ajuste Anual do ano-calendário do recebimento, no caso de beneficiário pessoa física residente no País;

II – ser computada na base de cálculo do Imposto sobre a Renda e da CSLL, para as pessoas jurídicas domiciliadas no País;

III – estar sujeita à incidência do IRRF calculado à alíquota de 15% (quinze por cento), no caso de beneficiário residente ou domiciliado no exterior; e

IV – estar sujeita à incidência do IRRF calculado à alíquota de 25% (vinte e cinco por cento), no caso de beneficiário residente ou domiciliado em país ou dependência com tributação favorecida a que se refere o art. 24 da Lei nº 9.430/1996.

5.9.4. Pro Labore

5.9.4.1.Conceito

Pela efetiva prestação de serviços à empresa, o administrador (podendo ser tanto um sócio quanto pessoa não participante do quadro societário) terá direito a uma retirada de *pro labore*, mas, para que faça jus a ele, entende-se necessária a inserção de cláusula no contrato social, com base nos usos e costumes de direito comercial que fundamentaram os princípios gerais de direito e no CCB, art. 1.071.

Assim, segundo o IOB *Online* Regulatório (2018), estando caracterizada a contraprestação de serviços dos sócios e/ou administrador e havendo a concordância entre os beneficiários desse direito mediante manifestação expressa por cláusula do contrato social, configura-se o direito à retirada do *pro labore*.

5.9.4.2.Entendimento Fiscal

No entendimento da Secretaria da Receita Federal do Brasil, o *pro labore* é traduzido como a remuneração mensal bruta de dirigentes e sócios computada pelos pagamentos ou créditos oriundos dos serviços efetivamente prestados à empresa, inclusive retribuições ou benefícios recebidos em decorrência do exercício do cargo ou função, como o valor do aluguel de imóvel residencial por eles ocupado, desde que pago pela empresa, bem como outros salários indiretos (Parecer Normativo CST nº 18/1985).

5.9.4.3.Aspecto Societário

O valor a ser retirado a título de *pro labore*, bem como sua periodicidade, caracterizam-se como matéria exclusivamente privada, de total deliberação dos sócios.

Assim, não havendo obrigatoriedade na percepção desses rendimentos, não há um limite quanto aos valores a serem pagos, o que deixa tal estipulação ao livre-arbítrio dos titulares do benefício.

No entanto, segundo Martins (1996, p. 120):

> A remuneração dos administradores de sociedade, quando tem a natureza de "retirada" vem sendo submetida, também, no Brasil a um certo limite, para o efeito de ser considerada despesa operacional dedutível, a fim de que se evite sua utilização como uma indireta distribuição disfarçada dos lucros obtidos pela organização. (MARTINS, 1996, p. 120.)

Demais Disposições Relativas à Legislação Tributária

Segundo o IOB *Online* Regulatório (2018), nada impede que um ou mais sócios dispensem essa remuneração, ou que uns recebam mais que os outros, independentemente do percentual de participação de cada um no capital social da empresa ou, até mesmo, da ausência de participação no caso de administrador estranho ao quadro societário.

Para fundamentar esse entendimento, ressaltamos que o livre critério anteriormente apontado deve seguir determinada razoabilidade e proporcionalidade, como pode ser verificado na leitura do art. 152, *caput*, da Lei nº 6.404/1976, com alterações promovidas pela Lei nº 9.457/1997 (Lei das Sociedades por Ações).

Determina o referido art. 152, *caput*, da Lei nº 6.404/1976:

> A assembleia geral fixará o montante global ou individual da remuneração dos administradores, inclusive benefícios de qualquer natureza e verbas de representação, tendo em conta suas responsabilidades, o tempo dedicado às suas funções, sua competência e reputação profissional e o valor dos seus serviços no mercado.

A legislação fiscal vigente até 31.12.1996 determinava que as retiradas realizadas a título de *pro labore* eram dedutíveis com certo limite para a pessoa jurídica, tributando-se o valor excedente da despesa tida como indedutível, que, dessa forma, era adicionada ao lucro líquido do período de apuração do lucro real.

Tal restrição foi expressamente revogada em 1º.01.1997, permitindo-se, assim, para fins do Imposto de Renda, a dedutibilidade integral das despesas a título de *pro labore* (Lei nº 9.430/1996, art. 88, inciso XIII).

Assim, tratando-se de *pro labore* a ser retirado por administrador, sugerimos como redação da cláusula contratual mencionada o exemplo que segue abaixo:

> Pela efetiva prestação de serviço e no exercício da administração, o(s) administrador(es) terá(ão) direito a uma retirada mensal a título de pró-labore, cujo valor será determinado de comum acordo entre os sócios.

5.9.5. Exemplo Prático

Pessoa jurídica tributada pelo lucro presumido. Se admitirmos que, no primeiro trimestre, a base de cálculo do IRPJ seja de R$ 120.000,00, e a CSL, o IRPJ, o PIS/Pasep e a Cofins devidos pela empresa são, respectivamente, R$ 14.850,00, R$ 24.000,00, R$ 4.350,00 e R$ 25.600,00, temos:

a) Limite Fiscal:

Base de cálculo do IRPJ	= R$ 120.000,00
Menos:	
(-) IRPJ devido	= (R$ 24.000,00)
(-) CSL devida	= (R$ 14.850,00)
(-) PIS/Pasep devido no trimestre	= (R$ 4.350,00)
(-) Cofins devida no trimestre	= (R$ 25.600,00)
= Valor distribuível com isenção do imposto	= R$ 51.200,00 *

(*) Valor a ser distribuído a partir do trimestre subsequente.

b) Limite Contábil:

Caso a pessoa jurídica mantenha escrituração comercial e apure lucro contábil nesse trimestre maior que o limite fiscal, a empresa poderá distribuir aos sócios o lucro isento de Imposto de Renda até o limite do lucro contábil.

– Lucro contábil   = R$ 58.300,00

– Limite fiscal   = R$ 51.200,00

Nesse caso, o valor de R$ 58.300,00 pode ser distribuído com isenção de Imposto de Renda, desde que seja a partir do trimestre subsequente ao da apuração.

Se a pessoa jurídica distribuir parcela excedente ao do lucro contábil, a diferença será tributada mediante aplicação da tabela progressiva mensal.

(Fundamentação legal: art. 238 da IN RFB nº 1.700/2017)

5.10. Adoção de Novos Métodos e Critérios Contábeis por Meio de Atos Administrativos Emitidos depois do Ano-Calendário de 2013

A modificação ou a adoção de métodos e critérios contábeis, por meio de atos administrativos emitidos com base em competência atribuída em lei comercial, que sejam posteriores a 12 de novembro de 2013, não terá implicação na apuração dos tributos federais até que lei tributária regule a matéria.

Para isso, a Receita Federal do Brasil identificará os atos administrativos emitidos pelas entidades contábeis e órgãos reguladores e disporá sobre os procedimentos para anular os efeitos desses atos sobre a apuração dos tributos federais em atos específicos.

Demais Disposições Relativas à Legislação Tributária 297

A Coordenação-Geral de Tributação da Secretaria da Receita Federal do Brasil por meio de Ato Declaratório Executivo identificará os atos administrativos que não contemplem modificação ou adoção de métodos e critérios contábeis, ou que tal modificação ou adoção não tenha efeito na apuração dos tributos federais.

(Fundamentação legal: art. 283 da IN RFB nº 1.700/2017)

5.11. Resultados não Realizados nas Operações Intercompanhias

A falta de registro na escrituração comercial das receitas e despesas relativas aos resultados não realizados a que se referem o inciso I do *caput* do art. 248 e o inciso III do *caput* do art. 250 da Lei nº 6.404/1976 não elide a tributação de acordo com a legislação de regência.

5.11.1. Tratamento Fiscal

Os resultados não realizados <u>positivos</u> que não foram registrados na escrituração comercial:

a) deverão ser integralmente adicionados na determinação do lucro real do período de apuração da falta de registro na escrituração comercial;

b) poderão ser excluídos na determinação do lucro real do período de apuração em que forem registrados na escrituração comercial proporcionalmente à sua realização.

Os resultados não realizados <u>negativos</u> que não foram registrados na escrituração comercial:

a) poderão ser integralmente excluídos na determinação do lucro real do período de apuração da falta de registro na escrituração comercial;

b) deverão ser adicionados na determinação do lucro real do período de apuração em que forem registrados na escrituração comercial proporcionalmente à sua realização.

Atenção:

Aplicam-se à Contribuição Social sobre o Lucro Líquido as disposições contidas neste subtópico.

(Fundamentação legal: art. 285 da IN RFB nº 1.700/2017)

5.12. Moeda Funcional

5.12.1. Definição

A pessoa jurídica não deve confundir a moeda funcional com a moeda estrangeira ou com a moeda de apresentação.

A moeda funcional é a moeda do ambiente econômico principal no qual a entidade opera, enquanto que a moeda estrangeira é uma moeda diferente da moeda funcional de uma entidade. Já a moeda de apresentação é a moeda na qual as demonstrações contábeis são apresentadas.

Mourad (2010, p. 159) corrobora esta assertiva. "A moeda funcional é a moeda do ambiente econômico primário em que a entidade opera".

(Fundamentação legal: Deliberação CVM nº 640/2010, que aprovou a CPC 02 (R2) – Efeitos das Mudanças nas Taxas de Câmbio e Conversão de Demonstrações Contábeis)

5.12.2. Reconhecimento e Mensuração

A pessoa jurídica deverá, para fins tributários, reconhecer e mensurar os seus ativos, passivos, receitas, custos, despesas, ganhos, perdas e rendimentos na escrituração contábil com base na moeda nacional (art. 286 da IN RFB nº 1.700/2017).

A escrituração contábil deverá conter todos os fatos contábeis do período de apuração, devendo ser elaborada em forma contábil e com a utilização do plano de contas da escrituração comercial (§ 1º do art. 287 da IN RFB nº 1.700/2017).

Os lançamentos realizados na escrituração contábil deverão, nos casos em que couber, manter correspondência com aqueles efetuados na escrituração comercial, inclusive no que se refere aos históricos.

O lucro líquido do exercício de que trata o § 1º do art. 6º do Decreto-Lei nº 1.598/1977, para efeito da determinação do lucro real e da base de cálculo da Contribuição Social sobre o Lucro Líquido (CSLL), deverá ser obtido com base na escrituração contábil e apurado com observância das disposições da Lei nº 6.404/1976.

> **Atenção:**
>
> A escrituração contábil será transmitida para a Receita Federal do Brasil por meio do sistema de Escrituração Contábil Digital (ECD) e do Sped (§ 3º do art. 287 da IN RFB nº 1.700/2017).

Demais Disposições Relativas à Legislação Tributária 299

5.12.3. Moeda Funcional Diferente da Nacional

A pessoa jurídica que no período de apuração adotar, para fins societários, moeda funcional diferente da moeda nacional, deverá elaborar, para fins tributários, escrituração contábil com base na moeda nacional. Nesse caso, deverá, para fins tributários, reconhecer e mensurar os seus ativos, passivos, receitas, custos, despesas, ganhos, perdas e rendimentos com base na moeda nacional (*caput* do art. 287 da IN RFB nº 1.700/2017).

5.12.4. Ajustes de Adições, Exclusões e Compensações

Os ajustes de adição, exclusão ou compensação, prescritos ou autorizados pela legislação tributária para a determinação do lucro real e da base de cálculo da Contribuição Social sobre o Lucro Líquido, deverão ser realizados com base nos valores reconhecidos e mensurados na moeda nacional, nos termos do subtópico 5.13.2, anterior, constantes na escrituração contábil.

5.12.5. Apuração de PIS/Pasep e Cofins

Salvo disposição em contrário, a apuração da contribuição para o PIS/Pasep e da Cofins tomará como base os valores registrados na escrituração de que trata o subtópico 5.12.2, anterior.

5.12.6. Transmissão ao Sped Contábil

A pessoa jurídica que no período de apuração adotar, para fins societários, moeda funcional diferente da moeda nacional deverá elaborar, nos termos do art. 287 da IN RFB nº 1.700/2017, escrituração contábil com base na moeda nacional e transmitir para a Receita Federal do Brasil pelo Sped Contábil (ECD).

a) Identificação da Moeda Funcional na ECD:

As pessoas jurídicas obrigadas a transmitir, via Sped, a escrituração em moeda funcional diferente da moeda nacional, nos termos do art. 287 da IN RFB nº 1.700/2017, deverão preencher o campo identificação de moeda funcional do Registro 0000 (0000.IDENT_MF) com "S" (Sim) constante no leiaute 4.

Quando o Registro 0000.IDENT_MF for igual a "S", os campos já existentes nos Registros I155, I157, I200, I250, I310 e I355 deverão ser preenchidos com os valores baseados em moeda nacional, atendendo ao disposto nos arts. 286 e 287 da IN RFB nº 1.700/2017.

Além disso, a pessoa jurídica deverá adicionar campos auxiliares no arquivo da ECD, por meio do preenchimento do Registro I020, para informar os valores da contabilidade em moeda funcional convertida para reais, conforme regras previstas na legislação societária.

> **Atenção:**
>
> É importante observar que as instruções para criação dos campos adicionais constam no Manual da ECD.

Apresentamos, a seguir, o leiaute do Registro 0000 – Abertura do Arquivo Digital e Identificação do Empresário ou da Sociedade Empresária relativa à informação da "Moeda Funcional" na ECD.

Ao assinalar com "SIM" no Campo 20 do Registro 0000, a pessoa jurídica indica que a escrituração abrange valores com base na moeda funcional (art. 287 da IN RFB nº 1.700/2017).

Exemplo:

Registro 0000 – Campo identificador de Moeda Funcional (0000. IDENT_MF)

Se 0000.IDENT_MF = "S" (Sim) – Empresa deverá adicionar campos nos registros abaixo com a utilização do Registro I0020:

* I155 – Detalhe de Saldo Periódico
* I157 – Transferência de Plano de Contas
* I200 – Lançamento Contábil
* I250 – Partidas de Lançamento
* I310 – Balancete Diário (só para PJs financeiras)
* I355 – Saldo das Contas de Resultado antes do Encerramento

Os campos adicionais (auxiliares), pelo preenchimento do Registro I020, refletem os valores da contabilidade em moeda funcional convertida para reais, conforme regras previstas na legislação contábil (confira as instruções para criação dos campos adicionais no Manual da ECD).

Nessa situação, a pessoa jurídica deverá utilizar o Registro I020 para informar nos campos adicionais os valores da contabilidade que reflitam os efeitos da moeda funcional.

* Registro I155 – Detalhe dos Saldos Periódicos:
* Registro I157 – Transferência de Saldos de Plano de Contas Anterior:
* Registro I200 – Lançamento Contábil:
* Registro I250 – Partidas de Lançamento:
* Registro I310 – Detalhes do Balancete Diário (somente para as pessoas jurídicas que fazem balancetes diários):
* Registro I355 – Detalhes dos Saldos das Contas de Resultado antes do Encerramento:

Demais Disposições Relativas à Legislação Tributária 301

> **Atenção:**
>
> Os campos adicionais (auxiliares) refletem os valores em moeda funcional. Os campos já existentes no registro representam os valores reconhecidos e mensurados na moeda nacional. Ambos os campos devem ser registrados em Reais (R$).

– Preenchimento do Registro I020 (campos adicionais):

b) **Demonstrações Contábeis do Bloco J da ECD:**

Em relação às demonstrações contábeis do bloco J, caso a empresa preencha com os dados dos adicionais (moeda funcional), o sistema emitirá apenas AVISOS, mas não impedirá a transmissão.

5.12.7. Exemplo Prático

Apresentamos a seguir um exemplo prático do preenchimento dos "**campos adicionais**" que refletem os efeitos da **moeda funcional**.

– Campos Adicionais:

Dados:

A empresa faz a contabilidade societária em dólar (moeda funcional) e possui um empréstimo a pagar registrado em sua contabilidade de US$ 200.000,00.

• Cotação do US$

   – Na data da obtenção do empréstimo   = R$ 3,00

   – Na data da divulgação das demonstrações contábeis   = R$ 4,00

Assim, temos:

1) **Na Data da Obtenção do Empréstimo:**

   – Contabilidade em **Moeda Funcional**:

   Empréstimos a Pagar = US$ 200.000,00 são convertidos em Reais = R$ 600.000,00

   – Contabilidade em **Moeda Nacional**:

   Empréstimos a Pagar = R$ 600.000,00 (US$ 200.000,00 x R$ 3,00)

2) **Na Data do Encerramento do Exercício:**

– Contabilidade em **Moeda Funcional**:

Empréstimos a Pagar = US$ 200.000,00 são convertidos em Reais = R$ 800.000,00

   – Contabilidade em **Moeda Nacional**:

Empréstimos a Pagar = R$ 800.000,00 (US$ 200.000,00 x R$ 4,00)

3) **Variação Cambial Passiva:**

Variação Cambial Passiva = R$ 200.000,00

[US$ 200.000,00 x (R$ 4,00 – R$ 3,00)]

(Fundamentação legal: arts. 286 a 288 da IN RFB n$^{\circ}$ 1.700/2017)

4) Preenchimento do Registro I155 – Detalhes do Saldo Periódico

Arquivo TXT:

|I155|2526.2.003| |600000,00|C|0,00|200000,00|800000,00 |C|600000,00|C|0,00|200000,00|800000,00|C|

Preenchimento dos campos:

– Campos existentes:

Campo 01 – Texto fixo contendo I155: |I155|

Campo 02 – Código da conta analítica: |2526.2.003|

Campo 03 – Código do centro de custos: | | Não há

Campo 04 – Valor do saldo inicial do período: |600.000,00|

Campo 05 – Indicador da situação do saldo inicial (Devedor/Credor): |C|

Campo 06 – Valor total dos débitos do período: |0,00| Preencher com 0 ou 0,00

Campo 07 – Valor total dos créditos do período: |200.000,00|

Campo 08 – Valor do saldo final do período: |800000,00|

Campo 09 – Indicador da situação do saldo final (Devedor/Credor): |C|

– Campos adicionais:

Campo 10 – Valor do saldo inicial do período em moeda funcional convertida em reais: |600000,00|

Campo 11 – Indicador da situação do saldo inicial em moeda funcional (Devedor/Credor): |C|

Campo 12 – Valor total dos débitos do período em moeda funcional convertida para reais: |0,00|

Campo 13 – Valor total dos créditos do período em moeda funcional convertida para reais: |200000,00|

Campo 14 – Valor do saldo final do período em moeda funcional convertida para reais: |800000,00|

Campo 15 – Indicador da situação do saldo final em moeda funcional (Devedor/Credor): |C|

(Fund.: art. 286 a 288 da IN RFB n$^{\circ}$ 1.700/2017)

6

Contribuição para o PIS/Pasep e Cofins

6.1 Disposições Gerais

As contribuições para o PIS/Pasep e da Cofins, que são de competência da União, encontram sua fundamentação legal no art. 195 da Constituição Federal de 1988 (CF/1988).

Os contribuintes dessas contribuições são as pessoas de direito privado, inclusive as pessoas a elas equiparadas pela legislação do Imposto sobre a Renda.

Segundo Oliveira (2005, p. 148):"São basicamente duas modalidades para o cálculo mensal do PIS/Pasep e Cofins incidentes sobre o faturamento: a primeira é aplicada sobre a receita bruta das pessoas jurídicas, em geral, enquanto a segunda destina-se exclusivamente às pessoas jurídicas tributadas com base no lucro real, sujeitas à sistemática da não cumulatividade, de que tratam as Leis n°s 10.637/2002 e 10.833/2003."

Entendo que nem todas as pessoas jurídicas tributadas pelo lucro real estão no regime da não cumulatividade. Pelo que se depreende, somente as pessoas jurídicas e as atividades não listadas pelos arts. 8° da Lei n° 10.637/2002 e 10 da Lei n° 10.833/2003 é que devem ser tributadas pelo regime não cumulativo, as demais ou estão no regime cumulativo ou estão nos regimes especiais.

6.2. Modalidades de Tributação

Como regra geral, as pessoas jurídicas são tributadas pelas contribuições do PIS/Pasep e Cofins pelas seguintes modalidades ou regimes:

a) cumulativo;

b) não cumulativo;

c) mista; e

d) importação.

6.2.1. Regime Cumulativo

Trata-se de um regime em que todas as pessoas jurídicas da cadeia produtiva pagam novamente o tributo. Ele é cobrado em "cascata". Aplica-se, nesse caso, o disposto na Lei n° 9.718/1998, no art. 8° da Lei n° 10.637/2002 e no art. 10 da Lei n° 10.833/2003.

6.2.1.2. *Contribuintes*

São contribuintes da contribuição para o PIS/Pasep e a Cofins, incidentes sobre a receita bruta, no regime de apuração cumulativa:

a) as pessoas jurídicas de direito privado;

b) as pessoas jurídicas equiparadas pela legislação vigente;

c) as pessoas jurídicas tributadas pela legislação do Imposto de Renda com base no lucro presumido ou arbitrado; e

d) as empresas públicas, as sociedades de economia mista e suas subsidiárias.

Também são contribuintes, independentemente da forma de apuração do lucro pelo Imposto de Renda:

a) os bancos comerciais, bancos de investimentos, bancos de desenvolvimento, caixas econômicas;

b) as sociedades de crédito, financiamento e investimento, as sociedades de crédito imobiliário, as sociedades corretoras, distribuidoras de títulos e valores mobiliários;

c) as empresas de arrendamento mercantil;

d) as cooperativas de crédito;

e) as empresas de seguros privados e de capitalização, agentes autônomos de seguros privados e de crédito;

f) as entidades de previdência complementar abertas e fechadas (sendo irrelevante a forma de constituição);

Contribuição para o PIS/Pasep e Cofins

305

g) as associações de poupança e empréstimo;

h) as pessoas jurídicas que tenham por objeto a securitização de créditos imobiliários, nos termos da Lei nº 9.514/1997, financeiros, observada regulamentação editada pelo Conselho Monetário Nacional, e agrícolas, conforme ato do Conselho Monetário Nacional;

i) as operadoras de planos de assistência à saúde;

j) as empresas particulares que exploram serviços de vigilância e de transporte de valores, referidas na Lei nº 7.102/1983;

k) as sociedades cooperativas, exceto as de produção agropecuária e as de consumo.

Atenção:

As microempresas (ME) e as empresas de pequeno porte (EPP), submetidas ao regime do Simples Nacional, sujeitam-se à incidência da contribuição do PIS/Pasep e da Cofins de forma unificada no referido regime, não lhes sendo aplicáveis as normas abordadas nesse procedimento.

6.2.1.3. Base de Cálculo

No período de 28.05.2009 até 31.12.2014, ou até 31.12.2013, no caso de optantes do novo regime tributário introduzido pela Lei nº 12.973/2014, a base de cálculo da contribuição para o PIS/Pasep e a Cofins devidos no regime cumulativo dessas contribuições compreende exclusivamente o faturamento das pessoas jurídicas sujeitas a esse regime, conforme estabelecido no *caput* do art. 3º da Lei nº 9.718/1998 combinado com o art. 79, inciso XII, da Lei nº 11.941/2009.

6.2.1.4. Alíquotas

A alíquota básica para cálculo da Cofins é de 3% e da contribuição para o PIS/Pasep é de 0,65%, observadas, todavia, as regras específicas para determinados casos.

Exemplo:

Admita-se que no mês de março de 2016, uma empresa obteve receita bruta de vendas de mercadorias e serviços (excluídos os valores relativos ao IPI, às vendas canceladas e aos descontos incondicionais), no total de R$ 800.000,00:

Neste caso, teremos:

I – base de cálculo e contribuição devida da Cofins:

– 3% s/ R$ 800.000,00 = R$ 24.000,00

II – base de cálculo e contribuição devida do PIS/Pasep:

– 0,65% s/ R$ 800.000,00 =   R$ 5.200,00

• **Contabilização:**

a) PIS/Pasep:

D – PIS sobre o Faturameto (Dedução da Receita Bruta)   5.200,00

C – PIS a Recolher (Passivo Circulante)   5.200,00

b) Cofins:

D – Cofins sobre o Faturamento (Dedução da Receita Bruta) 24.000,00

C – Cofins a Recolher (Passivo Circulante)   24.000,00

6.2.2. Regime Não Cumulativo

Trata-se de um regime de valor agregado de "débitos e créditos", por meio do qual o vendedor transfere ao comprador os créditos de PIS/Pasep e Cofins por ocasião da venda (faturamento). O comprador, ao revender os produtos ou mercadorias, debita-os pela saída e credita-os pela entrada.

A diferença entre os créditos e débitos de PIS/Pasep e Cofins resulta num saldo credor ou devedor. Se credor, a empresa pode compensar com os débitos apurados nos meses subsequentes, porém, se devedor, a empresa terá que pagar no mês seguinte as contribuições devidas.

6.2.2.1. Contribuintes

São contribuintes da contribuição para o PIS/Pasep e da Cofins não cumulativas as pessoas jurídicas que auferirem receitas, independentemente de sua denominação ou classificação contábil. Basicamente, são as pessoas jurídicas não submetidas ao regime cumulativo, dentre elas, as optantes pelo lucro real.

6.2.2.2. Fato Gerador

O fato gerador da contribuição para o PIS/Pasep e Cofins, no regime de apuração não cumulativa, é o auferimento de receitas pelas pessoas jurídicas, o que ocorre quando as receitas são consideradas realizadas.

Segundo o IOB *Online* Regulatório (2018), a receita é considerada realizada, portanto, passível de registro pela contabilidade quando produtos ou serviços produzidos ou prestados pela entidade são transferidos para outra entidade ou pessoa física com a anuência destas e mediante pagamento ou compromisso de pagamento especificado perante a entidade produtora.

No que diz respeito à prestação de serviços, no regime de competência, a receita é considerada realizada, portanto, auferida quando um serviço é prestado com a anuência do tomador e com o compromisso contratual deste de pagar o preço acertado, sendo irrelevante, nesse caso, a ocorrência de sua efetiva quitação.

Portanto, não integram a base de cálculo da contribuição para o PIS/Pasep e Cofins, no regime de apuração não cumulativa, as receitas referentes às vendas canceladas.

> **Atenção:**
>
> As contribuições não incidem sobre as receitas decorrentes das seguintes operações:
>
> a) exportação de mercadorias para o exterior;
> b) prestação de serviços para pessoa física ou jurídica domiciliada no exterior, cujo pagamento represente ingresso de divisas;
> c) vendas à empresa comercial exportadora com o fim específico de exportação.

6.2.2.3. Base de Cálculo

Em face das disposições introduzidas pela Lei nº 12.973/2014, a adoção do novo regime tributário pôde, por opção, ser aplicada já em 2014 e, obrigatoriamente, em 2015.

a) Até 31.12.2014:

Até 31.12.2014 ou até 31.12.2013, para optantes, a base de cálculo destas contribuições é o valor do faturamento mensal, assim entendido o total das receitas auferidas pela pessoa jurídica, independentemente da sua denominação ou classificação contábil.

O total das receitas compreende a receita bruta da venda de bens e serviços nas operações em conta própria ou alheia e todas as demais receitas auferidas pela pessoa jurídica.

Serão excluídos da base de cálculo os valores relativos:

– às receitas isentas da contribuição ou não alcançadas pela incidência, ou sujeitas à alíquota zero;

- às receitas não operacionais decorrentes da venda de Ativo não Circulante (antigo Ativo Permanente);

- às receitas auferidas pela pessoa jurídica revendedora, na revenda de mercadorias em relação às quais a contribuição seja exigida da empresa vendedora, na condição de substituta tributária;

- às vendas canceladas e aos descontos incondicionais concedidos;

- às reversões de provisões e recuperações de créditos baixados como perda, que não representem ingresso de novas receitas ao resultado positivo da avaliação de investimentos pelo valor do patrimônio líquido e aos lucros e dividendos derivados de investimentos avaliados pelo custo de aquisição que tenham sido computados como receita; e

- decorrentes de transferência onerosa, a outros contribuintes do Imposto sobre Operações relativas à Circulação de Mercadorias e sobre Prestações de Serviços de Transporte Interestadual e Intermunicipal e de Comunicação (ICMS), de créditos de ICMS originados de operações de exportação, conforme o disposto no inciso II do § 1º do art. 25 da Lei Complementar nº 87/1996.

b) Desde 1º.01.2015:

Desde 1º.01.2015 ou 1º.01.2014, para optantes, a base de cálculo dessas contribuições é o total das receitas auferidas no mês pela pessoa jurídica, independentemente de sua denominação ou classificação contábil.

O total das receitas compreende a receita bruta decorrente do produto da venda de bens nas operações de conta própria, do preço da prestação de serviços em geral, do resultado auferido nas operações de conta alheia, das receitas da atividade ou objeto principal da pessoa jurídica não compreendidas anteriormente, bem como todas as demais receitas auferidas pela pessoa jurídica com os seus respectivos valores decorrentes do Ajuste a Valor Presente.

Não integram a base de cálculo da contribuição para o PIS/Pasep e a Cofins, as receitas a seguir:

- isentas ou não alcançadas pela incidência da contribuição ou sujeitas à alíquota zero;

- decorrentes da venda de bens do ativo não circulante, classificado como investimento, imobilizado ou intangível;

- auferidas pela pessoa jurídica revendedora, na revenda de mercadorias em relação às quais a contribuição seja exigida da empresa vendedora, na condição de substituta tributária;

- referentes às vendas canceladas, aos descontos incondicionais

Contribuição para o PIS/Pasep e Cofins 309

concedidos, às reversões de provisões e recuperações de créditos baixados como perda que não representem ingresso de novas receitas, o resultado positivo da avaliação de investimentos pelo valor do patrimônio líquido e os lucros e dividendos derivados de participações societárias, que tenham sido computados como receita;

– decorrentes de transferência onerosa a outros contribuintes do Imposto sobre Operações relativas à Circulação de Mercadorias e sobre Prestações de Serviços de Transporte Interestadual e Intermunicipal e de Comunicação (ICMS) de créditos de ICMS originados de operações de exportação, conforme o disposto no inciso II do § 1º do art. 25 da Lei Complementar nº 87/1996;

– financeiras decorrentes do ajuste a valor presente de que trata o inciso VIII do *caput* do art. 183 da Lei nº 6.404/1976 referentes a receitas excluídas da base de cálculo da contribuição para o PIS/Pasep e a Cofins;

– relativas aos ganhos decorrentes de avaliação do ativo e passivo com base no valor justo;

– de subvenções para investimento, inclusive mediante isenção ou redução de impostos, concedidas como estímulo à implantação ou expansão de empreendimentos econômicos e de doações feitas pelo poder público;

– reconhecidas pela construção, recuperação, reforma, ampliação ou melhoramento da infraestrutura, cuja contrapartida seja ativo intangível representativo de direito de exploração, no caso de contratos de concessão de serviços públicos;

– relativas ao valor do imposto que deixar de ser pago em virtude das isenções e reduções de que tratam as alíneas "a", "b", "c" e "e" do § 1º do art. 19 do Decreto-Lei nº 1.598/1977; e

– relativas ao prêmio na emissão de debêntures.

6.2.2.4. Alíquotas

Com base nas Leis nᵒˢ 10.637/2002 e 10.833/2003, art. 2º, serão aplicadas as seguintes alíquotas sobre a base de cálculo apurada das contribuições do PIS/Pasep e Cofins:

a) 1,65% para o PIS/Pasep; e

b) 7,6% para a Cofins.

A legislação prevê alíquotas específicas para determinado setor ou produto, como é o caso dos produtores ou importadores nas vendas de combustíveis, produtos farmacêuticos, de perfumaria, máquinas e veículos, autopeças, pneus e câmaras de ar, querosene de aviação, embalagens para bebidas, bebidas, álcool, papel e papel imune, de que tratam os §§ 1º e 1º-A do art. 2º das Leis nos 10.637/2002 e 10.833/2003, estão sujeitas às alíquotas diferenciadas que podem ser em percentual ou por valores.

Exemplo:

Admita-se que no mês de março de 2016 uma empresa obteve receita bruta de vendas de mercadorias e serviços (excluídos os valores relativos ao IPI, às vendas canceladas e aos descontos incondicionais), no total de R$ 800.000,00.

A empresa auferiu, neste mês, receitas de aluguel não relacionadas com a atividade operacional, no valor de R$ 150.000,00.

Neste caso, teremos:

I – base de cálculo e contribuição devida da Cofins:

a) venda de mercadorias e serviços:
   – 3% s/ R$ 800.000,00 = R$ 24.000,00

b) receitas de aluguel:
   – 3% s/ R$ 150.000,00 = R$ 4.500,00

c) Total:

R$ 24.000,00 + R$ 4.500,00 = R$ 28.500,00

II – base de cálculo e contribuição devida do PIS/Pasep:

a) venda de mercadorias e serviços:
   – 0,65% s/ R$ 800.000,00 = R$ 5.200,00

b) receitas de aluguel:
   – 0,65% s/ R$ 150.000,00 = R$ 975,00

c) Total:

R$ 5.200,00 + R$ 975,00 = R$ 6.175,00

• **Contabilização:**

a) PIS/Pasep:

D – PIS sobre o Faturamento (Dedução da Receita Bruta)   5.200,00

D – PIS sobre Outras Receitas (Despesa Tributária)   975,00

C – PIS a Recolher (Passivo Circulante)   6.175,00

Contribuição para o PIS/Pasep e Cofins

b) Cofins:

D – Cofins sobre o Faturamento (Dedução da Receita Bruta)	24.000,00
D – Cofins sobre Outras Receitas (Despesa Tributária)	4.500,00
C – Cofins a Recolher (Passivo Circulante)	28.500,00

6.2.2.5. Créditos Permitidos

O art. 3º das Leis nos 10.637/2002 e 10.833/2003 prevê as possibilidades de a pessoa jurídica descontar créditos das contribuições do PIS/Pasep e Cofins não cumulativas. Dentre elas, destacamos as seguintes:

a) bens adquiridos para revenda (há exceções);

b) bens e serviços utilizados como insumo na prestação de serviços e na produção ou fabricação de bens ou produtos destinados à venda, inclusive combustíveis e lubrificantes, exceto em relação ao pagamento de que trata o art. 2º da Lei nº 10.485/2002, devido pelo fabricante ou importador ao concessionário, pela intermediação ou entrega dos veículos classificados nas posições 87.03 e 87.04 da TIPI;

c) energia elétrica e energia térmica, inclusive sob a forma de vapor, consumidas nos estabelecimentos da pessoa jurídica (art. 18 da Lei nº 11.488/2007);

d) aluguéis de prédios, máquinas e equipamentos pagos à pessoa jurídica, utilizados nas atividades da empresa;

e) valor das contraprestações de operações de arrendamento mercantil de pessoa jurídica, exceto de optante pelo Simples Nacional;

f) encargos de depreciação e amortização de máquinas, equipamentos e outros bens incorporados ao ativo imobilizado, adquiridos ou fabricados para locação a terceiros, ou para utilização na produção de bens destinados à venda ou na prestação de serviços;

g) encargos de depreciação e amortização de edificações e benfeitorias em imóveis próprios ou de terceiros utilizados nas atividades da empresa, adquiridas desde 1º.05.2004;

h) bens recebidos em devolução, cuja receita de venda tenha integrado faturamento do mês ou de mês anterior, tributada pela modalidade não cumulativa;

i) armazenagem de mercadoria e frete na operação de venda, nos casos das letras "a" e "b", anteriores, quando o ônus for suportado pelo vendedor;

j) vale-transporte, vale-refeição ou vale-alimentação, fardamento ou uniforme fornecidos aos empregados por pessoa jurídica que explore as atividades de prestação de serviços de limpeza, conservação e manutenção (art. 24 da Lei nº 11.898/2009);

k) encargos de depreciação e amortização dos bens incorporados ao ativo intangível, adquiridos para utilização na produção de bens destinados à venda ou na prestação de serviços (vigência desde 1º.01.2015 ou 1º.01.2014, no caso de optantes pelos arts. 54, 55 e 119 da Lei nº 12.973/2014).

> **Atenção:**
>
> Em 1º.01.2015, começou a vigorar o novo regime tributário introduzido pela Lei nº 12.973/2014. Nessa hipótese, no cálculo do crédito da contribuição para o PIS/Pasep e da Cofins poderão ser considerados os valores decorrentes do Ajuste a Valor Presente (AVP) de que trata o inciso III do *caput* do art. 184 da Lei nº 6.404/1976 (art. 3º das Leis nºs 10.637/2002 e 10.833/2003; e arts. 54, 55 e 119 da Lei nº 12.973/2014).

6.2.3. Receitas Financeiras

6.2.3.1. Definição

Segundo o IOB *Online* Regulatório (2018), consideram-se receitas financeiras os juros recebidos, os descontos obtidos, o lucro na operação de reporte e o prêmio de resgate de títulos ou debêntures e os rendimentos nominais relativos a aplicações financeiras de renda fixa auferidos pelo contribuinte no período de apuração.

> **Atenção:**
>
> Quando referidas receitas forem derivadas de operações ou títulos com vencimento posterior ao encerramento do período de apuração, poderão ser rateadas pelos períodos a que competirem.

Ainda, segundo o IOB *Online* Regulatório (2018), as variações monetárias dos direitos de crédito e das obrigações do contribuinte, em função da taxa de câmbio ou de índices ou coeficientes aplicáveis por disposição legal ou contratual, também são consideradas, para efeitos da legislação do Imposto de Renda, da Contribuição Social sobre o Lucro, da contribuição

Contribuição para o PIS/Pasep e Cofins

para o PIS/Pasep e da Cofins, como receitas financeiras quando ativas (Lei n° 9.718/1998, arts. 9° e 17, II).

Portanto, embora para efeitos contábeis e tributários, variação cambial e variação monetária recebam o mesmo tratamento, a primeira é a variação do valor da nossa moeda em relação às moedas estrangeiras e a segunda é a variação da nossa própria moeda em relação aos índices ou coeficientes aplicáveis por disposição legal ou contratual (IOB *Online* Regulatório, 2018).

> **Atenção:**
>
> As receitas financeiras decorrentes do Ajuste a Valor Presente (AVP), de que trata o inciso VIII do *caput* do art. 183 da Lei n° 6.404/1976, referem-se a receitas excluídas da base de cálculo da contribuição para o PIS/Pasep e a Cofins.

6.2.3.2. Tributação e Alíquotas

A Lei n° 10.865/2004 autorizou, em seu art. 27, § 2°, o Poder Executivo a reduzir e restabelecer as alíquotas das contribuições para o PIS/Pasep e da Cofins incidentes sobre as receitas financeiras auferidas pelas pessoas jurídicas sujeitas ao regime de não cumulatividade.

Inicialmente, o Decreto n° 5.164/2004 reduziu a zero as alíquotas dessas contribuições incidentes sobre as receitas financeiras, exceto as oriundas de juros sobre capital próprio e as decorrentes de operações de *hedge*.

Posteriormente, o Decreto n° 5.442/2005 revogou a norma anterior, para estabelecer que a redução a zero das alíquotas destas contribuições aplicava-se sobre receitas financeiras auferidas por pessoas jurídicas que tinham pelo menos parte de suas receitas sujeitas ao regime de apuração não cumulativa das referidas contribuições e estabeleceu que a redução também se aplicava às operações realizadas para fins de *hedge*, mantendo a tributação sobre os juros sobre o capital próprio (1,65% para o PIS/Pasep e 7,6% para a Cofins).

A redução de alíquotas dessas contribuições incidentes sobre as receitas financeiras surgiu em contrapartida à extinção da possibilidade de apuração de créditos em relação às despesas financeiras decorrentes de empréstimos e financiamentos até então admitidas no regime não cumulativo.

6.2.3.3. Regime Cumulativo

A contribuição para o PIS/Pasep e a Cofins, devida pelas pessoas jurídicas no regime cumulativo (arts. 8° da Lei n° 10.637/2002 e 10 da Lei n°

10.833/2002), será calculada com base no seu faturamento, assim considerada a receita bruta, que compreende o produto da venda de bens nas operações de conta própria, o preço da prestação de serviços em geral, o resultado auferido nas operações de conta alheia e as receitas da atividade ou objeto principal não compreendidas anteriormente.

Assim, as receitas financeiras que não decorrerem da atividade ou do objeto principal da pessoa jurídica não serão tributadas no regime de incidência cumulativo da contribuição para o PIS/Pasep e da Cofins, por não se enquadrarem no conceito de faturamento.

6.2.3.4. Regime não Cumulativo

A contribuição para o PIS/Pasep e a Cofins, devida pelas pessoas jurídicas no regime de incidência não cumulativa (não compreendidas nos arts. 8° da Lei n° 10.637/2002 e 10 da Lei n° 10.833/2002), incide sobre o total das receitas auferidas no mês pela pessoa jurídica, independentemente de sua denominação ou classificação contábil.

Para esse efeito, segundo o IOB *Online* Regulatório (2018), estão compreendidos na receita bruta o produto da venda de bens nas operações de conta própria, o preço da prestação de serviços em geral, o resultado auferido nas operações de conta alheia e as receitas da atividade ou objeto principal não compreendidas anteriormente, bem como todas as demais receitas auferidas pela pessoa jurídica com os seus respectivos valores decorrentes do Ajuste a Valor Presente.

Assim, as receitas financeiras integram a base de cálculo da contribuição para o PIS/Pasep e da Cofins, inclusive as decorrentes de operações realizadas para fins de *hedge*, auferidas pelas pessoas jurídicas sujeitas ao regime de apuração não cumulativa, aplicando-se, inclusive, às pessoas jurídicas que tenham apenas parte de suas receitas submetidas ao regime de apuração não cumulativa das referidas contribuições.

> **Atenção:**
>
> Ficam mantidas em 1,65% e 7,6%, respectivamente, as alíquotas da contribuição para o PIS/Pasep e da Cofins aplicáveis aos juros sobre o capital próprio; e ficam mantidas em zero as alíquotas da contribuição para o PIS/Pasep e a Cofins incidentes sobre receitas financeiras decorrentes de variações monetárias, em função da taxa de câmbio, de operações de exportação de bens e serviços para o exterior e de obrigações contraídas pela pessoa jurídica, inclusive empréstimos e financiamentos. O benefício não alcança as variações cambiais ocorridas após a data de recebimento pelo exportador dos recursos decorrentes da exportação.

Contribuição para o PIS/Pasep e Cofins | 315

Assim, para o regime não cumulativo, pelo Decreto n° 8.426/2015, desde 1°.07.2015 vigoram as alíquotas para 4,65%, sendo 0,65% para o PIS/Pasep e 4% para a Cofins, incidentes sobre as receitas financeiras auferidas pelas pessoas jurídicas sujeitas ao regime de apuração não cumulativa.

Aplica-se tal tributação inclusive às pessoas jurídicas que tenham apenas parte de suas receitas submetidas ao regime de apuração não cumulativa do PIS e Cofins.

6.2.4. Prazo de Pagamento

A contribuição para o PIS/Pasep e da Cofins, de fatos geradores ocorridos desde 1°.10.2008, deve ser paga até o 25° dia do mês subsequente ao de ocorrência do fato gerador. Se o dia do vencimento não for dia útil, considerar-se-á antecipado o prazo para o primeiro dia útil que o anteceder.

O pagamento da contribuição para o PIS/Pasep e da Cofins devidas pelas pessoas jurídicas referidas no § 1° do art. 22 da Lei n° 8.212/1991 (instituições financeiras) deverá ser efetuado até o 20° dia do mês subsequente ao de ocorrência dos fatos geradores, observando-se que caso o dia do vencimento não seja dia útil, considerar-se-á antecipado o prazo para o primeiro dia útil que o anteceder.

> **Atenção:**
>
> Salvo disposição expressa em contrário, caso a não incidência, a isenção, a suspensão ou a redução das alíquotas da contribuição para o PIS/Pasep, da Cofins, da contribuição para o PIS/Pasep-Importação e da Cofins-Importação seja condicionada à destinação do bem ou do serviço, e a este for dado destino diverso, ficará o responsável pelo fato sujeito ao pagamento das contribuições e das penalidades cabíveis, como se a não incidência, a isenção, a suspensão ou a redução das alíquotas não existisse.

6.2.5. Arrendamento Mercantil

6.2.5.1. PJ Arrendadora

O valor da contraprestação de arrendamento mercantil, independentemente de na operação haver transferência substancial dos riscos e benefícios inerentes à propriedade do ativo, deverá ser computado na apuração da base de cálculo da contribuição para o PIS/Pasep e da Cofins.

Assim, o valor da contraprestação recebida deverá ser registrado como "receita" da pessoa jurídica arrendadora.

6.2.5.1.1. Créditos de PIS/Pasep e Cofins

As pessoas jurídicas sujeitas ao regime de tributação não cumulativo, de que tratam as Leis n°s 10.637/2002 e 10.833/2003, poderão descontar créditos calculados sobre o valor do custo de aquisição ou construção dos bens arrendados proporcionalmente ao valor de cada contraprestação durante o período de vigência do contrato.

6.2.5.1.2. Contratos não Tipificados

As pessoas jurídicas sujeitas ao regime de tributação não cumulativo também poderão descontar créditos de PIS/Pasep e Cofins em relação aos contratos não tipificados como arrendamento mercantil que contenham elementos contabilizados como arrendamento mercantil por força de normas contábeis e da legislação comercial.

(Fundamentação legal: art. 277 da IN RFB n° 1.700/2017)

6.2.5.2. PJ Arrendatária

Na apuração da contribuição para o PIS/Pasep e da Cofins pelo regime não cumulativo de que tratam as Leis n°s 10.637/2002 e 10.833/2003, a pessoa jurídica arrendatária:

I – poderá descontar créditos calculados em relação ao valor das contraprestações de operações de arrendamento mercantil de pessoa jurídica, exceto de optante pelo Simples Nacional;

II – não terá direito a crédito correspondente aos encargos de depreciação e amortização gerados por bem objeto de arrendamento mercantil, na hipótese em que reconheça contabilmente o encargo.

Estas disposições também se aplicam à determinação do crédito relacionado às operações de importação quando sujeitas ao pagamento das contribuições de PIS/Pasep-Importação e da Cofins-Importação.

> **Atenção:**
>
> O disposto neste subtópico também se aplica aos contratos não tipificados como arrendamento mercantil que contenham elementos contabilizados como arrendamento mercantil por força de normas contábeis e da legislação comercial.

(Fundamentação legal: art. 278 da IN RFB n° 1.700/2017)

6.2.5.3. Ativo Circulante Mantido para Venda

Não integram a base de cálculo da contribuição para o PIS/Pasep e da Cofins apurados no regime de incidência não cumulativa, de que tratam as Leis n<u>os</u> 10.637/2002 e 10.833/2003, as outras receitas de que trata o inciso IV do *caput* do art. 187 da Lei n° 6.404/1976 decorrentes da venda de bens do ativo não circulante, classificado como investimento, imobilizado ou intangível.

O mesmo também se aplica no caso de o bem ter sido reclassificado para o Ativo Circulante com intenção de venda, por força das normas contábeis e da legislação comercial.

(Fundamentação legal: art. 279 da IN RFB n° 1.700/2017)

6.2.5.4. Contratos de Concessão de Serviços Públicos

Na determinação da base de cálculo da contribuição para o PIS/Pasep e da Cofins, de que tratam as Leis n<u>os</u> 9.718/1998, 10.637/2002, e 10.833/2003, exclui-se a receita reconhecida pela construção, recuperação, reforma, ampliação ou melhoramento da infraestrutura, cuja contrapartida seja ativo intangível representativo de direito de exploração.

A receita decorrente da construção, recuperação, reforma, ampliação ou melhoramento da infraestrutura, cuja contrapartida seja ativo financeiro representativo de direito contratual incondicional de receber caixa ou outro ativo financeiro, integrará a base de cálculo da contribuição para o PIS/Pasep e da Cofins, de que tratam as Leis n<u>os</u> 9.718/1998, 10.637/2002 e 10.833/2003, à medida do efetivo recebimento.

Considera-se efetivamente recebida a parcela do total da receita bruta da fase de construção calculada pela proporção definida no § 3° do art. 168 da IN RFB n° 1.700/2017.

Não integram a base de cálculo da contribuição para o PIS/Pasep e da Cofins as receitas financeiras, de que trata o art. 169 da IN RFB n° 1.700/2017, nos períodos de apuração em que forem apropriadas.

O art. 169 dessa IN trata dos valores decorrentes do Ajuste a Valor Presente, de que trata o inciso VIII do *caput* do art. 183 da Lei n° 6.404/1976, referentes aos ativos financeiros a receber decorrentes das receitas de serviços da fase de construção.

Na execução de contratos de concessão de serviços públicos, os créditos de que trata o art. 3° das Leis n<u>os</u> 10.637/2002 e 10.833/2003, gerados pelos serviços de construção, recuperação, reforma, ampliação ou melhoramento de infraestrutura, somente poderão ser aproveitados:

I – à medida que o ativo intangível for realizado, quando a receita decorrente desses serviços tiver contrapartida em ativo que represente o direito de exploração; ou

II - na proporção dos recebimentos, quando a receita decorrente desses serviços tiver contrapartida em ativo financeiro.

A proporção a que se refere o item nº II acima é aquela definida no § 3º do art. 168 da IN RFB nº 1.700/2017.

> **Atenção:**
>
> O disposto neste subtópico não se aplica aos créditos referidos no inciso VI do *caput* do art. 2º da Lei nº 10.637/2002 e no inciso VI do caput do art. 3º da Lei nº 10.833/2003.

(Fundamentação legal: arts. 280 a 282 da IN RFB nº 1.700/2017)

7

Plano de Contas

7.1. Introdução

Atualmente, temos dois planos de contas: o da empresa, com base nas formalidades da legislação societária e necessidades do usuário (ECD), e o do sistema tributário (ECF), com base no plano de contas referencial.

A IN RFB nº 1.700/2017 enuncia em seu conteúdo o plano de contas por duas vezes. A primeira, no § 1º do art. 156, relativa à moeda funcional, quando dispõe que a escrituração contábil em moeda nacional deverá conter todos os fatos contábeis do período de apuração, devendo ser elaborada em forma contábil e com a utilização do plano de contas da escrituração comercial. A segunda, na alínea "b", do § 2º, do art. 180, para dispor sobre o registro de ajuste do lucro líquido no e-Lalur.

7.2. Plano de Contas das Empresas

A elaboração de planos de contas é uma tarefa do contador, ele deve atender às necessidades do usuário interno e externo da organização. Segundo Pereira (2014, p. 63), "O plano de contas é criado antes mesmo do início da contabilização".

É preciso utilizar todo o potencial da Contabilidade na elaboração do Plano de Contas. A Fipecafi (2000, p. 33) corrobora dessa opinião, para sua fundação:

A elaboração de um bom Plano de Contas é fundamental no sentido de utilizar todo o potencial da Contabilidade em seu valor informativo para os inúmeros usuários.

O plano de contas deve conter os detalhes mínimos exigidos para efeito da legislação fiscal e atender, principalmente, às necessidades de informação da administração da entidade, tudo dentro da padronização legal, para efeito da elaboração do Balanço Patrimonial, da Demonstração do Resultado do Exercício (DRE) e das demais demonstrações e informações contábeis exigidas, inclusive para publicação, se for o caso.

Segundo Pereira (2014, p. 63), "O plano de contas, ou elenco de contas, é o conjunto de contas contábeis que serão utilizadas pela empresa para a contabilização dos fatos contábeis".

A compatibilização desses grandes usuários nem sempre é muito simples de se conseguir, mas a sua integração é obrigatória para que se possa extrair o máximo de utilidade da Contabilidade em si.

7.2.1. Técnica para a Elaboração do Plano de Contas das Empresas

A melhor técnica para elaborar um plano de contas é exatamente iniciar pelo fim: detectar quais são as necessidades dos usuários em termos de informação contábil.

Ele será estruturado de forma que atenda à legislação e ao resultado procurado pelo empresário no momento em que forem zerados todos os relatórios da empresa (Pereira, 2014, p. 63).

Segundo Ribeiro (2012), as contas podem ser classificadas em dois grupos: contas patrimoniais e contas de resultado. Para o autor (2012, p. 30-31), "As contas patrimoniais são as que representam os elementos componentes do patrimônio".

As contas patrimoniais dividem-se em Ativas (Bens e Direitos) e Passivas (Obrigações e Patrimônio Líquido). As contas de resultado são as que representam as variações patrimoniais, dividem-se em contas de despesas e contas de receitas.

As contas patrimoniais (Ativo e Passivo) podem ser de curto ou de longo prazos. Para Griftin (2012, p. 83), "Ativos de longo prazo são mantidos por um período acima de um ano ou um ciclo operacional. Incluem ativos tangíveis e intangíveis que são registrados a preço de custo".

São os arts. 178 a 182 da Lei nº 6.404/1976 que dispõem sobre a estrutura patrimonial do Balanço Patrimonial e, consequentemente, da estrutura das contas do Plano de Contas.

Acredito que a elaboração do plano de contas deve-se iniciar pela administração da entidade, ou seja, pelo usuário interno da entidade, que deve ser consultada para se saber o nível de detalhes exigido e as classificações e aglutinações consideradas necessárias.

7.2.2. Codificação das Contas

O problema da atribuição de código às contas depende muito do tamanho da empresa e do equipamento utilizado para a contabilização, além dos detalhes necessários para efeito de informação.

Grandes empresas, com muitas divisões internas (100, 200 ou mais centros de gastos), costumam ter 12, 15 ou 18 dígitos para cada conta. Já as pequenas empresas, com a preocupação de gastos apenas por natureza, normalmente não precisam de mais de 3 ou 4 dígitos para um bom plano de contas.

Em termos genéricos, é bastante difícil falar em codificação, porém, no subtópico seguinte apresentaremos um modelo sugestivo de plano de contas para uma empresa comercial.

Lembre-se: a elaboração do plano de contas depende da necessidade do usuário interno, portanto, ao elaborá-lo, fique atento ao tipo de atividade da empresa, se comercial, industrial, financeira, rural, construção civil, pública, bancária ou terceiro setor, etc. Cada uma delas norteará o contador a elaborar o plano de contas desejado.

Outro detalhe importante é não abrir todas as contas que lhe vierem no momento, isto deixa o plano de contas muito grande e contas sem utilidade nenhuma. Comece com o básico e, se necessário, vá aumentando o leque de contas desejado. Se puder, também, não se esqueça do "Manual de Contas". Ele é que vai dizer aos usuários o funcionamento de cada uma das contas.

7.2.3. Denominação das Contas

O título de uma conta deve expressar o significado adequado das operações nela registradas. Portanto, a denominação das contas é evidente, pois as demonstrações contábeis (ditas "financeiras") não são de restrita utilização pela própria empresa a que se referem, mas são também analisadas por auditores, fornecedores, instituições financeiras e, obviamente, pelo Fisco.

O nome da conta societária não precisa coincidir com a nomenclatura das contas existentes no Plano de Contas Referencial do Fisco. Elas têm que representar a essência da operação em si. A denominação indica, sinteticamente, os fatos importantes contidos em determinada conta.

A escolha da denominação das contas deve atender aos seguintes critérios: fidelidade, clareza e denominação adequada.

Afinal, segundo Oliveira (2009, p. 92), "As organizações têm então de atender ao desafio da maximização do desempenho econômico e do controle gerencial eficaz em um ambiente complexo de alta velocidade". Isso significa que, sem um plano de contas eficaz, não se elaboram relatórios gerenciais contábeis úteis para a tomada de decisão pelos gestores da organização.

7.2.4. Modelo de Plano de Contas

O modelo de plano de contas apresentado se refere ao de uma empresa de atividade comercial. A princípio, anotamos as contas mais importantes, então, cabe a você, caro contador, adequar o plano de contas às necessidades da sua organização.

Plano de Contas			
Código	Denominação	Nível da Conta	Natureza da Conta
1	ATIVO	1	Sintética (S)
1.1	Ativo Circulante	2	Sintética (S)
1.1.1	Disponível	3	Sintética (S)
1.1.1.1	Caixa	4	Sintética (S)
1.1.1.1 0001	Caixa Matriz	5	Analítica (A)
1.1.1.1 0002	Caixa Filial A	5	Analítica (A)
1.1.1.2	Bancos	4	Sintética (S)
1.1.1.2 0001	Banco do Brasil S.A.	5	Analítica (A)
1.1.1.2 0002	Caixa Econômica Federal	5	Analítica (A)
1.1.2	Realizável a Curto Prazo	3	Sintética (S)
1.1.2.1	Duplicatas a Receber	4	Sintética (S)
1.1.2.1 0001	Comercial Mi Roma Ltda.	5	Analítica (A)
1.1.2.1 0002	Gabrimir S.A.	5	Analítica (A)
1.1.2.2	Estoques	4	Sintética (S)
1.1.2.2 0001	Mercadorias para Revenda	5	Analítica (A)

Continua...

Plano de Contas

Código	Denominação	Nível da Conta	Natureza da Conta
1.1.2.2 0002	Material para Consumo	5	Analítica (A)
1.1.2.3	Outras Contas a Receber	4	Sintética (S)
1.1.2.3 0001	Credores Diversos	5	Analítica (A)
1.2	Ativo Não Circulante	2	Sintética (S)
1.2.1	Investimentos	3	Sintética (S)
1.2.1.1	Propriedade para Investimentos	4	Sintética (S)
1.2.1.1 0001	Terrenos	5	Analítica (A)
1.2.1.1 0002	Edificações	5	Analítica (A)
1.2.1.2	Participações Societárias	4	Sintética (S)
1.2.1.2 0001	Nery e Souza Adm. Bens e Negócios	5	Analítica (A)
1.2.1.3	Imobilizado	4	Sintética (S)
1.2.1.3 0001	Terrenos	5	Analítica (A)
1.2.1.3 0002	Edificações	5	Analítica (A)
1.2.1.3 0003	Instalações	5	Analítica (A)
1.2.1.3 0004	Veículos	5	Analítica (A)
1.2.1.4	Intangível	4	Sintética (S)
1.2.1.4 0001	Marcas e Patentes	5	Analítica (A)
2	PASSIVO	1	Sintética (S)
2.1	Passivo Circulante	2	Sintética (S)
2.1.1	Fornecedores	3	Sintética (S)
2.1.1.1	Fornecedores Estrangeiros	4	Sintética (S)
2.1.1.1 0001	Albion NGK S.A.	5	Analítica (A)
2.1.1.1 0002	KROSS Indústria de Bolsas e Artefatos	5	Analítica (A)
2.1.1.2	Fornecedores Nacionais	4	Sintética (S)

Continua...

Plano de Contas			
Código	**Denominação**	**Nível da Conta**	**Natureza da Conta**
2.1.1.2 0001	Indústrias Mi Roma de Calçados Ltda.	5	Analítica (A)
2.1.1.2 0002	Comércio Batista de Atacado Ltda.	5	Analítica (A)
2.1.1.3	Salários e Encargos do Pessoal	4	Sintética (S)
2.1.1.3 0001	Salários a Pagar	5	Analítica (A)
2.1.1.3 0002	Férias a Pagar	5	Analítica (A)
2.1.1.3 0003	13º Salário a Pagar	5	Analítica (A)
2.1.1.3 0004	INSS a Recolher	5	Analítica (A)
2.1.1.3 0005	FGTS a Recolher	5	Analítica (A)
2.1.1.3 0009	Outros Encargos a Recolher	5	Analítica (A)
2.1.1.4	Impostos e Contribuições a Pagar	4	Sintética (S)
2.1.1.4 0001	ICMS a Pagar	5	Analítica (A)
2.1.1.4 0002	PIS/Pasep a Pagar	5	Analítica (A)
2.1.1.4 0003	Cofins a Pagar	5	Analítica (A)
2.1.1.4 0009	Outros Impostos a Pagar	5	Analítica (A)
2.1.1.5	Provisões Trabalhistas	4	Sintética (S)
2.1.1.5 0001	Provisão para Indenização	5	Analítica (A)
2.1.1.5 0002	Provisão para Contingências	5	Analítica (A)
2.1.1.6	Imposto de Renda e CSLL	4	Sintética (S)
2.1.1.6 0001	IRPJ a Pagar	5	Analítica (A)
2.1.1.6 0002	CSL a Pagar	5	Analítica (A)
2.2	Passivo Não Circulante	2	Sintética (S)
2.3	Patrimônio Líquido	2	Sintética (S)
2.3.1	Capital	3	Sintética (S)
2.3.1.1	Capital Social	4	Sintética (S)

Continua...

Plano de Contas

Plano de Contas

Código	Denominação	Nível da Conta	Natureza da Conta
2.3.1.1 0001	Capital Integralizado	5	Analítica (A)
2.3.1.1 0002	Capital a Integralizar	5	Analítica (A)
2.3.2	Reservas de Capital	3	Sintética (S)
2.3.2.1	Correção Monetária do Capital	4	Analítica (A)
2.3.2.1	Incentivos Fiscais	4	Analítica (A)
2.3.3	Reservas de Lucros	3	Sintética (S)
2.3.3.1	Reserva Legal	4	Analítica (A)
2.3.4	Ajuste de Avaliação Patrimonial	3	Sintética (S)
2.3.4.1	AAP – Credora	4	Analítica (A)
2.3.4.2	AAP – Devedora	4	Analítica (A)
2.3.5	Lucros e Prejuízos Acumulados	3	Sintética (S)
2.3.5.1	Lucros Acumulados	4	Sintética (S)
2.3.5.1 0001	Resultado do Exercício Atual	5	Analítica (A)
2.3.5.1 0002	Resultado de Exercícios Anteriores	5	Analítica (A)
2.3.5.1 0003	Prejuízos Acumulados	5	Analítica (A)
3	CUSTOS E DESPESAS	1	Sintética (S)
3.1	Custos das Mercadorias Vendidas	2	Sintética (S)
3.1.1	Custos das Mercadorias	3	Sintética (S)
3.1.1.1	Custos das Mercadorias Vendidas	4	Analítica (A)
3.2	Despesas Operacionais	2	Sintética (S)
3.2.1	Despesas Gerais	3	Sintética (S)
3.2.1.1	Mão de Obra	4	Analítica (A)
3.2.1.2	Encargos Sociais	4	Analítica (A)
3.2.1.3	Aluguéis	4	Analítica (A)
3.2.1 9	Outras Despesas	4	Analítica (A)

Continua...

Plano de Contas

Código	Denominação	Nível da Conta	Natureza da Conta
3.5	Perdas de Capital	2	Sintética (S)
3.5.1	Baixa de Bens do Ativo Não Circulante	3	Sintética (S)
3.5.1.1	Custos de Alienação de Investimentos	4	Analítica (A)
3.5.1.2	Custos de Alienação do Imobilizado	4	Analítica (A)
3.5.1.3	Custos de Alienação do Intangível	4	Analítica (A)
3.6	Provisão para Imposto de Renda	2	Sintética (S)
3.6.1	Provisão para IRPJ	3	Sintética (S)
3.6.1.1	IRPJ	4	Analítica (A)
3.6.2	Provisão para CSL	3	Sintética (S)
3.6.2.1	CSLL	4	Analítica (A)
4	RECEITAS	1	Sintética (S)
4.1	Receita Líquida	2	Sintética (S)
4.1.1	Receita Bruta de Vendas	3	Sintética (S)
4.1.1.1	Vendas Brutas de Mercadorias	4	Analítica (A)
4.1.2	Deduções da Receita Bruta	3	Sintética (S)
4.1.2.1	Devoluções de Vendas	4	Analítica (A)
4.1.2.2	Cancelamento de Vendas	4	Analítica (A)
4.1.2.3	AVP – Vendas Brutas	4	Analítica (A)
4.2	Outras Receitas Operacionais	2	Sintética (S)
4.2.1	Vendas de Ativos Não Circulantes	3	Sintética (S)
4.2.1.1	Receitas de Alienação de Investimentos	4	Analítica (A)
4.2.1.2	Receitas de Alienação do Imobilizado	4	Analítica (A)
4.2.1.3	Receitas de Alienação do Intangível	4	Analítica (A)
4.9	Apuração do Resultado do Exercício	2	Sintética (S)

Continua...

Plano de Contas

Código	Denominação	Nível da Conta	Natureza da Conta
4.9.1	Apuração de Despesas e Receitas	3	Sintética (S)
4.9.1.1	Despesas do Exercício	4	Analítica (A)
4.9.1.2	Receitas do Exercício	4	Analítica (A)

8

Obrigações da Pessoa Jurídica Desde o Ano-Calendário de 2015

8.1. Escrituração da ECF (Lalur Digital)

O Livro de Apuração do Lucro Real (e-Lalur) é o livro de presença e preenchimento obrigatório, de responsabilidade das pessoas jurídicas tributadas pelo lucro real. Nele devem constar todos os ajustes fiscais e extracontábeis.

O e-Lalur já existe na modalidade digital. Atualmente, está representado pela Escrituração Contábil Digital (ECF). Assim, quando nos reportamos ao e-Lalur estamos nos referindo à ECF.

> **Atenção:**
>
> A Escrituração Contábil Fiscal (ECF) substitui a Declaração de Informações Econômico-Fiscais da Pessoa Jurídica (DIPJ) desde o ano-calendário de 2014, com entrega prevista para o último dia útil do mês de junho do ano posterior ao do período da escrituração no ambiente do Sistema Público de Escrituração Digital (Sped). Portanto, a DIPJ está extinta desde o ano-calendário de 2014.

8.1.1. Obrigatoriedade

São obrigadas ao preenchimento da ECF e, consequentemente, à escrituração do e-Lalur, todas as pessoas jurídicas, inclusive as imunes e isentas, sejam elas tributadas pelo lucro real, lucro arbitrado ou lucro presumido, exceto:

I – as pessoas jurídicas optantes pelo Regime Especial Unificado de Arrecadação de Tributos e Contribuições devidos pelas Microempresas e Empresas de Pequeno Porte (Simples Nacional), de que trata a Lei Complementar n° 123/2006;

II – os órgãos públicos, autarquias e fundações públicas; e

III - as pessoas jurídicas inativas, de que trata a IN RFB n° 1.536/2014.

Nos termos da IN RFB n° 1536/2014, considera-se pessoa jurídica inativa aquela que não tenha efetuado nenhuma atividade operacional, não operacional, patrimonial ou financeira, inclusive aplicação no mercado financeiro ou de capitais, durante todo o ano-calendário. Estas deverão apresentar a Declaração Simplificada da Pessoa Jurídica (DSPJ) – Inativa.

Há que se ressaltar que, caso a pessoa jurídica tenha Sociedades em Conta de Participação (SCP), cada SCP deverá preencher e transmitir sua própria ECF, utilizando o CNPJ da pessoa jurídica que é sócia ostensiva e o CNPJ/Código de cada SCP.

> **Atenção:**
>
> A partir do ano-calendário de 2015, todas as pessoas jurídicas imunes ou isentas estão obrigadas a entregar a ECF.

8.1.2. Arquivo da ECF

Para gerar um arquivo da ECF, crie a ECF no programa (Arquivo/Criar), preencha os dados principais e clique em Ferramentas/Exportar Escrituração.

> **Atenção:**
>
> Ficar atento à versão atual vigente do PVA e do Manual de Orientação de Preenchimento da ECF.

8.1.3. Plano de Contas e Mapeamento

A ECF recupera o plano de contas do último período existente na ECD. O fato de uma conta não possuir saldos ou movimentação em um período não implica em que essa conta não deva ser informada no plano de contas.

Obrigações da Pessoa Jurídica Desde o Ano-Calendário de 2015

O plano de contas deve retratar o conjunto e a estrutura de todas as contas passíveis de utilização na contabilidade da entidade. O mapeamento das contas contábeis da entidade para as contas referenciais é feito somente em relação às contas analíticas. Contas sintéticas não devem ser mapeadas.

8.1.4. O que Informar no e-Lalur

No e-Lalur:

a) serão lançados os ajustes do lucro líquido do período de apuração;

b) será transcrita a demonstração do lucro real e a apuração do Imposto sobre a Renda;

c) serão mantidos os registros de controle de prejuízos a compensar em períodos subsequentes, de depreciação acelerada e de outros valores que devam influenciar a determinação do lucro real de períodos futuros e não constem na escrituração comercial.

Completada a ocorrência de cada fato gerador do imposto, o contribuinte deverá elaborar o e-Lalur, de forma integrada às escriturações comercial e fiscal, que discriminará:

a) o lucro líquido do período de apuração;

b) os registros de ajuste do lucro líquido, com identificação das contas analíticas do plano de contas e indicação discriminada por lançamento correspondente na escrituração comercial, quando presentes;

c) o lucro real;

d) a apuração do Imposto sobre a Renda devido, com a discriminação das deduções, quando aplicáveis; e

e) as demais informações econômico-fiscais da pessoa jurídica.

Atenção:

Para os contribuintes que apuram o Imposto sobre a Renda pela sistemática do lucro real, a ECF é o Lalur, inclusive na aplicação das multas previstas nos arts. 183 e 184 da IN RFB nº 1.515/2014 (atual arts.311 e 312 da IN RFB nº 1.700/2017), o qual comentaremos adiante.

8.1.5. Partes do e-Lalur

Para fins de lançamento dos ajustes do lucro líquido do período de apuração, o e-Lalur será dividido em partes e da seguinte forma:

I – Parte "A", destinada aos lançamentos das adições, exclusões e compensações do período de apuração; e

II - Parte "B", destinada exclusivamente ao controle dos valores que não constem na escrituração comercial da pessoa jurídica, mas que devam influenciar a determinação do lucro real de períodos futuros.

8.1.5.1.Parte "A" do e-Lalur

A escrituração da Parte "A" deverá obedecer à ordem cronológica e os lançamentos de adição, exclusão ou compensação deverão ser efetuados de forma clara e individualizada, com a indicação da conta ou subconta em que os valores tenham sido registrados na escrituração comercial, inclusive, se for o caso, com a referência do saldo constante na Parte "B".

Tratando-se de ajuste que não tenha registro correspondente na escrituração comercial, no histórico do lançamento, além da natureza do ajuste, serão indicados os valores sobre os quais a adição ou exclusão foi calculada.

8.1.5.2.Parte "B" do e-Lalur

Os saldos que devam ser escriturados na Parte "B" do e-Lalur da ECF, de que trata a IN RFB nº 1.422/2013, devem seguir as seguintes orientações:

I – créditos: valores que constituirão adições ao lucro líquido de exercícios futuros, para determinação do lucro real respectivo e para baixa dos saldos devedores;

II - débitos: valores que constituirão exclusões nos exercícios subsequentes e para baixa dos saldos credores.

8.1.6. Livro e-Lacs

Os ajustes ao lucro líquido do exercício, mediante adições, exclusões e compensações, também serão efetuados na determinação da base de cálculo da Contribuição Social sobre o Lucro Líquido (CSL), no livro de Apuração da Base de Cálculo da Contribuição Social sobre o Lucro Líquido (e-Lacs).

Conforme dispõe o art. 310 da IN RFB nº 1.700/2017, aplicam-se à CSL as disposições contidas no art. 310 desta IN, devendo ser informados no e-Lacs:

I – os lançamentos de ajustes do lucro líquido do período, relativos a adições, exclusões ou compensações prescritas ou autorizadas pela legislação tributária;

II – a demonstração da base de cálculo e o valor da CSL devida com a discriminação das deduções, quando aplicáveis; e

Obrigações da Pessoa Jurídica Desde o Ano-Calendário de 2015 333

III – os registros de controle de base de cálculo negativa da CSL a compensar em períodos subsequentes e demais valores que devam influenciar a determinação da base de cálculo da Contribuição Social sobre o Lucro Líquido de períodos futuros que não constem na escrituração comercial.

8.1.7. Registros do e-Lalur/e-Lacs na ECF

Na Escrituração Contábil Fiscal (ECF), os registros correspondentes à escrituração do e-Lalur e do e-Lacs constam do Bloco M, Registros M001, M010, M030, M300, M305, M310, M312, M315, M350, M355, M360, M362, M365, M410, M415, M500 e M990.

8.1.8. Demonstrativo das Diferenças na Adoção Inicial

Este demonstrativo apresenta as diferenças dos saldos societário e fiscal das contas contábeis em virtude da adoção inicial das normas contábeis internacionais de acordo com o art. 306 da IN RFB nº 1.700/2017.

Trata-se de um registro obrigatório para as empresas tributadas pelo lucro real. As empresas tributadas pelo lucro real que optaram pela não extinção do RTT em 2014, conforme Lei nº 12.973/2014, deverão preencher o Registro Y665 apenas no ano-calendário de 2015 (ECD de 2016). Por outro lado, as empresas tributadas pelo lucro real que optaram pela extinção do RTT em 2014 deverão preencher o registro Y665 para o ano-calendário de 2014 (ECF 2015).

8.1.8.1.Entidades Imunes e Isentas

As pessoas jurídicas imunes ou isentas, que possuam receitas tributadas pelo lucro real e que tenham diferenças dos saldos societário e fiscal das contas contábeis em virtude da adoção inicial das normas contábeis internacionais de acordo com o art. 306 da IN RFB nº 1.700/2017, deverão preencher o registro Y665 da ECF.

8.1.8.2.Subcontas Vinculada e Auxiliar

Independentemente de a pessoa jurídica utilizar subcontas vinculada e auxiliar, conforme previsão dos arts. 295 a 299 da IN RFB nº 1.700/2017, o campo Y665.COD_SUBCONT deve ser preenchido com o código da conta vinculada.

Exemplo:

A seguir, apresentamos dois exemplos de utilização da subconta auxiliar e vinculada:

D = Saldo devedor

C = Saldo credor

Ex. 01 – Diferença positiva – Conta de Ativo:

– Saldo da Conta Societária	= 100 D
– Saldo Fiscal	= 80 D
– Subconta Auxiliar	= 20 C
– Subconta Vinculada	= 20 D

Ex. 02 – Diferença negativa – Conta de Ativo:

– Saldo da Conta Societária	= 100 D
– Saldo Fiscal	= 120 D
– Subconta Auxiliar	= 20 D
– Subconta Vinculada	= 20 C

8.1.8.3. Leiaute do Registro Y665

(Fundamentação legal: art. 310 da IN RFB nº 1.700/2017)

8.1.8.4. Exemplo Prático

Apresentamos um caso que ilustra a forma de preenchimento do Registro Y665 – Demonstrativo das Diferenças na Adoção Inicial da ECF.

O exemplo nº 01 representa o ajuste na adoção inicial por meio de uma subconta vinculada, enquanto que o exemplo nº 02 apresenta o mesmo ajuste só que por meio de uma subconta auxiliar.

- subconta Auxiliar x Subconta Vinculada (arts. 295 a 299 da IN RFB nº 1.700/2017);
- independentemente da utilização de subcontas auxiliares e vinculadas, informar subcontas vinculadas no Registro Y665.

Ex. 01 – Subconta Vinculada (Adoção inicial)

A Companhia Mi Roma S.A. possui um investimento temporário em três empresas (Vale1, Petra2 e BBAS3).

<u>Dados</u>:

– Valor do investimento = R$ 100.000,00 (FCont)

– Valor justo das ações em 1º.01.2015 = R$ 60.000,00

Obrigações da Pessoa Jurídica Desde o Ano-Calendário de 2015 335

Lançamentos Contábeis:

1) Pela aquisição:

D – Investimentos Temporários (AÑC)	100.000,00
C – Bancos conta Movimento (AC)	100.000,00

2) Avaliação a Valor Justo (AVJ) – Perda

D – AVJ Perda (Resultado)	40.000,00
C – Investimentos Temporários (AÑC)	40.000,00

3) Ajuste por Subcontas:

D – Investimentos Temporários (AÑC)	40.000,00
C – Invest. Temp. Subconta, cf. Lei nº 12.973/2014 (AÑC)	40.000,00

Razonetes:

Investimentos temporários		Invest. Temp. Subconta, cf. Lei nº 12.973/2014	
100.000,00	40.000,00 (AVJ)		40.000,00 (1)
60.000,00 SF (2014) 40.000,00 (1)			
100.000,00 SF			

Ex. 02 – Subconta Auxiliar (Adoção inicial)

A Companhia Mi Roma S.A. possui um investimento temporário em três empresas (Vale1, Petra2 e BBAS3).

Dados:

– Valor do investimento = R$ 100.000,00 (FCont)

– Valor justo das ações em 1º.01.2015 = R$ 60.000,00

Lançamentos Contábeis:

SP 1º.01.2015

D – Invest. Temp. Subconta Auxiliar (AÑC)	40.000,00
C – Invest. Temp. Subconta Vinculada (AÑC)	40.000,00

Razonetes:

Investimentos temporários		Invest. Temp. Subconta, cf. Lei nº 12.973/2014 (Subconta Vinculada)
100.000,00	40.000,00 (AVJ)	40.000,00 (1)
60.000,00 SF (2014)		

Invest. Temp. Subconta, cf. Lei nº 12.973/2014 (Subconta Auxiliar)	
40.000,00 (1)	

Ex. 03 – Subconta Auxiliar – Mapeamento para o Plano de Contas Referencial

A pessoa jurídica deve mapear a conta "PAI" e "AUXILIAR" do Plano de Contas Societário para o Plano de Contas Referencial.

Caso a pessoa jurídica utilize subcontas auxiliares conforme previsão dos arts. 295 a 299 da IN RFB nº 1.700/2017, as subcontas auxiliares devem ser mapeadas para a conta referencial "PAI" da respectiva subconta.

Exemplo:

Plano de Contas da Sociedade (J050) DE:	Mapeamento para o Plano de Contas Referencial (J051) PARA:
Veículos	1.02.03.01.08 – Veículos
Veículos – Subconta Auxiliar	1.02.03.01.08 – Veículos
Veículos – Subconta AVP (Ajuste a Valor Presente)	1.02.03.01.75 – Subconta – Ajuste a Valor Presente – Imobilizado

8.2. Livro Razão Auxiliar das Subcontas (RAS)

Na situação de conta que se refira a grupo de ativos ou passivos, de acordo com a natureza desses, a subconta poderá se referir ao mesmo grupo de ativos ou passivos. Neste caso, haverá a necessidade de informação no livro Razão Auxiliar das Subcontas (RAS) que demonstre o detalhamento individualizado por ativo ou passivo.

Obrigações da Pessoa Jurídica Desde o Ano-Calendário de 2015 337.

O livro Razão Auxiliar das Subcontas foi implementado na ECD em janeiro de 2016. Portanto, as empresas obrigadas ao livro RAS, conforme art. 300, § 6º, da IN RFB nº 1.700/2017, transmitem pelo livro "Z" na ECD de 2016 (ano-calendário de 2015).

As empresas que também estão obrigadas ao livro Razão Auxiliar das Subcontas (RAS), no ano-calendário de 2014, também entregam o livro "Z" na ECD de 2016.

Assim, temos:

Obrigatoriedade	ECD de 2016
Empresas obrigadas ao Razão Auxiliar desde o ano-calendário de 2014	Devem transmitir o livro "Z" no formato RAS dos anos-calendário de 2014 e 2015
Empresas obrigadas ao Razão Auxiliar a partir do ano-calendário de 2015	Devem transmitir o livro "Z" no formato RAS do ano-calendário de 2015

As empresas obrigadas a transmitir o livro Razão Auxiliar "Z" das subcontas deverão utilizar os livros "R" (diário com escrituração resumida) ou "B" (balancetes diários e balanços) como principais, tendo em vista que o livro "G" (diário geral) não aceita livros auxiliares.

Deverá ser adotado o modelo padronizado de Razão Auxiliar das Subcontas (as informações devem ser preenchidas nos registros I030 e I500 a I555 da ECD). Naturezas do livro a serem informadas no campo 4 do registro I030: RAZAO_AUXILIAR_DAS_SUBCONTAS RAZAO_AUXILIAR_DAS_SUBCONTAS_MF (no caso de ECD baseada em moeda funcional).

No preenchimento destes registros na ECD, recomendamos consultar as orientações constantes do item 1.25 (Razão Auxiliar das Subcontas – RAS) do Manual de Orientação do Leiaute da ECD – Atualização: Abril de 2016, aprovado pelo Ato Declaratório Executivo Cofis nº 19/2016.

(Fundamentação legal: art. 300, §§ 6º e 7º, da IN RFB nº 1.700/2017)

8.2.1. Exemplo Prático

Dando continuidade ao exemplo apresentado (Ex. 03) no subtópico 3.4.3.3 deste livro, apresentamos, a seguir, a escrituração do livro Razão Auxiliar de Subcontas (RAS) da Escrituração Contábil Digital (ECD), relativa aos investimentos temporários da Companhia Mi Roma Ltda., no ano-calendário de 2015.

Assim, temos:

A Companhia Mi Roma S.A. possui investimentos temporários em ações de três empresas (Vale1; Petra2 e BBAS 3).

Dados Complementares:

- Saldo do valor do investimento em 31.01.2015 = R$ 100.000,00
- Valor justo das ações em 30.06.2015, conforme laudo de avaliação = R$ 60.000,00

Razonetes:

Investimentos temporários		Investimentos AVJ (art. 103 da IN nº 1.700/2017)	
100.000,00 Si			40.000,00 (1)

Perdas na AVJ (Resultado)	
40.000,00 (1)	

O livro Razão Auxiliar de Subcontas (RAS) deve identificar o Ajuste a Valor Justo (AVJ) por ação, ou seja:

Vale1 = R$ 15.000,00 (10.000 ações compradas em 05.03.2015, por R$ 25.000,00);

Petra2 = R$ 10.000,00 (10.000 ações compradas em 10.03.2015, por R$ 50.000,00);

BBAS3 = R$ 15.000,00 (10.000 ações compradas em 31.12.2015, por R$ 25.000,00).

Preenchimento do livro RAS:

Nesse registro, devem ser informados os campos que serão utilizados no livro "Z" (Livro Razão Auxiliar com Leiaute Parametrizável), tais como: nome do campo, descrição do campo, tipo (numérico ou caractere), tamanho do campo, quantidade de casas decimais e largura da coluna na impressão.

Os campos devem ser informados, nesse registro, na mesma ordem em que devam figurar da visualização/impressão. O conteúdo dos campos especificados no registro I510 será informado no registro I550.

Obrigações da Pessoa Jurídica Desde o Ano-Calendário de 2015

– AVJ de investimentos da CIA. PETRA2:

Arquivo TXT:

|I510|70|1.01.01.01|||AA|10000|PETR2|AÇÕES DA PETROBRAS |10032015|50000,00|D|0,00|C|50000,00|D|0,00 |D|10000,00|-10000,00|C|30062015|1001|40000,00|C|N|

Preenchimento dos campos:

Campo 01 – Identificador do registro = I510

Campo 02 – Natureza da Subconta = 70 (tabela de natureza das subcontas do registro I053).

Campo 03 – Código da Subconta = 1.01.01.01 (Investimentos AVJ)

Campo 04 – Código do Centro de Custos = Não há

Campo 05 – CNPJ da Investida = Não se aplica

Campo 06 – Código Patrimonial do item = AA

Campo 07 – Quantidade = 10.000

Campo 08 – Identificação do Item = PETR2

Campo 09 – Descrição do Item = Ações da Petrobrás

Campo 10 – Data do Reconhecimento Inicial = 10.03.2015

Campo 11 – Saldo Inicial do Item = R$ 50.000,00

Campo 12 – Indicador de Saldo Inicial = D

Campo 13 – Realização do Item = 0,00

Campo 14 – Indicador da Realização do Item = C

Campo 15 – Saldo Final do Item = R$ 50.000,00

Campo 16 – Indicador do Saldo Final = D

Campo 17 – Saldo Inicial da Subconta = 0,00

Campo 18 – Indicador do Saldo Inicial = D

Campo 19 – Débito na Subconta = 0,00

Campo 20 – Crédito na Subconta = R$ 10.000,00

Campo 21 – Saldo Final da Subconta = R$ 10.000,00

Campo 22 – Indicador do Saldo Final = C

Campo 23 – Data do Lançamento = 30.06.2015

Campo 24 – Número do Lançamento = 1001

Campo 25 – Valor do Lançamento = R$ 40.000,00

Campo 26 – Indicador do Valor do Lançamento = C

Campo 27 – Indicador de Adoção Inicial = N (Não)

9

Multas Punitivas

É muito elevado o número de processos fiscais nos quais é questionada a responsabilidade tributária dos sócios, ex-sócios e sucessores das pessoas jurídicas. Vários empresários não dão a devida importância ao problema.

O mesmo ocorre nos casos da responsabilidade dos sucessores pelos tributos devidos até a data do ato da sucessão.

Diz o art. 133 do Código Civil (Lei nº 10.406/2002):

> A pessoa natural ou jurídica de direito privado que adquirir de outra, por qualquer título, fundo de comércio ou estabelecimento comercial, industrial ou profissional, e continuar a respectiva exploração, sob a mesma ou outra razão social ou sob firma ou nome individual, responde pelos tributos relativos ao fundo ou estabelecimento adquirido devidos até a data do ato:
> I – integralmente, se o alienante cessar a exploração do comércio, indústria ou atividade;
> II – subsidiariamente com o alienante, se este prosseguir na exploração ou iniciar dentro de seis meses, a contar da data da alienação, nova atividade no mesmo ou em outro ramo de negócio, indústria ou profissão".

O crime de sonegação fiscal foi introduzido pela Lei nº 4.729/1965. O enquadramento como crime só se dava na sonegação dolosa ou fraudulenta e a Lei previa a extinção da punibilidade quando o infrator promovia o recolhimento do tributo devido, antes de ter início, na esfera administrativa, ação fiscal própria ou, quando instaurado o processo fiscal, antes da decisão administrativa de primeira instância.

> A Lei n° 8.137/90 sobreveio para definir crimes contra a ordem tributária, econômica e contra as relações de consumo, tendo revogado toda a legislação anterior que tratava da matéria, salvo os crimes de contrabando ou descaminho definido no art. 334 do Código Penal. (CASSONE, 1997, p. 419.)

Segundo Higuchi (2013, p. 729):

A Lei n° 8.137, de 27.12.90, ampliou o enquadramento no crime de sonegação fiscal para considerar como crime deixar de fornecer, quando obrigatório, nota fiscal ou documento equivalente, relativa à venda de mercadorias ou prestação de serviços, efetivamente realizada, ou fornecê-la em desacordo com a legislação.

A entrega das obrigações acessórias (digitais ou eletrônicas) em atraso ou com inexatidões, incorreções ou omissões pode gerar ônus ao contribuinte. O mesmo se aplica no caso de crimes contra a ordem tributária.

A legislação do Imposto de Renda elenca diversas penalidades e outros acréscimos legais a título de multas e juros compensatórios. Algumas delas são calculadas proporcionalmente ao valor do imposto, enquanto que outras são aplicadas em valores fixos e isoladamente.

9.1. Entrega em Atraso do e-Lalur

A pessoa jurídica que deixar de apresentar ou que apresentar em atraso o e-Lalur (art. 310 da IN RFB n° 1.700/2017), nos prazos fixados pela Secretaria da Receita Federal de Brasil, fica sujeito a **multa equivalente a 0,25%,** por mês-calendário ou fração, **do lucro líquido antes da incidência do IRPJ e da CSL**, no período a que se refere a apuração, **limitada a 10% (IN RFB n° 1.700/2017, art. 311).**

Atenção:

Para as pessoas jurídicas tributadas pelo lucro real, a Escrituração Contábil Fiscal (ECF) é o e-Lalur digital. Assim, a não entrega da ECF corresponde, automaticamente, à não entrega do e-Lalur.

9.1.1. Multa Máxima

A multa será limitada em (IN RFB n° 1.700/2017, art. 311, §1°, incisos I e II):

I – R$ 100.000,00 para as pessoas jurídicas que no ano-calendário anterior tiverem auferido receita bruta total, igual ou inferior a R$ 3.600.000,00;

II – R$ 5.000.000,00 para as pessoas jurídicas que não se enquadrarem no item número I acima;

9.1.2. Redução da Multa

A multa de que trata o subtópico 9.1 será reduzida (IN RFB n° 1.700/2017, art. 311, § 2°):

I – em 90%, quando o livro for apresentado em até 30 dias depois do prazo;

II – em 75%, quando o livro for apresentado em até 60 dias depois do prazo;

III – à metade, quando o livro for apresentado depois do prazo, mas antes de qualquer procedimento de ofício; e

IV – em 25%, se houver a apresentação do livro no prazo fixado em intimação.

9.2. Retificação do e-Lalur

A pessoa jurídica que apresentar o e-Lalur com inexatidões, incorreções ou omissões fica sujeita à multa de 3%, não inferior a R$ 100,00, do valor omitido, inexato ou incorreto. Essa multa:

I – terá como base de cálculo a diferença do valor, inexato, incorreto ou omitido;

II – não será devida se o sujeito passivo corrigir as inexatidões, incorreções ou omissões antes de iniciado qualquer procedimento de ofício; e

III – será reduzida em 50% se forem corrigidas as inexatidões, incorreções ou omissões no prazo fixado em intimação.

9.3. Ausência de Lucro Líquido

Quando não houver lucro líquido, antes da incidência do IRPJ e da CSL, no período de apuração a que se refere a escrituração, deverá ser utilizado o lucro líquido antes da incidência do IRPJ e da CSL do último período de apuração informado, atualizado pela taxa referencial do Selic, até o termo final de encerramento do período a que se refere a escrituração.

9.4. Arbitramento

Sem prejuízo das penalidades previstas neste tópico, aplica-se o disposto no art. 226 da IN RFB nº 1.700/2017, que trata das hipóteses de arbitramento, à pessoa jurídica que não escriturar o e-Lalur de acordo com as disposições da legislação tributária.

(Fundamentação legal: arts. 311 a 315 da IN RFB nº 1.700/2017)

Legislação Tributária

1. Ato Declaratório Executivo Cosit nº 33, de 22 de setembro de 2017.

ATO DECLARATÓRIO EXECUTIVO COSIT Nº 33, DE 22 DE SETEMBRO DE 2017

Publicado no sítio da RFB, na internet, em 25/09/2017.

Relaciona os atos administrativos emitidos pelo Comitê de Pronunciamentos Contábeis (CPC) que não contemplam modificação ou adoção de novos métodos ou critérios contábeis, ou que contemplam modificação ou alteração que não produz efeitos na apuração dos tributos federais.

A COORDENADORA-GERAL DE TRIBUTAÇÃO SUBSTITUTA, no uso da atribuição que lhe confere o inciso III do art. 312 do Regimento Interno da Secretaria da Receita Federal do Brasil, aprovado pela Portaria MF nº 203, de 14 de maio de 2012, e tendo em vista o disposto no parágrafo único do art. 58 da Lei nº 12.973, de 13 de maio de 2014, e no § 2º do art. 283 da Instrução Normativa RFB nº 1.700, de 14 de março de 2017,

DECLARA:

Art. 1° Os documentos relacionados na tabela abaixo, emitidos pelo Comitê de Pronunciamentos Contábeis (CPC), não contemplam modificação ou adoção de novos métodos ou critérios contábeis, ou contemplam modificação ou adoção de novos métodos ou critérios contábeis que não produz efeitos na apuração dos tributos federais:

Documento	Data de Divulgação
Itens 2, 3 e 4 da Revisão de Pronunciamentos Técnicos n° 09	22/12/2016
Revisão de Pronunciamentos Técnicos n° 10	22/12/2016
Revisão de Pronunciamentos Técnicos n° 11	28/10/2016

Art. 2° Os documentos relacionados na tabela prevista no art. 1°, caso adotados pelas pessoas jurídicas, não provocam efeitos na apuração dos tributos federais, portanto não necessitam de ajustes para a sua aplicação.

Art. 3° O item 1 da Revisão de Pronunciamentos Técnicos n° 09, que altera a definição de taxa de câmbio à vista do item 8 do CPC 02, terá o tratamento previsto no § 1° do art. 283 da Instrução Normativa RFB n° 1.700, de 14 de março de 2017.

Art. 4° Este Ato Declaratório Executivo entra em vigor na data de sua publicação no Diário Oficial da União.

CLÁUDIA LÚCIA PIMENTEL MARTINS DA SILVA

2. Instrução Normativa RFB n° 1.753, de 30 de outubro de 2017.

INSTRUÇÃO NORMATIVA RFB N° 1753, DE 30 DE OUTUBRO DE 2017

Publicado(a) no DOU de 31/10/2017, seção 1, página 42.

Dispõe sobre os procedimentos para anular os efeitos dos atos administrativos emitidos com base em competência atribuída por lei comercial que contemplem modificação ou adoção de novos métodos ou critérios contábeis.

O SECRETÁRIO DA RECEITA FEDERAL DO BRASIL, no uso das atribuições que lhe conferem os incisos III e XXVI do art. 280 do Regimento Interno da Secretaria da Receita Federal do Brasil, aprovado pela Portaria MF n° 203, de 14 de maio de 2012, e tendo em vista o disposto no parágrafo único do art. 58 da Lei n° 12.973, de 13 de maio de 2014, e no § 1° do art. 283 da Instrução Normativa RFB n° 1.700, de 14 de março de 2017, resolve:

Art. 1° Esta Instrução Normativa dispõe sobre os procedimentos para anular os efeitos dos atos administrativos emitidos com base em competência atribuída por lei comercial que contemplem modificação ou adoção de novos métodos ou critérios contábeis.

Art. 2° A modificação ou a adoção de métodos e critérios contábeis, por meio de atos administrativos emitidos com base em competência atribuída por lei comercial, que sejam posteriores a 12 de novembro de 2013, não terá implicação na apuração dos tributos federais até que lei tributária regule a matéria.

Art. 3° A identificação dos atos administrativos e os procedimentos para anulação dos seus efeitos serão veiculados na forma de Anexos desta Instrução Normativa.

Art. 4° Ficam aprovados os seguintes Anexos desta Instrução Normativa:

I – Anexo I, que estabelece procedimentos relativos às disposições do item 1 da Revisão de Pronunciamentos Técnicos nº 09, divulgado em 22 de dezembro de 2016 pelo Comitê de Pronunciamentos Contábeis (CPC);

II – Anexo II, que estabelece procedimentos relativos às disposições do art. 6º da Resolução do Conselho Monetário Nacional (CMN) nº 4.512, de 28 de julho de 2016; e

III – Anexo III, que estabelece procedimentos relativos às disposições da Resolução do Conselho Monetário Nacional (CMN) 4.524, de 29 de setembro de 2016.

Art. 5º Esta Instrução Normativa entra em vigor na data de sua publicação no Diário Oficial da União.

JORGE ANTÔNIO DEHER RACHID

ANEXO I

Item 1 da Revisão de Pronunciamentos Técnicos n° 09, divulgado em 22 de dezembro de 2016 pelo Comitê de Pronunciamentos Contábeis (CPC)

1. A pessoa jurídica que utilizar taxa de câmbio diferente da divulgada pelo Banco Central do Brasil (BCB), na elaboração de suas demonstrações financeiras, e optar por considerar as variações cambiais dos direitos de crédito e das obrigações nas bases de cálculo do Imposto sobre a Renda da Pessoa Jurídica (IRPJ), da Contribuição Social sobre o Lucro Líquido (CSLL), da Contribuição para os Programas de Integração Social e de Formação do Patrimônio do Servidor Público (Contribuição para o PIS/Pasep) e da Contribuição para o Financiamento da Seguridade Social (Cofins) pelo regime de competência deverá:

I – na apuração do IRPJ e da CSLL pelo lucro real:

a) adicionar, na Parte "A" do e-Lalur e do e-Lacs de que trata o art. 310 da Instrução Normativa RFB n° 1.700, de 14 de março de 2017, as variações cambiais passivas reconhecidas no período de apuração com base em taxa de câmbio diferente da divulgada pelo BCB;

b) excluir, na Parte "A" do e-Lalur e do e-Lacs, as variações cambiais ativas reconhecidas no período de apuração com base em taxa de câmbio diferente da divulgada pelo BCB;

c) adicionar, na Parte "A" do e-Lalur e do e-Lacs, as variações cambiais ativas que teriam sido reconhecidas no período de apuração, se tivesse sido utilizada a taxa de câmbio divulgada pelo BCB; e

d) excluir, na Parte "A" do e-Lalur e do e-Lacs, as variações cambiais passivas que teriam sido reconhecidas no período de apuração, se tivesse sido utilizada a taxa de câmbio divulgada pelo BCB;

II – no cálculo do lucro da exploração, de que trata o art. 19 do Decreto-Lei n° 1.598, de 26 de dezembro de 1977, desconsiderar as variações cambiais ativas e passivas reconhecidas com base em taxa de câmbio diferente da divulgada pelo BCB, substituindo-as pelas variações cambiais ativas e passivas que teriam sido reconhecidas com base na taxa de câmbio divulgada pelo

BCB na apuração do lucro líquido do período-base a que se refere o caput do artigo mencionado e no cálculo da parte das receitas financeiras que exceder as despesas financeiras a que se refere o inciso I do mesmo artigo;

III – na apuração do IRPJ e da CSLL pelo lucro presumido ou lucro arbitrado, acrescer às bases de cálculo as receitas financeiras relativas às variações cambiais ativas que teriam sido reconhecidas no período de apuração, se tivesse sido utilizada a taxa de câmbio divulgada pelo BCB; e

IV – na apuração das bases de cálculo da contribuição para o PIS/ Pasep e da Cofins pelo regime não cumulativo, acrescer as receitas financeiras relativas às variações cambiais ativas que teriam sido reconhecidas no período de apuração, se tivesse sido utilizada a taxa de câmbio divulgada pelo BCB.

ANEXO II

Art. 6° da Resolução Conselho Monetário Nacional (CMN) n° 4.512, de 28 de julho de 2016

1. As instituições financeiras e demais entidades autorizadas a funcionar pelo Banco Central do Brasil que realizarem o ajuste contábil de aplicação inicial previsto no § 1° do art. 6° da Resolução Conselho Monetário Nacional n° 4.512, de 2016, deverão:

I – ajustar o valor registrado na Parte "B" do e-Lalur e do e-Lacs de que trata o art. 310 da Instrução Normativa RFB n° 1.700, de 14 de março de 2017, pelo valor lançado em conta de lucros ou prejuízos acumulados, na hipótese de existência de provisões para cobertura de perdas associadas às garantias financeiras prestadas, anteriormente constituídas com base nos critérios gerais vigentes até 1° de janeiro de 2017; ou

II – registrar na Parte "B" do e-Lalur e do e-Lacs o valor lançado em conta de lucros ou prejuízos acumulados, na hipótese de inexistência anterior de provisões para cobertura de perdas associadas às garantias financeiras prestadas.

2. O valor registrado na Parte "B" do e-Lalur e do e-Lacs constituirá controle de futuras exclusões a serem efetuadas na determinação do lucro real e do resultado ajustado, quando do uso ou reversão da provisão.

3. A exclusão referente ao uso da provisão, mencionada no parágrafo anterior, está condicionada à comprovação de que a despesa relativa à provisão seja necessária à atividade ou operação da pessoa jurídica.

ANEXO III

Resolução Conselho Monetário Nacional (CMN) n° 4.524, de 29 de setembro de 2016

1. As instituições financeiras e demais autorizadas a funcionar pelo Banco Central do Brasil que utilizarem o procedimento contábil para definição, apuração e registro da parcela efetiva do hedge de ativos e passivos financeiros não derivativos, registrados contabilmente no patrimônio líquido na forma estabelecida na Resolução Conselho Monetário Nacional (CMN) n° 4.524, de 29 de setembro de 2016, deverão:

I – na apuração do Imposto sobre a Renda da Pessoa Jurídica (IRPJ) e da Contribuição Social sobre o Lucro Líquido (CSLL):

a) adicionar ou excluir, conforme o caso, na determinação do lucro real e do resultado ajustado do período de apuração, a parcela da variação cambial reconhecida no patrimônio líquido, devendo manter controle específico na Parte "B" do e-Lalur e do e-Lacs; e

b) adicionar ou excluir, conforme o caso, na determinação do lucro real e do resultado ajustado do período de apuração, os valores ajustados nos termos da alínea a, no período de apuração em que forem reclassificados para o resultado.

II – para fins de apuração da Contribuição para os Programas de Integração Social e de Formação do Patrimônio do Servidor Público (Contribuição para o PIS/Pasep) e da Contribuição para o Financiamento da Seguridade Social (Cofins), ajustar as respectivas bases de cálculo no mês em que a parcela da variação cambial for reconhecida no patrimônio líquido.

Bibliografia

ALMEIDA, Marcelo Cavalcanti. *Novas mudanças contábeis nas IFRS*. 1. ed. São Paulo: Atlas, 2016.

AZEVEDO, Osmar Reis; MARACHEZIN, Glauco; SANT'ANA, Fernando Henrique Silva. *Retenções de impostos e contribuições*: manual prático. 2. ed. São Paulo: IOB SAGE, 2015.

BEULKE, Rolando; BERTÓ, Dalvio José. *Gestão de custos*. 2. ed. São Paulo: Saraiva, 2011.

BRASIL. Constituição (1988). (Disponível em: <http://www.planalto.gov.br/ccivil_03/constituicao/ConstituicaoCompilado.htm>. Acesso em: 30 nov. 2017.

_____. Decreto-Lei nº 1.598, de 26 de dezembro de 1977. Altera a legislação do Imposto sobre a Renda. Disponível em: <http://www.planalto.gov.br/ccivil_03/Decreto-Lei/Del1598.htm>. Acesso em: 30 nov. 2017.

_____. Decreto nº 3.000, de 26 de março de 1999. Regulamenta a tributação, fiscalização, arrecadação e administração do Imposto sobre a Renda e Proventos de Qualquer Natureza. Disponível em: <http://www.planalto.gov.br/ccivil_03/decreto/d3000.htm>. Acesso em: 18 nov. 2017.

_____. Lei Complementar nº 87, de 13 de setembro de 1996. Dispõe sobre o imposto dos Estados e do Distrito Federal sobre operações relativas à circulação de mercadorias e sobre prestações de serviços de transporte interestadual e intermunicipal e de comunicação, e dá outras providências. (LEI KANDIR). Disponível em: <http://www.planalto.gov.br/ccivil_03/leis/LCP/Lcp87.htm>. Acesso em: 18 set. 2017.

_____, Lei Complementar nº 123, de 14 de dezembro de 2006. Institui o Estatuto Nacional da Microempresa e da Empresa de Pequeno Porte; altera dispositivos das Leis nºs 8.212 e 8.213, ambas de 24 de julho de 1991, da Consolidação das Leis do Trabalho – CLT, aprovada pelo Decreto-Lei nº 5.452, de 1º de maio de 1943, da Lei nº 10.189, de 14 de fevereiro de 2001, da Lei Complementar nº 63, de 11 de janeiro de 1990; e revoga as Leis nº 9.317, de 5 de dezembro de 1996, e 9.841, de 5 de outubro de 1999. Disponível em: <http://www.planalto.gov.br/ccivil_03/leis/LCP/Lcp123.htm>. Acesso em: 24 nov. 2017.

_____. Lei nº 6.404, de 15 de dezembro de 1976. Dispõe sobre as Sociedades por Ações. Disponível em: <http://www.planalto.gov.br/ccivil_03/leis/L6404compilada.htm>. Acesso em: 28 nov. 2017.

_____. Lei nº 7.102, de 20 de junho de 1983. Dispõe sobre segurança para estabelecimentos financeiros, estabelece normas para constituição e funcionamento das empresas particulares que exploram serviços de vigilância e de transporte de valores, e dá outras providências. Disponível em: <http://www.planalto.gov.br/ccivil_03/leis/L7102.htm>. Acesso em:12 out. 2017.

_____, Lei nº 8.212, de 24 de julho de 1991. Dispõe sobre a organização da Seguridade Social, institui Plano de Custeio, e dá outras providências. Disponível em: <http://www.planalto.gov.br/ccivil_03/leis/L8212cons.htm>. Acesso em: 25 nov. 2017.

_____. Lei nº 9.249, de 26 de dezembro de 1995. Altera a legislação do Imposto de Renda das pessoas jurídicas, bem como da contribuição social sobre o lucro líquido, e dá outras providências. Disponível em: <http://www.planalto.gov.br/ccivil_03/leis/L9249.htm>. Acesso em: 9 mar. 2017.

_____. Lei nº 9.430, de 27 de dezembro de1996. Dispõe sobre a legislação tributária federal, as contribuições para a seguridade social, o processo administrativo de consulta e dá outras providências. Disponível em: <http://www.planalto.gov.br/ccivil_03/leis/L9430.htm>. Acesso em: 14 set. 2017.

_____. Lei nº 9.514, de 20 de novembro de 1997. Dispõe sobre o Sistema de Financiamento Imobiliário, institui a alienação fiduciária de coisa imóvel e dá outras providências. Disponível em: <http://www.planalto.gov.br/ccivil_03/leis/L9514.htm>. Acesso em: 25 out. 2017.

_____. Lei nº 9.532, de 10 de dezembro de 1997. Altera a legislação tributária federal e dá outras providências. Disponível em: <http://www.planalto.gov.br/ccivil_03/leis/L9532.htm>. Acesso em: 22 out. 2017.

_____. Lei nº 9.718, de 27 de novembro de 1998. Altera a Legislação Tributária Federal. Disponível em: <http://www.planalto.gov.br/ccivil_03/leis/L9718compilada.htm>. Acesso em: 24 out. 2017.

_____. Lei nº 10.485, de 3 de julho de 2002. Dispõe sobre a incidência das contribuições para os Programas de Integração Social e de Formação do Patrimônio do Servidor Público (PIS/Pasep) e da Contribuição para o Financiamento da Seguridade Social (Cofins), nas hipóteses que menciona, e dá outras providências. Disponível em: <http://www.planalto.gov.br/ccivil_03/leis/2002/L10485.htm>. Acesso em: 24 out. 2017.

_____. Lei nº 10.637, de 30 de dezembro de 2002. Dispõe sobre a não cumulatividade na cobrança da contribuição para os Programas de Integração Social (PIS) e de Formação do Patrimônio do Servidor Público (Pasep), nos casos que especifica; sobre o pagamento e o parcelamento de débitos tributários federais, a compensação de créditos fiscais, a declaração de inaptidão de inscrição de pessoas jurídicas, a legislação aduaneira, e dá outras providências. Disponível em: <http://www.planalto.gov.br/ccivil_03/leis/2002/L10637.htm>. Acesso em: 24 out. 2017.

_____. Lei nº 10.833, de 29 de dezembro de 2003. Altera a Legislação Tributária Federal e dá outras providências. Disponível em: <http://www.planalto.gov.br/ccivil_03/leis/2003/L10.833.htm>. Acesso em: 24 out. 2017.

_____. Lei nº 10.865, de 30 de abril de 2004. Dispõe sobre a Contribuição para os Programas de Integração Social e de Formação do Patrimônio do Servidor Público e a Contribuição para o Financiamento da Seguridade Social incidentes sobre a importação de bens e serviços e dá outras providências. Disponível em: <http://www.planalto.gov.br/ccivil_03/_ato2004-2006/2004/lei/L10.865compilado.htm>. Acesso em: 24 jun. 2017.

_____. Lei nº 11.488, de 15 de junho de 2007. Cria o Regime Especial de Incentivos para o Desenvolvimento da Infra-Estrutura – REIDI; reduz para 24 (vinte e quatro) meses o prazo mínimo para utilização dos créditos da Contribuição para o PIS/Pasep e da Contribuição para o Financiamento da Seguridade Social – COFINS decorrentes da aquisição de edificações; amplia o prazo para pagamento de impostos e contribuições; altera a Medida Provisória nº

2.158-35, de 24 de agosto de 2001, e as Leis nºs 9.779, de 19 de janeiro de 1999, 8.212, de 24 de julho de 1991, 10.666, de 8 de maio de 2003, 10.637, de 30 de dezembro de 2002, 4.502, de 30 de novembro de 1964, 9.430, de 27 de dezembro de 1996, 10.426, de 24 de abril de 2002, 10.833, de 29 de dezembro de 2003, 10.892, de 13 de julho de 2004, 9.074, de 7 de julho de 1995, 9.427, de 26 de dezembro de 1996, 10.438, de 26 de abril de 2002, 10.848, de 15 de março de 2004, 10.865, de 30 de abril de 2004, 10.925, de 23 de julho de 2004, 11.196, de 21 de novembro de 2005; revoga dispositivos das Leis nºs 4.502, de 30 de novembro de 1964, 9.430, de 27 de dezembro de 1996, e do Decreto-Lei nº 1.593, de 21 de dezembro de 1977; e dá outras providências. Disponível em: <http://www.planalto.gov.br/ccivil_03/_ato2007-2010/2007/lei/l11488.htm>. Acesso em: 15 mai. 2017.

_____. Lei nº 11.638, de 28 de dezembro de 2007. Altera e revoga dispositivos da Lei nº 6.404, de 15 de dezembro de 1976, e da Lei nº 6.385, de 7 de dezembro de 1976, e estende às sociedades de grande porte disposições relativas à elaboração e divulgação de demonstrações financeiras. Disponível em: <http://www.planalto.gov.br/ccivil_03/_ato2007-2010/2007/lei/l11638.htm>. Acesso em: 21 ago. 2017.

_____. Lei nº 11.898, de 8 de janeiro de 2009. Institui o Regime de Tributação Unificada – RTU na importação, por via terrestre, de mercadorias procedentes do Paraguai; e altera as Leis nºs 10.637, de 30 de dezembro de 2002, e 10.833, de 29 de dezembro de 2003. Disponível em: <http://www.planalto.gov.br/ccivil_03/_ato2007-2010/2009/Lei/L11898.htm>. Acesso em: 3 nov. 2017.

_____. Lei nº 11.941, de 27 de maio de 2009. Altera a legislação tributária federal relativa ao parcelamento ordinário de débitos tributários; concede remissão nos casos em que especifica; institui regime tributário de transição, alterando o Decreto nº 70.235, de 6 de março de 1972, as Leis nºs 8.212, de 24 de julho de 1991, 8.213, de 24 de julho de 1991, 8.218, de 29 de agosto de 1991, 9.249, de 26 de dezembro de 1995, 9.430, de 27 de dezembro de 1996, 9.469, de 10 de julho de 1997, 9.532, de 10 de dezembro de 1997, 10.426, de 24 de abril de 2002, 10.480, de 2 de julho de 2002, 10.522, de 19 de julho de 2002, 10.887, de 18 de junho de 2004, e 6.404, de 15 de dezembro de 1976, o Decreto-Lei nº 1.598, de 26 de dezembro de 1977, e as Leis nºs 8.981, de 20 de janeiro de 1995, 10.925, de 23 de julho de 2004, 10.637, de 30 de dezembro de 2002, 10.833, de 29 de dezembro de 2003, 11.116, de 18 de maio de 2005, 11.732, de 30 de junho de 2008, 10.260, de 12 de julho de 2001, 9.873, de 23 de novembro de 1999, 11.171, de 2 de setembro de 2005, 11.345, de 14 de setembro de 2006; prorroga a vigência da Lei nº 8.989, de 24 de fevereiro de 1995; revoga dispositivos das Leis nºs 8.383, de 30 de dezembro de 1991, e 8.620, de 5 de janeiro de 1993, do Decreto-Lei nº 73, de 21 de novembro de 1966, das Leis nºs 10.190, de 14 de fevereiro de 2001, 9.718, de 27 de novembro de 1998, e 6.938, de 31 de agosto de 1981, 9.964, de 10 de abril de 2000, e, a partir da instalação do Conselho Administrativo de Recursos Fiscais, os Decretos nos 83.304, de 28 de março de 1979, e 89.892, de 2 de julho de 1984, e o art. 112 da Lei nº 11.196, de 21 de novembro de 2005; e dá outras providências. Disponível em: <http://www.planalto.gov.br/ccivil_03/_ato2007-2010/2009/lei/l11941.htm>. Acesso em: 15 mar. 2017.

_____. Lei nº 12.973, de 13 de maio de 2014. Altera a legislação tributária federal relativa ao Imposto sobre a Renda das Pessoas Jurídicas – IRPJ, à Contribuição Social sobre o Lucro Líquido – CSLL, à Contribuição para o PIS/Pasep e à Contribuição para o Financiamento da Seguridade Social – Cofins; revoga o Regime Tributário de Transição – RTT, instituído pela Lei nº 11.941, de 27 de maio de 2009; dispõe sobre a tributação da pessoa jurídica domiciliada no Brasil, com relação ao acréscimo patrimonial decorrente de participação em lucros auferidos no exterior por controladas e coligadas; altera o Decreto-Lei nº 1.598, de 26 de dezembro de 1977 e as Leis nºs 9.430, de 27 de dezembro de 1996, 9.249, de 26 de dezembro de 1995, 8.981, de 20 de janeiro de 1995, 4.506, de 30 de novembro de 1964, 7.689, de 15 de dezembro de 1988, 9.718, de 27 de novembro de 1998, 10.865, de 30 de abril de 2004, 10.637, de 30 de dezembro de 2002, 10.833, de 29 de dezembro de 2003, 12.865, de 9 de outubro de 2013, 9.532, de 10 de dezembro de 1997, 9.656, de 3 de junho de 1998, 9.826, de 23 de agosto de 1999, 10.485, de 3 de julho de 2002, 10.893, de 13 de julho de 2004, 11.312, de 27 de junho de 2006, 11.941, de 27 de maio de 2009, 12.249, de 11 de junho de 2010, 12.431, de 24 de junho de 2011, 12.716, de 21 de setembro de 2012, e 12.844, de 19 de julho de 2013; e dá outras providências. Disponível em: <http://www.planalto.gov.br/ccivil_03/_ato2011-2014/2014/Lei/L12973.htm>. Acesso em: 27 nov. 2017.

_____. Decreto nº 3.000, de 26 de março de 1999. Regulamenta a tributação, fiscalização, arrecadação e administração do Imposto sobre a Renda e Proventos de Qualquer Natureza. Disponível em: <http://www.planalto.gov.br/ccivil_03/decreto/d3000.htm>. Acesso em: 25 nov. 2017.

_____. Decreto nº 5.164, de 30 de julho de 2004. Reduz a zero as alíquotas da Contribuição para o PIS/PASEP e da COFINS incidentes sobre as receitas financeiras auferidas pelas pessoas jurídicas sujeitas à incidência não cumulativa das referidas contribuições. Disponível em: <http://www.planalto.gov.br/ccivil_03/_ato2004-2006/2004/decreto/d5164.htm>. Acesso em: 18 nov. 2017.

_____. Decreto nº 5.442, de 9 de maio de 2005. Reduz a zero as alíquotas da Contribuição para o PIS/PASEP e da COFINS incidentes sobre as receitas financeiras auferidas pelas pessoas jurídicas sujeitas à incidência não cumulativa das referidas contribuições. Disponível em: <http://www.planalto.gov.br/ccivil_03/_ato2004-2006/2005/Decreto/D5442.htm#art3>. Acesso em: 14 nov. 2017.

_____. Decreto nº 8.426, de 1º de abril de 2015. Restabelece as alíquotas da Contribuição para o PIS/PASEP e da COFINS incidentes sobre receitas financeiras auferidas pelas pessoas jurídicas sujeitas ao regime de apuração não cumulativa das referidas contribuições. Disponível em: <http://www.planalto.gov.br/ccivil_03/_Ato2015-2018/2015/Decreto/D8426.htm#art3>. Acesso em: 8 nov. 2017.

_____. Instrução Normativa RFB nº 1.700, de 16 de março de 2017. Dispõe sobre a determinação e o pagamento do Imposto sobre a Renda e da contribuição social sobre o lucro líquido das pessoas jurídicas, disciplina o tratamento tributário da Contribuição para o PIS/Pasep e da Cofins no que se refere às alterações introduzidas pela Lei nº 12.973, de 13 de maio de 2014, e dá outras providências. Disponível em: <http://normas.receita.fazenda.gov.br/sijut2consulta/link.action?idAto=81268&visao=anotado>. Acesso em: 23 nov. 2017.

_____. Instrução Normativa RFB nº 1.753, de 30 de outubro de 2017. Dispõe sobre os procedimentos para anular os efeitos dos atos administrativos emitidos com base em competência atribuída por lei comercial que contemplem modificação ou adoção de novos métodos ou critérios contábeis.. Disponível em: <http://normas.receita.fazenda.gov.br/sijut2consulta/link.action?idAto=87571&visao=anotado >. Acesso em: 11 dez. 2017.

_____. Ato Declaratório Executivo nº 33, de 22 de setembro de 2017. Relaciona os atos administrativos emitidos pelo Comitê de Pronunciamentos Contábeis (CPC) que não contemplam modificação ou adoção de novos métodos ou critérios contábeis, ou que contemplam modificação ou alteração que não produz efeitos na apuração dos tributos federais. Disponível em: <http://normas.receita.fazenda.gov.br/sijut2consulta/link.action?idAto=86518&visao=anotado>. Acesso em: 11 dez. 2017.

CASSONE, Vittorio. *Direito tributário*. 3. ed. São Paulo: Atlas, 1994.

_____. *Direito tributário*: fundamentos constitucionais, análise dos impostos, incentivos à exportação, doutrina, prática e jurisprudência. 10. ed. São Paulo: Atlas, 1997.

Bibliografia 359

CONSELHO FEDERAL DE CONTABILIDADE. Resolução CFC n° 1.255, de 10 de dezembro de 2009. Aprova a NBC TG 1000 – Contabilidade para Pequenas e Médias Empresas. Disponível em: <www.cfc.org.br/sisweb/sre/docs/RES_1255.doc>. Acesso em: 23 nov. 2017.

CONSTITUIÇÃO DA REPÚBLICA FEDERATIVA DO BRASIL. 3. ed. São Paulo: Atlas, 1994.

CORONADO, Osmar. *Contabilidade gerencial básica*. 2. ed. São Paulo: Saraiva, 2012.

FABRETTI, Láudio Camargo. *Fusões, aquisições, participações e outros instrumentos de gestão de negócios*: tratamento jurídico. São Paulo: Atlas, 2005.

_____. *Contabilidade tributária*. 4. ed. São Paulo: Atlas, 1998.

FIPECAFI. *Manual de contabilidade das sociedades por ações*: aplicável às demais sociedades. 5. ed. rev. e atual. São Paulo: Atlas, 2000.

GRIFTIN, Michael P. *Contabilidade e finanças*. Tradução: Giovana Matte e Giuliana Castorino. São Paulo: Saraiva, 2012.

HIGUCHI, Hiromi; HIGUCHI, Fábio Hiroschi; HIGUCHI, Celso Hiroyuki. *Imposto de Renda das empresas*: interpretação e prática – atualizado até 10.01.2013. 38. ed . São Paulo: IR Publicações, 2013.

IOB. *Guia Prático da ECF*: escrituração contábil fiscal. Equipe técnica. 1. ed. São Paulo: IOB SAGE, 2015.

IOB ONLINE REGULATÓRIO. *IOB Informações Objetivas Publicações Jurídicas Ltda*. Disponível em: <http://www.iobonlineregulatorio.com.br/pages/core/login.jsf>. Acesso em: 15 jan. 2018.

MARTINS, Ives Gandra da Silva. *Imposto de Renda*: conceitos, princípios, comentários. 2. ed. São Paulo: Atlas, 1996.

MOURAD, Nabil Ahmad. IFRS: *Introdução às normas internacionais de contabilidade*. São Paulo: Atlas, 2010.

NEVES, Silvério das; VICECONTI, Paulo E. V. *Curso prático de Imposto de Renda pessoa jurídica*. 8. ed., atual. e rev. São Paulo: Frase Editora, 2001.

OLIVEIRA, Antonio Benedito Silva. *Controladoria*: fundamentos do controle empresarial. São Paulo: Saraiva, 2009.

OLIVEIRA, Gustavo Pedro de. *Contabilidade tributária*. São Paulo: Saraiva, 2005.

PEREIRA, Mario Sebastião de Azevedo. *Guia prático do contabilista*. 3. ed. São Paulo: IOB Folhamatic EBS-SAGE.

RIBEIRO, Osni Moura. *Contabilidade geral* (fácil). 8. ed. São Paulo: Saraiva, 2012.

_____. *Contabilidade comercial*. 17. ed., ampl. e atual. São Paulo: Saraiva, 2011.

_____. *Contabilidade básica fácil*. 27. ed. São Paulo: Saraiva, 2010.

SANTOS, Cleônimo. *Auditoria fiscal e tributária*. 3. ed. São Paulo: IOB SAGE, 2014.

SILVA, Lourivaldo Lopes da. *Contabilidade avançada e tributária*. 4. ed. São Paulo: IOB SAGE, 2015.